D1932205

lonely planet

884 GENIALE TIPPS IN ÜBER 60 STÄDTEN WELTWEIT

DIE WELT (fast) ZUM NULLTARIF

DAS ULTIMATIVE REISEBUCH FÜR SCHNÄPPCHENJÄGER

KUNTH

KUNST & KULTUR

SPORT & FREIZEIT

MUSIK & FILM

KUNST & KULTUR

INHALT

© Deric Olschner | 500px, © Matt Munro, © Lottie Davies, © Gavin Quirke | Getty Images

SPORT & FREIZEIT

FESTIVALS & EVENTS

KUNST & KULTUR

ESSEN & TRINKEN

© Matt Munro, © Jack Vartoogian | Getty Images, © Philip Lee Harvey

INHALT

EINLEITUNG

Als wir letztes Jahr unsere Kinder das erste Mal auf eine Reise nach Afrika mitnahmen, besuchten wir auch Marrakesch in Marokko. Am ersten Abend machten wir einen ersten Spaziergang über den weltberühmten Djemaa el-Fna (S. 16). Es war wie ein Ausflug in einer andere Welt: der Rauch und die Düfte von den Garküchen, der Rhythmus der Trommeln, der Tumult der rufenden, singenden und ihre Waren anpreisenden Menschen. Unsere Augen kamen kaum mit den Eindrücken mit. Ich hatte befürchtet, dass es vielleicht etwas zu viel sein könnte, aber die Kinder wollten am nächsten Abend gleich noch einmal hin. Eine bleibende Erinnerung hatte nicht mehr gekostet, als den Mumm, abends über diesen Platz zu gehen.

Die gedankliche Verbindung zu „Geldwert", die Begriffe wie „gratis" nahelegen, verfälschen das Wesen dessen, was auf diesen Seiten angeboten wird. Schließlich hängt der Wert eines Erlebnisses nicht von seinen Kosten ab. Oft geht es hier stattdessen darum, die verborgenen Wunder unserer Welt zu entdecken, ob es nun die Meerwasserpools in Sydney (S. 267) oder die Grabmale in den Lodi Gardens in Delhi (S. 37) sind. Wanderliebhaber, die die großartigen Trails von Neuseeland (S. 260) bewältigen, ergründen gleichzeitig die Seele dieser fantastischen Inseln.

Viele von uns sind bei ihren ersten Reisen auf solche kostenlosen Angebote sogar angewiesen, um das Geld, das für den Rucksackurlaub zur Verfügung steht, möglichst lange halten zu lassen. Sehr schnell begreift man dabei auch, dass „billig" oft „sehr viel besser" bedeuten kann. Kein Essen in einem römischen Restaurant wird je so gut schmecken wie das Picknick mit Brot und Käse, das ich bei meinem ersten Besuch der Ewigen Stadt unweit des Kolosseums veranstaltet habe. Und wenn es um Erfahrungen fürs Leben geht, ist eine Übernachtung in einem Schlafsaal mit einem Dutzend Fremden aus aller Welt kaum zu übertreffen ... Auf der ganzen Welt hat sich die Erkenntnis durchgesetzt, wie wichtig es ist, die Wunder des eigenen Landes leicht zugänglich zu machen. 5000 Jahre chinesischer Geschichte? Kostenlos (Chinesisches Nationalmuseum, S. 28). 19 Museen und Galerien in Washington, D.C.? Gratis (Smithsonian Institution, S. 242). Britische Nationalparks? Alle mit freiem Eintritt. Wenn man all diese beliebten Sehenswürdigkeiten von ihrer besten Seite sehen möchte, sollte man sich früh, vor den Besuchermengen, einfinden.

Es wäre übertrieben zu behaupten, alles Gute sei kostenlos. Man findet hier auch viele Empfehlungen, die preiswert sind, also viel Gegenwert für wenig Geld bieten: ein *choripán* (Chorizo-Sandwich) in Buenos Aires (S. 277), der Blick auf Hongkongs Skyline von der Star Ferry aus (S. 48) oder die Besichtigung einer Bostoner Brauerei (S. 179). Großartige Erinnerungen, Glücksgefühle und eine kaum belastete Brieftasche: Nach der Lektüre diese Buches möchte man vielleicht nie wieder teuer reisen.

Tom Hall

© Michael Heffernan

AFRIKA

© Mark Read / Lonely Planet Images

Kurz & knapp

- Bevölkerung: 3,75 Millionen
- Highlights: die Outdoor-Abenteuer
- Währung: Südafrikanischer Rand R oder ZAR
- Preisindex: 85 US-$ pro Tag

KAPSTADT

Zwischen dem Wahrzeichen Südafrikas, dem Tafelberg, und dem treffend benannten Kap der Guten Hoffnung liegt die multikulturelle „Mother City" Südafrikas. Der Berg wie auch das Meer bieten unzählige Möglichkeiten, sich ohne viel Geld zu vergnügen, und Kapstadt trägt das Seine mit vielen weiteren verlockenden Gratisangeboten bei.

KUNST & KULTUR MUSIK & FILM SPORT & FREIZEIT ESSEN & TRINKEN FESTIVALS & EVENTS

01 District Six
Im District Six lebten einst freigelassene Sklaven, Handwerker, Arbeiter und Einwanderer. Das änderte sich unter dem Apartheidregime: 1966 wohnten nur noch Weiße dort, 60 000 Einwohner waren vertrieben worden. Man kann auf eigene Faust losgehen, sollte aber unbedingt das **District Six Museum** *(www.districtsix.co.za; 25a Buitenkant St.; Mo–Sa 9–16 Uhr; 30 R)* besuchen oder an einer **Führung** *(Frühjahr–Sommer, 17.50 Uhr; 100 R)* unter Leitung früherer Bewohnern des Viertels teilnehmen .

02 Kostenlose Diamanten-Tour
Seit den 1840er-Jahren sind Südafrika und Diamanten untrennbare Begriffe. Das wird im **Cape Town Diamond Museum** *(www.capetowndiamondmuseum.org; Clock Tower Center, Level 1, Waterfront; 9–21 Uhr; 50 R)* anschaulich erklärt. Normalerweise kostet es Eintritt, man kann aber bei **Shimansky** *(www.shimansky.com)* ein kostenloses Ticket buchen. Zur Tour durch die verschiedenen Werkstätten und die Ausstellung mit Edelsteinen gibt es dann sogar ein Glas südafrikanischen Wein.

03 St George's Cathedral
Auch wenn einem die Besichtigung von **Robben Island**, des Gefängnisses, in dem Nelson Mandela inhaftiert war, zu teuer ist *(www.robben-island.org.za; 300 R)*, so sollte man sich die „People's Cathedral" nicht entgehen lassen, in der Erzbischof Desmond Tutu einen jahrzehntelangen Kampf gegen die Apartheid führte. Gelegentlich gibt der Chor der Kathedrale Gratiskonzerte. Es gibt auch Touren durch die Kirche *(www.sgcathedral.co.za; 5 Wale St.; Gottesdienst So 9.30 Uhr; gratis)*.

04 Whatiftheworld Gallery
Die Galerie ist in den sehr cool gestalteten Räumen einer ehemaligen Synagoge untergebracht und stellt seit 2008 zeitgenössische südafrikanische Kunst aus. Viele der jungen Künstler, die hier ihre ersten Auftritte hatten, setzen in der Kunstszene des Landes inzwischen Maßstäbe, aber man sieht hier auch immer wieder neue Talente. *Informationen über aktuelle Ausstellungen: www.whatiftheworld.com; 1 Argyle St., Woodstock; Di–Fr 10–17 Uhr; gratis.*

05 Strandleben
Die Schönheit der Stadtstrände ist legendär. **Camps Bay** (5a) und **Clifton** (5b) sind trendy und stadtnah, **Llandudno** (5c) liegt am Atlantik und zieht die Surfer an, an **Sandy Bay** (5d) kann man textillos

© Ariadna22822 | Shutterstock

INSIDER-TIPPS

„Am ersten Donnerstag des Monats sind die Geschäfte und führenden Galerien in Kapstadt länger geöffnet – sehr cool! Im Sommer ist ein Picknick auf dem Signal Hill fantastisch. Am Sonntagnachmittag kann man im De Waal Park auch einem Konzert lauschen, ohne bezahlen zu müssen. Ich komme aus Hout Bay, und sonntags gehe ich bei gutem Wetter meist zum Markt am Hafen, auf dem es tolles Essen, eine gute Bar und Livemusik gibt. Später gönne ich mir dann eine Flasche Wein am Strand und höre im Noordhoek Farm Village (www.noordhoekvillage.co.za) Livemusik." – Katie Owens, Geschäftsführerin

baden. Familienfreundlich sind **Muizenberg** (5e) und **St James** (5f) am wärmeren Indischen Ozean. Der Strandbesuch ist kostenlos, bis auf **Boulders Beach** *(8–18.30 Uhr, Dez–Jan länger; 60 R)* in Simons Town, den man sich mit 3000 der bedrohten afrikanischen Brillenpinguine teilt.

06 Bo-Kaap

Das farbenfrohste Quartier Kapstadts findet man am Hang des Signal Hill: Bo-Kaap. Das ehemalige Malaienviertel lohnt wegen der Straßenbilder, der Moscheen und des Essens einen Besuch. Das **Bo-Kaap Museum** *(6a; www.bokaap.co.za/museum; 71 Wale St.; Mo–Sa 10-17 Uhr; 20 R)* informiert über das Viertel, oder man bucht einen Kochkurs mit Führung *(www.bokaapcookingtour.co.za; 700 R einschließlich Dinner)*. **Long St** *(6b) lockt mit Secondhand- und BoHo-Boutiquen.*

07 Auf dem Löwenkopf heulen

Der **Table Mountain National Park** (7a) wird von Wanderwegen durchzogen, die sich um den Tafelberg und die anderen Gipfel winden. Der Nationalpark kostet bis auf vier Eingänge keinen Eintritt. Wer bei Vollmond hier ist, sollte es den Einheimischen gleichtun, die sich mit Bier versorgen und auf den 669 Meter hohen **Lion's Head** (7b) steigen, um zuzusehen, wie der Mond über den Bergen aufgeht.

08 Promenade am Sea Point

Dieser bei Joggern und Skatern, Verliebten und Kindern beliebte, 11 Kilometer lange Strandabschnitt ist ebenso auto- wie sorgenfrei, weist dafür viele Kinderspielplätze und einiges an atemberaubender Freiluftkunst auf. Man kann im wilden Atlantik schwimmen oder sich in einem der schönsten Schwimmbäder der Welt tummeln: dem **Sea Point Pavilion** *(www.capetown.gov.za;*

© Ilonde van Hoolwerff; Gimas | 500px, © THEGIFT777 | Getty Images, © jenburgis | Lonely Planet Images

IZIKO-MUSEEEN

Unter Iziko Museums of South Africa (www.iziko.org.za) haben sich elf der interessantesten Museen und Sehenswürdigkeiten Kapstadts zusammengeschlossen, so das Bo-Kaap Museum, die South African National Gallery (Government Ave, Company's Garden; 10–17 Uhr), das South African Museum und Planetarium (25 Queen Victoria St; 10–17 Uhr), das Maritime Centre (Union-Castle House, Dock Road, V&A Waterfront; 10–17 Uhr) und das Groot Constantia Manor House (Groot Constantia Estate; 10–17 Uhr), das älteste Weingut des Landes. Meist kostet der Eintritt jeweils etwa 30 R, an acht/neun Tagen im Jahr (meist zu öffentlichen Feiertagen) kommt man kostenfrei hinein – aktuelle Details finden sich auf der Internetseite.

© Inti St Clair | Getty Images

im Sommer 7–19 Uhr, im Winter 9–17 Uhr; 21 R).

09 Victoria & Alfred Waterfront

Die ehemaligen Kais sind zu einem angesagten Unterhaltungs- und Einkaufsviertel geworden. Hier gibt es alles, vom Gratis-WLAN bis hin zu einem Treffen mit Nelson Mandela und Desmond Tutu – die allerdings nur in Bronze teilnehmen werden. Für Unterhaltung sorgen Straßenkünstler und die vielen Gratisveranstaltungen, die jahrein, jahraus stattfinden. Am Kai starten auch Touren nach Robben Island.
www.waterfront.co.za; 9–21 Uhr; gratis.

10 In den Townships

Zum Aufenthalt in Kapstadt gehört ein Besuch in einer Township. Das kann man gleich mit einem preiswerten Essen im **Mzoli's** *(10a; Gugulethu; 9–18 Uhr; 50–100 R) verbinden*: In der Schlachterei ein Stück Fleisch kaufen und dann auf dem *Braai* (Grill) zubereiten lassen. Dazu ein Bier und Kwaito-Musik. Es gibt auch sehr gute Touren durch die Townships *(www.laurastownshiptours.co.za; 400 R)* und auch Unterkünfte *(Vicky's B&B, Khayelitsha Township; 10b)* mit Xhosa-Essen.

11 Weinverkostungen

Es wäre kriminell fahrlässig, in Südafrika nicht einige der hier gekelterten Weine zu probieren – sie gehören zu den besten der Welt. **Wine Concepts** *(11a; www.wineconcepts.co.za; 50 Kloof St.)* bietet kostenlose Weinproben an, die an jedem Tag ein anderes Gut vorstellen (Mo–Fr 16–19, Sa 12–15 Uhr). Mittwochs bietet auch die **Tjing Tjing Rooftop Bar** *(11b; www.tjingtjing.co.za; 165 Longmarket St.)* Gratisverkostungen an *(17–19 Uhr)*.

12 Cape Town Carnival

Aus der Fußballeuphorie 2010 erwuchs diese Veranstaltung, die seitdem alljährlich die Vielfältigkeit des Landes feiert, seine Kulturen, Sprachen, Hautfarben, Rassen, Geschlechter und sexuellen Orientierungen. An die 50 000 Menschen sind als Zuschauer und Teilnehmer dabei, wenn um den Green Point herum mit Musik und Tanz die Party abgeht. *www.capetowncarnival.com; Fanwalk, Green Point; März; gratis.*

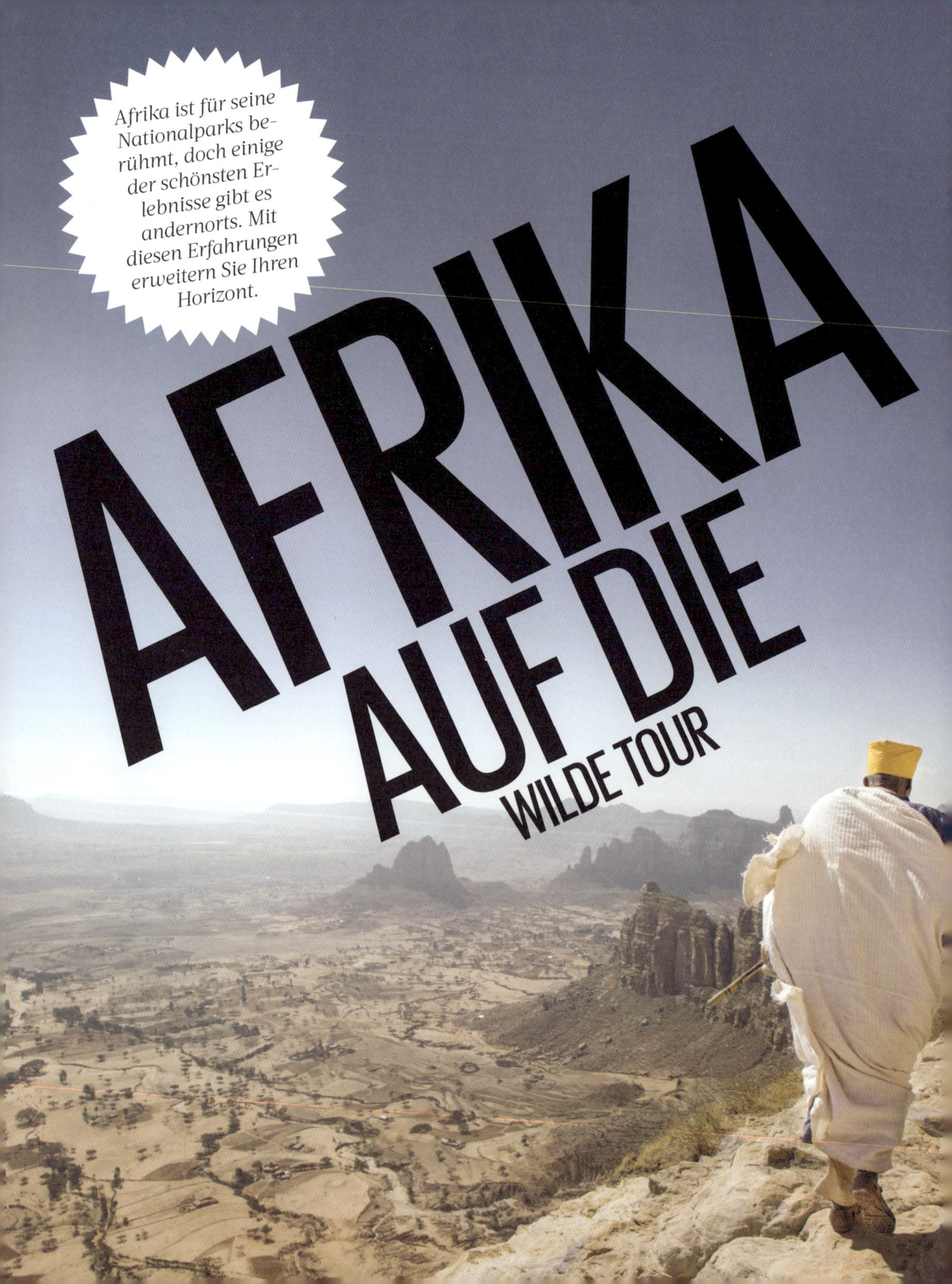

Afrika ist für seine Nationalparks berühmt, doch einige der schönsten Erlebnisse gibt es andernorts. Mit diesen Erfahrungen erweitern Sie Ihren Horizont.

AFRIKA AUF DIE WILDE TOUR

BRANDUNGSSURFEN IN LIBERIA

Inmitten einer wachsenden Schar liberianischer Surfer lassen sich hier einige der besten Brecher des Kontinents reiten. Die Strände reichen bis zum Horizont, und nachts leuchtet das Meer. Nehmen Sie das Surfbrett mit! *Robertsport, Liberia, gratis.*

DÜNENWANDERN IN DER NAMIB

Weite Teile der Namib-Dünen liegen in Nationalparks, nicht aber die Dünen direkt südlich von Swakopmund. Forschernaturen nehmen die Straße nach Walvis Bay. Besonderheiten des Sandes lassen einige Dünen summen, wenn man den Kamm entlanggeht. *Swakopmund, Namibia, gratis.*

DER JADEFARBENE LAKE TURKANA

Eine lange, strapaziöse Lkw-Fahrt – so gelangt man zum Ostufer des Sees bei dem Dorf Loyangalani. Dort entschädigen einen die Vulkanlandschaft, der Blick auf das jadefarbene Gewässer und die Fröhlichkeit der Turkana. *Turkana-See, Kenia, gratis.*

DIE HYÄNEN VON HARAR

Um die Hyänenpopulation von Harar zu sehen, durchstreifen Abenteuerlustige nachts die engen Gassen. Für 2,50 US-$ kann man auch der allabendlichen Fütterung vor den Stadtmauern aus dem 16. Jahrhundert zusehen – und für das Doppelte sogar füttern. *Harar, Äthiopien, abends, gratis.*

DER GEFÄHRLICHSTE KIRCHGANG DER WELT

Vor Jahrhunderten wurde die Kirche von Abuna Yemata Guh in die blanke Felswand gehauen. Besucher müssen ohne Seil 6 Meter Steilwand erklimmen und einen schmalen Sims an einem 200 Meter tiefen Abhang meistern. Einheimische Guides erwarten Trinkgelder. *Abuna Yemata Guh, Tigray, Äthiopien, 7 US-$ plus Trinkgelder.*

WILDBLUMEN IN NAMAKWALAND

Jeden Frühling, wenn die Wildblumen das Land überziehen, explodiert die Halbwüste Namakwaland in berauschender Farbenpracht. Und das ist keine Blumenausstellung oder ein größerer Schrebergarten – es ist einer der grandiosesten Anblicke Afrikas. *Namakwaland, Südafrika, Aug–Sept, gratis.*

INTERNATIONALES KAMELRENNEN IN MARALA

Mischen Sie sich unter die Zuschauermengen der Querfeldein-Kamelrennen und genießen Sie die berüchtigten Partys. Wagemutige können ein Kamel mieten und beim Amateurrennen starten. *www.kenyasafari.com/maralal-camel-derby.html, Maralal, Kenia, gratis.*

EIN BAD IM DEVIL'S POOL

Gleiten Sie in den Sambesi und schwimmen Sie in einem Naturbecken am Rand der Victoriafälle, während hinter Ihnen das Wasser 100 Meter in die Tiefe stürzt. Nicht umsonst, aber so wild, dass sich die Ausgabe lohnt (fantastisches Frühstück inbegriffen). *www.tongabezi.com, Livingstone Island, Viktoriafälle, Sambia, Mai–Okt, 95 US-$.*

© Mark Read; Matt Munro, Philip Lee Harvey | Lonely Planet Images © Tambako the Jaguar; Nigel Pavitt; Carol Polich Photo Workshops; Yvette Cardozo | Getty Images

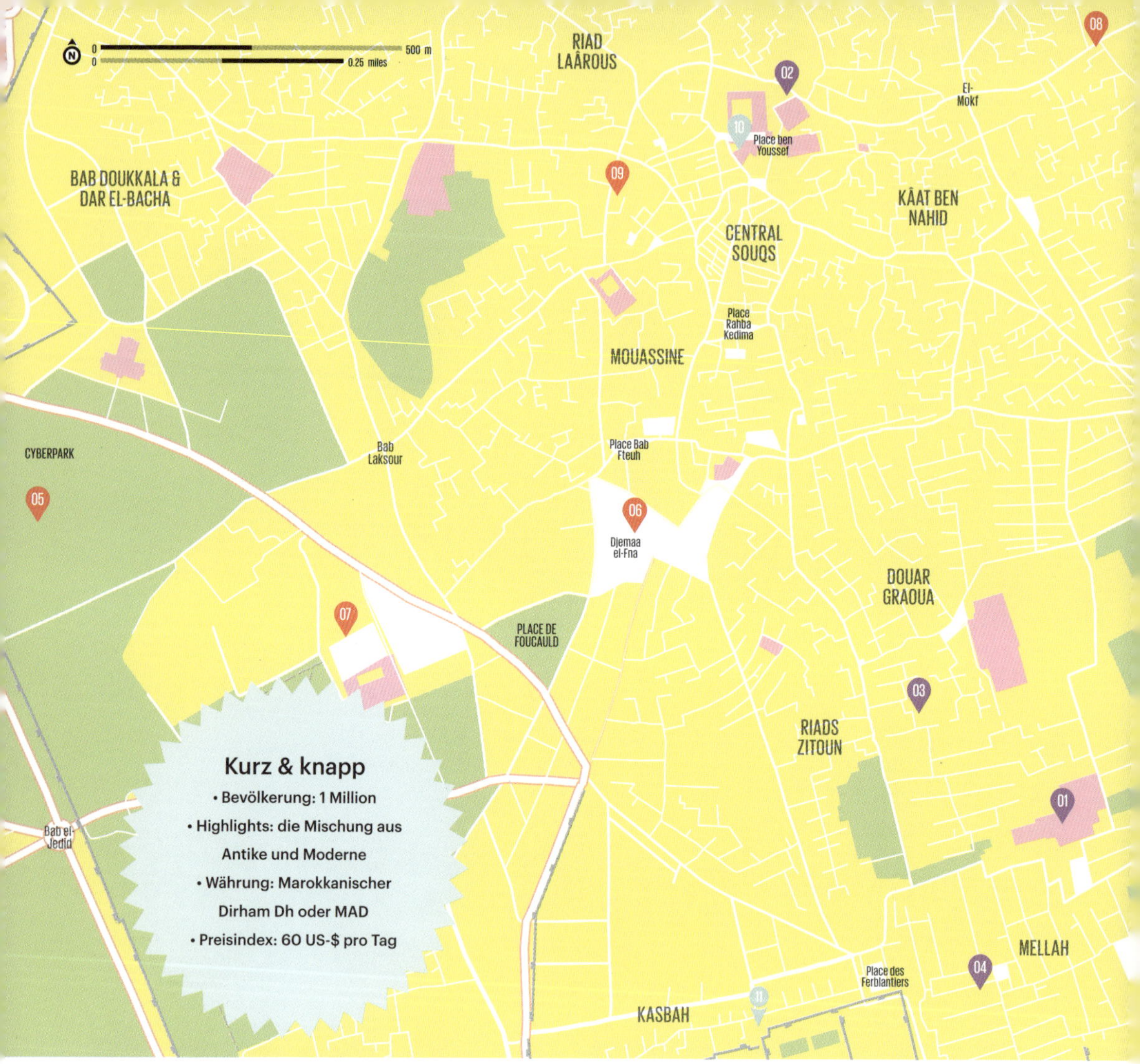

Kurz & knapp

- Bevölkerung: 1 Million
- Highlights: die Mischung aus Antike und Moderne
- Währung: Marokkanischer Dirham Dh oder MAD
- Preisindex: 60 US-$ pro Tag

MARRAKESCH

Marrakesch: Das sind nicht immer die Rolling Stones beim Versuch, die halbe Medina aufzukaufen, oder andere Jetsetter, die im La Mamounia Partys feiern. Es sind auch ganz normale Menschen, die in der geschäftigen, duftenden Stadt den Maghreb genießen, ohne arm dabei zu werden.

KUNST & KULTUR MUSIK & FILM SPORT & FREIZEIT ESSEN & TRINKEN FESTIVALS & EVENTS

01 Bahia-Palast

Dieser etwas heruntergekommene Palast aus dem späten 19. Jahrhundert ist den Eintritt mehr als wert. Er entstand im Laufe von 15 Jahren als Gebäude für den Harem des Wesirs Ahmed Ibn Moussa und umfasst 160 Zimmer mit Zedernholzvertäfelungen an den Decken und Marmorböden, die an versteckten Innenhöfen liegen. *Rue Riad Zitoun el-Jedid; Sa–Do 8.30–11.45 und 14.30–17.45 Uhr, Fr 8.30–11.30 und 15–17.45Uhr; 10 Dh.*

02 Dar Bellarj

Die gemeinnützige Dar Bellarj Foundation zeigt in einem ehemaligen „Storchenhospital" (in dem tatsächlich Vögel behandelt wurden) marokkanisches Kunsthandwerk. Sie ist inzwischen auf diesem Gebiet der führende Anbieter und bietet Wechselausstellungen mit Webarbeiten, Gemälden und anderem. Während des Ramadan und zum Ashura-Fest werden Konzerte veranstaltet. *www.darbellarj.org; 9–7 Toualate Zaouiate Lahdar; Mo–Sa 9.30–12.30 und 14–17.30; gratis*

03 Dar Si Said

Man weiß kaum, was hier beeindruckender ist: die Sammlung mit Schaustücken aus 1000 Jahren Geschichte der Berber und Marokkos, oder der hispano-maurische Palast, in dem sie untergebracht ist. Juwelenbesetzte Waffen, getriebener Kupferschmuck, Teppiche aus dem Hohen Atlas und prächtige antike Kostüme lohnen den geringen Eintritt. *Dar Si Said; Mi–Mo 9–16.45; Erwachsene 10 Dh, Kinder 3 Dh.*

04 Die Mellah

Das jüdische Viertel der Stadt stammt aus dem 15. Jahrhundert Es leben zwar nicht mehr viele Juden hier, aber ihr Erbe ist in der **Lazama-Synagoge** *(Derb Manchoury; Trinkgeld wird erwartet)* und dem jüdischen Friedhof **Miaâra** noch präsent *(Ave Taoulat El Miara; Trinkgeld wird erwartet)*. Der **Mellah-Markt** *(Ave Houmane el-Fetouaki; 8–13 und 15–19 Uhr; gratis)* und die Kunsthandwerker am Pl. des Ferblantiers sind einen Besuch wert.

05 Cyber Park

Diese Gärten heißen mit vollem Namen Arsat Moulay Abdeslam Cyber Park und liegen in der Nähe des Djemaa el Fna. Sie waren ursprünglich ein Wochenmarkt, später dann ein Ziergarten. Seit 2005 schlagen sie mit Zitronen-, Oliven- und Granatapfelbäumen, Wasserspielen und kostenlosem WLAN einen Bogen von damals bis in die Moderne. *morocco.com; Ave. Mohammed V; 9-19 Uhr; gratis.*

EIN GESCHENKTER TAG

Wenn nicht nur das Budget, sondern auch die Zeit eingeschränkt ist, kann man an einem Tag auch schon einige lohnende Ziele ansehen: Besuchen Sie morgens die aktuelle Ausstellung im Dar Bellarj. Danach suchen Sie sich Ihren Weg nach Südwesten durch die Souks der Medina, bis Sie zum Djemaa el Fna (S. 16) kommen. Hier können Sie sich einen Imbiss gönnen und den Schlangenbeschwörern zuschauen. Richtung Süden geht es dann weiter zur jüdischen Architektur des Mellah. Zum Abschluss gibt es dann etwas Kultur und einen gigantischen Kamel-Burger im Café Clock (S. 17).

© Jean-Pierre Lescourret | Getty Images

06 Djemaa el-Fna
Die Djemaa el-Fna („Versammlung der Toten") ist der größte und bekannteste Platz in Marokko. Der Platz entstand 1050 als Richtplatz, heute drängeln sich hier die Schlangenbeschwörer, Zauberkünstler und Verkäufer von frischem Orangensaft. Abends wird die Mischung durch Imbissstände, Musiker, Märchenerzähler, Heiler, Tänzer und Straßenhändler bereichert. Praller wird das Menschenleben kaum. *9–1 Uhr; gratis.*

07 Koutoubia-Moschee und Gärten
Die Moschee wurde im 12. Jahrhundert als Ersatz für eine Vorläuferin errichtet, die nicht genau nach Mekka ausgerichtet war. Sie gehört zu den bedeutendsten Sehenswürdigkeiten der Stadt. Das Innere dürfen nur Muslime betreten, aber das Äußere ist schon beeindruckend genug, wenn man es von den friedlichen Gärten betrachtet, in denen die Moschee steht. *Ecke Rue el-Koutoubia und Ave. Mohammed V; Gärten 8–20 Uhr geöffnet; gratis.*

08 Gerbereien
Zu den klassischen kostenlosen Sehenswürdigkeiten von Marrakesch gehören die Gerbereien – wenn man den Gestank aushält. Die Tierhäute werden unter freiem Himmel in Betonwannen behandelt, die Methoden stammen aus dem Mittelalter. Die Herstellung der vielfarbigen Ledersorten, die in den Souks (Märkten) verkauft werden, ist harte und schmutzige Arbeit. *Ave. Bab el-Debbagh; tagsüber; gratis.*

09 Le Jardin Secret
Um der trubeligen Altstadt eine Zeit lang zu entfliehen, bietet sich der „Geheime Garten" an – ein Botanischer Garten, dessen Ursprung über vier

© Michael Heffernan | Lonely Planet Images

MEDINA -ETIKETTE

Marrakesch war schon immer eine Stadt des Handels: Es lohnt sich, gut vorbereitet zu sein, um das meiste aus dem Dirham zu machen. In den Souks können die Verkäufer recht direkt sein, man sollte sich nicht alles gefallen lassen. Andererseits sind die Ladeninhaber auch bereit zu feilschen. Lange Verhandlungen zu führen, wenn man sowieso nicht zu kaufen beabsichtigt, ist dagegen kaum angemessen. Vielleicht vermuten Sie auch, Ihr Führer versuche, Sie in bestimmte Geschäfte zu steuern. Ihr Gefühl trügt natürlich nicht! Bestehen Sie höflich darauf, sich auch andernorts umzusehen, bevor Sie etwas kaufen.

© Julian Love | Lonely Planet Images

10

09

Jahrhunderte zurückliegt. Genau genommen teilt sich diese städtische Oase in zwei Anlagen auf: im Exotischen Garten wuchern Pflanzen aus aller Herren Länder, der Islamische Garten fasziniert dagegen mit einer akkurat angelegten Symmetrie. *121 Rue Mouassine; 50 Dh.*

10 Ben Youssef Qissaria

Ein Qissaria ist ein überdeckter Markt, in diesem hier findet man viele kleine Stände, die von Schnecken über geschmorten Schafskopf bis hin zu Schafsherzen am Spieß viel Leckereien anbieten. Falls Sie die Einschätzung „Leckerei" nicht teilen, gibt es auch Tajine, Salate und Fleisch vom Grill. Zum Essen setzt man sich an einen der Tische im Freien. *Am Souk Shaaria in der Nähe der Koubba Ba'adiyn; 11.30–15.30 Uhr; gratis.*

11 Café Clock

In diesem einzigartigen Café trifft marokkanische Tradition auf moderne Multimedia. Montags geben traditionelle Märchenerzähler Kostproben ihrer Kunst; mittwochs gibt es Jam-Sessions, die jedem mit einem Instrument offenstehen; samstags treten Gastmusiker auf, und sonntags bei Sonnenuntergang gibt es Konzerte mit der hypnotischen Gnawa-Musik. Die Küche serviert einen beachtlichen Kamel-Burger. *www.cafeclock.com; 224 Derb Chtouka; 10–22 Uhr; Hauptgerichte 55–80 Dh.*

12 Festival of Popular Arts

Alljährlich im Juli findet sich in Marrakesch eine Vielzahl internationaler Künstler ein und verwandelt die Straßen der Stadt zusammen mit Berbersängern, Gnawa-Musikern, Schwertschluckern, Akrobaten, Tänzern und Schlangenbeschwörern aus ganz Marokko in ein einziges Fest. Das Festival dauert 10 Tage, die Veranstaltungen finden unter freiem Himmel an unterschiedlichen Orten, vor allem aber in den Höfen und Gärten des El-Badi-Palastes statt. *www.morocco.com/theater/marrakech-popular-arts-festival; Juli; gratis.*

$AFARI FÜR WENIG GELD

Eine Safari in Afrika kann mehr als 1000 US-$ kosten – pro Tag und Person. Hier finden Sie Vorschläge, bei denen die Wildnis den Preis auf jeden Fall wert ist.

FAHRRAD-SAFARI – KENIA
Unter den Basaltklippen dieser Vulkanlandschaft tummeln sich Zebras, Giraffen und Impalas. Große Raubtiere sind aber selten, sodass man auch wandern oder Fahrrad fahren kann. Räder lassen sich in der Nähe für 6 US-$ mieten. Es gibt auch Campingmöglichkeiten. *kws.go.ke; Hell's Gate Nationalpark, Kenia; 30 US-$.*

WESTAFRIKANISCHE SAFARI – GHANA
Die Savanne ist wegen ihrer Elefanten berühmt, sie ist jedoch auch die Heimat von Büffeln, Antilopen, Pavianen und unzähligen Vogelarten. Die Leihwagen sind preiswert, wenn man sie sich teilt. *molemotelgh.com; Mole Nationalpark Ghana; 8 US-$, zzgl. 2,50 US-$/Std. für einen Führer.*

NAMIBISCHE SAFARI – NAMIBIA
Die Wüste um die riesige Etosha-Salzpfanne ist beeindruckend, es sind jedoch die Tiere, die hier an die Wasserlöcher kommen, die diesen Park zu einem der besten in Afrika machen. Auf den guten Straßen kann man auch mit Mietwagen fahren. *etoshanationalpark.org; Etosha-Nationalpark, Namibia; 7 US-$.*

Illustration | Owen Gatley

BIG FIVE SAFARI – SÜDAFRIKA

Der Kruger-Nationalpark ist einer der großartigsten der Welt. Hier gibt es die klassischen *Big Five* der Großwildjäger, aber auch andere Tierarten. Der Park ist gut zugänglich und bietet auf traumhaften 19 485 Quadratkilometer viele Campingmöglichkeiten. *sanparks.org; Kruger Nationalpark, Südafrika; 20 US-$.*

WANDER-SAFARI – TANSANIA

Stellen Sie sich Tausende von Nilpferden beim gemeinsamen Schlammbad vor, dann liegen Sie richtig. In der Trockenzeit (Aug–Okt) erwacht der Park zum Leben. Die Kosten für einen bewaffneten Führer (20 US-$ pro Gruppe) kann man teilen. *tanzaniaparks.com; Katavi-Nationalpark, Tansania; 80 US-$.*

OKAVANGODELTA IM BOOT – BOTSWANA

Sich in einem Mokoro-Einbaum durch das Okavangodelta staken zu lassen, gehört zu den großartigsten – und teuersten – Erlebnissen in Afrika. Old Bridge Backpackers macht es mit Camping für Selbstversorger auch bezahlbar (ab 70 US-$/ein Tag bis 140 US-$/vier Tage). *maun-backpackers.com; Old Bridge Backpackers, Maun, Botswana; ab 70 US-$.*

PARK IM DOPPELPACK – SÜDAFRIKA

Die Küstenstadt St Lucia liegt am Eingang zweier Parks: iSimangaliso (isimangaliso.com) und Hluhluwe-iMfolozi (hluhluwegamereserve.com). Der erste bietet Land- und Wassertiere, der zweite die klassischen Big Five. Es gibt preiswerte Safaris und Unterkünfte. *St Lucia, KwaZulu-Natal, Südafrika; ab 40 US-$.*

GORILLAS – UGANDA

Der direkte Blickkontakt mit einem wild lebenden Gorilla ist ein Erlebnis, das man gar vermutlich sein Leben lang nicht vergessen wird. Stets ist die Nebensaison zu empfehlen, (April, Mai und Nov), in Bwindi beträgt dann die Gebühr 350 US-$ anstatt 600 US-$. In Ruanda kostet es 750 US-$. *uganda-wildlife.org; Bwindi Impenetrable Nationalpark, Uganda; ab 350 US$.*

ASIEN

© Lottie Davies | Lonely Planet Images

Kurz und knapp

- Bevölkerung: 15 Millionen
- Highlights: Tempel voller glänzendem Gold
- Währung: Baht Bt oder Thailändischer Baht (THB)
- Preisindex: 40 US-$ pro Tag

BANGKOK

In Bangkok ist alles, was glitzert, tatsächlich Gold. Wohin man blickt, man sieht einen schillernden Schrein oder glänzenden Buddha. Aber reich muss man nicht sein, um sich diese Schätze anzusehen. Zudem kann man in der „Stadt der Engel" für wenige Baht essen wie ein König.

KUNST & KULTUR MUSIK & FILM SPORT & FREIZEIT ESSEN & TRINKEN FESTIVALS & EVENTS

01 Künstlerhaus Baan Silapin
An einem *khlong* im Stadtteil Thonbury liegt das historische Holzhaus, in dem Marionettenspieler in dieser traditionellen südostasiatischen Kunstform ausgebildet werden. Nachmittags ab 14 Uhr erwecken die Puppenspieler thailändische Legenden zum Leben. *Wat Thong Sala Ngam, Soi 28, Th. Phet Kasem; 10–18 Uhr; gratis.*

02 The Bangkokian Museum
Das winzige Bangkokian Museum ist ein versteckter Schatz in einer Stadt, die ihre Reichtümer meist stolz zur Schau stellt. In den kleinen Häusern findet man Puppenstuben-Zimmer, die aussehen, als wären die Besitzer um 1960 kurz Nudeln kaufen gegangen und nie zurückgekommen. *273 Soi 43, Th. Charoen Krung; Mi–So 10–16 Uhr; gratis.*

03 Wat Arun
Für das geringe Eintrittsgeld am Wat Arun bekommt man unbezahlbare Erlebnisse geboten. Die Türme des Tempels der Morgenröte sehen wie aus Stein gehauen aus. Von Nahem betrachtet, stellt sich das Material als chinesisches Porzellan heraus. Wenn man die Gärten betritt, sollte man das Haupt vor den *yaksha*-Wächtern am Eingang verneigen. *www.watarun.net; am Th. Arun Amarin; 8–18 Uhr; 50 Bt.*

04 Aerobic im Saranrom Park
Wenn einen das Bedürfnis nach Bewegung überkommt, sollte man nicht zögern und in den Saranrom Park gehen. Er ist abends erfüllt von Popmusik und dem angestrengten Stöhnen der Teilnehmer an den beliebtesten Aerobic-Kursen der Stadt. *Der Park liegt zwischen Th. Ratchini, Th. Charoen Krung und Th. Sanam Chai; 5–21 Uhr; gratis.*

05 Ban Baat
Die zahllosen Mönche in Thailand benötigen viele Almosenschalen, mit denen sie Gaben für die Bedürftigen sammeln. In diesem Dorf wird noch die Kunst des Schüsselschmiedens gepflegt. Die Schüsseln werden aus acht Stücken unterschiedlichen Metalls (Symbol für den Achtfachen Pfad des Buddhismus) zusammengefügt. *Soi Ban Baat; 8–17 Uhr; gratis.*

06 Chao Phraya Express Ferry
Den schönsten Aussichtspunkt der Stadt bietet die Expressfähre auf dem Chao Phraya. Die Kreuzfahrt auf dem Fluss genießt man am besten in der Dämmerung: wenn man in den erfrischenden Abendbrisen an den Sehenswürdigkeiten von Krung Thep vorbeifährt. *www.chaophrayaexpressboat.com; Th.-Phra-Athit-Pier; 9.30–22 Uhr; 10–40 Bt.*

07 Wat Saket (Goldener Berg)
Der Goldene Berg ist als Aussichtspunkt über Ko Ratanakosin und Banglamphu wärmstens zu empfehlen. Dieser von Menschenhand geschaffene Berg, gekrönt von einer goldenen *chedi*-Terrasse, erhebt sich direkt östlich vom Democracy Monument und bietet auch kühlende Brisen. *Am Th. Boriphat; 7.30–17.30 Uhr; gratis.*

PREISWERTE MASSAGEN

Die Massage gehört zur Kultur Bangkoks, aber es ist nicht ganz einfach, einen guten, preiswerten Anbieter zu finden. Wir empfehlen, an die Quelle zu gehen. Wat Pho (*Th. Sanam Chai; 8.30–18.30 Uhr*) ist die spirituelle Heimstatt der thailändischen Massage und der traditionellen thailändischen Medizin. In der berühmten Massageschule kann man sich in einem der Tempelpavillons oder in der Schule außerhalb 30 Minuten von Masseurinnen behandeln lassen, die im Kloster ausgebildet wurden. Mit 260 Bt wird das Portemonnaie auch nicht überstrapaziert.

ALKOHOL – SO, SO NICHT

Bangkok kann durstig machen, aber eine Flasche Chang-Bier kann mehr kosten als eine ganze Mahlzeit. Mit Wein oder harten Sachen kann man auch ein pralles Portemonnaie leeren. Am besten ist es, sich im nächsten 7-Eleven einzudecken und sich nur bei besonderen Gelegenheiten zum Trinken in Bars oder Restaurants zu begeben. Spontane Partys feiert man dann am besten auf dem Balkon des Hotelzimmers, da der Alkoholkonsum in der Öffentlichkeit nicht gerne gesehen wird und in Parks und religiösen Stätten vollkommen verboten ist.

08 Ko Kret Island

Die winzige burmesische Enklave wirkt wie ein versteckt am Chao-Phraya-Fluss liegendes Dorf. Die kleine Töpfergemeinschaft entstand 1722, das Tempo des Lebens hat sich seitdem hier nicht erhöht. An den Töpfereien vorbei kann man bis zu einem kleinen Tempel im Mon-Stil am Fluss hinunterspazieren. Am Wochenende gibt es einen (vielleicht etwas zu sehr) geschäftigen Markt. *Nonthaburi; 24 Std.; gratis.*

09 Lumphini-Park

Bevor das Leben allmorgendlich in Bangkok förmlich ausbricht, erwacht es auf sehr viel sanftere Art im Lumphini-Park, wo sich ältere Menschen zum Schattenboxen treffen. Dann scheint für einige kostbare Stunden die Stadt in eine Blase der Ruhe gehüllt, bevor die Illusion durch das Aufheulen der Motoren wieder zerstört wird. *Zwischen Th. Sarasin, Th. Phra Ram IV, Th. Witthayu und Th. Ratchadamri; 4.30–21 Uhr, gratis.*

10 MBK Center Moo·ay tai

Moo·ay tai (Thai-Boxen) ist ein Sport für Kenner, was vielleicht auch die hohen Eintrittspreise erklärt. Kampfsportfans können aber mittwochs um 18 Uhr gratis auf ihre Kosten kommen, wenn die aufgekratzte Menge einen Freiluftring vor dem bei Bangkoks Teenagern beliebtesten Einkaufszentrum belagert *Th. Rama I; Mi ab 18 Uhr; gratis.*

11 Blumenmarkt Pak Khlong Talat

Blumen sind hier keineswegs besonderen Gelegenheiten vorbehalten, die Thais sorgen mit Blüten auch im Alltag für Wohlgerüche. Bei Festivals und Feiern dreht die Floristik dann allerdings ab: Für die Umzüge und die Schreine werden unglaubliche Gestecke und Arrangements

© Preecha Makjan; Jirawat Plekhongthu | 500px, © Matteo Colombo | Getty Images

EIN GESCHENKTER TAG

Der Tag beginnt um 7 Uhr mit Meditationsunterricht in Wat Mahathat; die gewonnene Ruhe braucht man später, um sich seinen Weg durch die Rucksackreisenden zum Tha-Phra-Athit-Pier zu suchen, wo die Chao Phraya Express Ferry (S. 23) ablegt. Am Tha-Ratchawong-Pier steigt man wieder aus und spaziert die Tha Yaowarat bis zur Chinatown entlang, wo es Mittagessen gibt. Von dort aus ist es nur ein Katzensprung bis zu den Gassen von Ban Baat (S. 23), um den Sonnenuntergang vom Goldenen Berg aus zu betrachten (S. 23). Danach geht es in das Thip Samai für eine Schale des besten *pat tai* in der Stadt (rechts).

hergestellt. So oder so ist der Markt wohl der am besten riechende Ort der Stadt. *Th. Chakraphet; 24 Std.; gratis.*

12 Meditieren im Wat Mahathat

Während die Massen den Wat-Pho-Tempel erstürmen, kann man sich etwas buddhistischen Frieden im nahe gelegenen Wat Mahathat gönnen, wo die einheimischen Gläubigen in der Mehrzahl sind. Gegen eine Spende kann man täglich an den dreistündigen Meditationsklassen teilnehmen. *3 Th. Maha Rat; Meditationsunterricht 7, 13 und 18 Uhr; gratis.*

13 Straßenimbisse in Chinatown

Bekanntlich ist das beste Essen in Bangkok am Straßenrand zu bekommen. Und die besten Straßenränder findet man im Chinesenviertel. In den Nebenstraßen um die ThanonYaowarat winden sich Nudeln wie Schlangen, Fische schwimmen in Flüssen aus süßem Chili, Garnelen stürzen sich in Soßen und die Krabben baden in Meeren aus Curry. *bangkok.com/chinatown; Th. Yaowarat; 5–23 Uhr; Gerichte 30–50 Bt.*

14 Thip Samai

Vergessen Sie das fettige, nichtssagende *pat tai*, das man an der Tha Khao San bekommt. Kenner gehen ins Thip Samai, um eine Schale der „Geistertor-Nudeln" nach der anderen zu essen – die besten *pat tai* in Bangkok, und damit in der Welt. *313 Th. Mahachai; 17.30–1.30 Uhr, jeden 2. Mi geschl.; Hauptgerichte 25–120 Bt.*

15 Nudeln vom Boot am Victory Monument

Die meisten Suppenverkäufer, die einst an den Kanälen der Stadt ihre Speisen anboten, sind längst verschwunden, aber die berühmte „Bootsnudelsuppe", auf der sich ihr legendärer Ruf gründete, bekommt man immer noch in einer engen Gasse nördlich des Victory Monument. *An der Th. Phaholyothin, Victory Monument; 11–18 Uhr; Nudelsuppe ab 11 Bt.*

16 Amulett-Markt

Die Buddhisten Thailands handeln seit Jahrhunderten mit religiösen Amuletten. An den Ständen auf dem Bürgersteig der Tha. Maha Rat drängeln sich die Sammler und feilschen um besonders begehrte buddhistische Tabletts, Votivgaben und übergroße Phalli. Manche Afficionados brechen unter der Last ihrer Sammlung schier zusammen. *Th. Maha Rat; 7–17 Uhr; gratis.*

17 Wochenendmarkt Chatuchak

Chatuchak stellt so gut wie jeden anderen Markt in Thailand in den Schatten – eigentlich ist es eher eine Stadt aus Marktstanden. Hier kann man Essstäbchen, antike Lackarbeiten, Thai-Seide oder Silberschmuck aus den Bergen kaufen oder einfach nur einen Cocktail trinken und das Chaos beobachten. Die ideale Wochenendbeschäftigung! *chatuchak.org; Th. Phahonyothin; Sa, So 9–18 Uhr; gratis.*

18 Rot Fai Market

Gibt es einen besseren Ort für einen Floh- und Antiquitätenmarkt als ein ehemaliges Eisenbahngelände? Die Stände im Talat Rot Fai sind überhäuft mit getragenen Motorradjacken und altem Melaminkunststoff, daneben stehen klassische Vespas. Die Bars in den VW-Bussen und die thailändischen Hipster, die Klamotten kaufen, tragen noch zur Karnevalsatmosphäre bei. *facebook.com/taradrodfi; Soi 51, Th. Srinakharin; Mi und Fr–So 6–24 Uhr; gratis.*

KUNST & KULTUR · MUSIK & FILM · SPORT & FREIZEIT · ESSEN & TRINKEN · FESTIVALS & EVENTS

BEIJING

Beijing ist eine der wenigen echten Megastädte der Welt. Die Straßen durchweht der Hauch der Geschichte, doch auch die Essensdüfte aus den Garküchen liegen in der Luft. Die Preise sind in der letzten Zeit gestiegen. Es gibt jedoch vieles zu sehen, das die Reisekasse nicht zu sehr belastet.

01 798 Art District

Die besten Galerien findet man im Betonskelett einer nicht mehr genutzten Militärfabrik. Die Bauhaus-Architektur des 798 Art District, wo die Passagen noch mit Mao-Slogans verziert sind, ist zwar interessant, aber man sollte auch das **Beijing Tokyo Art Project** (BTAP) (*www.tokyo-gallery.com; April–Okt: Di–Sa 10–18 Uhr, Nov–März: Di–Sa 10–17 Uhr; gratis*) und das **UCCA** (*www.ucca.org.cn; 10–19 Uhr; Do gratis*) besuchen. *Da Shanzi; Ecke Jiuxianqiao Lu / Jiuxianqiao Beilu; gratis.*

02 Naturkundemuseum Bejing

Die Sammlung besteht aus mehr als 200 000 Exponaten, von kleinen Krabbeltieren bis hin zu prähistorischen Monstern. Die Stars der Dinosaurierabteilung sind der langhalsige *Mamenchisaurus jingyanensis* und der Schädel eines *Stegodon zdanskyi*, eines riesigen Sauriers aus Asien. Gratiskarten müssen einen Tag zuvor gebucht werden. *www.bmnh.org.cn; 126 Tianqiao Nandajie; Di–So 8.30–17 Uhr; gratis.*

© Mark Read; Matt Munro | Lonely Planet Images, © Kshana | 500px

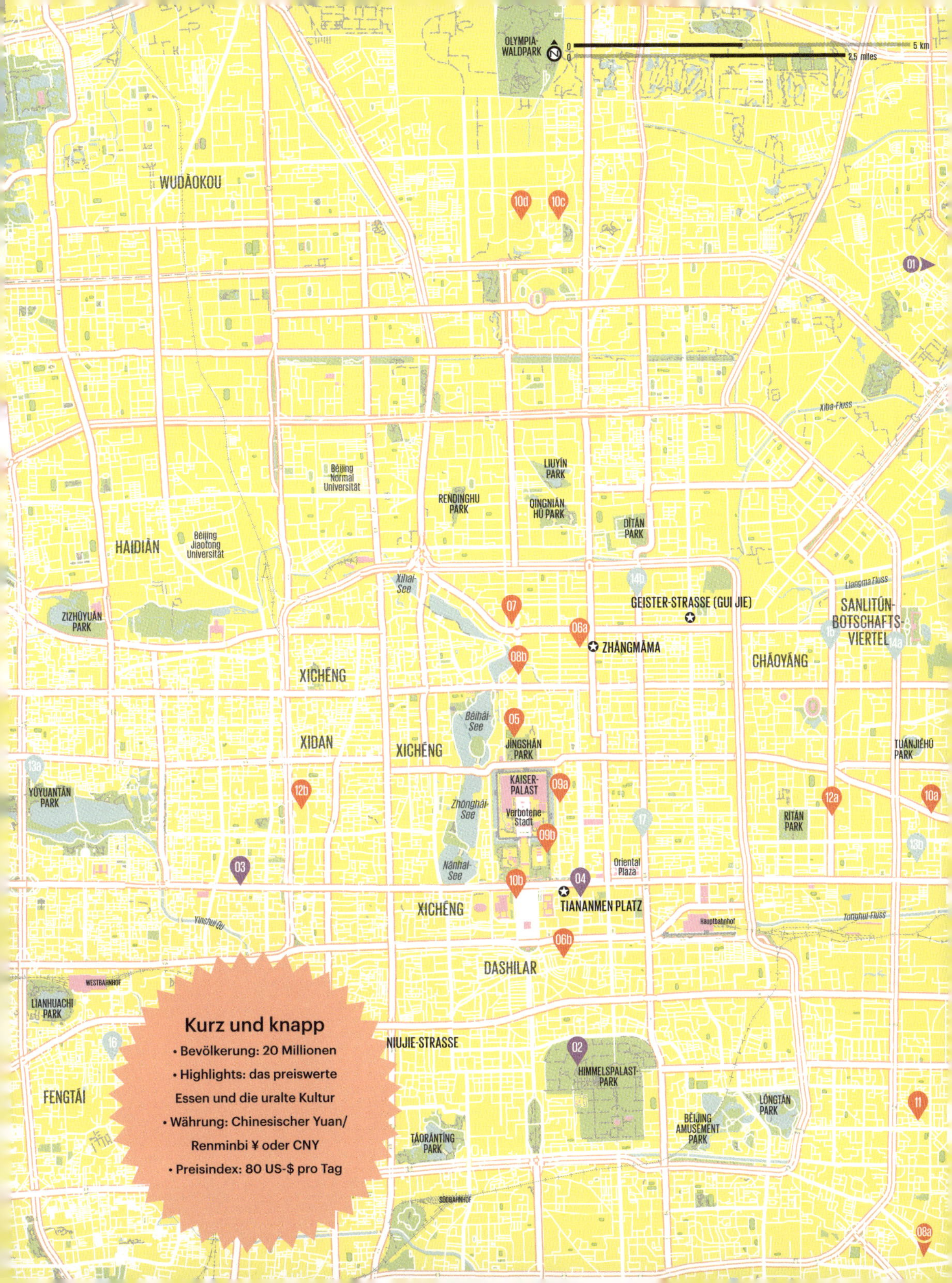

Kurz und knapp

- Bevölkerung: 20 Millionen
- Highlights: das preiswerte Essen und die uralte Kultur
- Währung: Chinesischer Yuan/ Renminbi ¥ oder CNY
- Preisindex: 80 US-$ pro Tag

03 Hauptstadtmuseum

Dieses moderne Museum widmet sich in einem zeitgenössischen Gebäude der Geschichte, der Volks- und der Hochkultur Beijings. Es gibt Abteilungen mit hervorragenden buddhistischen Statuen, prächtigem chinesischem Porzellan, Exponaten zur Pekingoper, antiken Bronzen, Jade, Kalligraphie und Gemälden. Erholen kann man sich bei einem Tee (15¥) im Teehaus des zweiten Stockwerks. *www.capitalmuseum.org.cn; 16 Fuxingmenwai Dajie; Di–So 9–17 Uhr; gratis.*

04 Chinesisches Nationalmuseum

Hier kann man 5000 Jahre staatlich anerkannter chinesischer Geschichte, Kunst und Kultur entdecken. Zu den Ausstellungen gehören das exzellente „Antike China", das von der Urgeschichte bis zur Qing-Dynastie reicht. Die „Straße der Erneuerung" beschreibt den Niedergang Chinas nach den Opiumkriegen und den Wiederaufstieg unter der Flagge des Marxismus, die den Weg zu „nationalem Glück und Wohlstand" wies. Mit Reisepass vor 15.30 Uhr am Ticket-Center vorstellen. *http://en.chnmuseum.cn; 16 East Chang'an Ave; 9–17 Uhr; gratis.*

05 Beihai-Park

Die Geschichte dieses Parks reicht über fünf Dynastien und 1000 Jahre. Man findet buddhistische Tempel, schöne Gartenanlagen, kleine Pavillons und Ausblicke über die Seen und Teiche. Die Kaiser zogen sich einst in den „Raum des ruhiger werdenden Herzens" zurück, um dort angesichts der Teichrosen zu meditieren und sich zu entspannen. *www.beihaipark.com.cn; 1 Wenjin St., Xicheng; April–Mai und Sept–Okt 6-20.30, Juni–Aug 6–22, Jan–März und Nov–Dez 6–20 Uhr; Eintritt Hochsaison/Nebensaison 10/5 ¥.*

EIN GESCHENKTER TAG

Mit 440 000 Quadratmetern ist der Tiananmen-Platz einer der größten Plätze der Welt – und nirgends gibt es eine Sitzgelegenheit. Glücklicherweise gibt es viele kostenlos zu besichtigen, darunter das Monument der Volkshelden (ein 10 Meter hoher Obelisk), die Große Halle des Volkes, das Chinesische Nationalmuseum und die Gedenkhalle für Mao Zedong (ein Mausoleum mit Maos wächsern aussehendem einbalsamiertem Leichnam). Der Platz wird von Polizei auf Segway-Rollern patrouilliert, und morgens marschieren zum Fahnenaufziehen Soldaten durch das Tor des Himmlischen Friedens und über den Platz. Das Marschtempo beträgt genau 108 Schritte pro Minute, jeder Schritt genau 75 Zentimeter.

© DuKai photographer; Yadid Levy | Getty Images

06 Die Hutongs

Das Herz der Hauptstadt schlägt zu Füßen der Wolkenkratzer immer noch im Labyrinth der alten Gassen. Diese zunehmend bedrohten *hutongs* kann man in der Umgebung des Trommelturms (zum Beispiel **Nanluoguxiang** (6a) und in Dashilan, direkt südwestlich des Tiananmen-Platzes, im engen **Qianshi Hutong** (6b) (am Zhubaoshi Jie) durchstreifen. Nordöstlich des Jingshan-Parks liegen auch noch die kaiserlichen Hutong-Höfe, in denen die Hofeunuchen lebten. *24 Std.; gratis.*

07 Houhai-See

Baden ist vielleicht nicht das Erste, was einem als Beschäftigung in Beijing einfällt, aber für manche Bewohner der Stadt gehört das frühmorgendliche Schwimmen im Houhai-See unabhängig vom Wetter zum Tagesablauf. Natürlich können die Temperaturen recht abschreckend sein, aber Schwimmen kann man ja auch als Zuschauersport betreiben. *24 Std.; gratis.*

08 Die Märkte

Den **Seidenmarkt** (*14 Dongdaqiao Lu; 9.30–21 Uhr*) kann man getrost vergessen – eine überbewertete Touristenfalle, in der man sich durch das Gedränge wühlen muss, um in der dritten Etage dann an blasierte Seidenverkäufer zu geraten. Besuchen Sie stattdessen den weitläufigen **Muxiyuan-Stoffmarkt** (*23 Dahongmen Lu, Fengtai-Bezirk; 8–17 Uhr*) und den kaum von Touristen besuchten **Tian-Yi-Gütermarkt** (*158 Di'anmen Waidajie; 9–19.30 Uhr*), wo es viel preiswertere Angebote gibt; *gratis.*

09 Die nicht verbotene Stadt

Wenn man das Mittagstor passiert, um in das **Palastmuseum** (91) zu gelangen, kostet es Eintritt (*40–60 ¥*), man kann die Größe des Gebäudes jedoch auch von außen bewundern. Vom Tiananmen-Platz geht es bis unter das Porträt von Mao Zedong, um einen Blick in den Außenhof zu werfen. Danach kann man den **Zhongshan-Park** (9b; *Erw. 3 ¥*) erkunden, der einst zur Kaiserstadt gehörte, jetzt aber öffentlich ist. *24 Std.; gratis.*

10 Dicke Hosen und Vogelnester

Beijing kann mit außerordentlicher moderner Architektur aufwarten, unter anderem dem **CCTV-Hauptquartier** (10a, *32 Dongsanhuan Zhonglu*), das von den Hauptstädtern wegen seines Aussehens „Große Hose" genannt wird, und dem **Nationalen Zentrum für Darstellende Künste** (10b; *2 West Chang'an Ave.*). Es gibt (kostenpflichtige) geführte Touren durch das **Nationalstadion** (10c, „Vogelnest") und das **Nationale Schwimmzentrum** (10d, „Wasserwürfel"), aber am schönsten sehen beide Gebäude nachts von außen aus. *24 Std.; gratis.*

11 Panjiayuan-Markt

Die eigenen Fähigkeiten im Feilschen kann man im Gedränge und Geschrei des Panjiayuan zu neuen Höhen bringen, wo 3000 Händler und 50 000 Schatzsuchende um den Besitz von *yishu* (Kunst), *gongyi* (Kunsthandwerk) und *guwan* (Antiquitäten) wetteifern. Bessere Schnäppchen als hier gibt es in Beijing selten. Am besten ist der Besuch am Wochenende. Wie immer auf solchen Märkten sollte man das Angebot sorgfältig prüfen: *Caveat emptor! Westlich von Panjiayuan Qiao; Mo–Fr 8.30–18 Uhr, Sa–So 4.30–18 Uhr; gratis.*

12 Sonnenaltar

Am frühen Morgen sieht man in den schönen Parks von Beijing alte und junge

Hauptstädter beim Tai-Chi. Im **Ritan-Park** (12a) findet man außerdem einen Altar, der ursprünglich im Jahr 1530 von einem Kaiser der Ming-Dynastie errichtet wurde, um der Sonne Opfer darzubringen. Der Mondaltar steht auf der anderen Seite der Stadt im **Yuetan-Park** (12b).
Ritan-Park; 6–21 Uhr; gratis.

13 Bar mit Ausblick

Der Zugang zur **Aussichtsplattform des CCTV-Turms** (13a) kostet abgehobene 70 ¥, aber in der **Atmosphere Bar** (13b; *tgl. bis 2 Uhr*) des Shangri-La im China World Trade Centre bekommt man einen Fensterplatz mit Blick über die Stadt für den Preis eines Biers. Wenn allerdings der klassische Smog über der Stadt liegt, sieht man natürlich nichts – hat aber auch 70 ¥ gespart, die man in Bier anlegen kann...

14 Happy Hour

Mit Alkohol kann man sich hier schnell arm machen. Vor allem, wenn man gerne europäisches Bier trinkt. Besser hält man sich an das einheimische Brauwesen und geht auch mal in die Bars der Nebenstraßen. Die **Sanlitun Bar Street** (14a; *Chaoyang-Bezirk*) ist gut – vielleicht das **Mojito Man** (*43 Sanlitun N St.*), wo es Mojitos für 15 ¥ gibt. Oder versuchen Sie es im **El Nido** (14b; *59 Fangjia Hutong*), ein Bier kostet nur 10 ¥, ein Wein nur 25 ¥.

15 Jīngzun Peking Duck

In der Stadt, die einst Peking hieß, keine Peking-Ente zu essen, wäre so, als ließe man die Verbotene Stadt bei den Besichtigungen aus. Im manchen Touristenrestaurants kann es ein teures Gericht sein, aber hier bekommt man eine vorzügliche Peking-Ente mit allem Drum und Dran für nur 128 ¥. Das Ambiente ist auch gut, man kann auf Wunsch draußen auf der Holzterrasse unter roten Laternen speisen. *6 Chunxiu Lu; 11–22 Uhr.*

16 Maliandao-Teemarkt

Wenn Sie den Unterschied zwischen Pu-Erh und Oolong kennen, dann macht Ihnen ein Ausflug zum Maliandao sicher Vergnügen, wo alle Teesorten Chinas zu

STREET-FOOD

Auswärts essen ist in Beijing ein Erlebnis, und es kostet sehr wenig, in dieser Stadt ausgesprochen gut zu essen. Die Küche der islamischen ethnischen Minderheiten in China (wie die Hui und die Uighuren) ist fantastisch und unglaublich preiswert; eine gute Auswahl finden Sie in der Niu Jie Snack Street. Zhang Mama (*76 Jiaodaokou Nandajie; 10.30–22.30 Uhr; Hauptgerichte 10–20 ¥*) ist erste Wahl, wenn es um scharfe und gut gewürzte Snacks aus Sichaun geht, vor allem die Chilisuppe *mala xiangguo* lohnt einen Versuch. Ghost St. (*Gui Jie*) bietet auf 1,4 km über 150 Restaurants. Für einen Imbiss spätnachts zu empfehlen, insbesondere für Hummergerichte!

BEIJING

© Luis Martinez / Design Pics | Getty Images

sehen, riechen und kosten sind. Verkauft wird vor allem an Großkunden, aber die meisten Verkäufer geben einem gerne eine Kostprobe, und in den Teestuben kann man dann das Studium vertiefen. Teegeschirr gibt es auch zu kaufen, oft zu günstigen Preisen. *11 Maliandao Lu; 8.30–18 Uhr; gratis.*

17 Wangfujing-Imbiss-Straße

Gourmets mit Hang zum Abenteuer werden feststellen, dass es in China nur wenig gibt, was nicht gegessen wird. Das kann man gut in dieser belebten Gasse nordöstlich des Tiananmen-Platzes überprüfen. Hier gibt es Seepferdchen am Spieß, frittierte Skorpione und Seesterne, aber auch weniger Ausgefallenes aus ganz China wie *zhajiangmian* (Peking-Nudeln mit Bohnensoße) und scharfe Szechuansuppen wie *mala tang*. *Westlich des Wangfujing Dajie; 9.30–22 Uhr; die meisten Gerichte 10 ¥.*

18 Internationales Drachenfest Beijing

Umsonst und draußen: Oben am Himmel schweben zwei Tage lang Zeugnisse eines Zeitvertreibs, der in China eine jahrhundertealte Tradition hat. Über Beijing sieht man an diesem Wochenende einige unglaublich farbenfrohe und oft auch komplizierte Konstruktionen. Hier versammeln sich Drachenenthusiasten aus der ganzen Welt, um ihrer Begeisterung an langen Schnüren Lauf zu lassen. *Beijing-Gartenausstellung im Fengtai-Bezirk/Olympische Grünanlagen im Tongzhou-Bezirk; April; gratis.*

18

© Andrew Rowat | Getty Images

HILFREICHE TIPPS

• Die meisten Herbergen und Coffeeshops bieten kostenloses WLAN. Facebook, Twitter und Gmail sind gesperrt, aber Skype und WhatsApp sollten funktionieren.

• Öffentliche Verkehrsmittel sind zu empfehlen. Die meisten Strecken kosten 3 bis 6 ¥. Die U-Bahn in Beijing hat jetzt englische Hinweisschilder und Ansagen.

• Busfahren ist eine Herausforderung, hilft aber bei der Orientierung. Mit einer Beijing Transportation Smart Card (www.travelchinaguide.com/cityguides/beijing/transportation/smart-card.htm) halbieren sich die Fahrpreise (1 ¥).

• Falls Sie im Restaurant zu viel bestellt haben, bitten Sie darum, die Reste zu *dabao* – zum Mitnehmen einzupacken.

KUNST & KULTUR · MUSIK & FILM · SPORT & FREIZEIT · ESSEN & TRINKEN · FESTIVALS & EVENTS

BEIRUT

BEIRUT

Die Hauptstadt des Libanon trug einst den Beinamen „Paris des Ostens" und hat sich im Laufe der Zeit zu einer kulturell komplexen und aufregenden Großstadt entwickelt, in der östliche Einflüsse mühelos neben denen aus dem Westen existieren und in der die Geschichte ebenso deutlich spürbar ist wie in anderen Teilen der Nahen Ostens.

01 Archäologisches Museum der American University of Beirut

Die Museumssammlung ist zwar klein, aber qualitativ überragend. Zu den wichtigsten Exponaten gehören die phönizischen Münzen, Glaswaren und Stelen und die ergreifenden Gedächtnisbüsten aus Palmyra, die aus dem 2. und 3. Jh. n. Chr. stammen. *www.aub.edu.lb/; Bliss St., Hamra; im Winter Mo–Fr 9–17 Uhr, im Sommer 9–16 Uhr; gratis.*

02 Beirut Central District (BCD)

Es hat zwar ein Vierteljahrhundert gedauert, bis sich das Stadtzentrum vom Bürgerkrieg erholt hat, aber seitdem ist die Beiruter Downtown in dem Glanz wieder auferstanden, der vom Jetset der 1960er-Jahre so geschätzt wurde. Um die Place de l'Etoile sieht man ottomanische Gebäude neben solchen aus der französischen Mandatszeit, archäologischen Fundstätten, Moscheen, Kirchen und Synagogen. *24 Std.; gratis.*

03 Sursock-Museum

Die Kunstszene der Stadt ist absolute Avantgarde, und dieses vor kurzem wiedereröffnete Museum ist eines der Kronjuwelen. Es ist in einem Palais aus dem Jahr 1902 untergebracht, das von den Architekten Jean-Michel Wilmotte und Jacques Aboukhaled renoviert worden ist, ohne Aufwand zu scheuen. Die Ausstellungen zeigen Höhepunkte der modernen und zeitgenössischen Kunst. *Rue Sursock, Achrafiye; Mi, Fr–Mo 12–18, Do 12–21 Uhr; gratis.*

© Asaad Saleh | 500px

Kurz und knapp

- Bevölkerung: 2 Millionen
- Highlights: Essen und Partys
- Währung: Libanesisches Pfund LBT
- Preisindex: 200 US-$ pro Tag

04 Corniche

Bei warmem Wetter ist ein Spaziergang an der Corniche, um den Sonnenuntergang am Meer zu genießen, eine sichere Methode, den Beirutbesuch unvergesslich zu machen. Gehen Sie am Yachthafen an der Zaitunay Bay nach Osten in Richtung auf die Pigeon Rocks los. Zum Abschluss können Sie sich mit einem Kaffee im **Al-Rawda Cafe** (*Chouran St.; 7–24 Uhr*) neben dem Luna Park mit seinen herrlich altmodischen Attraktionen belohnen.

05 Beirut Falafel Strip

Die Beshara al-Khoury Street war einst Teil der berüchtigten Grünen Linie, die Beirut in verfeindete West- und Osthälften teilte. Heute kommen hier die Beirutis zusammen und gehen gemeinsam in die fantastischen Falafel-Läden. Der älteste ist **Falafel Sahyoun** (*http://falafelsahyoun.com/; St. 17; 10–23 Uhr*) aus den 1930er-Jahren. Ebenfalls gut sind **Falafel Tabboush** (*St.. 17; 10–24 Uhr*) und **Arax** (*Al Maliyah Building, St. 17.; 10–24 Uhr*). *Etwa 3000–13.500 LBT.*

06 Souk-el-Tayeb-Wochenmarkt

Der Marktplatz vor den Souks im Downtown-Bezirk wurde 2004 eingerichtet, um die verfeindeten Gemeinschaften durch das Teilen von Essen, Traditionen und Gastfreundschaft miteinander auszusöhnen. Kleinbauern (viele von ihnen ökologisch orientiert), handwerkliche Lebensmittelhersteller und Handwerker aus der Umgebung verkaufen hier frisches Gemüse, leckere Snacks und schönes Kunsthandwerk. *www.soukeltayeb.com; Beirut Souks; Sa 9–14 Uhr; gratis*

MADE IN BEIRUT

Der Libanon ist im ganzen Nahen Osten für seine gute Küche bekannt, aber das Handwerk des Landes ist ein ebenso guter, wenn auch weniger bekannter Grund für einen Besuch. Die Qualität der hier hergestellten Stoffe, Bekleidung und Haushaltsgegenstände ist beeindruckend und die Preise sind überaus bezahlbar, sodass Beirut ein hervorragendes Ziel für eine Shoppingreise ist. Besuchen Sie einmal den zum Umfallen schönen Designerladen Orient 499 (*499 Omar Daouk St., Mina El Hosn; Mo–Sa 10.30–19 Uhr*), um sich neu einzukleiden, oder das Kunsthandwerkszentrum L'artisan du Liban (*Centre Saint Antoine, Rue Gouraud, Gemmayzeh; Mo–Fr 9.30-19, Sa 9.30–17 Uhr*), um sich mit Souvenirs einzudecken.

DIE SCHÖNSTEN SONNEN-UNTERGÄNGE ASIENS

01

MANILABUCHT – PHILIPPINEN
Die Luftverschmutzung und die Geografie haben sich zusammengetan, um über der Manilabucht für einige der spektakulärsten Sonnenuntergänge in Asien zu sorgen. Machen Sie sich rechtzeitig auf den Weg und suchen Sie sich einen guten Platz in der Nähe des Vergnügungsparks Mall of Asia. *Seaside Blvd, Manila; gratis.*

02

SARANGKOT – NEPAL
Pokhara scheint mit dem spiegelglatten See und dem Blick auf die Berge wie für Sonnenuntergänge geschaffen. Am beeindruckendsten ist das Erlebnis in Sarangkot auf dem Kamm über dem Phewa-See, von wo aus man zum Siebentausender Machapuchare und zu den Achttausendern des Annapurna-Massivs blickt. *Nepal; 30 Npr.*

03

TSIM SHA TSUI EAST PROMENADE – HONGKONG
Der Sonnenuntergang ist eine Zugabe nach dem Dinner auf der Tsim Sha Tsui Promenade in Hongkong. Bummeln Sie an der Avenue of the Stars (Jackie Chan und andere Eastern-Helden) entlang und suchen Sie sich dann einen Platz am Wasser, um die Lichtersymphonie zu genießen. *Salisbury Rd., Hongkong; gratis.*

04

TOKYO METROPOLITAN GOVERNMENT BUILDING – JAPAN
Den Sonnenuntergang in einer Großstadt sollte man am besten von oben sehen. Oft ist dabei die Schwierigkeit, einen Aussichtsplatz zu finden, der einen nicht in den Ruin treibt. In Tokio kann man kostenlos von der 45. Etage des Gebäudes der Stadtverwaltung die untergehende Sonne im Land der aufgehenden Sonne betrachten. *2–8–1 Nishishinjuku, Tokio; gratis.*

05

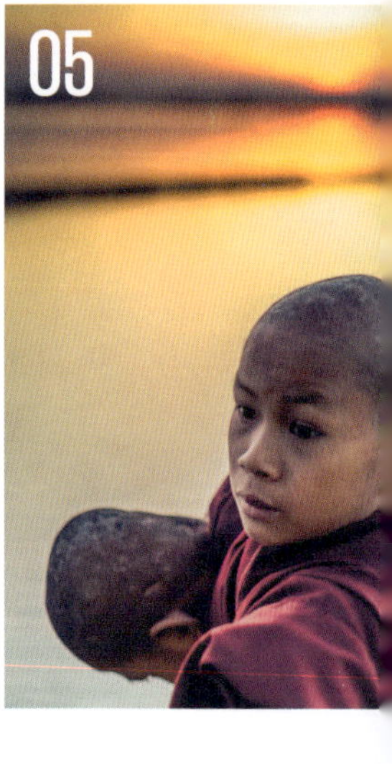

05

U-BEIN-BRÜCKE – MYANMAR

Manche Sehenswürdigkeiten geben als Silhouette das beste Bild ab, die U-Bein-Brücke gehört dazu. Im letzten Tageslicht herrscht auf der längsten Teakholzbrücke der Welt ein dichtes Gedränge von Mönchen, Fahrradfahrern und Einheimischen in den traditionellen *longyis* (Wickelröcken). *Amarapura, Myanmar; gratis.*

GOLDENER TEMPEL – INDIEN

Der Goldene Tempel wird zu jeder Tageszeit von Pilgern belagert, aber zum Sonnenuntergang herrscht am wichtigsten Heiligtum der Sikhs ein besonderer Zauber, wenn das elegante, mit Blattgold belegte Gebäude wie eine glühende Kohle über dem See zu schweben scheint. *Amritsar, Indien; gratis.*

07

JIMBARAN BEACH – BALI

Sonnenuntergang, Sand, Seafood – gibt es einen Grund, diesen Strand nicht zu schätzen? Lassen Sie sich an einem Tisch oberhalb des Strandes nieder, bestellen Sie gegrillte Gambas, Tintenfisch, Barrakuda, Snapper oder Krabben und lassen Sie Ihre Sinne betören, wenn der Himmel im Westen durch die untergehende Sonne ein neues Farbkleid bekommt. *Bali, Indonesien; gratis.*

WESTSEE – CHINA

Der Dichter Su Shi schwärmte schon im 11. Jahrhundert vom Westsee bei Huangzhou, und tausend Jahre später hat der Reiz des Sees glücklicherweise nicht gelitten. Suchen Sie sich einen Aussichtspunkt bei einer der Brücken und lassen Sie sich von der untergehenden Sonne durch die Jahrhunderte zurückführen. *Huangzhou, China; gratis.*

© EyeOn/UIG; Kimberley Coole; Adrian Pope; Haitao Zhang; Gavin Quirke; yuliang11; kldlife | Getty Images

KUNST & KULTUR MUSIK & FILM SPORT & FREIZEIT ESSEN & TRINKEN FESTIVALS & EVENTS

DELHI

Delhi bietet alles, was Indien bieten kann. Es kostet nicht viel, die Mogulbauten zu besichtigen, auf den eleganten Prachtstraßen zu flanieren oder das Chaos der Altstadt zu erforschen. Wenn man genauso gerne Zeit und Aufmerksamkeit wie Geld für Sehenswürdigkeiten aufwendet, dann ist man hier richtig!!

01 Zum Bücherwurm werden
Kühl, kultiviert und koffeingesättigt: So kann man seine Zeit in diesen Buchhandlungen und ihren Cafes verbringen. Hier gibt es internationale und indische Autoren, gute Abteilungen zur Naturkunde und Kulturgeschichte, Veranstaltungen mit Autoren und Lesungen. *http://fullcirclebooks.in; Khan Market (1a): Buchhandlung und Cafe 9.30–21.30 Uhr; Greater Kailash 1 (1b): Buchhandlung 10–20 Uhr, Cafe 9.30–20.30 Uhr; gratis.*

02 Indian National Trust for Art and Cultural Heritage (INTACH)
Die Wochenendspaziergänge des INTACH werden von Historikern geführt und von den Einwohnern Delhis genauso geschätzt wie von Touristen. Auf dem Programm stehen auch Dinge, die man als Individualreisender meist nicht besucht, wie etwa der Mehrauli-Archäologie-Park. Online-Buchung erforderlich. *www.intachdelhichapter.org/heritage_walks.php; unterschiedliche Ausgangspunkte; Details auf der Internetseite; 100 Rs.*

03 Abends ins India International Centre (IIC)
Das IIC ist von Laubbäumen umgeben und großartig, um sich mit darstellender Kunst verwöhnen zu lassen. Die Energie ist im Raum spürbar, wenn man vor und nach den Veranstaltungen in dem bunt gemischten Publikum unterwegs ist. Die Veranstaltungen sind meist öffentlich, und falls einem langweilig werden sollte, kann man sich in die riesige Bibliothek retten. *iicdelhi.nic.in; 40 Max Mueller Marg; gratis.*

© Orien Harvey | Getty Images

INSIDER-TIPP

Abhijit Menon-Sen zeichnet eine detaillierte Karte von Chandni Chowk in den Staub, um den Weg zum Old Famous Jalebi-wala (*Dariba Kalan, Chandni Chowk; 10–21 Uhr; 45 R für 100 g*) zu zeigen, der seit seiner Kindheit in Delhi eine Institution ist. „Wenn Sie an der Ecke eine Menschenmenge sehen, haben Sie es gefunden", sagt er. Und was ist ein *Jalebi*? „Ein frittiertes Teigbällchen, das von einem atemberaubend süßen Sirup durchtränkt ist." Am besten schmecken sie frisch aus dem Öl, wenn Sie also auf Nachschub warten müssen, können Sie sich beim *lassi-wallah* eine Erfrischung holen oder bei den Juwelieren gegenüber die Auslagen betrachten. Lassen Sie sich aber nicht so ablenken, dass Sie die nächste Portion verpassen!

04 Mit den Flughunden abhängen

In den riesigen Bäumen am Janpath ignorieren die tiefsten Schläfer Delhis den Verkehrslärm, der unter ihnen braust. Die Flughunde werden auch als fliegende Füchse oder Frucht-Fledermäuse bezeichnet. Sie schlafen am Tag kopfüber in den Bäumen und schwärmen in der Dämmerung aus, um morgens zurückzukehren. *Janpath, in der Nähe des Janpath Circle; bei Tageslicht; gratis.*

05 Lodi-Gärten

Der idyllische Park bietet auf seinen 36 Hektar lachenden Yogis und schmusenden Pärchen, Hundeausführern und Eichhörnchenfütterern, ernsthaften Joggern und älteren Spaziergängern ebenso wie Amateur-Cricketspielern und Familienpicknicks eine Heimstatt in der Großstadt. Alles findet vor dem Hintergrund der Parkanlagen mit ihren verfallenden Grabmälern und Mogulbauten statt.
Eingang South End Rd.; Okt–März 6–20 Uhr, April–Sept 5–20 Uhr; gratis.

06 Frühstückstee à la Delhi

Wenn man bei Sonnenaufgang einen Tee von den *chai-wallahs* in Alt-Delhi trinkt, kann man zusehen, wie die Welt erwacht. Gähnend entflechten sich die Fahrer aus ihren Fahrrad-Rickschas, wer auf der Straße lebt, bringt sein Stück Bürgersteig in Ordnung, und die Straßenhändler halten nach Kunden Ausschau. Man lässt sich Tee einschenken, setzt sich auf eine Bank, und wappnet sich für den Tag. *Nördlich vor dem Roten Fort; frühmorgens; Tee ab 10 Rs.*

Kurz und knapp

- Bevölkerung: 24 Millionen
- Highlights: das Aufeinandertreffen von Altertum und Gegenwart
- Währung: Rupie Rs oder INR
- Preisindex: 40 US-$ pro Tag

KUNST & KULTUR · MUSIK & FILM · SPORT & FREIZEIT · ESSEN & TRINKEN · FESTIVALS & EVENTS

DUBAI

Auf den ersten Blick wirkt Dubai dekadent und unanständig teuer, aber unter den Exzessen der modernen Metropole liegt immer noch die einst bescheidene Siedlung von Perlenhändlern, und zwischen den gigantischen Gebäuden und Einkaufszentren kann man immer noch preiswerte Dinge erleben und erstehen.

01 Ayyam Gallery

Seit der Gründung 2006 zeigt die Ayyam Gallery in Dubai und Beirut erstklassige zeitgenössische Kunstwerke von Künstlern aus dem Nahen Osten, die auf dem Weg nach oben sind. Details über die meist kostenlosen Ausstellungen sind auf der Internetseite zu finden. Sie regen fast immer zum Nachdenken an. *www.ayyamgallery.com; Gate Village Bldg. 3, DIFC und Unit B11, Alserkal Ave., Al Quoz; gratis.*

02 Kamel-Museum

Das Beit Al Rekkab („Haus der Kamele") stellt die Rolle des Wüstenschiffs in der Kultur, Geschichte und Literatur Arabiens dar. Als Dubai noch eine kleine Siedlung am Dubai Creek war, bedeuteten die Kamele den Beduinen alles: Sie waren Lasttiere und Statussymbole, lieferten Milch und Medizin (Kamelurin wird gegen Geschwüre und Haarausfall verwendet) und gaben auch als Renntiere ihr Bestes. *Al Shindagha Historic District; So–Do 8–14 Uhr; gratis.*

© André Maslennikov; Tony Wheeler | Getty Images, © Andrew Mongomery | Lonely Planet Images

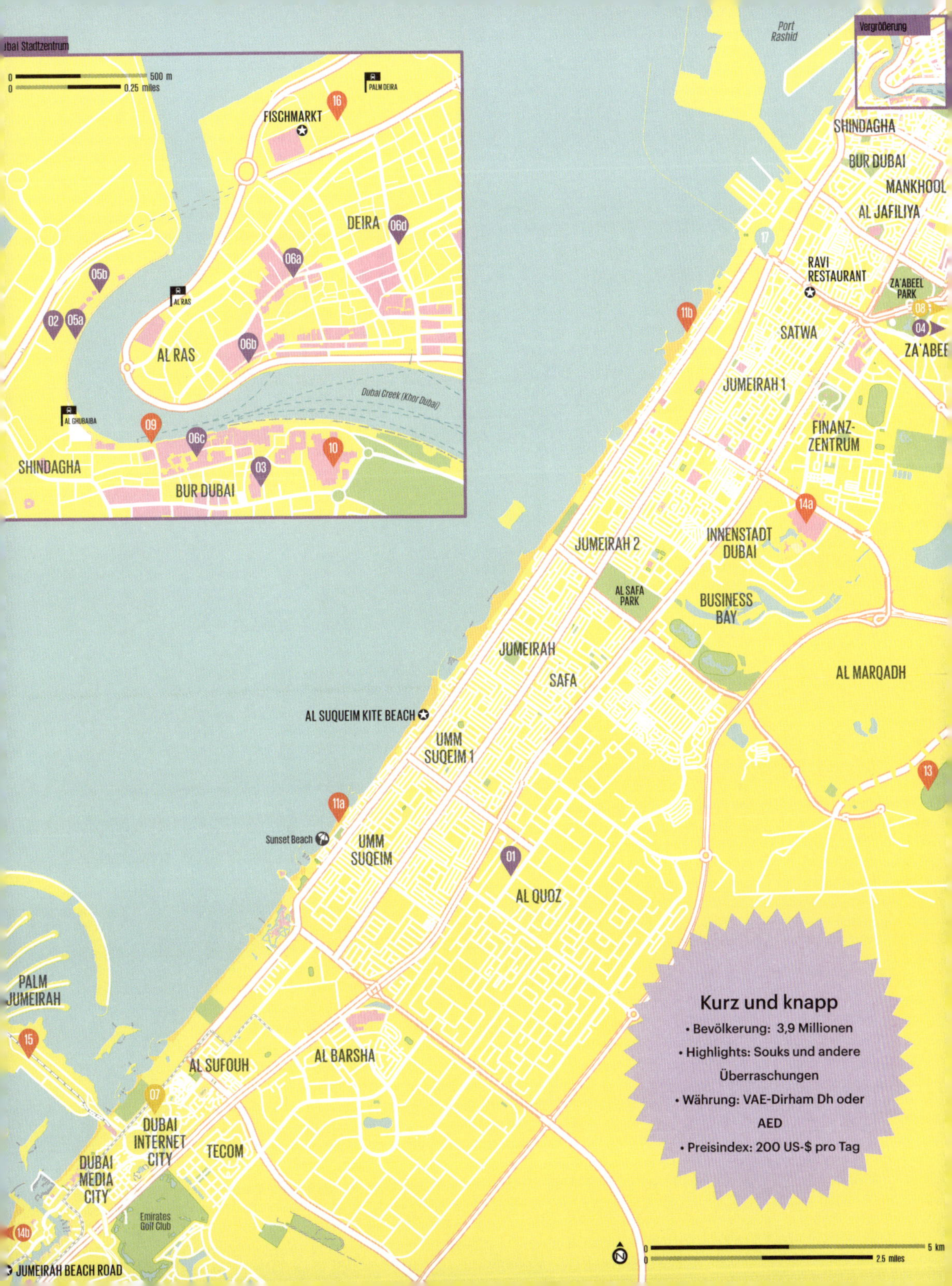

Kurz und knapp

- Bevölkerung: 3,9 Millionen
- Highlights: Souks und andere Überraschungen
- Währung: VAE-Dirham Dh oder AED
- Preisindex: 200 US-$ pro Tag

03 Dubai-Museum
Das Al-Fahidi-Fort wurde 1787 gebaut, es ist das älteste Gebäude in dieser ruhelosen Großstadt. Heute wird der einstige Palast- und Gefängnisbau als Museum genutzt. Die Ausstellungen informieren über Dubais Vergangenheit als Perlenumschlagplatz und die immensen Veränderungen seit 1960, als die moderne Metropole aus dem Sand zu wachsen begann. Zu den Exponaten gehören Waffen und Musikinstrumente.
Al Fahidi St.; Sa–Do 8.30–20.30 Uhr, Fr 14.30–20.30 Uhr; 3 Dh.

04 Dhau-Werft Jaddaf
Die Dhaus, die seit Jahrhunderten um die Arabische Halbinsel segeln, sind neben dem Kamel das zweite Verkehrsmittel, das man mit Arabien in Verbindung bringt. Die Schiffe werden immer noch in Handarbeit in einer traditionellen Werft in Jaddaf gebaut. Hier sieht man die Handwerker nach alten Methoden das Teak- und Sheshamholz mit Hammer, Säge, Stechbeitel, Bohrer und Hobel bearbeiten; *gratis*.

05 Sheikh-Saeed-Al-Maktoum-Haus
Das ehemalige Heim des Großvaters des heutigen Emirs ist jetzt ein Museum (5a), in dem eine fantastische Fotosammlung die Geschichte der Wandlung Dubais von einer Beduinensiedlung zu einer modernen Stadt erzählt. Das Palastgebäude ist ein architektonisches Juwel mit einem raffinierten Kühlsystem aus den Zeiten vor der elektrischen Klimaanlage. In der Nähe befinden sich das **Heritage Village and Diving Village** (5b), in denen man sich kostenlos über das Perlentauchen in der Vergangenheit informiert.
Al Shindagha Heritage Village, Bur Dubai; Sa–Do 8–20.30, Fr 15–21.30; Erw./Kind 3/1 Dh.

INSIDER-TIPPS

„Die Souks in Karma, Deira und Bur Dubai bieten preiswert Essen und Kleidung an, und das asiatische Essen dort kostet so gut wie nichts. Mein Favorit ist das pakistanische Ravi Restaurant (*Shop 245, Al Dhiyafa Rd., Satwa; 5–3 Uhr*) mit dem besten Curry der Stadt.
Wir liegen zwar in der Wüste, aber die grünen Parks kosten nur 4 Dh und bieten Aschenbahnen, Grillplätze und Platz zum Fußballspielen und Picknicken.
An der Jumeirah Beach Road gibt es viele öffentliche Strände, und vom Al Suqueim Kite Beach hat man einen Blick auf das Sieben-Sterne-Hotel Burj al Arab."
– Dave Spours, Grafiker

© Andrew Mongomery | Lonely Planet Images, © Inspired by Dubai | 500px

06 Der Souk-Look

In Dubais Souks findet man ein Stück echtes Arabien, vom glitzernden **Gold-Souk** (6a; *Sikkat Al Khail St.; 10–13 und 15–22 Uhr*) und dem **Gewürz-Souk** (6b; *zw. Baniyas Rd., Al Ras Rd. und Al Abra St.; Sa–Do 9–22, Fr 16–22 Uhr*) bis hin zum **Bur-Dubai-Souk** (6c; *zw. Hafen in Bur Dubai und der Ali bin Abi Talib St.), und dem überdachten* **Covered Souq** (*6d; zw. Al Sabkha Rd., 107th St. und Naif Rd.); gratis.*

07 Indie-Kino-Szene

Die Hollywoodschinken, die in den Multiplex-Kinos gezeigt werden, sind nicht nach dem Geschmack aller Einheimischen. Der Scene Club trifft sich monatlich, um das Beste aus der Welt des Kinos zu zeigen und zu diskutieren. Die Vorführungen finden meist im Hauptsaal des Konferenzzentrums im Dubai Knowledge Village statt. Einfach online der Gruppe beitreten und eine kostenlose Eintrittskarte reservieren.
www.thesceneclub.com; gratis.

08 Kino auf dem Dach

Jeden Sonntag gibt es im Dachgarten des ägyptisch eingerichteten Einkaufszentrums in Dubai Freiluftkinovorstellungen. Die Filme beginnen um 20.30 Uhr, aber man sollte früher da sein, um einen guten Platz zu ergattern. Es gibt Popcorn, Hotdogs und Getränke zu den üblichen erschreckenden Preisen Dubais, aber der Film selbst kostet nichts.
www.pyramidsrestaurantsatwafi.com; Pyramids Rooftop Gardens, Wafi Mall, Oud Metha Rd; So ab 20.30 Uhr; gratis.

09 *Abra*(-kadabra)

Lassen Sie sich mit Zauberhand in das traditionelle Dubai versetzen, indem Sie mit einem *abra* (Wassertaxi) nach Deira auf die andere Seite des Dubai Creek fahren. Das Nordufer ist traditionell hektisch, da hier die Seekaufleute ihre Waren anlanden. Aber schon die Bootsfahrt auf einer überfüllten Motor-Dhau ist ein unvergessliches Erlebnis. Vorsicht beim An-Bord-Gehen! *Dubai Creek; 1 Dh.*

10 Al Fahidi Historic District

Wenn man genug von der glitzernden Großstadt hat, kann man sich bei einem Spaziergang durch die Vergangenheit erholen. Die historische Altstadt hieß einst Bastakia, nach den reichen Perlen- und Textilhändlern aus dem persischen Bastak, die sich im 19. Jahrhundert hier niederließen. In den restaurierten Gebäuden an den Gassen sind jetzt Galerien, geschäftige Cafés und coole Boutiquehotels untergebracht.

11 Die Strände

Falls das eigene Hotel nicht am Strand liegt, kann man entweder Eintritt für einen Beach Park bezahlen oder einen der kostenlosen öffentlichen Strände aufsuchen. **Burj Beach** (11a) ist gratis und hat einen guten Blick auf den Burj Al Arab, während **Jumeirah Beach** (11b) eine neue, 14 Kilometer lange Strandpromenade bietet. An den öffentlichen Stränden gibt es Grillplätze, deren Benutzung etwa 5 Dh kostet. *24 Std.; gratis.*

12 Yoga-Unterricht

Das Leben in der klimatisierten Welt von Dubai erfordert manchmal vielleicht ein Gegenmittel, um sein seelisches Gleichgewicht wiederzugewinnen. In diesem Fall kann man sich an die **Friends of Yoga** wenden, die täglich um 5.30 Uhr und 19.30 Uhr kostenlose Yogakurse anbieten, unter anderem in Deira Creek, Bur Dubai Creek und im Zabeel Park. Bei der Registrierung im Internet erfährt man auch einen nahen Veranstaltungsort. *friendsofyogaglobal.org; gratis.*

13 Pferderennen im Meydan Racecourse

Der königliche Sport ist nicht exklusiv den Scheichs vorbehalten, und der Preis muss auch nicht exorbitant sein. Wenn man früh kommt, kann man öffentlichen Teil der Meydan-Rennbahn kostenlos betreten und den Arabern (Pferden ...) beim Rennen zusehen. Es gibt auch Sitzplätze mit guter Aussicht, und im Parade Ring lassen sich die Pferde auch begutachten. *www.dubaiworldcup.com; Nad Al Sheba; Nov–März; gratis.*

14 Mal in die Mall

Dubai bietet viele beeindruckende Konsumkathedralen, manche erinnern eher an einen Vergnügungspark als an ein Einkaufszentrum. In der **Dubai Mall** (14a; *thedubaimall.com; Financial Centre Rd.; So–Mi 10–23, Do–Sa 10–24 Uhr*), kann man ein gigantisches Aquarium mit 30 000 Bewohnern bestaunen und zum höchsten Gebäude der Welt – dem Burj Khalifa mit 830 Meter – hinüberblicken. Die **Ibn Battuta Mall** (14b; *ibnbattutamall.com; Sheikh Zayed Rd.; So–Mi 10–22, Do–Sa 10–24 Uhr*) bietet thematisch dekorierte Abteilungen, die einen nach China, Spanien, Persien oder Tunesien versetzen. *24 Std.; gratis.*

15 Palm Jumeirah

Die Preise der Hotels auf der Palm Jumeirah können einem die Tränen in die Augen treiben. Auch wenn das Budget dafür nicht reicht, kann man das künstliche Archipel, das in den Persischen Golf ragt, zu Fuß doch umsonst besuchen. Für geringes Geld kann man sogar eine Rückfahrkarte für die **Monorail** (*palm-monorail.com; 25 Dh*) lösen, die auf dem „Stamm" dieses künstlichen Wunderwerks verkehrt.

16 Pehlwani-Ringen

Freitags versammeln sich kurz vor Sonnenuntergang Scharen von Bauarbeitern auf dem Sandplatz hinter dem Fischmarkt in Deira, um sich in

EIN GESCHENKTER TAG

Das ideale Gegenmittel für die Hochhäuser von Downtown Dubai ist ein Spaziergang durch die Altstadt am Creek. Anfangspunkt sind die labyrinthischen Gassen von Al Fahidi (S. 41). Nachdem man die moderne Große Moschee passiert hat, kann man seiner Feilschlust im Souk von Bur Dubai freien Lauf lassen. (S. 41). Dann geht es am Creek weiter, um die Museumsdörfer in Al Shindagha (S. 40) zu erforschen, oder mit einem *abra* (S. 41) nach Deira hinüber. An der Corniche Rd. entlang geht man bis zum hektischen Fisch- und Lebensmittelmarkt, auf dem alle Erzeugnisse des Persischen Golfs bis hin zum Haifisch zum Kochen angeboten werden.

DUBAI

© Konstantin Stepanenko | 500px

sportlichen Wettbewerben zu messen oder ihnen zuzuschauen. Pehlwani ist eine traditionelle Kampfsportart aus Indien und Pakistan (woher die meisten Bauarbeiter stammen), bei der zwei mit Lendenschurz bekleidete Männer gegeneinander antreten. *Deira; Fr 17 Uhr; gratis.*

17 **2. Dezember**

Der Straßenname wurde zwar zu „2. Dezember" (dem Nationalfeiertag) geändert, aber man kann die ehemalig Al Dhiyafah Rd. zu jeder Zeit aufsuchen, um sich mit billigem Imbiss-Essen zu sättigen. Hier treffen sich in Dubai arbeitende Ausländer mit Touristen und Handwerkern und lassen sich Gerichte aus Indien, Afrika, dem Iran und Libanon munden. *24 Std.; gratis.*

18 **Street Nights**

Dieses preisgekrönte Fest der Straßenkultur versucht alljährlich, die Menschen aus den riesigen klimatisierten Einkaufszentren Dubais unter den freien Himmel zu locken. Dafür werden Live-musik, verschiedene Restaurants mit Imbissen und die größte Versamm-lung von Künstlern in den VAE geboten, die Wände und Zäune zu Leinwänden umfunktionieren. Termine auf der Internetseite. *streetnights.ae; gratis.*

12

© Dave and Les Jacobs | Getty Images

HILFREICHE TIPPS

• Wenn man Kleinigkeiten oder Essen von Straßenständen kaufen möchte, sollte man Kleingeld, einschließlich kleiner Scheine, bereithalten und für Nippes hartnäckig feilschen.

• Bei einem längeren Besuch lohnen sich die bei den Einheimischen beliebten „Entertainer"-Bücher mit App (*theentertainerme.com/tryapp; 450 Dh*) mit denen man 2-für-1-Angebote in Restaurants, Cafés, Vergnügungsparks u. a. m. bekommt.

• Dubais ausländische Gemeinschaft betreibt auf der Website Dubizzle (*dubizzle.com*) ein Wieder-verwertungs-system mit Kleinanzeigen, die Rubrik „Free" ist recht groß.

KUNST & KULTUR · MUSIK & FILM · SPORT & FREIZEIT · ESSEN & TRINKEN · FESTIVALS & EVENTS

HONGKONG

Hongkong bietet etwas fürs Geld, und es muss nicht einmal viel Geld sein. Mit etwas Einfallsreichtum kann man die Stadt auch genießen, ohne Milliardär zu sein. Zudem liegen in der Nähe Naturparadiese, die leicht und preiswert mit dem Bus zu erreichen sind.

01 Affordable Art Fair

Falls man Kunst mit allem Drumherum schätzt – Wein, dienstfertige Angestellte –, dann ist man hier richtig. Es finden sich Tausende von Originalen, darunter auch solche mit großen Namen. Die Preise reichen von 1000 bis 100 000 HK-$ – im Vergleich zum Weltmarkt nicht hoch. *http://affordableartfair.com/hongkong/; verschiedene Veranstaltungsorte; Mai; 160 HK-$.*

02 Museumstag am Mittwoch

Mittwochs ist der Eintritt zu einigen Museen kostenlos (*www.museums.gov.hk*). Um sich mit Hongkongs Geschichte vertraut zu machen, kann man das **History Museum** (2a; *100 Chatham Rd. S.; Mo–Fr 9.30–12.45, Sa 9.30–12 Uhr*) oder das **Heritage Museum** (2b; *1 Man Lam Rd.; Mo und Mi–Fr 10–18, Sa–So 10–19 Uhr*) besuchen. Kostenloser Eintritt gilt immer für das **Flagstaff House Museum of Tea Ware** (2c; *hk.art.museum; 10 Cotton Tree Dr.; Mi–Mo 10–18 Uhr*) und das **Railway Museum** (2d; *heritagmuseum.gov.hk*).

© Whitworth Images | Getty Images, © Earnest Tse; Hobbyman | 500px

Kurz und knapp

- Bevölkerung: 7,2 Millionen
- Highlights: das Essen und die geringe Entfernung zur umgebenden Natur
- Währung: Hongkong-Dollar HK-$ oder HKD
- Preisindex: 150 US-$ pro Tag

Para Site Art Space
03 Para Site ist eine der ältesten und aktivsten alternativen Kunsteinrichtungen in Hongkong (genauer: in Asien) und hat den Ruf, beim Kuratieren wie bei der Mischung von Medien gleichermaßen kritisch und abenteuerlustig zu sein. Die Ausstellungen sind sehr aktuell und beschäftigen sich häufig mit Themen des urbanen Lebens. *www.para-site.org.hk; 22. Etage, Wing Wah Industrial Bldg., 677 King's Rd.; Mi–So 12–19 Uhr; gratis.*

PMQ
04 Die Selbstdarstellung mag zwar von „Kunst" sprechen, aber im PMQ geht es eher um kommerziell ausgerichtetes Design aus Hongkong. Die Geschäfte (meist Mode und Haushaltswaren) lohnen aber einen Blick, auch wenn man nicht kaufen möchte. In einem der Ateliers gibt es auch meist eine gute Ausstellung. *www.pmq.org.hk; 35 Aberdeen St., Soho; Gesamtkomplex 7–23 Uhr, Geschäfte 11–19 Uhr, gratis.*

Cantonese Opera im Temple Street Night Market
05 Man muss kein Kenner der Kantonesischen Oper sein, um hier auf seine Kosten zu kommen. Der aufregendste Nachtmarkt von Hongkong wimmelt von Straßenhändlern, Musikern und Hellsehern. Der Klang der Zimbeln und der Gesang, die bedeutungsvollen Gesten werden noch Jahre später als Erinnerungen an den Hongkong-Besuch die Sehnsucht nach einer Rückkehr wecken, wenn man die Musik wieder hört. *Temple St., Yau Ma Tei; 6–23 Uhr; gratis.*

Musik im Sense99
06 In extravaganten Räumen mit Kronleuchtern und roten Wänden versammelt sich am Wochenende ein

HONGKONG

INSIDER-TIPPS

„Apotheken und Märkte sind preiswerter als Supermärkte. Geschäfte und Cafés im ersten Stock verlangen weniger als die auf Straßenebene."
– Angela Chan, Schriftstellerin

„Am billigsten kommt man zum Flughafen, wenn man mit der MTR bis Tung Chung fährt und dort einen Bus nimmt. Preise in Supermärkten unterscheiden sich von Tag zu Tag. Achten Sie auf die gelben Etiketten mit den handschriftlichen Preisangaben bei Ausverkäufen. Die meisten Supermärkte haben ein Extraregal für herabgesetzte Waren."
– Janine Cheung, Rechtsanwältin

„Die Vorführungen beim Filmfestival (*www.hkiff.org.hk*) sind preiswerter als in normalen Kinos."
– Gérard Henri, Kulturkritiker

© Joe Chen | 500px, © PamelaJoeMcFarlane | Getty Images

Publikum aus künstlerisch angehauchten, aber nicht überheblichen Einheimischen und Besuchern. In der oberen Etage stehen ein Schlagzeug und eine E-Gitarre für eine schnelle Jam-Session bereit. Je nachdem ist der Star dann ein Profi, ein betrunkener Besucher oder man selbst. *http://sense99.com; 2. und 3. Etage, 99 Wellington St.; Fr–Sa 21–4 Uhr; gratis.*

07 Street Music Concert Series

Diese Konzerte sind die ideale Mischung aus professioneller Kuratierung und sprudelnder Spontaneität. Die Auswahl reicht vom Indie-Rock bis zur Kantonesischen Oper. Die Konzerte finden monatlich im **Arts Centre** (7a; *2 Harbour Rd., Wan Chai; dritter Sa 17.30–20 Uhr*), im **Comix Home Base** (7b; *7 Mallory St., Wan Chai; vierter So 15–16.30 Uhr*) und im **Blue House** (7c; *72 Stone Nullah Ln.; zweiter Do 19.30–21 Uhr*) statt. *http://hkstreetmusic.com; gratis.*

08 Visage One

Tagsüber ein Friseur, nachts ein Jazzladen: Das Visage hat etwas von einer Geheimgesellschaft. Man weiß nie, wer spielt. Das macht nichts, weil alle dem Besitzer Benki voll vertrauen. Samstags kommen nach und nach die Anhänger, suchen sich einen Platz hinter den Musikern, auf den Stufen, im Friseursessel, und warten darauf, dass die ersten Töne erklingen. *Po Lung Bldg., 93 Hollywood Rd., Soho; Sa 20.30–23.30; gratis.*

09 Wandern auf dem MacLehose Trail

Einsame Buchten, Vulkanfelsen, wolkenumhüllte Gipfel und alte Dörfer sind nur einige der atemberaubenden Dinge, die man entlang des 100 Kilometer langen MacLehose-Wanderwegs entdecken kann. Der erste von zehn Abschnitten beginnt in Pak Tam Chung in Sai Kung im Osten, der letzte liegt in Tuen Mun im Westen. Die meisten Abschnitte sind mit öffentlichen Verkehrsmitteln zu erreichen. *http://hiking.gov.hk; 24 Std.; gratis.*

10 Pferderennen auf der Happy-Valley-Rennbahn

Es kostet nur 10 HK-$, um abends unter Flutlicht am beliebtesten Zuschauersport der Stadt teilzunehmen. Es reicht schon, die Tiere und Jockeys anzufeuern. Man kann aber auch eine Wette riskieren. So oder so sollte man eigene Verpflegung (und Getränke) mitbringen, wenn man nicht sein Portemonnaie leeren will, um den Magen zu füllen. *www.hkjc.com; Wong Nai Chung Rd., Happy Valley; Sept–Juni, Mi 19.30–22.30 Uhr; 10 HK-$.*

11 Ping Shan Heritage Trail

An diesem 1 Kilometer langen Weg geben sich das vorkoloniale und das zeitgenössische Hongkong ein Stelldichein. Man kann zwölf historische Gebäude der einflussreichen Tang-Familie besichtigen, die dieses 500 Jahre alte Dorf gegründet hat. Die prächtige Ahnenhalle wird für Bankette und Modenschauen verwendet (William Tang ist Modeschöpfer). *Ping Shan, Yuen Long; Hallen und Pagode 9–13 und 14–17 Uhr; Di geschl.; gratis.*

12 Grillen auf Hongkong-Art

Schlüsselzutaten für dieses preiswerte Vergnügen sind mariniertes Fleisch (Schweinekoteletts, Hähnchenflügel, Würstchen), Gemüse und – Marshmallows. Außerdem braucht man Grillgabeln, Pappteller, Holzkohle und ein Feuerzeug. Das alles kauft man im Supermarkt, begibt sich an einen Strand oder in einen Park und belegt einen Grillplatz. Ganz einfach. Dann nur noch das Feuer in Gang bringen ...

13 **Khalsa-Diwan-Sikh-Tempel**
Es ist keine städtische Tafel, aber der größte Sikh-Tempel in Hongkong gibt täglich (*11.30–20.30 Uhr*) vegetarische Mahlzeiten an jeden aus, der durch seine Tore kommt, unabhängig von „Glauben, Kaste, Hautfarbe und Herkunftsland". Als Gegenleistung für das Essen kann man ja freiwillig beim Abwasch helfen. Die Gebete (*So 9–13.30, wochentags 6–8.30 und 18.30–20 Uhr*) sind ebenfalls für jeden zugänglich. *www.khalsadiwan.com; 371 Queen's Rd. E., Wan Chai; gratis.*

14 **Cheung-Chau-Knödelfest**
Vielleicht haben Sie schon von diesem jahrhundertealten Spektakel gehört, bei dem die Teilnehmer einen Turm ersteigen müssen, der mit Glücksknödeln behängt ist, um möglichst viele davon einzusammeln. Dies ist nur eine der vielen Feiern zu Buddhas Geburtstag, die seit der Qing-Dynastie abgehalten werden. Bei einer anderen sollten als Gottheiten verkleidete Kinder einst Piratenangriffe abwehren. *www.cheungchau.org; unterschiedliche Veranstaltungsorte und -termine; gratis.*

15 **Drachenbootrennen**
Es ist ein besonderes Erlebnis, den Drachenbooten vor einer Kulisse aus geschmückten Fischerdschunken beim Rennen zuzusehen, während um einen herum Opfergeld verbrannt wird. Spektakulär sind die Rennen während des Drachenbootfestes in Stanley und Tai O sowie die am Geburtstag von Tin Hau in Lamma und Poi Toi. *www.hong-kong-traveller.com; unterschiedliche Veranstaltungsorte und -termine; gratis.*

16 **Feuerdrachentanz beim Mondfest**
Während dieses Festes wird an drei Nächten ein 67 Meter langer, mit 70 000 Räucherstäbchen besetzter Strohdrachen von Hunderten heißblütigen Männern durch die Straßen des wohlhabenden Stadtteils **Tai Hang** (16a; *www.taihangfiredragon.hk; gratis*) gezogen. Mit dem rauchgeschwängerten Ritual wird an die Errettung vor einer Seuche und einem

15

PREISWERT: ÖPNV

Die Straßenbahn (*www.hktramways.com*) und die Star Ferry (*www.starferry.com.hk*) gehören zum Verkehrserbe der Stadt. Mit der Tram, der Fähre und als Fußgänger kann man auf bezahlbare Weise Hongkong erforschen. Für einen Einheitspreis von 2,30 HK-$ kann man in den doppelstöckigen Straßenbahnen so weit man möchte auf dem 16 Kilometer langen Schienensystem fahren. Die Fahrt mit der Star-Ferry-Fähre dauert 12 Minuten, kostet nur 2,50 HK-$ und bietet postkartenreife Ausblicke über Victoria Harbour.

© Keith Mulcahy | 500px

HONGKONG

Sturm vor 100 Jahren erinnert. Ein anderer Drache tanzt im **Pok Fu Lam Village** (16b; *www.hong-kong-traveller.com; gratis*). Man sollte früh ankommen, es wird sehr voll.

17 Freespace Happening, West Kowloon

Wenn man an einem Sonntag nichts anderes vorhat, kann man ihn hier in Gesellschaft der jungen Kulturszene der Stadt verbringen. Geboten bekommt man dann Livemusik, Film, Tanz, Parcoursläufe, Kunsthandwerk und vieles anderes mehr. Einfach ein Picknick und einen Frisbee einpacken – Rasenflächen und schöne Ausblicke auf das Meer sind mehr als genug vorhanden. *www.westkowloon.hk; Nursery Park, West Kowloon Promenade; zweiter So im Monat 14–19 Uhr; gratis.*

18 Fest der Hungrigen Geister

Um die umherstreifenden Geister zu besänftigen, die im siebten Mondmonat durch die dann offenen Höllentore strömen, stellen die Chinesen Speisen und Opfergeld an den Straßenrändern bereit. In den Stadtteilen werden Bambusgerüste für religiöse (buddhistische wie taoistische) Zeremonien aufgestellt. Der Monat endet, indem eine Papiernachbildung des mit geballten Fäusten dargestellten Gottes der Unterwelt verbrannt wird. *www.discoverhongkong.com; gratis..*

16

© Hei Yu | 500px

AUF DIE BILLIGE TOUR

Folgenden Einrichtungen bieten kostenlose englische Führungen:
- **Asia Society (*http://asiasociety.org*), ein ehemaliges Pulvermagazin, bietet erstklassige Ausstellungen.**
- **Mei Ho House Youth Hostel (*www.yha.org.hk*): heute ein Museum.**
- **Das Tai O Heritage Hotel (*www.taioheritagehotel.com*) schützte die Küste vor Piraten.**
- **Jao Tsung-I Academy (*www.jtia.hk*) war u. a. Seuchenkrankenhaus und Gefängnis. Es gibt Ausstellungen zur Geschichte.**

Manche Einrichtungen kann man nur im Rahmen einer Besichtigung besuchen:
- **North Kowloon Magistracy (*www.visitscadhk.hk*), heute eine Schule**
- **Tsz-Shan-Kloster (*www.tszshan.org*), ein modernes, aber vom Altertum inspiriertes Kloster.**
- **Die Klinik Lui Seng Chun (*http://scm.hkbu.edu.hk*) praktiziert traditionelle chinesische Medizin. An bestimmten Tagen kann man sich gratis den Puls messen lassen.**

KUNST & KULTUR | MUSIK & FILM | SPORT & FREIZEIT | ESSEN & TRINKEN | FESTIVALS & EVENTS

MUMBAI

Indien ist immer noch ein relativ preiswertes Reiseland, aber Mumbai ist als größte, geschäftigste, reichste und kosmopolitischste Metropole des Landes wahrscheinlich auch die teuerste. Allerdings gibt es auch im ehemaligen Bombay viel Günstiges, sodass man auf seine Kosten kommt, ohne sich in Unkosten zu stürzen.

02

04

06

01 Das britische Indien

Der **Chhatrapati Shivaji Terminus** (1a) ist ein Paradebeispiel viktorianischer Architektur und der meistfrequentierte Bahnhof der Welt. In der Nähe steht das **Gateway of India** (1b), 1911 anlässlich des Besuchs von König Georg V. errichtet – vor allem im März zum Elephanta Festival eine gute Stelle, um das Straßentreiben zu beobachten. Von hier fahren Boote zu den Tempeln der **Elephanta-Höhlen** (250 Rs).

02 Kunst in Kala Ghoda

Im Gegensatz zur **National Gallery of Modern Art** (2a; *www.ngmaindia.gov.in; Di–So 11–18 Uhr; 500 Rs*) verlangt die **Jehangir Art Gallery** (*www.jehangirartgallery.com; Mahatma Gandhi Rd.; 11-19 Uhr; gratis*) keinen Eintritt, um moderne indische Kunst zu sehen. Im Januar/Februar findet an neun Tagen das **Kala Ghoda Festival** (*www.kalaghodaassociation.com; gratis*) statt. In der Nähe bietet die **Project 88 Gallery** (2b; *www.project88.in; BMP Building, NA Sawant Marg, Colaba; Di–Sa 11–19 Uhr; gratis*) ebenfalls ultramoderne Kunst.

© Graham Crouch; Huw Jones | Getty Images, © Gopal Sahu photography | 500px

Kurz und knapp

- Bevölkerung: 21 Millionen
- Highlights: die Leute, die man sieht, und die Mash-ups aus vielen Kulturen
- Währung: Rupie Rs oder INR
- Preisindex: 45 US-$ pro Tag

03 Mani Bhavan

Zwischen 1917 und 1934 war Mahatma Gandhi immer wieder in Mumbai. Das Gebäude, in dem er wohnte und auch seine Philosophie des gewaltlosen Widerstands entwickelte, ist heute ein ihm gewidmetes Museum. *www.gandhi-manibhavan.org; 19 Laburnum Rd., Gamdevi; 9.30–18 Uhr; gratis.*

04 Die Strände

Die Stadt hat mehrere Strände, die einen Besuch lohnen. **Juhu Beach** (4a) liegt im Norden der Stadt und ist nicht so überlaufen, aber der zentral gelegene, betriebsame **Chowpatty Beach** (4b) ist viel interessanter. Von Oktober bis März strömen Hindus hierher, um der elefantenköpfigen Gottheit Ganesh zu huldigen, indem sie ihr Bildnis im Meer versenken. *24 Std.; gratis.*

05 Sanjay Gandhi National Park

Die „grüne Lunge Mumbais" ist der größte und meistbesuchte innerstädtische Park der Welt. Hier kann man dem Straßengewühl entfliehen, Bootsfahrten unternehmen, Wasserfälle und Tiere sehen; und die 1000 Jahre alten **Kanheri-Höhlenanlagen** erforschen (100 Rs). *www.sanjaygandhinationalpark.net; 7.30–18 Uhr; 33 Rs.*

06 Diebesmarkt

Einzigartige Souvenirs bekommt man fast umsonst auf dem chaotisch-lärmenden **Chor Bazaar** (Markt der Diebe), wo die Verkäufer alles von Bollywood-Postern bis hin zu Kolonial-Nippes anbieten. Feilschen ist Pflicht. Auch wenn man nicht kaufen möchte, gehört der Markt zu einem Mumbai-Besuch. *Mutton St.; Sa–Do 11–19.30; gratis.*

BE A BOLLYWOOD STAR

Mumbai ist die Heimat von Bollywood. Für dessen herrliche Schmonzetten werden oft ausländische Statisten benötigt, und in den Cafés und Herbergen um Colaba, in denen sich die Rucksacktouristen einfinden, sind immer Studio-Scouts unterwegs, z.B. im Leopold Cafe (*www.leopoldcafe.com; Ecke Colaba Causeway und Nawroji F Rd.*) und im Salvation Army Red Shield Hostel (*Ormiston Rd.; hier kann man sich bei Interesse an der Rezeption registrieren lassen*). Betrugsversuche scheinen selten zu sein. Diese Arbeit vergisst man bestimmt nicht so schnell, und das Honorar reicht vielleicht für eine Führung durch Film City (*www.mumbaifilmcitytours.com; Goregaon; 10–17 Uhr; Führungen ab 600 Rs*) zu bezahlen.

1 SRI SAGAR – INDIEN

In Südindien sind *dosas* (dünne Pfannkuchen) quasi Nationalgericht, und die in Bangalore wurden zu den besten der Welt gewählt. Es lohnt sich, Schlange zu stehen, um einen der *benne dosa* zu ergattern. *Margosa Rd., Malleswaram, Bangalore; 7–19 Uhr; dosas ab 30 Rs.*

3 NACHTMARKT TALAT CHANG PHEUAK – THAILAND

Als Gourmand sollte man sich in Chiang Mai zu den Nachtmärkten aufmachen. Im Talat Chang Pheuak wird die beste *kow kah moo* (geschmorte Schweinhaxe mit Reis) von Nordthailand serviert. *Th. Mani Nopharat, Chiang Mai; 17–24 Uhr; Gerichte ab 30 Bt.*

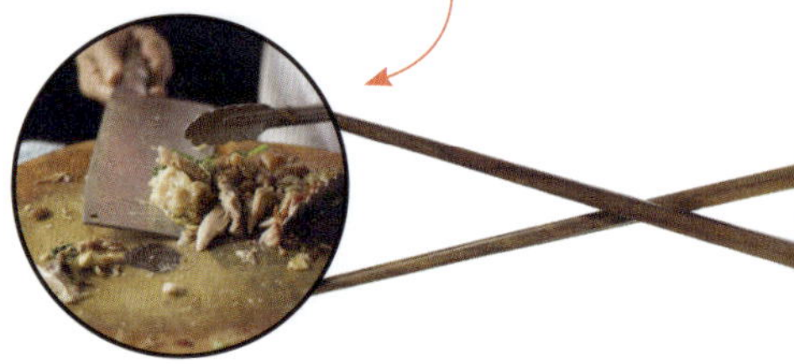

2 JOO HOOI CAFE – MALAYSIA

Penang ohne *laksa* ist wie Batman ohne Robin. Einer der besten Anbieter dieser Kokos-Chili-Suppe in George Town ist das Joo Hooi. *Ecke Jln Penang und Lebuh Keng Kwee, George Town; 11–17 Uhr; Hauptgerichte ab 3 RM.*

7 KIMLY – KAMBODSCHA

In Kep-sur-Mer genossen einst die Kolonialherren die besten Krabben des Mekongdeltas. Die Franzosen sind nicht mehr da, aber die Krabben schon. In diesem alteingesessenen Fischrestaurant am Crab Market versteht man sich auf unglaubliche 27 verschiedene Arten, sie zuzubereiten. *Crab Market, Kep; 9–22 Uhr; Gerichte ab 2,50 US-$.*

PREISWERT ESSEN IN ASIEN

Jeder preisbewusste Reisende ist zugleich ein heimlicher Gourmet. Zum Glück werden einige der besten Gerichte in Asien zu Tiefstpreisen am Straßenrand angeboten.

© Leisa Tyler; smallroomphoto; malerapaso; luisrsphoto | Getty Images

6 WARUNG IBU OKA – BALI

Wenn Sie meinen, Spanferkel sei etwas typisch Deutsches, täuschen Sie sich. In Indonesien ist Braten vom *babi guling* ein Volksgericht, und das Warung Ibu Oka serviert Schweinebraten, der einen nicht arm macht. *Jl Suweta, Ubud, Bali; 10–16 Uhr; Hauptgerichte ab 50 000 Rp.*

5 LIN HEUNG TEEHAUS – HONGKONG

Dim Sum in Hongkong zu bezahlbaren Preisen zu bekommen, ist ein Kunststück. Aber das Lin Heung ist ein Klassiker: Die Speisen werden auf rollenden Warmhaltewagen präsentiert, die Bedienung ist mürrisch, aber die *Dim Sum* sind vom Feinsten. *160–164 Wellington St., Hongkong; 6–23 Uhr, Dim Sum bis 15.30 Uhr; Dim Sum ab 12 HK-$.*

8 NASI KANDAR PELITA – MALAYSIA

In Malaysia greifen wir zweimal in den Kochtopf, weil das *mamak*, das Streetfood der indischstämmigen Malysier, so fabelhaft ist. Im Nasi Kandar Pelita kostet ein *roti canai* (Fladenbrot mit Hülsenfrüchten und Hähnchencurry) nur ein paar Cents. *www.pelita.com.my; 149 Jln Ampang, Kuala Lumpur; 24 Std., 2–8 RM.*

4 DAIWA SUSHI – JAPAN

In Tokio sollte man einmal Sushi im Original essen. Im Daiwa wird das *Sashimi* direkt vom Tagesfang geschnitten, und die Menüs sind (nach den Maßstäben Tokios) relativ preiswert. *Bldg. 6, 5-2-1 Tsukiji Chuo-ku, Tokio; Mo–Sa 5–13.30 Uhr; Sushi-Menü ab 3500 ¥.*

© Meike Bergmann; vm2002; WEKWEK; moodboard; onairjiw; Jason Loucas | Getty Images

KUNST & KULTUR MUSIK & FILM SPORT & FREIZEIT ESSEN & TRINKEN FESTIVALS & EVENTS

SHANGHAI

Das Aushängeschild des modernen China: Hier gehen die Modebewussten shoppen, und die chinesischen Milliardäre schließen ihre Deals ab. Aber mit den vielen kostenlosen Museen, Parks und Kunstgalerien, mit bezahlbarem Essen von Straßenständen und in kleinen Restaurants sorgt die Stadt auch für Besucher, die nicht so betucht sind.

01 M50
Diese Ansammlung von Industriebauten an der Moganshan Road ist das bekannteste Kunstviertel in Shanghai. Es ist vielleicht nicht so provokativ wie manche Künstlerviertel in Beijing, aber es lohnt sich dennoch, einmal die Nase in die Ateliers zu stecken. Falls man sich dabei überanstrengt, gibt es viele Möglichkeiten, sich bei Kaffee oder Nudeln zu erholen. *50 Moganshan Rd.; Galerien meist 10–18 Uhr; gratis.*

02 Shanghai Museum
Das vielleicht beste Museum Chinas (mehr als eine Million Exponate) zeigt Meisterwerke aus der tausendjährigen Geschichte des Reichs der Mitte – von antiken Bronzen und religiösen Skulpturen bis hin zu einigen der besten chinesischen Keramiken, Gemälden, Jadearbeiten, Münzen und Bildrollen. Hinweis: Es werden nur 8000 Besucher am Tag eingelassen, man sollte also frühzeitig kommen. *www.shanghaimuseum.net; 201 Renmin Ave.; 9–17 Uhr, Einlass endet 16 Uhr; gratis.*

03 Fuxing Park
Der 1909 von Franzosen gestaltete Park ist herrlich, um im Schatten zu verweilen und dem unaufhörlichen Straßenlärm zu entfliehen. Vor allem am frühen Morgen füllt sich der Park mit Tänzern, Kartenspielern und Schattenboxern. Von einer Bank unter einem Wutong-Baum aus kann man zusehen, wie sich die Bewohner der Stadt wirklich entspannen. *South Shaanxi Rd., Xintiandi; 5–18 Uhr; gratis.*

© Roland Fei | 500px

EIN GESCHENKTER TAG

Gehen Sie morgens am People's Park los (*West Nanjing Rd.; 6–18 Uhr, Juli–Sept 6–19 Uhr; gratis*) und dann weiter zum Shanghai Museum. Nach einem einfachen Mittagessen im Yang's Fry Dumplings (*97 Huanghe Rd.; 6.30–20.30; 4 Klöße zu 6 ¥*) geht es durch die East Nanjing Road (*Geschäfte meist 10–22 Uhr geöffnet*) – berühmte Einkaufsmeile in Shanghai – zum skurrilen Post Museum (*250 North Suzhou Rd.; Mi, Do, Sa, So 9–17 Uhr; gratis*) mit einem fantastischen Blick vom Dachgarten. Schlendern Sie am Bund entlang und folgen Sie dann Ihrer Nase zur Yunnan Rd. Food Street (*South Yunnan Rd.*), um sich an Lammspießen und eiskaltem Bier zu laben.

04 The Bund (Waitan)

Diese Uferstraße ist mit ihren ehemaligen Bankhäusern und Handelsniederlassungen das Symbol der Konzessionszeit in Shanghai. In den Gebäuden sind jetzt Boutiquen, Restaurants und Hotels untergebracht, aber es ist die erhöhte Promenade, die den wirklichen Reiz darstellt: Am frühen Morgen sieht man die Einheimischen beim Tai-Chi, am frühen Abend lockt der Blick auf die Stadtlandschaft. *East Zhongshan No 1 Rd.; 24 Std.; gratis.*

05 Tianzifang

Von diesem kleinen baumreichen Gebiet traditioneller Longtang-Gassen aus kann man das ehemalige französische Konzessionsgebiet erkunden, in dem sich WLAN-Cafes, schicke Bars und Restaurants, Galerien und vor allem gute Boutiquen drängeln, die von ethnischen Stickereien bis hin zu handverpacktem Tee und Retro-Tischporzellan alles Erdenkliche anbieten. Die Atmosphäre ist dennoch sehr familiär. *tianzifang.cn Taikang Rd.; 24 Std.; gratis.*

06 Altstadt von Qibao

Falls man die Großstadt nicht mehr ertragen kann, sollte man mit der U-Bahn in die ansprechende Altstadt von Qibao fahren, die bis in die Zeit der Nördlichen Song-Dynastie (960–1127 n. Chr.) zurückreicht. Die Eintrittskarte für bestimmte Gebäude (45 ¥) kann man sich sparen, wenn man stattdessen einfach durch die Gassen und über die Kanalbrücken spaziert. *2 Minzhu Rd.; Sehenswürdigkeiten 8.30–16.30; gratis.*

Kurz und knapp

- **Bevölkerung: 24,3 Millionen**
- **Highlights: China-Chic**
- **Währung: Chinesischer Yuan/ Renminbi ¥ oder CNY**
- **Preisindex: 80 US-$ pro Tag**

KUNST & KULTUR MUSIK & FILM SPORT & FREIZEIT ESSEN & TRINKEN FESTIVALS & EVENTS

SINGAPUR

Singapur gehört zwar zu den teuersten Städten der Welt, aber wenn man erst einmal den kostenträchtigsten Punkt hinter sich gebracht hat – einen Schlafplatz zu finden – ist es überraschend, wie weit man mit seinem Singapur-Dollar kommt. Viele Sehenswürdigkeiten kosten keinen Cent.

01 Baba House

Das Baba House ist eines der am besten erhaltenen traditionellen Peranakan-Häuser und bietet Einblick in das Leben einer wohlhabenden chinesischen Familie im alten Singapur. Besichtigt werden kann das aufwendig renovierte Innere aus den 1890er-Jahren nur im Rahmen einer Führung. Unbedingt vorher buchen. *www.nus.edu.sg/cfa/museum/about.php; 157 Neil Rd.; Führungen Mo 14, Di 18.30, Do 10, Sa 11 Uhr; gratis.*

02 Buddha Tooth Relic Temple

Der fünfstöckige Tempel beherbergt angeblich den linken Eckzahn des Erleuchteten, der aus der Asche seines Scheiterhaufens in Kushinagar in Nordindien geborgen wurde. Die Reliquie befindet sich in einem Stupa aus 420 kg gediegenem Gold in einem überaus prächtigen Raum. Sehenswert auch die anderen Reliquien im Museum (3. Etage) und die riesige Gebetsmühle im Dachgarten. *www.btrts.org.sg; 288 South Bridge Rd.; 7–19 Uhr, Reliquienbesichtigung 9–18 Uhr; gratis.*

06

05

02

© Simon Bracken; John W Banagan; Tom Lau | Getty Images

Kurz und knapp

- Bevölkerung: 5,5 Millionen
- Highlights: das Essen an den Straßenständen und die Hochkultur
- Währung: Singapur-Dollar S-$ oder SGD
- Preisindex: 130 US-$ pro Tag

03 **Kostenlose Kunsttouren**
Verschiedene Hotels in Singapur haben großartige Kunstsammlungen, die auch Nichtgästen offenstehen, von der **Pan Pacific's Public Art Space** (3a; *www.panpacific.com; 7 Raffles Blvd.; gratis*) bis hin zu den Kunstwerken in den öffentlich zugänglichen Teilen des **Marina Bay Sands** (3b; *www.marinabaysands.com; 10 Bayfront Ave.; gratis*). Wirklich verwöhnt werden Kunstliebhaber im **Ritz-Carlton, Millenia Singapore** (3c; *www.ritzcarlton.com; 7 Raffles Ave.; gratis*), wo man an Führungen durch die Sammlung teilnehmen kann.

04 **Nationalmuseum von Singapur**
Die Primadonna unter den Museen der Stadt residiert in einem großartigen klassizistischen Gebäude aus dem 19. Jahrhundert. Auf jeden Fall besichtigen sollte man auch die prachtvoll restaurierte Rotunde mit den 50 sorgfältig gearbeiteten farbigen Glasfenstern. Neben der Dauerausstellung über die Geschichte und Kultur Singapurs gibt es auch viele Wechselausstellungen und einstündige Führungen, die kostenlos sind. *www.nationalmuseum.sg; 93 Stamford Rd.; 10–18 Uhr; gratis.*

05 **Sri-Mariamman-Tempel**
Der älteste hinduistische Tempel der Stadt liegt merkwürdigerweise mitten in Chinatown. Über dem Eingang erhebt sich ein kunterbunter Turm aus den 1930er-Jahren, typisch für den südindischen dravidischen Stil des Tempels. Im Inneren ist ein Schrein der Göttin Mariamman gewidmet. Jedes Jahr im Oktober wird das Thimithi-Festival im Tempel gefeiert, bei dem die Gläubigen barfuß über glühende Kohlen gehen. *www.heb.gov.sg; 244 South Bridge Rd.; 7–12 und 18–21 Uhr; gratis.*

12

09

GÜNSTIGER ÖPNV

Auch wenn die hervorragenden öffentlichen Verkehrsmittel der Stadt sowieso schon preiswert sind: Man kann mit einer im Voraus zu bezahlenden EZ-Link Card den Preis für eine einfache Fahrt nochmals von 1,40 SGD auf 0,79 SGD drücken (*www. ezlink.com.sg; am Flughafen, in den meisten Bahnhöfen und in 7-Eleven-Geschäften zu bekommen*). Noch günstiger ist ein Tourist Pass, der jeweils für beliebige viele Fahrten gilt: 10 SGD (ein Tag), 16 SGD (zwei Tage) und 20 SGD (drei Tage), jeweils zuzüglich 10 SGD Pfand für die Karte.

© Peter Unger | Getty Images, © Matt Munro | Lonely Planet Images

06 Sultan-Moschee

Die größte Moschee der Stadt ist im maurischen Stil gehalten und wird von einer Goldkuppel gekrönt – sie könnte auch in Disneyland stehen. Das heutige Gebäude entstand 1928 an der Stelle, an der sich auch die ursprüngliche Moschee aus dem Jahr 1825 befand. Am Eingang kann man kostenlos Umhänge ausleihen, falls man in das Gebäude möchte. *www. sultanmosque.org.sg; 3 Muscat St.; Sa–Do 10–12 und 14–16 Uhr, Fr 14.30–16 Uhr; gratis.*

07 Esplanade – Theatres on the Bay

Das Kulturzentrum wird wegen seiner Form oft mit der Durianfrucht verglichen. Es bietet ein Veranstaltungsprogramm mit Künstlern aus der Stadt und der ganzen Welt, darunter auch viele kostenlose Darbietungen unter freiem Himmel.
Eine Programmvorschau findet sich auf der Internetseite. Wenn man durch eine Gratisvorführung etwas Eintrittsgeld gespart hat, kann man das in der Rooftop Bar **Orgo** (*www.orgo.sg; 18–1.30 Uhr*) verprassen; *www.esplanade.com; 1 Esplanade Dr.; manche Veranstaltungen gratis.*

08 Movies by the Bay

Das fantastische Wetter, das jahrein, jahraus Freiluftveranstaltungen erlaubt, macht Singapur auch zum Paradies für Kino unter dem Sternenhimmel. Zu den besten Gratis-Vorführungen gehören die DBS Movies by the Bay, die auf der Promenade bei Shoppes by the Bay stattfinden. *www.dbsmoviesbythebay. com; bei Shoppes by the Bay, Marina Bay; meist am dritten Fr und Sa im Monat; gratis..*

09 Gardens by the Bay

Diese Fantasiewelt aus Bio-Kuppeln, Hightech-Bäumen und verspielten Skulpturen erscheint unglaublich, wenn man sie nicht selbst gesehen hat. Die Gewächshäuser und der Baumpfad um die Supertrees sind kostenpflichtig, aber das großartigste Spektakel des Parks gibt es umsonst: Um 19.45 oder 20.45 Uhr kann man sich die spektakuläre Multimediaschau „Garden Rhapsody" anschauen. *www.gardensbythebay.com. sg; 18 Marina Gardens Dr.; Parkanlagen 5–2 Uhr geöffnet; gratis.*

10 Haw-Par-Villa

Diese kitschige Ode an die chinesische Mythologie ist der Fantasie von Aw Boon Haw entsprungen, der die Heilsalbe Tiger-Balsam auf den Markt gebracht hat. Sehen Sie sich den Park mit den Statuen und Dioramen an, die chinesische Volksmärchen wiedergeben, und die Zehn Höfe der Hölle, eine erschreckende Vision der Unterwelt. *262 Pasir Panjang Rd.; 9–19 Uhr; gratis.*

11 Singapore Botanic Gardens

Man kann der Großstadt für einen Nachmittag entfliehen, indem man die Wunderwelt dieser Gärten mit ihren Seen, Rasenflächen und den Themen-abteilungen besucht. Der Eintritt ist frei, es lohnt sich jedoch, die 5 SGD extra zu bezahlen, um auch noch den National Orchid Garden (*8.30–19 Uhr*) zu besichtigen – die größte Sammlung tropischer Orchideen auf der Welt. *www. sbg.org.sg; 1 Cluny Rd.; Gärten 5–24 Uhr; Zutritt zu den Hauptgärten gratis.*

12 Strände auf Sentosa Island

Die Eintrittsgelder zu den bekannteren Sehenswürdigkeiten auf der Insel Sentosa (etwa Universal Studios und das S.E.A. Aquarium) können sich summieren, aber ein fauler Strandtag kostet (fast) nichts. Im Nordwesten lockt der geschäftige **Siloso-Strand** mit seinen Imbissständen und Bars, **Tanjong** im Süden ist entspannter, dazwischen liegt **Palawan Beach** mit kostenlosen Planschbecken – ideal für Kinder. *www.sentosa.com.sg/en/beaches; 24 Std.; Eintritt Sentosa Island für Fußgänger 1 SGD.*

13 Maxwell Food Centre

Die Maxwell Road ist hervorragend, wenn man das Essen von den berühmten Straßenständen Singapurs probieren möchte. Es gibt Dutzende von Ständen, zu den bleibenden Favoriten unter den Gerichten gehören Tian Tian Hainanese Chicken Rice, Fried Sweet Potato Dumpling und Maxwell Fuzhou Oyster Cake. Tipp: Wo sich eine Schlange gebildet hat, gibt es vermutlich etwas Gutes. *Ecke Maxwell und South Bridge Rd.; 8–22 Uhr; Gerichte ab 2,50 SGD.*

14 Satay Street

Allnächtlich wird das Befahren der Straße neben dem Telok-Ayer-Markt (auch als Lau Pa Sat Hawker Center bekannt) verboten, um Platz für eine Fressmeile zu schaffen, die mit brutzelnden Grills gesäumt ist. Ein leckereres, preisgünstigeres Essen als ein Dutzend Satéspieße mit Erdnusssoße und einem Becher Tiger Beer dazu gibt es kaum. *Boon Tat St.; Mo–Fr 19–1 Uhr, Sa–So 15–1 Uhr; um 0,60 SGD pro Satéspieß.*

15 Cafés in Tiong Bahru

Das angesagteste Viertel in Singapur strotzt nur so von schicken Cafés, Coffeeshops und Boutiquen. Den morgendlichen Schaufensterbummel kann man dann mit sündhaft gutem Gebäck und perfekt gebrautem Kaffee (*zusammen etwa 8 SGD*) krönen: in der **Tiong Bahru Bakery** (*www.tiongbahrubakery.com; 252 North Bridge Rd.; 8–22 Uhr*), dem **Drips Bakery Café** (*www.drips.com.sg/dripsbakery; 82 Tiong Poh Rd.; So–Do 11–21.30, Fr–Sa 11–23 Uhr*) oder der **Plain Vanilla Bakery** (*www.plainvanillabakery.com; 1D Yong Siak St.; Mo–Fr 11–20, Sa 9–20, So 9–28 Uhr*).

GRATIS-DRINKS!

Alkohol ist in Singapur sehr teuer. Wenn man aber weiß, wann und wo, kann man preiswert (manchmal sogar umsonst) einen hinter die Binde kippen. In den meisten Bars gibt es eine tägliche Happy Hour, die Anfangzeiten können zwischen 12 und 21 Uhr liegen. Angebotspreise für Cocktails und Bier betragen 8 SGD bis 10 SGD. Die Angebote für Ladies' Night (meist Mi) sind extrem günstig, etwa freier Eintritt und ein Gratisdrink im Cé La Vi (*www.celavi.com; 1 Bayfront Ave.*) oder eine Gratisflasche Wodka, wenn Sie mit vier Ihrer Freundinnen in den f.Club (*www.f-club.sg; Clarke Quay*) gehen.

SINGAPUR

© Manfred Gottschalk | Getty Images

16 **Chingay**
Am 22. Tag nach dem chinesischen Neujahrsfest findet der größte und beste Straßenumzug Singapurs statt – eine extravagante multikulturelle Veranstaltung mit Löwentänzern, Motivwagen und anderem mehr. Um einen guten Platz auf einer der Tribünen zu bekommen, muss man frühzeitig ein Ticket kaufen. Hinter den Absperrgittern kann man den Umzug aber auch kostenlos verfolgen. *www.chingay.org.sg; CBD; Feb; gratis.*

17 **Singapore Food Festival**
Singapur ist auf Essen versessen, so nimmt es kaum Wunder, dass es alljährlich ein Food-Festival gibt. Zehn Tage lang reihen sich dann die Verkostungen, Festessen und Themenführungen aneinander. Meist muss man eine geringe Gebühr für die Speisen zahlen, es finden sich aber auch kostenlose Veranstaltungen. *www.yoursingapore.com/festivals-events-singapore; verschiedene Veranstaltungsorte; Juli–Aug; manche Veranstaltungen gratis.*

18 **Singapore International Film Festival**
Die älteste und größte Filmveranstaltung der Stadt zeigt sowohl bahnbrechende internationale Filme als auch die besten Beispiele aus den Studios in Singapur. Vorführungen gibt es unter anderem im **Marina Bay Sands** (S. 58), **Shaw Theatres Lido** (*www.shaw.sg; 350 Orchard Rd.*), **Nationalmuseum Singapur** (S. 58) und **The Arts House** (*www.theartshouse.sg; 1 Old Parliament Lane*). Gratisangebote findet man im Online-Programm. *www.sgiff.com; verschiedene Veranstaltungsorte; Nov–Dez; manche Vorführungen gratis.*

© Thank you | Getty Images, © Pete Seaward | Lonely Planet Images

EIN GESCHENKTER TAG

Erforschen Sie zuerst die Gassen von Little India (*24 Std.; gratis*) mit dem Sri-Veeramakaliamman-Tempel (*141 Serangoon Rd.; 5.15–12.15 und 16–21.15 Uhr; gratis*), der Abdul-Gaffoor-Moschee (*41 Dunlop St.; gratis*) und dem House of Tan Teng Niah (*7 Kerbau Rd.; 24 Std.; gratis*). Zum Mittagessen geht es dann in das Tekka Centre (*Ecke Serangoon und Buffalo Rd.; 7–23 Uhr; Gerichte 2–10 SGD*), danach mit der Metro zum Clarke Quay und auf einen Spaziergang durch den Fort Canning Park (*www.nparks.gov.sg; 24 Std.; gratis*) oder nach Chinatown. Schlemmen Sie abends mit Satéspießen in der Boon Tat Street und gönnen Sie sich danach die Licht- und Wasser-Show-Wonder Full (*Event Plaza in der Marina Bay; 20 und 21.30 Uhr, Sa/So auch 23 Uhr; gratis*).

KUNST & KULTUR   MUSIK & FILM   SPORT & FREIZEIT   ESSEN & TRINKEN   FESTIVALS & EVENTS

TOKIO

Tokio gilt zu Unrecht als teuer, denn unter den Top-Sehenswürdigkeiten sind sogar viele gratis. Schon ein Spaziergang durch die Stadt ist ein umwerfendes Erlebnis. Genießen Sie die zeitgenössische Architektur, die schrille Mode und die leckeren Nudeln, die praktisch an jeder Ecke verkauft werden.

01 Sumo-Stall Arashio

In manchen Sumo-Ställen (Wohn- und Trainingsort der Ringer) kann man dem Morgentraining beiwohnen. Im Arashio kann man durch eine Glasscheibe zusehen und ist dann viel näher am Geschehen als bei Wettkämpfen. Trainingsplan und Besucherregeln stehen auf der Webseite. *www.arashio.net/tour_e.html; 2-47-2 Hama-cho, Nihombashi, Chuo-ku; 7.30–10 Uhr; gratis.*

02 Diver City Tokyo Plaza

Vor dem Einkaufszentrum steht ein 18 Meter hohes Modell eines Gundam-Roboters aus der gleichnamigen Zeichentrickserie. Auch wer kein Fan ist, erkennt das exzellente Fotomotiv. Der Roboter ist jeden Tag von 18–23 Uhr beleuchtet und wirkt vor der nächtlichen Skyline spektakulär. *1-1-10 Aomi, Koto-ku; gratis.*

03 Omotesando

Es fällt schwer, Luxusboutiquen abzulehnen, wenn sie in so reizvollen Ensembles auftreten wie entlang des

© Lottie Davies | Lonely Planet Images

Kurz und knapp

- Bevölkerung: 37,8 Millionen
- Highlights: Urbanität in all ihren Ausprägungen
- Währung: Yen ¥ oder JPY
- Preisindex: 135 US-$ pro Tag

mit Zelkoven bepflanzten Boulevards Omotesando. Die Läden wurden jeweils ganz individuell gestaltet, und zwar von bedeutenden zeitgenössischen Architekten wie den japanischen Pritzker-Preisträgern Ito Toyo und dem SANAA-Duo Sejima Kazuyo und Nishizawa Ryue. Die ganze Straße wirkt wie ein riesiger Ausstellungsraum. *Jingumae, Shibuya-ku; 24 Std.; gratis.*

04 Tokyo Metropolitan Government Building

Trotz des nüchternen Namens ist das Regierungsgebäude der Präfektur Tokio ein Doppelgewinn: Das Werk des japanischen Architekten Tange Kenzo bietet im 45. Stock Aussichtsplattformen, die gratis zugänglich sind. An klaren Tagen reicht die Sicht im Westen bis zum Fuji. Abends glitzern Tokios Lichter bis zum Horizont. *2-8-1 Nishi-Shinjuku, Shinjuku-ku; 9.30–22.30 Uhr; gratis.*

05 Kaiserpalast

Die Residenz des japanischen Kaisers liegt mitten in der Stadt. Zweimal täglich finden Gratisführungen durch das Gelände statt (*Mo–Fr 10 und 13.30 Uhr*). Vergnüglicher sind Spaziergänge durch den östlichen Garten (*9–17 Uhr, außer Mo und Fr*). An Sonntagen können kostenfreie Fahrräder geliehen werden (*10–15 Uhr*), mit denen man den Burggraben umrunden kann. *1 Chiyoda, Chiyoda-ku; gratis.*

06 Jakotsuyu

Ganz oben auf der Liste typischer Erlebnisse steht der Besuch einer *onsen* (natürliche heiße Quelle). Man muss dafür aber weder weit reisen noch viel bezahlen: Das bescheidene öffentliche Badehaus nutzt natürliches Quellwasser und hat sogar ein laternenbeleuchtetes Außenbecken. Gönnen Sie sich die

11

18

TOKIO

SOMMER-FESTIVALS

Die Tokioter Sommer sind heiß und stickig, aber dafür wird man durch die vielen Gratisfestivals mehr als entschädigt. Beispielsweise finden regelmäßig an verschiedenen Orten Feuerwerke statt. Am größten ist das Sumida River Fireworks Festival am letzten Samstag im Juli (*sumidagawa-hanabi.com/index_eg.html*). Es gibt auch Umzüge mit Volkstänzen und schweißglänzenden Männern (und einigen Frauen), die singend Schreine durch die Straßen tragen. Extra: Bei jedem Festival finden sich auch *yatai* (Imbissstände) mit günstigen Gerichten wie *yakisoba* (Bratnudeln) und *okonomiyaki* (herzhafte Pfannkuchen). *Eventliste unter www.gotokyo.org*

Sauna (*200 ¥*); Handtücher (ausleihbar) und Toilettenartikel kosten extra. *1-11-11 Asakusa, Taito-ku; Mi–Mo 13–24 Uhr; Erw./Kinder/Kleinkinder 460/180/80 ¥.*

07 Meiji-Schrein

Der bedeutende Shinto-Schrein Meiji-jingu liegt abseits des Großstadtdschungels in einem Hain (im Sommer gefühlte fünf Grad kühler als jeder andere Ort). Man erreicht ihn über einen Kiesweg und durchschreitet dabei mächtige hölzerne *torii*. Der schlichte Holzbau ist ein beliebter Ort für traditionelle Hochzeiten und Riten. *1-1 Yoyogi Kamizono-cho, Shibuya-ku; ganztägig, gratis.*

08 Roppongi Hills Mori Tower

Eine Luxus-Mall mit wohltätigem Touch: Den öffentlichen Raum zieren Kunstwerke, darunter eine Spinnenskulptur von Louise Bourgeois. Es gibt auch einen für Picknicks geeigneten Landschaftsgarten (Lebensmittelläden im Keller) und ein Amphitheater mit Gratisevents wie morgendlichem Tai-Chi im Sommer. An der postmodernen Formensprache des Gebäudes scheiden sich die Geister. *6-11-1 Roppongi, Minato-ku, Gebäude offen 7–23 Uhr, gratis.*

09 Senso-ji

Die fünfstöckige Pagode, der Rauchkessel und die Rikschas vor dem Gebäude lassen den Alt-Japan-Look des 1000 Jahre alten buddhistischen Tempels etwas übertrieben wirken, ein Muss ist die Besichtigung trotzdem. Entlang des Hauptweges verkaufen verschiedene Anbieter günstige Leckereien wie *age-manju* (frittierte gefüllte Teigballen). Nach Einbruch der Dämmerung, wird es leerer, und das Gelände ist beleuchtet. *2-3-1 Asakusa, Taito-ku; 24 Std.; gratis.*

10 Shibuya-Kreuzung

Tokio reizt vor allem durch die verdichtete Urbanität: Teil der Masse sein, die logistische Effizienz bewundern, all die Neonlichter leuchten sehen. Nirgendwo ist diese Erfahrung stärker als an Tokios berühmtester Kreuzung im Stadtteil Shibuya. Zu Stoßzeiten überqueren bei jedem Lichterwechsel mehr als tausend Menschen die Straße. Gehen Sie abends, wenn die Neonlichter strahlen. *Shibuya-ku; 24 Std.; gratis.*

11 Yoyogi-Park

Von allen Tokioter Parks hat man hier am meisten Spaß. An sonnigen Wochenenden kommt jedermann zum Picknicken, Frisbeespielen, Trommeln und Tanzen. Auf dem Platz quer über die Straße gibt es in den warmen Sommermonaten Gratisfestivals, oft von den ethnischen Gruppen der Stadt ausgerichtet. *2-1 Yoyogi Kamizono-cho, Shibuya-ku, 24 Std., gratis.*

© Lottie Davies | Lonely Planet Images, © Sabino Parente; Nicholas Tan | 500px

EIN GESCHENKTER TAG

Beginnen Sie einen Samstag oder Sonntag mit einem frühen Besuch auf dem UNU-Bauernmarkt (*5-53-7 Jingumae, Shibuya-ku; Sa und So 10–16 Uhr*), wo die Imbisswagen Kaffee und Brunch anbieten. Entlang der Allee Omotesando (S. 62) können Sie zeitgenössische Bauten bewundern und dann durch die Fußgängerzone (und das Teen-Fashion-Mekka) Takeshitadori bummeln. Auf der anderen Seite des Bahnhofs Harajuku liegt der friedvolle Meiji-jingu (S. 65). Von hier ist es nur ein kurzer Weg zum Yoyogi-Park (S. 65), wo mit etwas Glück ein Festival stattfindet – und es dann auch Imbissstände gibt.

12 Forest Beer Garden

Im Sommer werden in der Stadt vielfach Biergärten bewirtschaftet. Am größten ist der Forest Beer Garden mit bis zu 1000 Sitzplätzen. Hier gibt es gewöhnlich auch das beste Angebot: ein zweistündiges All-You-Can-Eat-Grillbüffet in Kombination mit All-You-Can-Drink-Bier. Locker sitzende Hosen sind empfehlenswert ... *14-13 Kasumigaoka-machi, Shinjuku-ku; Juni–Sept, Mo–Fr 17–22 Uhr, Sa–So 12–22 Uhr; Buffet Damen/Herren 3800/4100 ¥.*

13 Isetan-Kaufhaus

Das schmucke Kaufhaus hat Feinkostläden und Dependancen von Top-Restaurants und -Konditoreien im Untergeschoss. Für knapp 20 US-$ pro Person kann man dort mit Leichtigkeit eine spektakuläre Auswahl an *Sushi, Dumplings, tonkatsu* (gebratene Schweineschnitzel), Sandwiches und Kuchen zusammenstellen, um dann im Dachgarten zu schmausen. *www.isetan.mistore.jp; 3-14-1 Shinjuku, Shinjuku-ku; 10–20 Uhr; Eintritt frei.*

14 Katsu Midori Sushi

Das beste Restaurant für Fließband-Sushi der Stadt betreibt der berühmte Anbieter Sushi-no-Midori (*www.sushinomidori.co.jp*). Die Preise sind höher als sonst, aber die Qualität macht das wett. Das Restaurant ist stets gut besucht, so sind die Gerichte immer frisch. Man kann auch direkt bei den Köchen bestellen. Besuche am besten außerhalb der Stoßzeiten. *Seibu Department Store, 21-1 Udagawa-cho, Shibuya-ku; 8. Etage; 11–23 Uhr; Gerichte 100–500 ¥.*

15 Ore no Kappo

Für Gourmets mit knapper Kasse ist die Ore-no-Kette ein Segen: Man bekommt das feine Essen eines Spitzenrestaurants ohne weißes Leinen – ein Kompromiss, der Kampfpreise erlaubt.

© George Pachantouris | 500px

Ore no Kappo ist auf japanische Haute Cuisine spezialisiert, andere Ore-No-Restaurants auf europäische Küchen. Die Karte verantwortet ein Küchenchef mit Michelin-Sternen *www.oreno.co.jp, Chuo-ku; 15–23 Uhr; Essen ca. 4000 ¥.*

16 Sagatani

Der Nudelimbiss gewinnt wohl den Preis für die besten billigen Mahlzeiten in Tokio: Die steinvermahlenem *soba* (Nudeln aus Buchweizen) werden tagesfrisch hergestellt und auf Bambusgeschirr serviert. Leckere Nudeln mit dem Sesam-Dip *goma* kosten nur 380 ¥, und zum Herunterspülen gibt es ein Bier für 150 ¥. Der Imbiss liegt im Ausgehviertel Shibuya und ist zu allen Tageszeiten beliebt. *2-25-7 Dogenzaka, Shibuya-ku; 24 Std.; Nudeln ab 280 ¥.*

17 Tsukiji-Fischmarkt

Wenn Sie dies lesen, hat der Tokioter Fischgroßmarkt – eine der Hauptattraktionen der Stadt – wohl sein neues Quartier in Toyosu bezogen. Weiterhin vorhanden ist aber der „äußere Markt", eine Ansammlung von Händlern, die von Sushi bis zu Stiefeln alles Erdenkliche anbieten. Gerüchten zufolge plant die Stadt die Umwandlung in einen Lebensmittelmarkt.
www.tsukiji-market.or.jp; 4-10-16 Tsukiji, Chuo-ku; 5–14 Uhr; gratis.

18 Hanami

Wenn zu Frühlingsbeginn die Kirschbäume blühen, gerät die ganze Stadt in Feierlaune. In beliebten Parks wie dem Yoyogi- (S. 65), dem Ueno- und dem Inokashira-Park lagern sich die Feiernden auf Planen unter den Bäumen, bringen Grills mit und zuweilen sogar Musikanlagen. Der Eintritt in die Parks ist frei, Bier und Snacks aus den nächstgelegenen Läden sind optional (aber sehr empfehlenswert). *24 Std.; Ende März bis Anf. April; gratis.*

INSIDER-TIPPS

„Besuchen Sie *Kaiseki*-Restaurants (Haute Cuisine) zur Lunchzeit, dann gibt es dort meist günstigere Gerichte als abends. Für Tokyo Disneyland gelten wochentags nach 18 Uhr ermäßigte Karten." — Kanae, Produktmanager

„Nutzen Sie die Läden an den *shotengai* (Hauptstraßen mit inhabergeführten Shops) statt der Ketten. Mit etwas Glück bekommt man ein *omake* (Werbegeschenk)". — Mari, Kommunikation

„Bei den meisten großen Bahnhöfen gibt es Läden namens *kaldi* mit günstigen Importlebensmitteln wie Currypaste, Kokosnussmilch, Wein und Käse. Da kann man gut Picknickzutaten oder Snacks kaufen." — Stephanie, Therapeutin

© Dimitris Gikas; Alphonse Mc Clouds | 500px, © Magdalena Biskup Travel Photography | Getty Images

EUROPA

© Justin Foulkes | Lonely Planet Images

KUNST & KULTUR · MUSIK & FILM · SPORT & FREIZEIT · ESSEN & TRINKEN · FESTIVALS & EVENTS

AMSTERDAM

Wie ein über Generationen vererbtes Schmuckstück prunkt Amsterdam mit historischen Reizen, die frohgemut neben modernen Neuerwerbungen stehen – und alles hat eine faszinierende Geschichte. Die Stadt betört mit einer einzigartigen urbanen Exotik niederländischer Art, die man an vielen Stellen gratis bewundern kann.

01 Houseboat Museum

Auf einem Kanal zu leben, ist in Amsterdam nichts Ungewöhnliches. Wer sich für die Innenausstattung der Hausboote interessiert, sollte das um 1914 gebaute Boot besuchen. Erst Frachter, dann Wohnraum, vermittelt es jetzt einen Eindruck davon, wie es sich in einer wellengewiegten Zweizimmerwohnung lebt. *www.houseboatmuseum.nl; Prinsengracht 296; Öffnungszeiten je nach Jahreszeit, siehe Webseite; 4,50 €.*

Kurz und knapp

- **Bevölkerung: 1,6 Millionen**
- **Highlights: Kunst, Design und Geschichte – bei 44 Museen und 7000 Denkmälern lässt sich vieles entdecken, drinnen wie draußen.**
- **Währung: Euro €**
- **Preisindex: 180 US-$ pro Tag**

02 Kostenlose Mittagskonzerte im Concertgebouw

Das neoklassizistische Baudenkmal wurde 1888 errichtet und beeindruckt optisch wie auch durch seine exzellente, vielgerühmte Akustik. Gratiskonzerte in Orchester- oder Kammerbesetzung mit Nachwuchsstars finden von September bis Juni um 12.30 Uhr im Hauptsaal oder mittwochs im Kleinen Saal statt. Hochkultur muss nicht kostspielig sein. *www.concertgebouw.nl; Concertgebouwplein 10; gratis.*

03 Bloemenmarkt (Blumenmarkt)

Blüten beleben die braunen Fassaden und den Nordseehimmel von Amsterdam. Auf reizvolle Art erlebt man diesen Gegensatz auf dem 150 Jahre alten Bloemenmarkt. Auf verankerten Booten werden Tulpen, Azaleen und exotische Pflanzen angeboten – ein echt Amsterdamer Gratiserlebnis. Blumenzwiebeln und Souvenirs kann man für kleines Geld erstehen. *Singel, zwischen Koningsplein und Muntplein; Mo–Sa 9–17.30 Uhr; So 11–17.30 Uhr; gratis.*

© Michael Luhrenberg; Martin Child | Getty Images, © photosmatic | Shutterstock

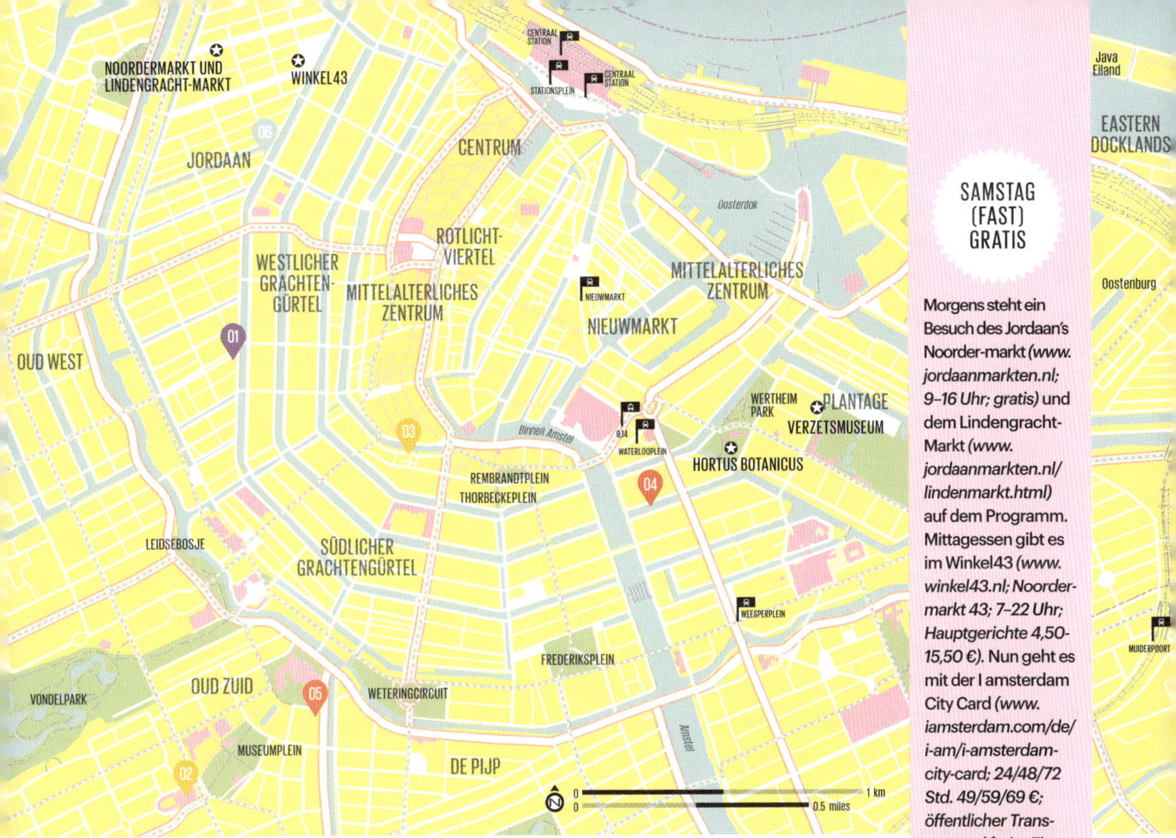

04 Grachtenspaziergang

Die Kanäle der Stadt lassen das Amsterdam des 17. Jahrhunderts erahnen, seine vom Wasser abhängige Kultur und seine Schönheit. Besonders abends verströmt der Grachtengürtel seinen Charme, wenn unter den Brücken goldenes Laternenlicht auf dem Wasser tanzt. Schlendern Sie die Grachten entlang: Prinsengracht, Keizersgracht, Herengracht und Singel bilden konzentrische Halbkreise, die senkrecht dazu verlaufende Reguliersgracht bietet malerische Blicke auf die Kreuzungen. *24 Std.; gratis.*

05 Schwimmen im Zuiderbad

Ein stimmungsvolles Schwimmbad passt gut zu einer Stadt mit Wasserbezug. Dank des gut erhaltenen Zuiderbads gibt es das auch nahe am Museumplein und zu erschwinglichen Preisen. Das Wasser ist warm (27 °C), und zu dem seit 1912 betriebenen Becken gehört ein Mosaikbrunnen. Wie wäre es mit ein paar Bahnen in dem Art-déco-Gebäude von 1897? *www.amsterdam.nl/sport/sport-amsterdam/zwembaden/zuiderbad; Hobbemastraat 26; 2,75–3,60 €.*

06 Amsterdam Cheese Museum

Es ist nicht zu verkennen, dass Käse in den Niederlanden ein Grundnahrungsmittel ist. Bis unters Dach füllen große und kleine Käseräder das urige Lädchen mit Bildungszentrum. Bei einem Rundgang lernt man die Niederlande und die Käseproduktion kennen, verkostet die vielen regionalen Varianten und lässt sich dann in traditionellen Trachten fotografieren. *www.cheesemuseumamsterdam.nl; Prinsengracht 112; täglich 9–19 Uhr; gratis.*

SAMSTAG (FAST) GRATIS

Morgens steht ein Besuch des Jordaan's Noorder-markt *(www.jordaanmarkten.nl; 9–16 Uhr; gratis)* und dem Lindengracht-Markt *(www.jordaanmarkten.nl/lindenmarkt.html)* auf dem Programm. Mittagessen gibt es im Winkel43 *(www.winkel43.nl; Noordermarkt 43; 7–22 Uhr; Hauptgerichte 4,50-15,50 €)*. Nun geht es mit der I amsterdam City Card *(www.iamsterdam.com/de/i-am/i-amsterdam-city-card; 24/48/72 Std. 49/59/69 €; öffentlicher Transport und freier Eintritt)* nach Plantage zum Verzetsmuseum *(www.verzetsmuseum.org; Plantage Kerklaan 61; 11–17 Uhr; für Kartenbesitzer gratis)* oder in den Hortus Botanicus *(www.dehortus.nl; Plantage Middenlaan 2a; 10–17 Uhr, für Kartenbesitzer gratis)*. Ein abendliches Bier serviert die Mikrobrauerei Brouwerij 't IJ *(www.brouwerijhetij.nl; Funenkade 7; Bar 14–20 Uhr, Führungen kosten 4,50 €)*.

KUNST & KULTUR MUSIK & FILM SPORT & FREIZEIT ESSEN & TRINKEN FESTIVALS & EVENTS

ATHEN

In der freundlichen griechischen Hauptstadt gibt es trotz der wirtschaftlichen und politischen Krise des Landes eine Menge preiswerter Dinge zu unternehmen. Die Reize von Athen, von der Straßenkunst bis hin zu den Wundern der Antike, sind gleichermaßen überraschend, unterhaltsam und lehrreich.

01 Embros-Theater

Kulturbeflissene sollten diese spendenfinanzierte künstlerische Drehscheibe besuchen. Sie bietet lateinamerikanischen Tanz, kubanischen Salsa, Theaterstücke und Ausstellungen. Wenn man sich hinreichend angestrengt hat, kann man sich beim Gespräch über die Geschichte der Institution mit den Einheimischen erholen. *www.embros.gr; King Palamedes 2, Psirri; unterschiedliche Öffnungszeiten; gratis.*

02 Fahrradfahren auf autofreien Straßen

Im Allgemeinen macht das Radeln in Athen nicht sehr viel Spaß, da es keine Fahrradwege gibt und die Straßen immer mit Autos verstopft sind. Am späten Freitagabend ändert sich das jedoch: Polizei und Freiwillige sperren vier Stunden lang die Straßen für Pkws, und jeder, der mag, kann sich mit dem eigenen Fahrrad auf den Weg machen. *www.facebook.com/freedayride; Abfahrt Agion-Asomaton-Platz; 21.30 Uhr; gratis.*

03 Strand: Kavouri Beach

Es ist heiß. Schwimmen wäre das Richtige! Aber ein überfüllter Swimmingpool in der Stadt ist nicht das, was einem vorschwebt. Keine Panik! Die Rettung ist nahe – nur 30 Autominuten von der Stadt entfernt. Die herrliche attische Küste bietet unvergleichliche Ausblicke, und wenn es auch kostenpflichtige Strände gibt, so gehört Kavouri doch nicht dazu. *Westküste der Vougliagmeni-Halbinsel; 24 Std.; gratis.*

© Mark Read | Lonely Planet Images

MEIN ATHEN

Um sich die Stadt von einem Einheimischen zeigen zu lassen, sollte man seine Wünsche mindestens 72 Stunden vorher über das Internet mitteilen. Man bekommt dann einen Athener zugeteilt, der den Vorstellungen am besten gerecht werden kann. *http://myathens.thisisathens.org; gratis.*

04 Lykabettos

Die Akropolis ansehen, ohne Eintritt zu bezahlen? Das geht, wenn man den Lykabettos besteigt, mit 277 Meter der höchste Punkt Athens. Es gibt eine **Standseilbahn** (*Fr–Mi 8.45–24 Uhr, Do 10.30–24 Uhr, alle 30 Min; hin und zurück 7 €*), die am Anfang des Fußwegs abfährt. Die besten Fotos kann man im Morgengrauen oder bei Sonnenuntergang schießen. Außerdem sind dann die Temperaturen angenehmer. *Ab Ploutarchou St.; 24 Std.; gratis.*

05 Nationalgarten

Mit Picknickzutaten ausgestattet geht es durch die verschlungenen Gassen der Pláka zu den 15 Hektar Grünanlagen des Parks. Es gibt Enten! Einen Kinderspielplatz! Und einen kleinen Zoo! Man kann aber auch einfach die Picknickdecke unter den Dattelpalmen ausbreiten und sich an den mitgebrachten Mezze, der Ruhe und dem Schatten erfreuen. *Ecke Leoforos Vasilissis Sofias und Leoforos Vasilissis Amalias, Syntagma; 7 Uhr bis zur Dämmerung; gratis.*

06 Parlamentsgebäude und Wachwechsel

Auch wenn einem eher nicht nach Pomp ist: In einer fremden Stadt sollte man dabei sein, wenn die Gastgeber sich von ihrer beeindruckendsten Seite zeigen wollen. Am Grab des Unbekannten Soldaten findet zur vollen Stunde der Wachwechsel statt: Die *evzones* in ihren kurzen Röcken und Schnabelschuhen sind eine Augenweide! *Syntagma-Platz; 24 Std. jeweils zur vollen Stunde; gratis.*

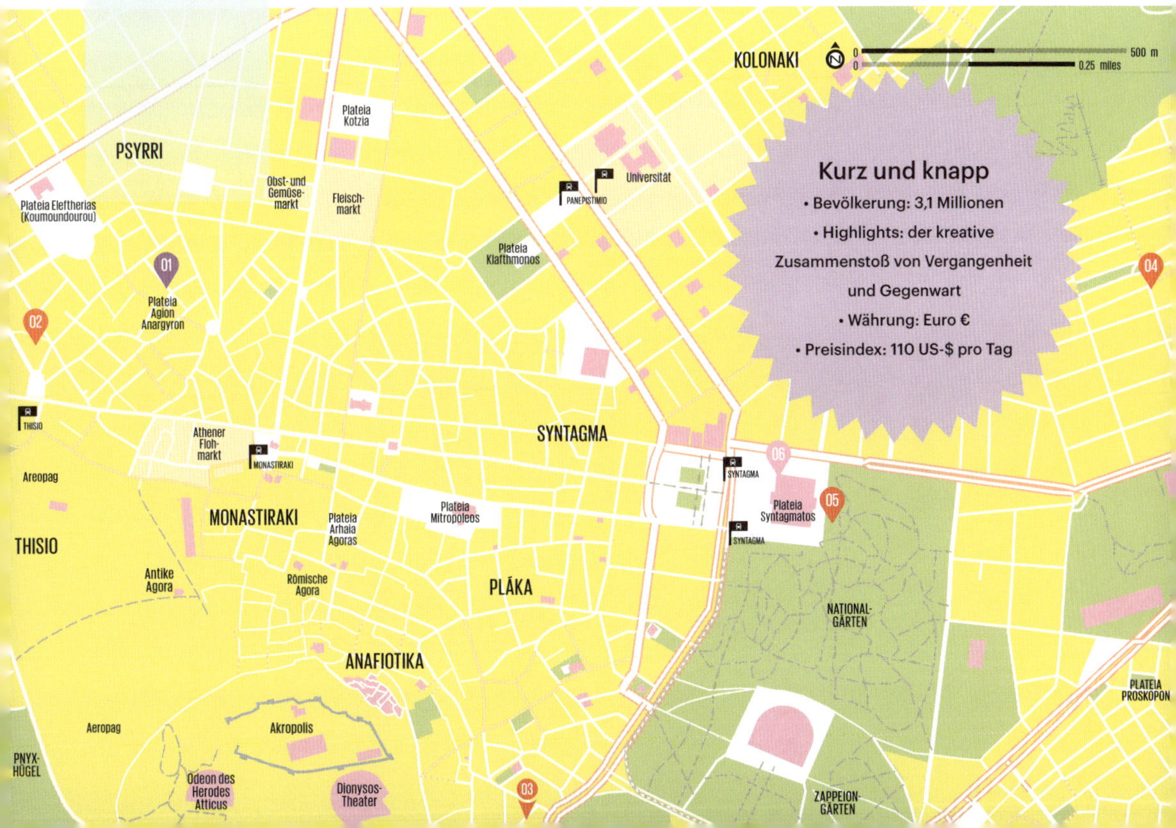

Kurz und knapp

- **Bevölkerung: 3,1 Millionen**
- **Highlights: der kreative Zusammenstoß von Vergangenheit und Gegenwart**
- **Währung: Euro €**
- **Preisindex: 110 US-$ pro Tag**

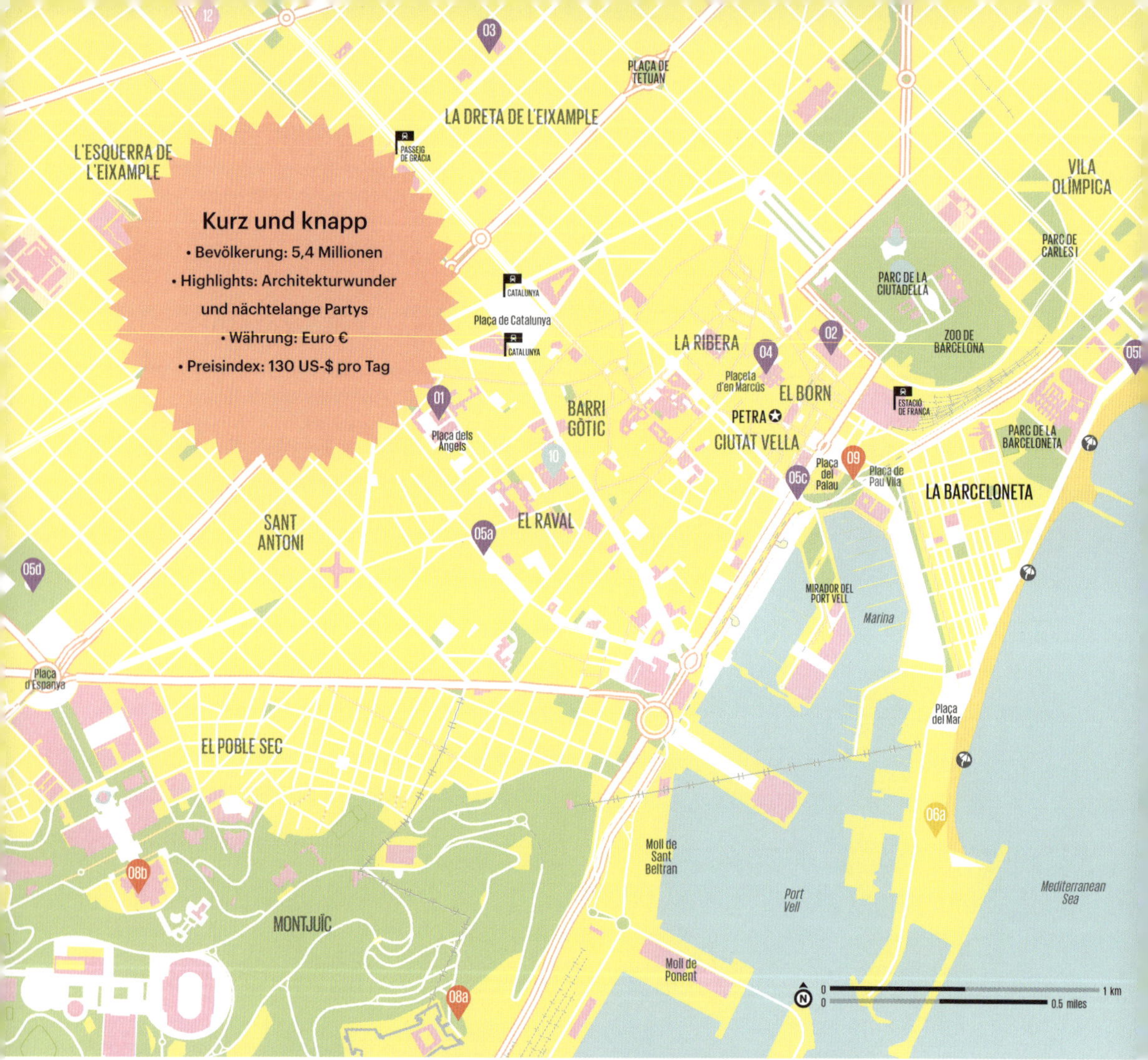

Kurz und knapp

- Bevölkerung: 5,4 Millionen
- Highlights: Architekturwunder und nächtelange Partys
- Währung: Euro €
- Preisindex: 130 US-$ pro Tag

BARCELONA

Barcelona ist die perfekte Kombination von Leben am Meer und kosmopolitischer Urbanität. Die Stadt bietet Strand, gutes Wetter, die Architektur des Modernisme, Weltklassegastronomie und sie steht für Partys bis in den Morgen. Nimmt man noch die moderaten Preise hinzu, möchte man eigentlich für immer bleiben …

KUNST & KULTUR · MUSIK & FILM · SPORT & FREIZEIT · ESSEN & TRINKEN · FESTIVALS & EVENTS

01 Centre de Cultura Contemporània de Barcelona

Das CCCB dient als innovativer Kulturraum für Ausstellungen, Diskussionsveranstaltungen, Filmnächte sowie Kurse und Vorlesungen zu Urbanisierung und zeitgenössischer Kultur. Jeder Besuch bringt Denkanstöße, und der Innenhof mit seiner verspiegelten Wand bietet einen spektakulären Anblick. *www.cccb.org; Montalegre 5; tgl. außer Mo (feiertags geöffnet) 11–20 Uhr; So 15–20 Uhr Eintritt frei; zu anderen Zeiten Ermäßigungen.*

02 El Born Centre Cultural

Die zum Ausstellungsraum umgebaute Markthalle ist ein beeindruckendes Monument des katalanischen Modernisme. Der Fokus liegt jedoch auf der politisch belasteten Geschichte ihrer unterirdischen Ruinen: Zeugnis der Zerstörung durch den spanischen König Philipp V. nach Barcelonas schmerzlicher Niederlage im Spanischen Erbfolgekrieg (1714). *http://elborncentrecultural.barcelona.cat/; Plaça Comercial 12; März–Sept Di–So 10–20 Uhr; Okt–Feb Di–Sa 10–19; So 10–20 Uhr; gratis; Eintritt in die Ausstellungen 4,20–6 €.*

03 Architektur des Modernisme

Die Stadt ist übersät mit beeindruckenden Arbeiten modernistischer Größen wie Gaudí, Domènech i Montaner und Puig i Cadafalch. Die bezaubernd märchenhaften Fassaden lassen sich von der Straße aus bewundern. Die höchste Konzentration dieser Werke findet sich im Eixample-Bezirk, im sogenannten *Quadrat d'Or* (goldenen Quadrat). Siehe Empfehlung für eine Gaudí-Tour; *gratis.*

04 Museu Picasso

Das Museum bietet Einsicht in Picassos prägende Jugendjahre. Neben der Entwicklung eines Genies (mehr als 3500 Werke) wird auch seine Beziehung zur Stadt thematisiert. Der Besuch lohnt sich, frühes Eintreffen ist ratsam. *www.museupicasso.bcn.cat, Carrer Montcada 15–23; Di–So 9–19; Do 9–21.30 Uhr; Mo geschl. (feiertags geöffnet); am ersten So im Monat und jeden So ab 15 Uhr gratis.*

05 Kunst im öffentlichen Raum

In Barcelona kann man viele öffentliche Kunstwerke bestaunen, darunter die *Fat Cat* (5a) von Fernando Botero an der Rambla del Raval, im Hafengebiet den riesigen Edelstahlfisch *Peix* (5b) von Frank Gehry und das kultige 15 Meter hohe *El Cap de Barcelona* (5c) in Port Vell von Roy Lichtenstein. Auch für Miró-Fans gibt es

© Eve Livesey | Getty Images © Matt Munro | Lonely Planet Images, © Artur Bogacki; Oscar Cardoso | 500px

MENU DEL DIA

Ob nun von Franco zu Zwecken der Produktivitätssteigerung eingeführt, damit die Arbeiter mittags nicht zum Essen nach Hause gehen, oder im Zuge des Tourismusbooms an der Mittelmeerküste konzipiert: Wer die hochwertigen Gerichte kennenlernt, liebt das *menu del dia*. Die Menüs umfassen zwei bis drei Gänge und kosten in der Regel 7–12 €. Wegen der frischen Aromen und des kitschigen Designs mit Lampen aus Gebrauchsgegenständen gehen wir am liebsten zu Petra (*Carrer dels Sombrerers 13; Mo–Do 13.15–16 und 20.30–23 Uhr; Fr–Sa 13.15-16 und 21–24 Uhr; Menu del Dia 6,75–12, 25 €*).

viel zu entdecken, wie die Skulptur *Donna iOcell* (5d; Frau und Vogel) im Parc de Joan Miró. *24 Std.; gratis.*

06 Freiluftkino

Es geht nichts über Filmgenuss unterm Sternenzelt, und Barcelonas mildes Klima erlaubt das den ganzen Sommer über. Es gibt mehrere Veranstaltungsorte: zum Beispiel den malerischen Hof des **CCCB** (siehe unter Nr. 1 auf S. 75) und den öffentlichen **Strand von San Sebastian** (6a; *www.cinemalliure.com; Platja de Sant Sebastià; Juli–Aug Do und So*). Die Filmauswahl (viele unabhängige Produktionen) ist ein wenig Glückssache, bietet aber stets Gesprächsstoff. *Vorstellungen siehe Webseiten; gratis.*

07 Swing-Veranstaltungen

Barcelona steht ganz im Zeichen des (getanzten) Swing, und in der gesamten Stadt findet man Gratisveranstaltungen und -kurse (meist auf Katalanisch). Es geht sehr locker zu, und jede(r) darf sich auf die Tanzfläche wagen. Manche Tanzkurse und -lektionen kosten etwas, aber für kleines Geld hat man auch einen Haufen Spaß! *www.swingmaniacs.com* oder *bcnswing.org; Orte, Zeiten und Preise siehe Webseiten.*

08 Montjuïc

Den Gipfel erreicht man per Seilbahn oder zu Fuß und genießt dort das Stadtpanorama, charmante Gärten und viele Sehenswürdigkeiten. Manche kosten Eintritt, umsonst ist aber die alte Stadtfestung **Castell de Montjuïc** (8a; *Ctra. de Montjuïc; täglich 10–20 Uhr*). Das **Museu Nacional d'Art de Catalunya** (8b; *Palau Nacional; Di-So 10–20 Uhr; erster So des Monats und Sa nach 15 Uhr gratis*) verfügt über eine umfangreiche Freskensammlung.

© Marcin D | 500px, © Margaret Stepien | Lonely Planet Images

INSIDER-TIPP

„Ich heiße Llibert Figueras (@llibertf) und bin Produktionsleiter für die Werbefilme von Sauvage.tv. Ich bin in Barcelona geboren und aufgewachsen: ein waschechter Katalane, der die Stadt liebt. Für mich beruht ihr Zauber auf der Balance zwischen Extremen, weshalb Leben und Arbeiten hier so angenehm sind. Zu meinen liebsten Freizeitaktivitäten gehören Strandspaziergänge. Sie geben mir etwas und verbinden mich mit der Stadt. Als Bewohner eines sonnigen, warmen Landes leben wir auf der Straße. Von Terrassen bis zu gewundenen Gässchen lässt sich in Barcelona vieles zu Fuß entdecken."

© Liav Zimelman | 500px

09 Strand und Hafen

Abseits vom Altstadtgetümmel frei durchatmen, dafür bieten sich Barcelonas berühmte Hafenanlagen und die künstlichen Strände an. Man mischt sich auf der Promenade mit den gut besuchten, teuren Strandbars unter Jogger und Radfahrer oder sucht sich seinen Lieblingsstrand aus. Vom Getümmel an der Barceloneta bis zum FKK-Strand Platja de la Mar Bella ist für jede(n) etwas dabei! *24 Std.; gratis.*

10 Mercado de la Boqueria

Der Markt ist eine Institution und als solche eine der Hauptattraktionen Barcelonas. Die unzähligen Farben und Gerüche sind ein fröhlicher Anschlag auf die Sinne. Es gibt einfach alles, von Obst und Gemüse bis zu spektakulär präsentierten Meeresfrüchten und Wurstwaren. Es ist leicht, sich aus all den Leckereien ein nahrhaftes, budgetschonendes Mittagessen zusammenzustellen. *Les Rambles 91; Mo–Sa 8–20.30 Uhr; Eintritt frei.*

11 Festes de la Mercè

Das Fest der Schutzheiligen ist mit 500 Events alljährlich die größte Party der Stadt. Alles wartet auf die *Castellers* (menschliche Türme), den *Correfoc* (eine Prozession feuerspeiender Drachen, deren Flammen den Umstehenden erschreckend nahekommen) und die *Gigantes*, eine Parade riesiger Königinnen, Könige und Adeliger. *http://www.barcelona.de/de/barcelona-festes-la-merce.html ; Sept; gratis.*

12 Festa Major de Gràcia

Bei der wilden Straßenparty drängen sich hippe Großmütter, verschüchterte Teenager und staunende Touristen zwischen meisterhaft geschmückten Buden, um Gratisevents und Konzerte zu besuchen. Hier dreht sich alles um den Wettbewerb für die Straßendekoration, die immer unter einem Motto steht. Eine Woche im Jahr verwandelt sich dann die ansonsten ruhige Gegend in eine Partymeile. *www.festamajordegracia.cat; Bezirk Gràcia; Aug; gratis.*

EUROPAS BESTE NATIONALPARKS

Immer kostenlos: die schönste Natur in Europa kostet keinen Eintritt. Die einzige Voraussetzung für einen Besuch dieser Nationalparks ist eine gewisse Abenteuerlust.

JOTUNHEIMEN – NORWEGEN

Im „Riesenheim" stehen die 29 höchsten Berge Norwegens, darunter der Galdhøpiggen (2469 Meter). In Norwegen gilt das *allemansretten* – jedermann hat das Recht, sich frei in der Landschaft – auch in den Nationalparks – zu bewegen. Zu den Wanderwegen gehört auch der bekannte Besseggen-Grat. *www.jotunheimen.com; Norwegen; gratis.*

BAYERISCHER WALD/ ŠUMAVA – DEUTSCHLAND / TSCHECHIEN

Unbestrittene Herrscherin im größten zusammenhängenden Waldgebiet Europas ist die Natur. Es wird von mehr als 10 000 Tierarten bewohnt und von einem Wegenetz durchzogen. *www.nationalpark-bayerischer-wald.de; Deutschland/Tschechische Republik; gratis.*

BRECON BEACONS – WALES

Innerhalb des Parks liegen die düsteren Black Mountains und viele Wasserfälle, darunter auch der Sgwd-y-Eira (Schnee-Wasserfall), bei dem man auf einem Pfad bis hinter den Wasservorhang gehen kann. *www.breconbeacons.org; Wales; gratis.*

VATNAJÖKULL – ISLAND

Der größte Nationalpark in Europa bedeckt 12% der Landfläche Islands, in ihm liegt auch der mächtigste Wasserfall des Kontinents – der Dettifoss. Man kann Gletscherwanderungen unternehmen oder Eishöhlen besichtigen. *www.vatnajokulsthjodgardur.is; Island; gratis.*

GRAN PARADISO – ITALIEN

Die Steinböcke an den Hängen des höchsten Berges in Italien, des Gran Paradiso (4061 Meter), glauben, ihnen gehöre der spektakuläre Nationalpark allein. Er war einst das Jagdrevier von König Viktor Emmanuel II., heute kommen Wanderer, Bergsteiger und Skilangläufer. *www.pngp.it; Italien; gratis.*

CAIRNGORMS – SCHOTTLAND

Der größte Nationalpark in Großbritannien liegt auf einer Hochebene, aus der sich fünf der höchsten Gipfel des Landes erheben, darunter auch der Ben Macdhui (1309 Meter), an dem sich das Monster Am Fear Liath Mòr herumtreibt. *www.cairngorms.co.uk; Schottland; gratis.*

LE PARC NATIONAL DES PYRÉNÉES/ORDESA Y MONTE PERDIDO – FRANKREICH/SPANIEN

Gemeinsam ist den beiden Nationalparks die fantastische Landschaft und die artenreiche Fauna, zu der auch der größte Greifvogel Europas, der Lämmergeier, gehört. Hunderte Wanderwege durchziehen die Täler. *www.parc-pyrenees.com; Frankreich/Spanien; gratis.*

OLYMPUS – GRIECHENLAND

In der griechischen Mythologie waren die Gipfel und Schluchten des Olympus die Heimat der 12 olympischen Götter. Heute fliegen über den Bergen Steinadler, und unten tummeln sich Wölfe, Schakale, Wildkatzen und Wanderer. www.olympusfd.gr; *Griechenland; gratis.*

OULANGAN KANSALLISPUISTO – FINNLAND

Der atemberaubende Nationalpark liegt an der Grenze zu Russland und ist die Heimat Hunderter Rentiere. Der Wanderweg „Bärenrunde" führt über 80 Kilometer durch den Park, man kann unterwegs in Hütten übernachten. *www.luontoon.fi/en/oulanka; Lappland, Finnland; gratis.*

Illustration | Patrick Hruby

KUNST & KULTUR · MUSIK & FILM · SPORT & FREIZEIT · ESSEN & TRINKEN · FESTIVALS & EVENTS

BERLIN

Genießerisch schwelgt Berlin am Buffet des Lebens und nimmt dabei nichts zu ernst – schon gar nicht sich selbst. Mehr als 25 Jahre nach dem Mauerfall lockt die deutsche Hauptstadt immer noch mit Kreativität, Kultur und kosmopolitischem Flair, und das alles zu überraschend erschwinglichen Preisen.

01 East Side Gallery
Es ist schon eine Ironie des Schicksals, dass Berlins wichtigste Touristenattraktion nicht mehr existiert: die Berliner Mauer. Zum Glück gibt es die East Side Gallery, ein 1,3 Kilometer langes Mauerfragment, das völlig von Graffiti bedeckt ist und so zur weltgrößten Freiluftgalerie wurde. *www.eastsidegallery-berlin.de/; Mühlenstr. zwischen Oberbaumbrücke und Ostbahnhof; 24 Std.; gratis.*

02 Gedenkstätte Berliner Mauer
Die Gedenkstätte bietet einen Überblick über das Aussehen des Grenzstreifens und seinen Einfluss auf das Leben der Menschen. Auf 1,4 Kilometer folgt sie dem ursprünglichen Mauerverlauf und umfasst neben einem nachgebauten Todesstreifen echte Mauersegmente, ein Dokumentationszentrum und eine Kapelle. *www.berliner-mauer-gedenkstaette.de; Bernauer Str. 111 zw. Schwedter Str. und Gartenstr.; 8–22 Uhr; gratis.*

03

10

16

© Sergey Kohl; Bartek Kuzia | 500px, © Mark Read | Lonely Planet Images

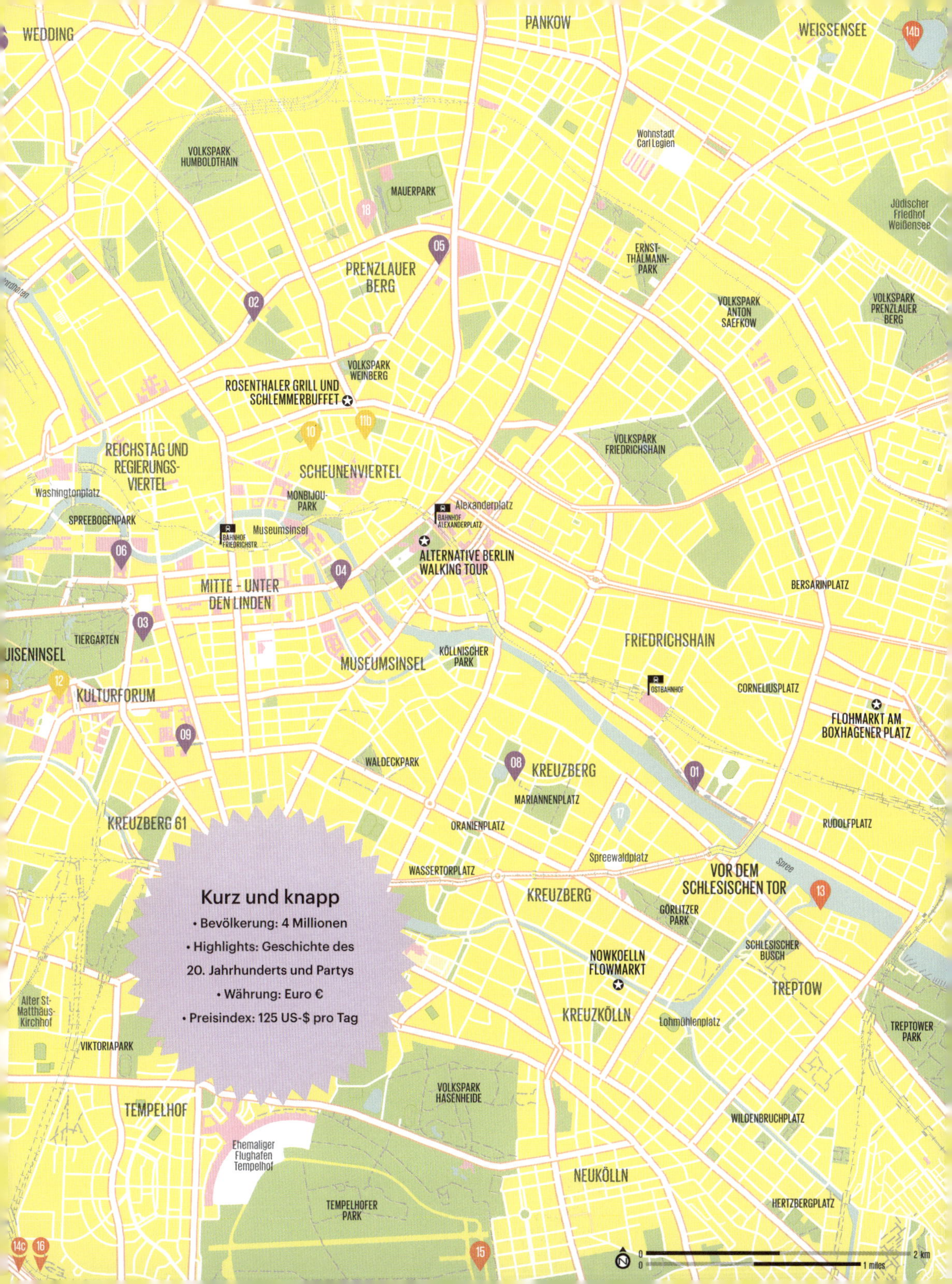

Kurz und knapp

- Bevölkerung: 4 Millionen
- Highlights: Geschichte des 20. Jahrhunderts und Partys
- Währung: Euro €
- Preisindex: 125 US-$ pro Tag

03 Holocaust-Mahnmal

Das weitläufige Monument, Deutschlands zentrale Gedenkstätte für die von den Nazis ermordeten Juden, besteht aus 2711 Betonstelen unterschiedlicher Höhe. Man kann es auf eigene Faust erkunden und fühlt sich dabei wie von unzähligen Seelen umringt. Erschütternden Kontext liefert das unterirdische Informationszentrum. *www.stiftung-denkmal.de/en/home.html; Cora-Berliner-Str. 1; Mahnmal 24 Std.; Informationszentrum Apr–Sept 10–22 Uhr; Okt–März 10–19 Uhr; Mo geschl.; gratis.*

04 Humboldt-Box

Berlins größtes Bauvorhaben ist ein Retro-Projekt: die Wiedererrichtung des barocken preußischen Stadtschlosses, das die DDR-Regierung 1951 abreißen ließ. Als „Humboldtforum" soll der Gigant 2019 fertiggestellt sein. Die futuristische Humboldt-Box bietet Informationen über das Projekt und eine Vorschau darauf, welche Museen und Kultureinrichtungen dort einziehen werden. *www.humboldt-box.com/de/; Schlossplatz 5; 10–19 Uhr; gratis.*

05 Fotoautomaten

Als echte Berlin-Erinnerung gilt nicht das iPhone-Selfie vor dem Brandenburger Tor, sondern eine Aufnahme aus einem münzbetriebenen Fotoautomaten. Für schlappe 2 € knipst eine unsichtbare Kamera Sie und Ihre Lieben, wenig später spuckt die Maschine außen einen Streifen mit vier schwarz-weißen Passfotos aus. Die Kabinen stehen überall in Berlin, auch an der Kastanienallee. *Standorte siehe www.photoautomat.de; 24 Std.; 2 €.*

06 Reichstagskuppel

Im Plenarsaal des Bundestags debattieren deutsche Politiker – und von oben hat man ein Auge auf alles. Vom Dach des Amtsgebäudes aus der Preußenzeit kann man das Stadtpanorama genießen und das Innere der Kuppel von Norman Foster begehen. Vorherige Anmeldung erforderlich. *https://visite.bundestag.de;*

(FAST) EIN GESCHENKTER TAG

Mit einer Tageskarte *(6,90–7,40 €)* fahren Sie mit der Buslinie 100 ab Bahnhof Zoo an Sehenswürdigkeiten wie dem Reichstag und der Museumsinsel vorbei. Ab Alexanderplatz thematisiert ein Rundgang *(11 Uhr, Spende erbeten)* von Alternative Berlin Tours *(www.alternativeberlin.com)* die Berliner Subkultur. Hungrig? Die besten Kebabs bietet das Rosenthaler Grill und Schlemmerbuffet *(Torstr. 125; 24 Std.; Gerichte 2,80–7 €)*. Zur Verdauung geht es ins Scheunenviertel; das jüdische Viertel ist heute ein charmantes Wirrwarr von Indie-Boutiquen und Cafés. Zum Tagesausklang kann man in Clärchens Ballhaus (S. 83) schwofen.

© Martin Deja | Getty Images

Platz der Republik 1; 8–24 Uhr; letzter Einlass 22 Uhr; alle 15 Min.; gratis.

07 Konzentrationslager Sachsenhausen

Direkt außerhalb Berlins errichteten die Nazis bei Sachsenhausen eines der berüchtigtsten KZs auf deutschem Boden. Hinter den Toren starben von 1936 bis 1945 Zehntausende der 200 000 Insassen. Ein Mahnmal, ergreifende Exponate an Originalplätzen, wie die Krankenbaracken und die Hinrichtungsstätte, bezeugen heute die Geschichte und halten die Erinnerung wach. *www.stiftung-bg.de/gums/; Straße der Nationen 22; Oranienburg; März–Okt 8.30–18 Uhr; Nov–Feb 8.30–16.30 Uhr; gratis.*

08 Street Art in Kreuzberg

Graffiti und Streetart sind seit den 1970ern Teil der Berliner Kreativkultur. Internationalen wie einheimischen Talenten dient vor allem Kreuzberg als Freiluftleinwand. Besonders bekannte Werke sind *Astronaut Cosmonaut* von Victor Ash, ein fünf Stockwerke hohes Stillleben von ROA mit Tierkadavern und der bizarre *Leviathan (Pink Man)* von BLU aus Hunderten nackter, sich windender Körper. *Überall; 24 Std.; gratis.*

09 Topografie des Terrors

Hitler, Himmler, Göring, Goebbels – die bloße Erwähnung der schlimmsten Nazis lässt einen erschauern. Das auf morbide Art faszinierende Dokumentationszentrum beleuchtet die Führungsriege des Dritten Reichs und ihre Gefolgsleute. Es steht genau dort, von wo aus die schrecklichsten Organe des Regimes (darunter die Gestapo und die SS-Kommandozentrale) einst ihre unsägliche Gewaltherrschaft ausübten. *www.topographie.de; Niederkirchnerstr. 8; 10–20 Uhr; gratis.*

10 Clärchens Ballhaus

In dem mit Rauschgold ausgekleideten Ballsaal feiern die Goldenen Zwanziger fröhliche Urstände. Nacht für Nacht schwingen hier Hipster und Omas das Tanzbein auf dem Parkett, wenn die DJs die Räume mit Swing, Tango, Mambo, Jive und anderen Klängen von damals fluten. Preiswerte Kurse am frühen Abend. *www.ballhaus.de; Auguststr. 24; Mo–Do ab 21 Uhr; So 15–18 Uhr; gratis.*

11 Jazz Jams

In der ganzen Stadt gibt es viel Gratismusik in Kneipen und Bars, aber

BERLIN

© Mark Read | Lonely Planet Images

samstagabends versammelt sich die Jazzgemeinde zur Jamsession im **A-Trane** (*www.a-trane.de; Bleibtreustr. 1; Sa ab 24 Uhr gratis; vorher 5 €*); die Bühne des winzigen Clubs beehrten schon die ganz Großen wie Wynton Marsalis. Mittwochs finden Impro-Veranstaltungen im genauso angesehenen **b-flat** statt (*www.b-flat-berlin.de; Rosenthaler Str. 13; Mi ab 21 Uhr; gratis*).

12 Lunchkonzerte in der Philharmonie
Warum nicht statt des Magens die Ohren verwöhnen? Das kann man mit dem Besuch eines mittäglichen Foyerkonzerts von Meistermusikern der Berliner Philharmoniker, eines der weltbesten Klassikorchester. Die wöchentlichen Konzerte locken Hunderte kulturhungriger Fans an. Nur wer früh kommt, erwischt einen guten Platz in der senfgelben Philharmonie, dem

INSIDER-TIPPS

„Günstiges Obst und Gemüse kaufe ich kurz vor Marktschluss, wenn viele Händler die Preise senken. Weil Getränke in Lokalen teurer sind, hole ich mir Bier am Kiosk und setze mich damit in einen Park oder ans Wasser. Manche Clubs verlangen direkt nach dem Öffnen keinen Eintritt, ich lasse mir also die Hand stempeln und komme wieder, wenn der Bär tobt. Filme sehe ich mir nur am „Kinotag" (meist dienstags) im Multiplex an, dann gibt es auch dort Rabatt, sonst gehe ich in die billigeren Off-Kinos." – Susanne Kreisel, Berlinerin

BERLIN

© Mark Read | Lonely Planet Images, © Michael Taylor | Getty Images

musikalischen Wahrzeichen der Stadt. *berliner-philharmoniker.de; Herbert-von-Karajan-Str. 1; Sept–Juni; Di 13 Uhr; gratis.*

13 Badeschiff

Aus dem Berliner Sommer nicht mehr wegzudenken ist das Badeschiff. Der megacoole urbane Strandclub entstand rings um einen zum Swimmingpool umgebauten Lastkahn, der in der Spree vertäut ist. Planschen Sie tagsüber und genießen Sie zum Sonnenuntergang einen Cocktail und den zauberhaften Anblick der Oberbaumbrücke. Im Winter tummeln sich hier die Hipster in einer Sauna mit Bar. *Eichenstr. 4; Mai–Sept 8–24 Uhr (wetterabhängig); 5 €.*

14 Chillen am See

Wo stecken an heißen Wochenenden bloß die Einheimischen? Schauen Sie einfach am nächsten See nach: Ein kühles Blondes in der Hand, halten Sie sich dort im Sand oder unter den Bäumen frisch. Die beliebtesten Badeplätze sind die idyllische **Krumme Lanke** (14a; *gratis*), der runde **Weiße See** (14b; *ab 9 Uhr; gratis*) und das große **Strandbad Wannsee** (14c; *Sa–So 8–21 Uhr; Mo–Fr var.; 5,50 €*), dessen 1,3 Kilometer langer Sandstrand seit über 100 Jahren Wasserratten anzieht.

15 Entspannung am Flughafen Tempelhof

Hier fanden frühe Flüge von Orville Wright (1871–1948) statt, die erste Zeppelinlandung und die Luftbrücke. Heute ist der historische Flughafen Tempelhof ein riesiges Freizeitgelände: Auf dem ebenen Rollfeld kann man Radfahren, skaten oder kiteboarden, grillen oder urbane Gartenbauprojekte besichtigen. *Zugang ab Oderstraße, Columbiadamm oder Tempelhofer Damm; ganztägig; gratis; geführte Touren 16,50 €.*

16 Königliche Pracht im Park Sanssouci

Der Potsdamer Park Sanssouci (*www.potsdam-park-sanssouci.de; Zur Historischen Mühle 1; Potsdam; 8 Uhr bis Dunkelheit; gratis*) zeigt, was ein mit Geschmack, Geld und besten Künstlern wohlversorgter König vermag. Friedrich der Große (1712–86) ersann das königliche Sommerrefugium, dessen Rokokobauten sich beim Durchschlendern des Parks bewundern lassen. Highlights: **Schloss Sanssouci** (*Maulbeerallee; Apr–Okt Di–Sa 10–18 Uhr; Nov–März 10–17 Uhr; 8 €*) und das **Chinesische Teehaus** (*Mai–Okt Di–So 10–18 Uhr; 8 €*).

17 Street Food Thursday – Markthalle Neun

Seit 2013 strotzt die Mutter der Berliner Streetfood-Märkte vor Kraft. Mischen Sie sich donnerstagabends in der wundervoll restaurierten Kreuzberger Markthalle aus dem 19. Jahrhundert unter die Foodies und genießen Sie globale Aromasensationen wie neuseeländische Pasteten, taiwanesische Burger oder koreanische Tacos. Am besten passt dazu das hiesige Heidenpeters Craft Beer. *www.markthalleneun.de; Eisenbahnstr. 42/43; Do 17–22 Uhr; gratis.*

18 Sonntag im Mauerpark

Der beste Tag für den Mauerpark ist der Sonntag, wenn das magere Grün (einst Todesstreifen der Mauer) zum Ort eines bizarren Volksfestes wird. Man kann auf dem Flohmarkt stöbern, sich dann ein Bierchen schnappen und seinen Lieblingskünstler suchen, Sprayer beim Ausprobieren neuer Tags beobachten oder Livedarbietungen und Schlagersänger beim Freiluftkaraoke beklatschen. *Bernauer Straße; 10–24 Uhr; gratis.*

FLOHMÄRKTE

Flohmärkte sind urbane Archäologie. Wer wühlt, braucht Geduld und Glück – und jubelt über gefundene Schätze! Unsere Favoriten:

- **Flohmarkt am Mauerpark (*Bernauer Str.; So 8–18 Uhr*): die „Mutter aller Märkte" für trendige Retrostoffe, lokale Designer und Ausgefallenes.**
- **Berliner Trödelmarkt (*berlinertroedelmarkt.com; Straße des 17. Juni 110–114; Sa–So 10–17 Uhr*): Antiquitäten, Trödel und Kunsthandwerk.**
- **Nowkölln Flowmarkt (*nowkoelln.de; Maybachufer; März–Nov jeden zweiten So; 10–17.30 Uhr*): Hipstermeile für Produkte lokaler Designer.**

KUNST & KULTUR · MUSIK & FILM · SPORT & FREIZEIT · ESSEN & TRINKEN · FESTIVALS & EVENTS

BRÜGGE

Es ist leicht zu erklären, warum Brügge so beliebt ist: Das Stadtbild mit den Kanälen und kleinen Plätzen ist überaus romantisch. Es gibt herausragende Kunst, ebensolches Bier und Schokolade, und wenn die Preise auch hoch sind, so kann man sich die Stadt doch preiswert auf eigene Faust zu eigen machen.

01 Liebfrauenkirche

Kunstliebhaber sollten die Kirche aus dem 13. Jahrhundert auf keinen Fall auslassen, in der Michelangelos marmorne *Brügger Madonna* (1504) steht, das einzige seiner Kunstwerke, das noch zu seinen Lebzeiten außerhalb Italiens zu sehen war. Das Werk wurde von einem Kaufmann erworben und seiner Heimatstadt geschenkt. In der Apsis sind noch wunderbare Werke anderer Künstler zu sehen. *www.onthaalkerk-brugge.be; Mariastraat; Mo–Sa 9.30–16.30, So 13.30–16.30 Uhr; gratis.*

02 Arentshof

Wenn man in **Minnewater** noch nicht genug romantische Brücken gesehen hat, sollte man sich das Exemplar in diesem schönen Park ansehen, das besonders bei Liebespaaren beliebt ist. Angeblich tauschen viele Brügger Paare hier ihren ersten Kuss aus. Der Blick auf die Kanäle ist unbezahlbar, und in der Nähe stehen mehrere schöne Skulpturen von Rik Poot. *Apr–Sep 7–22, Okt–März 7–21 Uhr; gratis.*

03 Beginenhof

Irgendwann wird einem in Brügge der Sinn nach Ruhe stehen, und glücklicherweise lässt sie sich in diesen Gartenanlagen aus dem 13. Jahrhundert finden. Man muss auch nicht – wie die ursprünglichen Bewohnerinnen der Häuser – eine ledige oder verwitwete Frau sein, um sich unter den Bäumen auszuruhen. Am schönsten ist die Narzissenblüte im Frühling, aber auch zu anderen Zeiten ist der Frieden wohltuend. *Wijngaardstraat; 6.30–18.30 Uhr; gratis.*

© Helen Cathcart | Lonely Planet Images

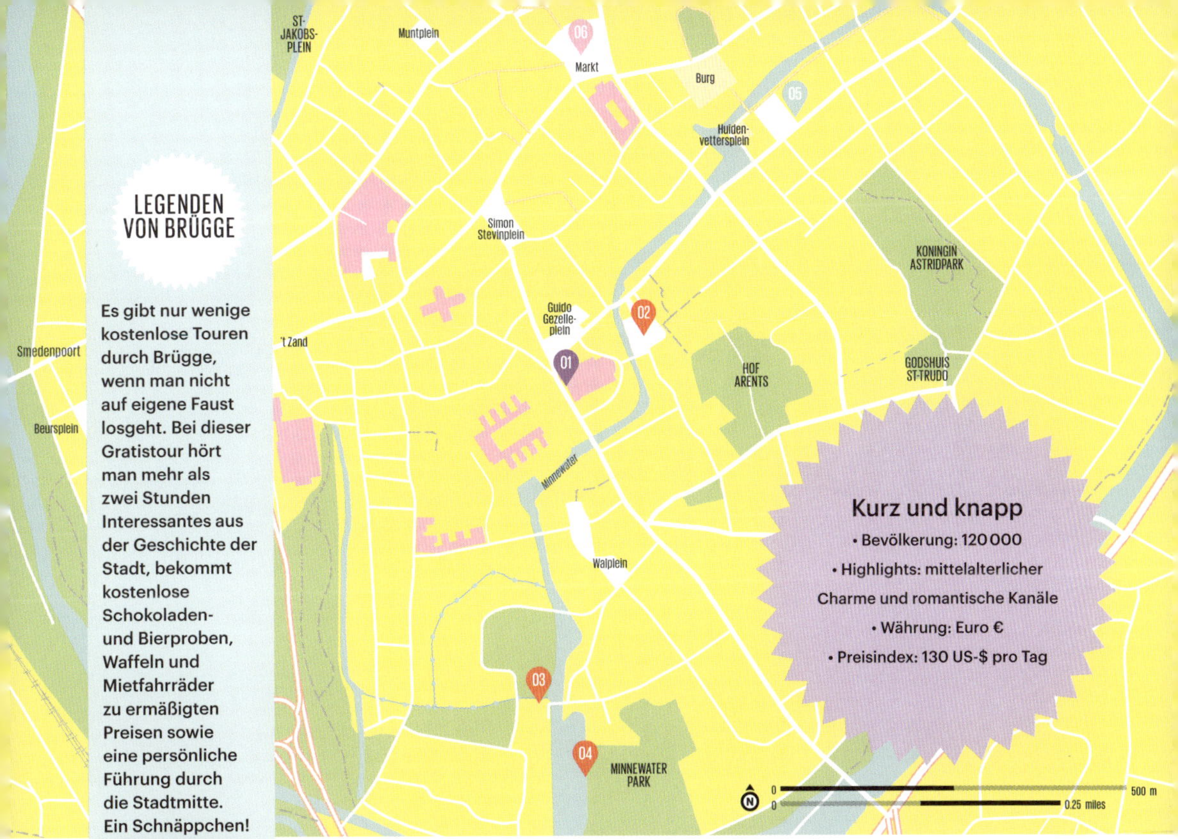

LEGENDEN VON BRÜGGE

Es gibt nur wenige kostenlose Touren durch Brügge, wenn man nicht auf eigene Faust losgeht. Bei dieser Gratistour hört man mehr als zwei Stunden Interessantes aus der Geschichte der Stadt, bekommt kostenlose Schokoladen- und Bierproben, Waffeln und Mietfahrräder zu ermäßigten Preisen sowie eine persönliche Führung durch die Stadtmitte. Ein Schnäppchen! Trinkgelder sind gern gesehen, aber nicht Pflicht. Und wie bei einem solchen Gratisangebot zu erwarten, können sich recht viele Teilnehmer ansammeln. ***www.legendsofbruges.com; vor der Statue am Grote Markt; tgl. 14.30, Di und Do–So auch 9.45 Uhr; gratis.***

Kurz und knapp

- **Bevölkerung: 120 000**
- **Highlights: mittelalterlicher Charme und romantische Kanäle**
- **Währung: Euro €**
- **Preisindex: 130 US-$ pro Tag**

04 Minnewater

An einem Ort, dessen Namen „See der Liebe" bedeutet, kann man schon recht hoffnungsfroh gestimmt sein. Zu Recht: Der Park um das Minnewater ist ein sehr malerischer Platz für ein Picknick. Die Legende besagt, dass man mit ewiger Liebe belohnt wird, wenn man mit einer besonderen Person die Brücke über den See passiert. In dem Fall schlagen wir für das Picknick Champagner und Erdbeeren vor – man weiß ja nie ... *gratis.*

05 Vismarkt

Seit 1821 findet wochentags der Fischmarkt in einer Arkade statt – ideal, um das bunte Treiben zu beobachten und die Meeresfrüchte zu genießen. An den Wochenenden verkaufen die Stände Nippes und Antiquitäten. Das Ganze ist appetitanregend: Bei einem Abstecher ins **Gouden Karpel** (*www.dengoudenkarpel.be/*), holt man sich ein Krabbenbrötchen (*ab 4 €*), das man dann auf einer Bank am Groenerei-Kanal verspeist. Steenhouwersdijk; *Di–Fr 7–13 Uhr; gratis.*

06 Markt

Man muss keineswegs eine überteuerte Waffel, Pommes frites oder ein Ticket für eine Kutschfahrt kaufen, um den großartigen Marktplatz mit seiner neogotischen Architektur zu genießen. Um dem Gedränge zu entgehen und das meiste aus dem Erlebnis zu machen, sollte man frühmorgens oder nachts kommen, wenn der 83 Meter hohe Glockenturm beleuchtet wird. Mittwochs bietet der Markt Gelegenheit, Käse, Brot, Aufschnitt und vieles mehr aus der Region zu probieren. *www.the-markt.com/wednesday-market.html; 10–13 Uhr; gratis.*

KUNST & KULTUR · MUSIK & FILM · SPORT & FREIZEIT · ESSEN & TRINKEN · FESTIVALS & EVENTS

BUDAPEST

Es ist nicht schwer, sich die Zeit in Budapest zu vertreiben, ohne Geld auszugeben: Man kann ganze Tage damit verbringen, nur die Architektur zu bewundern. Wenn man davon genug hat, besucht man einen der Märkte oder abends eine der Ruinen-Kneipen.

01 Heldenplatz

Der Hősök tere ist für Budapest ein symbolträchtiger Ort, ein beeindruckender Platz und ein guter Aussichtspunkt, von dem aus man den Andrássy út, den baumbestandenen Boulevard hinunterblicken kann, der zum UNESCO-Kulturerbe gehört. Auf dem Platz steht eine 36 Meter hohe Säule mit dem Erzengel Gabriel und das Heldendenkmal, das den Freiheitshelden Ungarns gewidmet ist. *24 Std.; gratis.*

02 Kerepesi-Friedhof

Der Nationalfriedhof wurde 1847 eingerichtet. Auf seinen 56 Hektar finden sich mehr als 3000 beeindruckenden Grabmäler und -steine, darunter auch viele von bekannten Ungarn. Der Friedhof ist sehr gepflegt, und ein Spaziergang lohnt sich allemal. Am Eingang gibt es einen kostenlosen Plan. Man sollte auch dem Pantheon der Arbeiterbewegung einen Besuch abstatten. *VIII Fiumei út 16; Sept–März 7.30–17, Mai-Juli 7.30–20, Apr und Aug 7.30–19 Uhr; gratis.*

03 Gellért-Berg

Wenn man etwas für seine Kondition tun möchte, bietet es sich an, auf den Gellért-Berg hinaufzusteigen. Der Lohn? Atemberaubende Ausblicke über die Stadt, vor allem bei Sonnenauf- oder -untergang. Man kann oben auch die Zitadelle, die 1703–11 von den Habsburgern gebaut wurde, und die **Freiheitsstatue** besichtigen, die an die sowjetischen Soldaten erinnert, die 1945 die Stadt befreiten. *24 Std.; gratis.*

© peter zelei; Chev Wilkinson | Getty Images, © János Titkos; Arno Kohlem | 500px

04 Margareteninsel

An heißen Sommertagen wird es auf der Margareteninseln mitten in der Donau eng. Die 2,5 Kilometer lange, größtenteils für Kraftfahrzeuge gesperrte Insel wird dann zum Ziel von Budapestern und Besuchern. Zu erleben gibt es genug: Manche, wie die Schwimmbäder, Fahrradverleihe, Bars und Cafés, wollen zwar Geld sehen, aber ein Spaziergang durch die Gartenanlagen und mittel-alterlichen Ruinen kostet nichts. *24 Std.; gratis.*

05 Die Märkte

Ob man jetzt ein Mitbringsel sucht oder sich den Mund mit den Delikatessen wässrig macht, ein Besuch auf einem der vielen Märkte ist ein großartiger, preiswerter Ausflug. Am bekanntesten ist **Nagycsarnok** („Großer Markt", *IX Vámház körút 1–3, Mo–Fr 6–17, Sa 6–15 Uhr*), wo man auch traditionelle Souvenirs bekommt. Einer der größten Flohmärkte Mitteleuropas ist **Esceri Piac** (*XIX Nagy-kőrösi út, Mo-Fr 8-16, Sa 5-15, So 8-13 Uhr); gratis.*

06 Ruinen-Kneipen

Was in New York die *dive bars* sind, sind in Budapest die in verlassenen Häusern oder deren Höfen untergekommenen Ruinen-Kneipen, die einem die ganze Nacht einen Platz zum Trinken bieten. Neben den schäbigen Spelunken, mit denen es einst begann, gibt es inzwischen auch dauerhaftere, mit etwas mehr Chic aufwartende Etablissements. Es gibt immer wieder Wechsel, Details findet manauf *http://ruinpubs.com/; gratis.*

SCHUHE AM DONAUUFER

Dieses bedrückende Denkmal erinnert an die ungarischen Juden, die im Zweiten Weltkrieg ihre Schuhe ablegen mussten, bevor sie erschossen und von den faschistischen Pfeilkreuzlern in die Donau geworfen wurden. Das Kunstwerk besteht aus 60 Schuhpaaren aus Gusseisen, die zwischen Széchenyi István tér und dem Parlament an der Donau stehen. V Antall József rakpart; *24 Std.; gratis.*

Kurz und knapp

- **Bevölkerung: 1,8 Millionen**
- **Highlights: die großartige Architektur und die Märkte**
- **Währung: Forint Ft oder HUF**
- **Preisindex: 75 US-$ pro Tag**

Kurz und knapp

- Bevölkerung: 1,3 Millionen
- Highlights: Abenteuer unter freiem Himmel und Begegnungen mit der Kultur
- Währung: Dänische Krone Dkr oder DKK
- Preisindex: 205 US-$ pro Tag

KOPENHAGEN

Wie viele skandinavische Ziele gilt auch Kopenhagen als teuer. Andererseits wurde es vor Kurzem vom Earth Institute als glücklichster Ort des Planeten bezeichnet, und wir vermuten, dass die Einheimischen vielleicht wegen der vielen Gratisangebote so gern lächeln.

01 H.C. Andersen – kostenlose Tour

Der Verfasser der berühmten Märchensammlung (*Das hässliche Entlein, Des Kaisers neue Kleider*) stammt aus Mitteldänemark, lebte aber hier. Es gibt im Kongens Have (1a; S. 93) und vor dem Rathaus (1b; *Rådhuset, 1599 København V*) Statuen von ihm, und sein Grab liegt im **Assistens-Friedhof** (1c; *Kapelvej 4*). Als Fan wird man jedoch ein Mädchen besuchen wollen: *die Kleine Meerjungfrau* (1d; *www.mermaidsculpture.dk*) auf ihrem einsamen Felsen im Hafen. *24 Std.; gratis.*

02 Verbindungen finden

In der Heimat von Lego kann man im 260 Kilometer entfernt liegenden Billung Legoland besuchen (299 Dkr). Oder man besucht in Kopenhagen den **Lego Store** (*www.lego.com; Vimmelskaftet 37; Mo-Do und Sa 10–18, Fr 10–19, So 10–17 Uhr*), um sich kostenlos kreativ zu betätigen, riesige Modelle anzusehen und mit Fakten über Lego füttern zu lassen (so gibt es 915103765 Möglichkeiten, sechs Achtersteine zusammenzustecken); *gratis.*

03 Freilichtmuseum

Unternehmen Sie eine Zeitreise zurück in das vorindustrielle Skandinavien. Auf einem Gelände vor den Toren Kopenhagens kann man von der Windmühle bis zum Armenhaus 50 Originalgebäude besichtigen, in denen Mitarbeiter in alten Kostümen die Entwicklung Dänemarks zwischen 1650 und 1950 erklären. *http://natmus.dk/museerne/frilandsmuseet; Kongevejen 100, 2800 Lyngby; Mai–Juni und Mitte Aug–Okt Di–So 10–16, Juli-Mitte Aug 10–17 Uhr; gratis.*

04 Royal Danish Naval Museum

Dieses Museum in einem alten Marinespital erklärt die Salzwasser-Geschichte des Landes. Unter anderem kann man im „Spæhuggeren" die klaustrophobischen Bedingungen kennenlernen, unter denen die 33 Mannschaftsmitglieder dieses U-Bootes leben mussten. *http://natmus.dk/museerne/orlogsmuseet; Overgaden Oven Vandet 58; Di–So 12–16 Uhr; gratis.*

05 Turm von Christiansborg

Der Turm (*Tårnet*) des ehemaligen Königspalastes und jetzigen Parlamentsgebäudes ist mit 106 Metern der höchste Aussichtspunkt in Kopenhagen. Als Geschenk an die Hauptstädter hat die Regierung den Eintritt kostenlos gemacht. Von der Insel Slotsholmen hat man hier einen fantastischen Blick über die Dächer Kopenhagens.
www.taarnet.dk; Christiansborg, 1218 København K;
Di–So 11–21 Uhr; gratis.

INSIDER-TIPPS

„Wir können uns glücklich schätzen, dass es kostenlose Badegelegenheiten am Hafen gibt, wie etwa das Hafenbad in Islands Brygge (*Juni–Aug Mo–Fr 7–19 Uhr; gratis*), und auch viele schöne Picknickgelegenheiten. Dronning Louises Bro (eine Brücke über die Seen von der Innenstadt bis zum Szeneviertel Nørrebro) nennt man auch die „längste Bar" der Stadt: Hier gibt es Bänke, und die sonnige Ostseite ist beliebt für ein Bierchen und zum Musikhören. Kødbyen – das ehemalige Schlachterviertel – ist inzwischen ausgesprochen angesagt, und das Essen der Straßenstände ist sehr gut." – Per Munch, Journalist

© Yoann JEZEQUEL Photography | Getty Images

06 Strandleben und Schwimmen im Meer

Kopenhagen-Besucher können sich im **Amager Strandpark** (*www.amager-strand.dk; gratis*) auf 4,6 Kilometer goldgelben Sandstrand vergnügen oder in blauen Lagunen schwimmen und Kajak fahren. Ernsthaftere Schwimmer können sich im **Seebad Helgoland** (*23. Juni–31. Aug 10–18 Uhr; gratis*) in die tieferen Wasser des Øresund stürzen. Südlich liegt ein weiterer Badestrand: **Kastrup Søbad** (*www.taarnby.dk/oplev-taarnby/idraetslivet-i-taarnby/kastrup-soebad; unterschiedliche Öffnungszeiten; gratis*).

07 Botanischer Garten

Hinter dem Schloss Rosenborg liegen die zehn Hektar des Gartens mit einer Sammlung von 13 000 Pflanzen in 27 historischen Gewächshäusern, einschließlich eines für Pflanzen aus arktischen Klimazonen. Das Palmenhaus aus dem Jahr 1874 ist 16 Meter hoch. Innen führt eine gusseiserne Wendeltreppe zu einer Galerie. *www.botanik.snm.ku.dk; Øster Farimagsgade 2 B, 1353 København K; Apr–Sept 8.30–18, Okt–März 8.30–16 Uhr; gratis.*

08 Freistadt Christiania

Diese halbautonome, freiheitlich orientierte Öko-Kommune zieht seit den frühen 1970er-Jahren, als Hausbesetzer in das verlassene, 41 Hektar große Militärgelände einsickerten, Künstler und Lebenskünstler an. Es gab zwar immer wieder Kontroversen, aber die Gemeinschaftsprojekte, selbst gebauten Häuser, Kantinen, Biergärten und Musikveranstaltungen haben die Freistadt nicht nur überleben, sondern aufblühen lassen. **Touren** (*Juni–Aug tgl., Sept–Juni Sa/So; 40 Dkr*) starten am Haupteingang in der Prinsessegade. *www.christiania.org; gratis.*

© Anna Gorin; chrisfarrugia | Getty Images, © Erik Kunddahl; Raffaele Nicolussi | 500px

HILFREICHE TIPPS

• Kopenhagen ist eine sehr fahrradfreundliche Stadt. Die Leihfahrräder von Bycyklen (*www.bycyklen.dk*) kosten für Gelegenheitsnutzer 25 Dkr pro Stunde.

• Geben Sie kein Geld für eine Hafenrundfahrt aus – nehmen Sie stattdessen die normale Hafenfähre für Pendler.

• Am Freitag gibt es im Tivoli (rechts) immer kostenlose Rock- und Popkonzerte.

• Viele Museen nehmen mittwochs keinen Eintritt; wenn man jedoch viele der wichtigsten Sehenswürdigkeiten besuchen will, lohnt sich die Copenhagen Card (*www.copenhagencard.com; 24–120 Std.: 359–799 Dkr €*).

• Kopenhagens Gourmetrestaurants sind weltberühmt, aber ein Würstchen an einem *Pølsevogn* ist absolute Pflicht!

© Sarah Coghill | Lonely Planet Images, © Ovidiu Lazar | 500px

09 Königsgarten

Der Königsgarten umgibt das **Schloss Rosenborg**, in dem der dänische Kronschatz aufbewahrt wird. Der Eintritt zum Schloss kostet 90 Dkr, aber die Gartenanlagen sind frei zugänglich und bieten wahrhaft königliche Erholung. Man kann sonnenbaden, picknicken, den Kinderspielplatz besuchen oder die Skulpturen bewundern. *www.kongernessamling.dk; Kongens Have; Øster Voldgade 4A; 7–23 Uhr, im Winter 7–17 Uhr; gratis.*

10 Hirschpark

Etwas nördlich von Kopenhagen erstrecken sich die 1000 Hektar des waldigen Hirschparks Jægersborg Dyrehave. Zwischen 400 Jahre alten Bäumen sieht man hier 2000 Stück freilaufendes Rot- und Damwild. Die Dänen kommen, um zu wandern, Fahrrad zu fahren, zu joggen oder zu picknicken. Mittendrin liegt **Bakken**, der älteste Vergnügungspark der Welt. *Dyrehaven, 2930 Klampenborg; 24 Std.; gratis.*

11 Vergnügen mit Geschichte

Bakken (11a; *www.bakken.dk; Dyrehavsbakken; März–Aug gratis, Armband für mehrere Fahrten 249 Dkr, Mi 50 %*) wurde 1583 gegründet und ist damit der älteste Vergnügungspark der Welt. Er liegt im Hirschpark und ist leicht mit öffentlichen Verkehrsmitteln zu erreichen. In der Stadt liegt ein weiterer historischer Vergnügungspark: **Tivoli** (11b) diente Walt Disney als Vorbild für Disneyland (*www.tivoli.dk; Vesterbrogade 3; So–Do 11–23, Fr–Sa 11–24 Uhr; 99 Dkr*).

12 Kopenhagen Jazz Festival

In den 1960er- und 1970er-Jahren ließen sich mehrere einflussreiche amerikanische Jazzer in Kopenhagen nieder, und die Stadt wurde mit der Musikszene um das **Jazzhus Montmartre** zur Jazzhauptstadt Europas. Heute verwandelt sich die Stadt im Sommer für zehn Tage in einen einzigen Jazzclub, wenn mehr als 1300 Konzerte an 100 Orten stattfinden – viele davon kostenlos. *www.jazz.dk/cphjazz/forside; Juli; siehe Internetseite.*

NATURBADEN IN EUROPA

Lassen Sie das Eintrittsgeld für das Schwimmbad stecken – gehen Sie lieber an diesen ausgesuchten Gewässern in Europa gratis baden!

BAGGY POINT – ENGLAND

Dieser herrliche Badestrand in Devonshire bietet sogar einige Meeresgrotten, von denen eine den feigen Landratten vollkommen verborgen bleibt. Zur Fauna gehören hier Seehunde, Delfine und Kleine Tümmler. *www.nationaltrust.org.uk/baggy-point; North Devon, England; gratis.*

FLUSSBAD OBERER LETTEN – SCHWEIZ

Die 400 Meter lange Badeanlage am Limmat ist eine städtische Oase, die in der drückenden Sommerhitze Hunderte von Schwimmern anzieht. Es gibt ein Sprungbrett, eine Bar und Volleyballnetze. *www.zuerich.com; Zürich, Schweiz; Mai–Sept 9–20 Uhr; gratis.*

CANYON DE LA PURCARACCIA – KORSIKA

Die Wanderung zu der Schlucht ist anstrengend, lohnt sich aber. Man kann in einer Reihe Bassins mit kristallklarem Wasser schwimmen und sich bis an die Kante eines Wasserfalls wagen, um ins Nichts zu blicken. *www.wildswim.com/cascades-de-purcaraccia-corsica; Quenza, Korsika; gratis.*

WOCHEINER SEE – SLOWENIEN

Die Julischen Alpen bieten viele gute Schwimmmöglichkeiten, darunter auch den schönen, aber teuren Strand am Bleder See. Am Wocheiner See kann man die unberührte Natur jedoch beim Baden umsonst genießen. *www.tnp.si/national_park; Triglav-Nationalpark, Slowenien; gratis.*

WALCHENSEE – DEUTSCHLAND

Bayern ist mit einer Vielzahl von großartigen Bademöglichkeiten gesegnet, und der in den Bergen südlich von München gelegene Walchensee ist eine der spektakulärsten. Das mineralreiche, türkisfarbene Wasser spült an Kiesstrände, und es gibt einige kleine Inseln, die man erforschen kann. *Nahe Kochel am See, Deutschland; gratis.*

LAC D'ANNECY – FRANKREICH

Es nimmt nicht Wunder, dass dieser See mit dem sauberen, durch heiße Quellen erwärmten Wasser und der Alpenkulisse sehr beliebt ist. Viele der Strände nehmen im Sommer Eintritt, aber Plage d'Albigny in Annecy-le-Vieux und in Plages des Marquisats sind kostenlos zu betreten. *www.lac-annecy.com; Haute-Savoie, Frankreich; gratis.*

LAGO DI FIASTRA – ITALIEN

Am Nordufer des atemberaubenden, strandgesäumten Sees kann man am Fuße der Hügel zelten und im kristallklaren Wasser schwimmen. Man sollte einen Schnorchel mitnehmen – es gibt viel zu entdecken, angeblich sogar ein überflutetes Dorf. *www.lagodifiastra.it; Monti-Sibillini-Nationalpark, Italien; gratis.*

LOCH LOMOND – SCHOTTLAND

Man muss tapfer sein, um in Schottland zu schwimmen, aber dieses schöne Loch – der größte See in Großbritannien – kann einen schon in Versuchung führen. Hier findet auch alljährlich der „Great Scottish Swim" statt. *http://www.lochlomond-trossachs.org; Nationalpark Loch Lomond and The Trossachs, Schottland; gratis.*

Illustration | Owen Gatley

Kurz und knapp

- Bevölkerung: 1,3 Millionen
- Highlights: Einheimische treffen und schwarzes Bier trinken
- Währung: Euro €
- Preisindex: 135 US-$ pro Tag

DUBLIN

Irlands Hauptstadt ist eine charismatische, mitunter verwirrende Metropole, in der sich Hochkultur und irischer Witz verbrüdern. Geschichte steckt hier wortwörtlich in jeder Straßenecke. Die Einwohner sind von Natur aus redselig und großmütig und in den legendären Pubs sprudelt das Guinness aus den Zapfhähnen … ist aber selten billig.

KUNST & KULTUR · MUSIK & FILM · SPORT & FREIZEIT · ESSEN & TRINKEN · FESTIVALS & EVENTS

01 Bank of Ireland/Irish Houses of Parliament

Das 1733 im palladianischen Stil errichtete Gebäude war weltweit der erste geplante Parlamentsbau. Um nach dem Entstehen der USA weiteren Unabhängigkeitsbestrebungen vorzubauen, bestand Großbritannien 1801 nach dem „Act of Union" auf der Umgestaltung des Interieurs. Das House of Lords blieb jedoch bestehen. *College Green; Mo–Fr 10–16 Uhr, Gratisführungen Di 10.30 Uhr; gratis.*

02 Irish Museum of Modern Art

In dem früheren Spital wird heute Irlands bedeutendste Sammlung moderner Kunst gehegt und gepflegt (gegr. 1684). Pate stand Les Invalides in Paris, was die formelle Fassade und den eleganten Hof erklärt – beides eklatante Widersprüche zum gegenwärtigen Inhalt: 3500 Werke irischer und internationaler Künstler, darunter ein aus feuchtem WC-Papier geformtes Früchte-Tableau. *www.imma.ie; Royal Hospital, Kilmainham; Di–Fr 11.30–17.30, Sa 10–17.30, So 12–17.30 Uhr; gratis.*

03 National Gallery of Ireland

Irische Kunst, niederländische Meister, italienischer Barock und Werke aller wichtigen europäischen Stile in Überfülle: In dieser Kultur- und Ruheoase mitten in Dublin sind 15 000 Gemälde und Skulpturen zu bewundern. Neben dem freien Eintritt kann man Audioguides und Zeichenmaterial ausleihen, zudem gibt es kostenlose Vorträge, Führungen und Workshops. *www.nationalgallery.ie; Merion Square; Mo–Mi und Fr–Sa 9.15–17.30, Do 9.15–20.30, So 11–17.30 Uhr; gratis.*

04 National Museum of Ireland

Das gewaltige Museum verfügt an vier Standorten über vier Millionen Objekte zu Irlands Erbe. Drei der Sammlungen befinden sich in Dublin: **Archäologie** (4a; Kildare Street): prähistorisches Irland und Dublin in der Wikingerzeit; **Kunsthandwerk** und **Geschichte** (4b; Collins Barracks) mit einer Ausstellung zum Osteraufstand von 1916; **Naturgeschichte** (4c; Merrion Street) mit dem Riesenhirschskelett. *www.museum.ie; Di–Sa 10–17, So 14–17 Uhr; gratis.*

05 Trinity College Dublin

Trinity College ist Irlands führende Hochschule, wurde 1592 gegründet und bietet dem Besucher wundervolle Grünanlagen und gepflasterte Höfe. Der Ort verströmt eine Aura der Gelehrsamkeit – wer weiß, vielleicht nimmt man per Osmose ein wenig davon auf, wenn man

© Damien Kelly | 500PX

LITERARISCHER SPAZIERGANG

Wer Dublin auf eigene Faust erkundet, begegnet den bedeutendsten Autoren der Stadt in Form von Statuen an für sie bedeutsamen Orten: Auf einer Bank am Grand Canal sinniert der Poet Patrick Kavanagh, und auf einem Felsen auf dem Merrion Sqare blickt Oscar Wilde auf sein Wohnhaus. In der Nähe wartet der Dramatiker George Bernard Shaw vor der National Gallery, und am anderen Liffey-Ufer steht der Ulysses-Autor James Joyce an der Kreuzung von O'Connell Street und North Earl Street. Weiter nördlich findet man Brendan Behan am Ufer des Royal Canal auf einer Bank – nahe des Mountjoy Prison, wo er einsaß.

auf dem Gras liegt. Hier studierten unter anderem Oscar Wilde, Samuel Beckett, Jonathan Swift und, äh, Courtney Love. *www.tcd.ie; College Green, Dublin 2; 7–24 Uhr; gratis*

06 Sonntagskonzerte

Von September bis Juni finden in der **Hugh Lane** Gratiskonzerte statt. Die Sundays@Noon-Veranstaltungen gibt es seit 1975, und es treten Klassiktalente aus Irland und dem Ausland auf. Die Sammlung *(Di–Do 10–18, Fr–Sa 10–17, So 11–17 Uhr; gratis)* beherbergt auch das Atelier von Francis Bacon sowie zeitgenössische Kunst. *www.hughlane.ie; Dublin City Gallery The Hugh Lane, Parnell Square; gratis.*

07 Stadterkundung per Rad

In Dublin kann man hervorragend Fahrrad fahren. Keins dabei? Man kann auch mieten: Dublinbikes betreibt im Stadtgebiet mehr als 100 Stationen mit jeweils mindestens 15 Mieträdern. Ein Dreitagespass kostet 5 €, dann sind auf jedem Fahrrad die ersten 30 Min. frei (danach gelten abgestufte Gebühren). Man könnte versuchen, die Stadt im 29-Minuten-Takt zu erkunden. *www.dublinbikes.ie; 5 € zuzügl. zeitabh. Gebühren.*

08 Forty Foot

Bei dieser Badestelle in der Dublin Bay wagen sich seit 250 Jahren die Einheimischen in die eisige Irische See. „Rotzgrün" und „skrotumzusammenziehend", nannte Joyce das Meer im *Ulysses*. Tatsächlich ist das Wasser sauber – die Temperatur hat er richtig benannt. Der gepflegte Ort bietet Umkleidemöglichkeiten. Anreise mit dem DART (Zug) entlang Dublins malerischer Küste. *www.outdoorswimming.ie, Sandycove, gratis.*

© David Levingstone; AniaKropelka | Getty Images, © Kevin Collins | 500px, © Gabriela Insuratelu | Shutterstock

INSIDER-TIPPS

„Den Samstag beginne ich mit einem Tee namens Dublin Smog in der Accents Coffee & Tea Lounge (*www.accents-lounge.com, 23 Stephen Street Lower; Dublin 2; Mo–Sa 10–23; So 12.30–22 Uhr*). Bevor ich ins Little Museum of Dublin gehe (*www.littlemuseum.ie; 15 St Stephen's Green; Fr–Mi 9.30–17; Do 9.30–20 Uhr; 5 €*), stöbere ich oft in den Vintage-Boutiquen der *George's Street Arcade* (*www.georges-streetarcade.ie*). Später gibt es einen Happen in Temple Bar. Neben einer großen Auswahl an Bio-Produkten gibt es auf dem Meeting House Square Market (meetinghouse square.ie; *Sa 10-16.30 Uhr; Eintritt frei*) auch Unterhaltung durch Straßenmusiker."
– Deirdre Quinn, ehrenamtliche Führerin im Programm "City of a Thousand Welcomes".

© Andrew Montgomery | Lonely Planet Images

09 Glasnevin Cemetery

Irlands bedeutendster **Friedhof** (9a)ist die Ruhestätte aller Größen aus der ruhm- und ereignisreichen Geschichte des Landes, ob Politiker, Dichter, Schriftsteller oder Revolutionäre. Der Eintritt ist frei, und man kann auf eigene Faust umherspähen. Danach schmeckt ein lebensbejahendes dunkles Pint nebenan im **John Kavanagh's** (9b; *Prospect Square*), auch bekannt als „die Totengräberkneipe". *www.glasnevintrust.ie; Finglas Road, Dublin 11; 9–21 Uhr; gratis.*

10 Phoenix Park

Obwohl sie von einer Mauer umgeben sind, wirken die grünen Weiten westlich vom Stadtzentrum Dublins äußerst wild. In dem 709 Hektar großen Park lebt ein großes Rudel Damwild. Auch der **Dublin Zoo** befindet sich dort. Dieser kostet Eintritt, aber im übrigen Park dürfen sich Besucher wie Damwild frei bewegen, am Ufer des **Furry Glen** schmausen und **Ashtown Castle** (15. Jh.) bewundern. *www.phoenixpark.ie; 24 Std.; gratis.*

11 Walk the line

Als kleine Stadt voll fesselnder Ecken und Charaktere lässt sich Dublin besser in Schrittgeschwindigkeit entdecken als vom Bus aus. Folgen Sie der Dubline, einer Spazierroute, vom **Parnell Square** (11a) durch das Zentrum bis zum historischen **Kilmainham Gaol** (11b). Wer mag, lädt sich zusätzlich die kostenlose App Dublin Discovery Trails herunter, die weitere Nebenstrecken zu der Hauptstrecke angibt.
www.dubline.ie; 24 Std.; gratis.

12 City of a Thousand Welcomes

Das brillante, innovative Konzept garantiert ein herzliches Willkommen: Wer sich vor der Reise auf der Website anmeldet, erhält einen Gratisstadtplan und bekommt einen freiwilligen Stadtbotschafter zugewiesen. In Dublin wird man dann in dessen Lieblingsgaststätte auf ein Pint oder ein Tässchen Tee eingeladen und erfährt Wissenswertes über die Stadt. *www.cityofathousandwelcomes; gratis..*

DUBLIN

KUNST & KULTUR · MUSIK & FILM · SPORT & FREIZEIT · ESSEN & TRINKEN · FESTIVALS & EVENTS

EDINBURGH

Die schottische Hauptstadt ist für ihre Festivals berühmt, darunter Hogmanay und das Fringe-Festival, die alljährlich die Straßen mit Strömen von Unterhaltungssuchenden fluten. Die mittelalterliche Stadt ist ein Touristenmekka, aber die Geselligkeit und viele der Sehenswürdigkeiten sind umsonst zu haben.

01 Galerien: gratis!
Es gibt hervorragende Galerien in Edinburgh, die keinen Eintritt verlangen: die **Scottish National Gallery** (1a; *The Mound; Fr–Mi 10–17, Do 10–19 Uhr; gratis*) mit Bildern von alten Meistern wie Raffael, Rubens oder Cézanne und schottischen Künstlern; die **Scottish National Gallery of Modern Art** (1b; *75 Belford Rd; 10–17 Uhr; gratis*), u. a. Hockney und Duane Hanson; und die **Scottish National Portrait Gallery** (1c; *1 Queen St; Fr–Mi 10–17, Do 10–19 Uhr; gratis*) mit vielen berühmten Gesichtern. *www.nationalgalleries.org.*

02 Museumsmeile
Auf der Edinburgher Royal Mile reihen sich vier fantastische Museen aneinander, die alle keinen Eintritt verlangen: das **Writers Museum** (2a; *Lady Stair's Close; Mo–Sa 10–17 Uhr, im Aug auch So 12–17 Uhr*), schottischen Schriftstellern gewidmet, das **Museum of Childhood** (2b; *42 High St; Mo–Sa 10–17, So 12–17 Uhr*), das **Museum of Edinburgh** (2c; *142 Canongate; Mo–Sa 10–17 Uhr, im Aug auch So 12–17 Uhr*) und **People's Story** (2d; *163 Canongate; Mo–Sa 10–17 Uhr*). *www.edinburghmuseums.org.uk*

03 Willkommen in Holyrood
Seit den Erfolgen der Scottish National Party in den letzten Jahren rockt die Politik im Land wieder etwas mehr. So ist die neue Residenz des schottischen Parlaments in einem preisgekrönten, aber umstrittenen Entwurf des Katalanen Enric Miralles durchaus passend untergebracht.

© Emad Aljumah | Getty Images

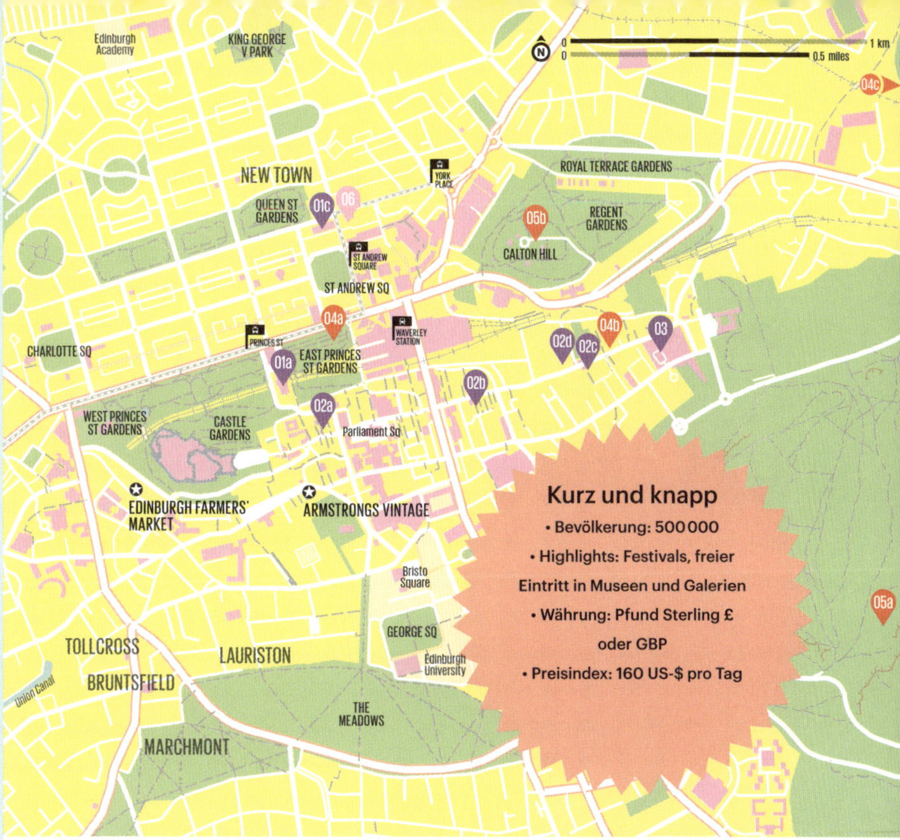

Kurz und knapp

- Bevölkerung: 500 000
- Highlights: Festivals, freier Eintritt in Museen und Galerien
- Währung: Pfund Sterling £ oder GBP
- Preisindex: 160 US-$ pro Tag

INSIDER-TIPPS

„Als Universitätsstadt haben wir eine breite Auswahl sehr guter Buchantiquariate und Second-Hand-Boutiquen, wie das altehrwürdige Armstrong's (*www.armstrongsvintage.co.uk; 83 The Grassmarket; Mo–Fr 10–17.30, Fr–Sa 10–18, So 12–18 Uhr*). Am George Square und in Morningside findet man in den Wohltätigkeits-Läden manch einen Schatz. Viele Restaurants – vor allem jenseits der ausgetretenen Touristenpfade – haben gute Mittagsangebote. Oft kann man abends auch eigene Getränke mitbringen (‚Bring your own bottle' – BYOB). Am Samstagmorgen findet am Schloss der Edinburgh Farmers' Market (*www.edinburgh-farmersmarket.co.uk; Castle Tce.; Sa 9–14 Uhr; gratis*). " – Cate Nelson-Shaw, Edinburgherin

Hier kann man den Debatten im Plenum folgen. *www.scottish.parliament.uk; Canongate; Mo–Sa 10–17 Uhr; gratis.*

04 Gartenfeste und Schwimmen in freier Natur

An schönen Tagen lassen es sich Tausende in den **Princes Street Gardens** (4a; *Princes St; Öffnungszeiten variieren; gratis*) gut gehen; in **Dunbars Close** (4b; *Canongate; 24 Std.; gratis*) ist es ruhiger. Man kann auch am **Portobello Beach** (4c; *24 Std.; gratis*) zitternd in die Nordseefluten marschieren. Ganz Unverzagte stürzen sich am 1. Januar bei South Queensferry in den Firth of Forth (*24 Std.; gratis*).

05 Ausblicke

Einen guten Blick auf eine der schönsten Hauptstädte Europas hat man von **Arthur's Seat** (5a; *24 Std.; gratis*), eine Erhebung östlich der Stadt, die man nach einstündigem Aufstieg erreicht. Nicht so anstrengend sind die 143 Stufen bis auf den **Carlton Hill** (5b; *gratis*), wo ein halbvollendetes Gebäude im Stil der Akropolis über dem „Athen des Nordens" liegt.

06 Festival-Wahnsinn

Jedes Jahr im August bricht in Edinburgh die Festivalzeit aus. Zu den Veranstaltungen gehören das **Book Festival** (*www.edbookfest.co.uk*), das **Edinburgh Military Tattoo** (*www.edintattoo.co.uk*) und das weltberühmte **Edinburgh Fringe** (*www.edfringe.com*). Die Übernachtungskosten steigen in dieser Zeit natürlich, es gibt aber auch viele Gratisveranstaltungen. Das restliche Jahr über kann man am Sonntagnachmittag im **The Stand** (*www.thestand.co.uk; 5 York Pl.; gratis*) mit Comedy gegen den Blues ankämpfen.

KUNST & KULTUR · MUSIK & FILM · SPORT & FREIZEIT · ESSEN & TRINKEN · FESTIVALS & EVENTS

GENF

Die Stadt auf der Schweizer Seite des Genfer Sees gehört zu den teuersten der Welt. Die beste Zeit für einen Besuch ist der Sommer, wenn es unter der Ägide des schneebedeckten Mont Blanc eine Reihe von kostenlosen Kulturveranstaltungen gibt. Keine schlechte Kulisse ...

01 CERN

Eine Führung durch die Labore, in denen 1989 das World Wide Web entstand, ist echtes Gehirnjogging. Atemberaubend wird es, wenn man dann noch die größte Maschine der Welt besichtigt, den Large Hadron Collider, in dem auf einer 27 Kilometer langen Kreisstrecke Protonen beschleunigt werden, um die Entstehung neuer Materie zu beobachten. *www.cern.ch; Meyrin; Führungen Mo–Sa 11 Uhr, zusätzlich Mi, Di, Do, Fr 13 Uhr; gratis.*

02 Aubes Musicales im Bains de Paquis

Im Sommer versammelt sich morgens, wenn die Stadt noch schläft, eine Schar von Musikliebhabern im Schwimmbad der Stadt aus den 1930er-Jahren, um einem Geheimkonzert zu lauschen. Jazz, Latin, klassischer Bach, französische Chansons ... die Bandbreite ist groß, und die Atmosphäre ist fesselnd. *www.bains-des-paquis.ch; Quai du Mont-Blanc; Juli–Aug 6 Uhr; Eintritt und Kaffee gratis.*

03 La Barje

Der bunt bemalte Bauwagen am Wasser strahlt kreative Energie aus. Getränke und Snacks sind preiswert (der Gewinn kommt jungen Menschen in Schwierigkeiten zugute), aber es sind die Gratiskonzerte und Straßentheateraufführungen, die einen Besuch lohnen. Auf einem Platz in der ersten Reihe kann man dann am Ufer der Rhône sehr stilvoll chillen. *www.labarje.ch; Promenade des Lavandières; Apr–Sep Mo–Fr 11–24, Sa–So 15–24 Uhr; gratis.*

© Oguzhan Altun | 500px

EIN GESCHENKTER TAG

Nach einem Besuch der Cathédrale St-Pierre (*www.saintpierre-geneve.ch; Pl. du Bourg-de-Four 24; 10–19.30 Uhr; gratis*) gibt es ein Picknick auf der Terrasse Agrippa d'Abigné (*24 Std.; gratis*), bevor man sich in der Cité du Temps (*www.citedutemps.com; Pont de la Machine 1; gratis*) dem Kunstgenuss widmet – L'amarr@GE (*Pont de la Machine; Mai–Sep So–Mi 10–20, Do–Sa 10–21 Uhr; Erw./Kind 2/1 Sfr*). Im Buvette des Bains (*www.buvettedesbains.ch; Quai du Mont-Blanc*) gibt es gutes, preiswertes Abendessen, danach einen Kinofilm unter Sternenhimmel im CinéTransat (*www.cinetransat.ch; Parc de la Perle du Lac; gratis*).

04 Jet d'Eau

Vom Wahrzeichen der Stadt kann man sich nass machen lassen. Wenn man auf dem Pier unter der 140 Meter hohen Fontäne entlangläuft, deren Wasser mit 200 km/h emporschießt, sind in jedem Augenblick sieben Tonnen Wasser über einem in der Luft … *Quai Gustave-Ador; Mitte Nov–Feb 10–16 Uhr, März, April & Mitte Sept–Okt Mo–Do 10–Dämmerung, Fr–So 10–22.30 Uhr, Mai–Mitte Sept 9–23 Uhr tgl. nach Eintritt der Dunkelheit beleuchtet; gratis.*

05 Parc des Bastions

Im Parc des Bastions kann man einen Genfer zu einer Partie Schach herausfordern. Um das Riesenschach im Park haben sich immer Schaulustige versammelt, um den Geistesduell zuzusehen. Im Park gibt es auch Statuen berühmter Genfer: Henri Dufour war Mitbegründer des Roten Kreuzes und Johannes Calvin, neben Luther, einer der wichtigsten Reformatoren. *Promenade des Bastions; 24 Std.; gratis.*

06 Abschlussfeuerwerk der Fêtes de Genève

Es werden keine Kosten gescheut, wenn es um das Feuerwerk in der zu erwartenden Schweizer Präzision zum Abschluss der sommerlichen Fêtes de Genève geht. Die zwei Wochen mit kostenlosen Konzerten und Kulturveranstaltungen gipfeln in einer einstündigen Pyrotechnikschau über dem See, der eine halbe Millionen Menschen zusehen. *www.fetes-de-geneve.ch; Juli–Aug; gratis.*

Kurz und knapp

- **Bevölkerung: 200 000**
- **Highlights: Veranstaltungen am Seeufer**
- **Währung: Schweizer Franken Sfr oder CHF**
- **Preisindex: 150 US-$ pro Tag**

KUNST & KULTUR — MUSIK & FILM — SPORT & FREIZEIT — ESSEN & TRINKEN — FESTIVALS & EVENTS

HELSINKI

Für europäische Hauptstädte ist Helsinki mit seinen 200 Jahren noch jung. Die Innenstadt ist mit Boutiquen und Parks ein preiswertes Vergnügen für Fußgänger. Im Sommer findet man die Finnen an den Stränden, auf den Inseln und in den Cafés. In den Biergärten ist dann unter der Mitternachtssonne Party.

01 Design District
Das Zentrum des ultramodernen Finnland ist im Design District der Innenstadt, in dem internationale Firmen wie Iittala, Marimekko und Aarikka Geschäfte haben (*Pohjoisesplanadi Street; Mo–Fr 10–20, Sa–So 10–17 Uhr; gratis*). Die 200 Design-Ateliers, Galerien und Boutiquen lassen einen Bummel wie einen hippen (und kostenlosen) Museumsbesuch erscheinen. Außerdem gelangt man dabei zum **Sinebrychoff Park** (*hel.fi; Blvd. 40*), in dem es manchmal kostenlose Performances gibt.

02 Kiasma Contemporary Art Museum
Das Museum lohnt allein schon wegen seiner Architektur einen Besuch. Das Gebäude mit den geschwungenen Glasfassaden aus dem Jahr 1998 zeigt je nach Jahreszeit unterschiedliche Lichteffekte im Inneren. Es gibt eine sich drehende Galerie mit zeitgenössischer Kunst und Multimedia-Exponate, ein Café und einen Museumsshop. *kiasma.fi; Mannerheiminaukio 2; Di und So 10–17, Mi–Fr 10–20.30, Sa 10–18 Uhr; Erw. 12 €; 1. Fr im Monat gratis.*

03 Temppeliaukion
Die Felsenkirche entstand 1969, ihre Kupferkuppel erhebt sich auf einem schmalen Fensterband. Das Innere ist in ein unirdisches Licht getaucht, was man bei der Planung der Besuchszeit berücksichtigen sollten. Die Akustik ist überraschend gut und kommt bei den vielen kostenlosen Konzerten zur Geltung.

© Samujjwal Sahu | 500px

Kurz und knapp

- Bevölkerung: 1,2 Millionen
- Highlights: Moderne Kunst, modernes Design
- Währung: Euro €
- Preisindex: 190 US-$ pro Tag

Lutherinkatu 3; außer zu Gottesdiensten meist 10–17 Uhr geöffnet; gratis

04 Suomenlinna

Die Festung auf der Insel gehört zum UNESCO-Weltkulturerbe, man erreicht sie mit der Fähre. Man kann die Festung aus dem Jahr 1748 oder Ausstellungen und Museen besichtigen, aber auch einfach ein Sonnenbad nehmen. Es gibt ein Dutzend Restaurants und Bars und eine Unterkunft. *suomenlinna.fi; Hafen von Helsinki; Fährüberfahrt (15 Min.) dreimal stdl. (im Winter seltener); 6.20–2.20 Uhr; einfache/Hin- und Rückfahrt 2,50/5 €.*

05 Sauna

Das Finnischste, was man in Helsinki unternehmen kann, ist nicht nur gratis, sondern auch allgegenwärtig und erfordert keinen Aufwand. Keinen heißt keinen – nicht einmal Kleidung. Fast jedes Gebäude in Finnland hat eine Sauna, auch die Hotels, Gasthäuser und Herbergen. Meist sind es sogar zwei, sodass man nach Geschlechtern getrennt schwitzen kann. *Preise variieren.*

06 Hakaniemi-Markthalle

Wenn einem die Rentierhäute davongeschwommen, die Salmiakpastillen oder der Brotkäse (*leipäjuusto*) ausgegangen sind, dann kann man sich in der zweistöckigen Markthalle mit diesen (und anderen) Souvenirs aus Finnland eindecken. Anstelle der teuren finnischen Restaurants kann man hier preiswert mit typischen Gerichten wie Lachssuppe, Rentierfrikadellen oder Brotkäse satt werden. *hakaniemenkauppahalli.fi; Hämeentie 1a; Mo–Fr 8–18, Sa 8–16 Uhr; gratis.*

INSIDER-TIPP

„Die Finnen verbringen den Freitagabend meist am Sinebrychoff Park (*Blvd 40; gratis*). Zum Trinken geht man am besten ins Trillby & Chadwick (*Katariinankatu; Di–Do 16–0.30, Fr und Sa 16–1.30 Uhr*) oder die Ateljee Bar (*Sokos Hotel Torni, Yrjönkatu 26; So–Di 14–1; Mi und Do 14–2, Fr und Sa 12–2 Uhr*). Preiswertes Essen gibt es an den vier ‚Restaurant-Tagen', an denen auf den Straßen und in den Parks Imbissstände aufgebaut werden. Am meisten liebe ich die kostenlosen Musikveranstaltungen – kleine Freiluftpartys des Techno-Labels Dept. Music etwa oder die Kallio Block Party im August."
– Jenni Salonen, Filmemacher, Veli Creative

DIE BESTEN KOSTENLOSEN MUSEEN UND GALERIEN EUROPAS

Museen zu durchstreifen kann teuer werden – für diese angesehenen Sammlungen muss man sich jedoch nicht in den Ruin stürzen.

01

02

01 PRADO – SPANIEN

Die Sammlung gehörte einst dem Königshaus, jetzt ist sie allabendlich frei zugänglich. Es ist eine der großartigsten Galerien der Welt, mit Bildern von Goya, Raffael, Rubens und anderen Großen der Malerei. *museodelprado.es; Paseo del Prado, Madrid, Spanien; gratis: Mo–Sa 18–20, So 17–20 Uhr.*

02 SCHUTTERSGALERIJ – NIEDERLANDE

Eine der wenigen „Museumsstraßen", die es gibt, zeigt historische Porträts, einige niederländische Alte Meister, ein paar recht amüsante moderne Werke und eine 350 Jahre alte Statue des Goliath. *amsterdammuseum.nl; Kalverstraat 92, Amsterdam, Niederlande; 10–17 Uhr; gratis.*

GEDENKSTÄTTE BERLINER MAUER – DEUTSCHLAND

Hier ist das letzte Stück der Mauer zu sehen, die Geschichte des Geister-S-Bahnhofs Nordbahnhof wird ebenso erzählt wie jene, die von Horror, Heldentum und Hoffnung an der Bernauer Straße berichten. *berliner-mauer-gedenkstaette.de; Bernauer Straße 119, Berlin, Deutschland; 8–22 Uhr; gratis.*

GORKI-HAUS – RUSSLAND

In der Villa Rjabuschinski – einem Jugendstilgebäude von Fyodor Schechtel aus dem Jahr 1906, das Maxim Gorki geschenkt wurde – kann man durch das Leben eines der berühmtesten russischen Schriftsteller wandern. *museum.ru/M402; Malaya Nikitskaya ul 6/2, Moskau, Russland; Mi–So 11–17.30 Uhr; gratis.*

03 STRASSENKUNST IN BRISTOL – ENGLAND

In der Heimatstadt von Banksy kann der Kunstkenner einige der weltbesten Beispiele zeitgenössischer Straßenkunst entdecken. Die Freiluftkunstszene der Stadt ist sensationell, der öffentliche Raum ist mit Wandgemälden und Installationen übersät. *bristol-street-art.co.uk; Bristol, England; 24 Std.; gratis.*

03

04

MUSÉE CARNAVALET – FRANKREICH

In dieser Einrichtung, die so typisch für Paris ist, trifft Kunst auf Geschichte. In 100 Räumen wird man wie in Zeitmaschinen anhand von Gemälden und anderen Gegenständen in die Vergangenheit der Stadt zurückversetzt. *carnavalet.paris.fr; 16 Rue des Francs-Bourgeois, Paris, Frankreich; Di–So 10–18 Uhr; gratis.*

04 KÖNIGLICH DÄNISCHES ZEUGHAUS – DÄNEMARK

Die Sammlung zeigt von Samuraischwertern bis hin zu einer V1-Flugbombe aus dem Zweiten Weltkrieg viele verschiedene Mordinstrumente. Sie wurde 1604 von Christian IV. begonnen. *natmus.dk/museerne/toejhusmuseet; Tøjhusgade 3, 1220 Kopenhagen, Dänemark; gratis: Di–So 12–16 Uhr.*

05 BRITISH MUSEUM – ENGLAND

In London gibt es viele Gratisangebote, zu den herausragendsten gehört jedoch die „Mutter aller Museen" mit den Souvenirs, die Briten zur Blütezeit des Empires auf der ganzen Welt geklaut haben. An einem Tag nicht zu schaffen. *britishmuseum.org; Great Russell St, London, England; Sa–Do 10–17.30, Fr 10–20.30 Uhr; gratis.*

05

Illustration | Holly Exley

Kurz und knapp

- Bevölkerung: 14,2 Millionen
- Highlights: Basare und interkontinentale Bootstouren
- Währung: Türkische Lira TL oder TRY
- Preisindex: 85 US-$ pro Tag

ISTANBUL

Einen Fuß in Asien, den anderen in Europa – Istanbul überspannt mehr als den Bosporus und führt Ost und West in einem Strudel der Kulturen zusammen. In den Basaren drängen sich seit Jahrhunderten Seidenstraßenhändler, Kaufleute und Reisende. Auch bei knapper Kasse bietet die Stadt viele Freuden.

KUNST & KULTUR MUSIK & FILM SPORT & FREIZEIT ESSEN & TRINKEN FESTIVALS & EVENTS

01 **Blaue Moschee**
Als Konkurrenz zur Hagia Sophia ließ Sultan Ahmed I. vor 400 Jahren die Sultanahmet Camii errichten. Ihren Namen hat sie von den 20 000 blauen Fliesen, die ihre Kuppeln schmücken. Besuche nur außerhalb der Gebetszeiten (fünfmal am Tag, auch zu Sonnenaufgang und zur Abenddämmerung, vorher erklingt von den Minaretten der *ezan*), unbedingt die Benimmregeln auf der Webseite beachten. *www.bluemosque.co; 9.30–17.30 Uhr, außer zu Gebetszeiten; gratis.*

02 **Tanzende Derwische**
Die Tradition der tanzenden Derwische wird von der UNESCO zu den Meisterwerken des mündlichen und immateriellen Erbes der Menschheit gezählt. An einem Donnerstagabend kann man eine Sema-Zeremonie der Contemporary Lovers of Mevlana Association besuchen. Nach dem Tanz der Derwische beantworten die Mystiker auch Fragen zur alten Tradition des Sufismus. *www.emav.org/emav/silivrikapi-mevlana-cultural-center; Silivrikapı Mevlana Cultural Center, Mevlanakapı Mah.; Do 19.30–23 Uhr; gratis.*

03 **Doğançay Museum**
Das Museum für moderne Kunst befindet sich im quirligen Bezirk Beyoğlu, in einem sehr schmalen, 150 Jahre alten fünfstöckigen Gebäude. Die großartige Sammlung umspannt fünf Jahrzehnte. Gezeigt werden Werke der bedeutenden türkischen Maler Burhan Doğançay (auch seine Graffiti-inspirierten Arbeiten) und seines Vaters Adil Doğançay. Zwischen 15 und 17 Uhr wird ein kostenloser Nachmittagstee gereicht. *www.dogancaymuseum.org; Balo Sokak 42, 34335 Beyoğlu; Di–So 10–18 Uhr; gratis.*

04 **Großer Basar**
Der Besuch des weltweit größten Marktes ist gratis. Täglich kommen bis zu 400 000 Menschen in die 61 bunten, überdachten Straßen und schmalen Gänge von Istanbuls Großem Basar, um in den 3000 Läden nach Häppchen und Schnäppchen zu stöbern. Seit 600 Jahren rubbeln hier Reisende an Lampen und feilschen um Schmuckpreise – oder bei einem Gratistee vom Teppichhändler um dessen Ware. *www.grandbazaaristanbul.org; Mo–Sa 9–19 Uhr; gratis.*

05 **Elgiz-Museum**
Das Museum zeigt die private Elgiz-Sammlung zeitgenössischer Kunst mit eindrucksvollen Werken internationaler Größen (zum Beispiel Tracey Emin und Jan Fabre) und einheimischer Talente (wie

02

AUF DER ÖSTLICHEN SEITE

Verpassen Sie nicht den asiatischen Teil Istanbuls! Die Fahrt über den Bosporus ist ein Muss, und am Ostufer lässt sich vieles gratis entdecken. Beginnen Sie mit dem lebhaften Viertel Moda und dessen Cafés, Theatern, Buch- und Plattenläden. Schlendern Sie dann an der Küste über die Sahil-yolu-Promnade von Fenerbahçe nach Bostancı. Sehen Sie sich den Beylerbeyi-Palast an (einst Sommersitz der Sultane) sowie die *İskele Camii* in Üsküdar aus dem 16. Jahrhundert. Nach ihrer Stifterin Mihrimah Sultan, Tochter von Süleyman dem Prächtigen, wird sie auch Mihrimah-Sultan-Moschee genannt.
24 Std.; gratis.

© Deric Olschner | 500px

Ömer Uluç und Prinzessin Fahrelnissa Zeid). Inmitten der Hochhäuser des Geschäftsviertels Maslak wirkt das Gebäude ein wenig fremdkörperhaft. Es besitzt eine Terrasse, auf der Skulpturen ausgestellt werden. *Beybi Giz Plaza, 34398 Maslak; Mi–Fr 10–17, Sa 10–16 Uhr; gratis.*

06 Belgrader Wald

Hirsche, Wildschweine, Schlangen und zuweilen Wölfe leben in dem 5500 Hektar großen Gehölz im Norden Istanbuls (6a). Das einstige Jagdrevier des Adels wurde nach den Serben benannt, die 1521 aus Belgrad hierher verschleppt wurden. Das **Atatürk-Arboretum** (6b) beherbergt über 2000 Pflanzen, wochentags ist der Eintritt ermäßigt (*Sarıyer Köyü; 8 Uhr bis Sonnenuntergang; Mo–Fr 4 TL, Sa–So 10 TL*).

07 Bosporusfähren

An einem Tee nippend den viel befahrenen Bosporus (die 32 Kilometer breite Meerenge zwischen Schwarzem Meer und Marmarameer) zu überqueren, gehört in Istanbul dazu. Weniger günstig als früher sind die Fast-Ferry- und Sea-Bus-Dienste von **İDO** (*www.ido.com.tr*), aber immer noch eine gute Alternative zu Touristenbooten. Augen offen halten: Drei Delfinarten tummeln sich dort.

08 Gülhane-Park

Am schönen Bosporusufer liegt die grüne Lunge Istanbuls, dessen Einwohner gerne in den Schatten der Bäume oder zu den gelegentlichen Livekonzerten kommen. Früher gehörte der Park zum benachbarten Topkapı-Palast, der vier Jahrhunderte die Residenz der osmanischen Herrscher war. Auch Süleyman der Prächtige (1520–1566) lebte dort mit seinem Harem. *Cankurtaran Mh.; ganztägig; gratis.*

© Aitor Garcia; Tofig Rashidov; Sabri Keleş; Marco Pompeo Photography | 500px

BASAR-ZAUBER

Neben dem Großen Basar (S. 109) prunkt der alte Endpunkt der Seidenstraße noch mit vielen weiteren Märkten. Seit 1663 werden auf dem fotogenen Gewürzbasar (*www.misircarsisi.org; Misir Çarsisi, Eminönü; Mo–Sa 9–19, So 10–18 Uhr*) Spezereien gehandelt. Auf der asiatischen Seite finden Sie in Kadiköy (*Di und Fr*) abseits vom Tourismus Frischwaren und billige Kleidung. Oder mischen Sie sich auf dem Alten Bücherbasar Sahaflar Çarşısı aus dem 15. Jh. (*Beyazıt Mah.; tgl.*) im Schatten der Kastanienbäume unter tabakkauende Intellektuelle. Auf dem Bomonti-Flohmarkt findet man Schickes und Schund, während es in Yeşilköy („Gründorf") hochwertigere Kleidung, exzellenten Tee und Pflanzen gibt.

04

09

09 Prinzeninseln

Für 3 TL pro Strecke kann man die autofreien Inseln im Marmarameer erforschen. Auf dem Weg von Kabataş nach Kadıköy passiert die Fähre den Topkapı-Palast, die Hagia Sophia und die Blaue Moschee (steuerbord) sowie Üsküdar und Haydarpaşa (backbord), bevor sie Kurs auf die Inseln nimmt. Auf **Heybeliada** (9a) locken Pinienhaine, Strände und das Hagia-Triada-Kloster und auf **Büyükada** (9b) das Splendid Palace Hotel. *Fahrplan unter www.ido.com.tr.*

10 Yıldız-Park

Der schöne Park war einst von einer Mauer umgeben und Sultan Abdülhamid II. und anderen Bewohnern des Yıldız-Palastes vorbehalten. Heute ist die Stadtoase ein beliebter Picknickort für die Einheimischen. Neben alten osmanischen Gebäuden, rabattengesäumten Spazierwegen, lieblichen Seen und malerischen Pavillons gibt es sogar eine Outdoor-Trainingsanlage gegen Döner-Pfunde. *Yıldız Mh; 24 Std.; gratis.*

11 International Istanbul Jazz Festival

Was 1984 als Ableger des breit angelegten Istanbul Festivals begann, wurde rasch zu einem bedeutenden Jazzereignis. Inzwischen sind viele Genres vertreten (Rock, Pop, Blues, Reggae), und Stars wie Miles Davis, Dizzy Gillespie, Massive Attack, Björk und Lou Reed sind hier aufgetreten. Neben kommerziellen Konzerten gibt es Gratisevents wie „Jazz in the Parks". *caz.iksv.org/tr; Juli.*

12 Istanbuler Filmfestivals

Jeden November zeigt das **Istanbul International Short Film Festival** (*www.istanbulfilmfestival.com*) eine Auswahl an Kurzfilmen von maximal 20 Minuten Länge. An verschiedenen Spielorten laufen dreimal täglich Filme. Der Eintritt ist frei, und es gibt Workshops und Diskussionen mit Filmschaffenden. Im Frühling stellt das **Mountain Film Festival** (*www.dagfilmfest.org*) neue Outdoor-Fime vor, zum Rahmenprogramm gehören Vorträge und Fotoausstellungen. *Details siehe Webseiten.*

ISTANBUL

© Matt Munro | Lonely Planet Images, © Izzet Keribar | Getty Images

Kurz und knapp

- Bevölkerung: 2,6 Millionen
- Highlights: Musik, Märkte und Strände
- Währung: Euro €
- Preisindex: 120 US-$ pro Tag

LISSABON

Lissabon liegt im Wilden Westen Europas, die einzige Hauptstadt des Kontinents, die Strände am Ozean und gutes Surfen im Stadtgebiet vorweisen kann. Das garantiert schon genügend Gratisgenuss, aber die Stadt hat noch mehr im Angebot .

KUNST & KULTUR · MUSIK & FILM · SPORT & FREIZEIT · ESSEN & TRINKEN · FESTIVALS & EVENTS

01 Museu Coleção Berardo

Mit mehr als 1000 Arbeiten von Künstlern wie Bacon, Dalí, Picasso, Pollock und Warhol bietet die Sammlung einen breiten Überblick über die moderne Kunst in Europa und Amerika, vom Surrealismus über den Hyperrealismus und den Minimalismus bis hin zur Pop-Art. Sehenswert auch die alten Poster in der Abteilung über Werbekunst. *museuberardo.pt; Centro Cultural de Belém, Praça do Império; 10–19 Uhr; gratis.*

02 Cemitério dos Prazeres

Hier werden unter den Zypressen des Cemitério dos Prazeres die angesehenen Bürger der Hauptstadt begraben (der Name „Friedhof der Freuden" stammt vom nahe gelegenen Stadtteil Prazeres – Freuden). Zwischen den Gruften erheben sich Statuen der Verstorbenen. Den Lebenden bietet der Friedhof atemberaubende Ausblicke über das Alcântara-Tal und den Tejo. *Praça São João Bosco; 9–18, Mai–Sept 9–17 Uhr; gratis*

03 Elevador de Santa Justa

Es wundert einen nicht, dass es in der *Cidade das Sete Colinas* (Stadt der Sieben Hügel) einige steile Anstiege gibt. Auf den Carmo muss man jedoch nicht zu Fuß, man kann auch diesen Aufzug benutzen, der von einem Schüler Gustave Eiffels stammt. Die neugotischen Fenster aus Eisen und die Kabinen aus Holz sind wunderbar. Karten sind teuer (5 €), aber die Tageskarten für den ÖPNV in der Stadt sind auch für den Aufzug gültig. *Stadtteil Baixa; 7–23 Uhr.*

04 Hieronymitenkloster

Mit dem Bau des Mosteiro dos Jerónimos wurde 1501 auf Kosten König Manuels I. begonnen, aus dessen Truhen das Gold schier quoll, das aus dem Gewürzhandel mit Indien stammte. Der Entdecker der Seeroute dorthin, Vasco da Gama, ist hier begraben. Die Fertigstellung des Klosters dauerte allerdings 100 Jahre. *mosteirojeronimos.pt; Praça do Império 1400-206; Di–Do 10–17.30 Uhr; 10 €, 1. So im Monat gratis.*

05 Fantastischer Fado

Lissabon ist für den Fado berühmt – den Gesang einer *Fadista*, die von Gitarren- und Mandolinenmusik begleitet wird. Die melancholischen Weisen sind das iberische Gegenstück zum Blues. Man kann sie überall hören, aber Genuss ist garantiert, wenn man im **Mesa de Frades** (*Rua dos Remédios 139A; Mo–Sa 19–2 Uhr*) einen Tisch bucht. Für das Essen muss man bezahlen, aber den Fado gibt es bis spät in die Nacht umsonst.

LISSABON

© Mark Avellino; Elias Silva / EyeEm | Getty Images, © Matt Munro | Lonely Planet Images

06 Strandleben und Surfen

Lissabon bietet die vielleicht besten innerstädtischen Strände in Europa. Die sandigen Strecken am Nordufer des Tejos westlich der Stadt sind einfach zu erreichen. Die sanften Wellen, der feine Sand und die gute Bahnverbindung machen **Praia de Carcavelos** (6a) sehr beliebt, ein anderer Hotspot ist **Praia de Tamariz** (6b) in Estoril. Als Surfer sollte man im Norden **Praia do Guincho** (6c) und im Süden **Costa da Caparica** (6d) besuchen.

07 Jardim do Príncipe Real

In dieser ruhigen Gartenanlage aus dem 19. Jahrhundert findet ein **Wochenmarkt** mit Bio-Lebensmitteln, Kunsthandwerk und Antiquitäten statt (*Sa 9–14 Uhr*). Mittelpunkt des Parks ist die jahrhundertealte Mexikanische Zypresse, unter deren riesigem Laubdach sich die Anwohner zum Kartenspielen treffen – manche von ihnen fast so alt wie der Baum. Es gibt auch einen See, einen Aquädukt und das unterirdische **Museu da Água Príncipe Real** (Mi–Sa *10–17.30; 2 €*). *Jardim França Borges; 24 Std.; gratis.*

08 Ausblicke

In der Stadt der sieben Hügel gibt es auch sieben *miradouros* (Aussichtspunkte). Der höchste ist der **Miradouro da Senhora do Monte** (8a), von dem man über die Festung São Jorge, über Mouraria, das Carmokloster und die Mündung des Tejos blickt. Ein anderer atemberaubender Aussichtspunkt ist der **Miradouro de São Pedro de Alcântara** (8b), über den **Elevador da Glória** zu erreichen.

09 Park der Nationen

Der Parque das Nações ist das ehemalige Ausstellungsgelände der Expo '98, die dem 500. Jahrestag von Vasco da

© Eric Reitsma; Andrey Omelyanchuk; Pavel Arzhakov | 500px, © Image Source | Getty Images

GÜNSTIGER ÖPNV

Eine Alternative zu teuren Stadtrundfahrten sind die kanariengelben Eléctricos (*2.50 €*), die Route 28e fährt von der Praça Martim Moniz an den schönsten Sehenswürdigkeiten Lissabons vorbei zum Campo de Ourique. Frühmorgens sind die Wagen nicht so überfüllt. Die Fähren für Pendler bieten auch preiswertere Flussfahrten als die Touristenboote. Es gibt Verbindungen (*2.65 €*) über den Tejos von Cais do Sodré, Terreiro do Paço und Belém, jeweils mit schönem Blick auf beide Ufer. Sammelkarten (*transporteslisboa.pt; 6 € /24 Std.*) berechtigen zur Fahrt in Bussen, Straßenbahnen, dem Santa-Justa-Aufzug und den Standseilbahnen. Lisboa Cards (*visitlisboa.com; 18.50 €*) gelten für den ÖPNV, Museen und Sehenswürdigkeiten.

© Matt Munro | Lonely Planet Images, © frederic prochasson | Getty Images

Gamas Ankunft in Indien gewidmet war. Das Gelände ist kostenfrei zu betreten und zieht sich 5 Kilometer am Ufer des Tejos entlang. Man sieht unter anderem „explodierende" Wasserfontänen, beeindruckend wilde Stadtkunst, das **Oceanário** (*oceanario.pt; Esplanada Dom Carlos I; 10–20 Uhr; 16 €*), Seilbahnen (*5,90 € Rückfahrkarte*) und den segelähnlichen **Vasco-da-Gama-Turm**. *portaldasnacoes.pt; Parkeintritt gratis.*

10 Praça Martim Moniz

Der Platz ist nach einem Ritter benannt, der während der Belagerung der Stadt 1147 sein Leben verlor. Hier findet die multikulturelle Szene Lissabons ihren lebhaften Mittelpunkt. Unter dem wachsamen Blick des Castelo de São Jorge versammeln sich die Einwohner unterschiedlichster Herkunft zum Biertrinken und Ballspielen, um Yoga zu treiben und zur Musik von DJs zu tanzen (*Do–Fr 15–24 Uhr*). Am Wochenende bekommt man an den Ständen des **Fusion Market** wirklich fast alles.

11 Sintra-Cascais-Naturpark

Am **Cabo da Roca** im Sintra-Cascais-Naturpark geht es nicht weiter. Hier ist Europa zu Ende, es ist der westlichste Festlandspunkt des Kontinents. Der Park liegt vor den Toren Lissabons. Etwas weiter nördlich findet man dann an der südlichen Kreideklippe hinter **Praia Grande** Dinosaurierspuren. Die 60 versteinerten Fußabdrücke sind 100 Millionen Jahre alt und stammen von Megalosauriern und Iguanodonen. *24 Std.; gratis.*

12 Weinprobe

Der bekanntest Wein Portugals heißt so ähnlich wie das Land. Wie sieht es aber mit den anderen Rebensäften aus? Ob es neben dem Portwein andere trinkbare Weine gibt, kann man in der Probierstube von **ViniPortugal** erkunden, wo der portugiesische Winzerverband 12 Weine aus verschiedenen Gebieten des Landes zum Verkosten anbietet. *viniportugal.pt; Sala Ogival, Terreiro do Paço; Di–Sa 11–19 Uhr; Eintritt gratis, Verkostung 2 €/4 Weine.*

KUNST & KULTUR   MUSIK & FILM   SPORT & FREIZEIT   ESSEN & TRINKEN   FESTIVALS & EVENTS

LONDON

Die Ursprungsstadt des Smogs mag inzwischen sauberere Luft haben, aber dem Besucher bleibt dafür jetzt oft angesichts der Preise die Luft weg. London ist dennoch eine der ganz großen Städte der Welt, und wenn man die Touristenfallen meidet, gibt es auch Preiswertes zu sehen.

01 Grant Museum of Zoology
Im letzten universitären Zoologischen Museum in London kann man sehen, wie Tierskelette aussehen, denen nicht von prüden viktorianischen Kuratoren die Penisknochen abgenommen wurden. Hier stehen 68000 Exponate aus dem Tierreich, vom Tasmanischen Beutelwolf bis hin zum Dodo. Abends finden Filmvorführungen oder offene Diskussionsabende statt. *ucl.ac.uk/museums/zoology; Rockefeller Building, 21 University St, WC1E; Mo–Sa 13–17 Uhr; gratis.*

02 Highgate-Friedhof
Der berühmteste Friedhof Londons ist die letzte Ruhestätte von 170000 Londonern, darunter viele Berühmte, von Karl Marx und dem Rennfahrer Malcom McLaren bis hin zu George Eliot und Douglas Adams. Der westliche Teil ist nur im Rahmen einer (teuren) Führung zu besichtigen, aber der Ostfriedhof kann (gegen geringe Gebühr) auf eigene Faust erforscht werden. *highgatecemetery.org;*

LONDON

© Matt Munro | Lonely Planet Images, © VisitBritain/Britain on View | Getty Images, © Alex Segre | 500px

Kurz und knapp

- Bevölkerung: 10,2 Millionen
- Highlights: Multikulti, Cuisine, Bars in Nebenstraßen und Riesenmuseen
- Währung: Pfund Sterling £ oder GBP
- Preisindex: 220 US-$ pro Tag

Swain's Lane, N6; Mo–Fr 10–17, Sa–So 11–17 Uhr; Erw. 4 £.

03 Londons Stadtmauer

Anstatt ein kleines Vermögen auszugeben, um den Tower of London zu besichtigen, kann man sich auf der anderen Straßenseite Überreste eines Bauwerks ansehen, das ein Jahrtausend zuvor entstand. Es ist der am besten erhaltene Teil der römischen Mauer, die Londinium umgab und von Archäologen auf das Jahr 200 n. Chr. datiert wird. *www.english-heritage.org.uk; Tower Hill, EC3N; 24 Std.; gratis.*

04 Nationalgalerie

Im Jahr 1824 begann es mit drei Dutzend Gemälden, heute sieht man sich 2300 Arbeiten der besten Künstler vom Mittelalter bis zum frühen 20. Jahrhundert gegenüber. Zu den Höhepunkten gehören Monets Seerosen, van Goghs Sonnenblumen, Rembrandts Porträts, Constables Landschaften aus dem vorindustriellen England und unzählige Meisterwerke von da Vinci, Michelangelo, Raffael, Rubens, Turner, Cézanne ... die Liste ist endlos. *nationalgallery.org.uk; Trafalgar Square, WC2N; Sa–Do 10–18, Fr 10–21 Uhr; gratis.*

05 Natural History Museum

Im Jahr 2017 wurde angekündigt, dass die Replik eines Diplocodus-Sauriers in der Eingangshalle des Museums gegen ein Walskelett ausgetauscht werden sollte. Der folgende Entrüstungssturm macht deutlich, wie sehr die Briten an dieser Institution hängen. Jedes Schulkind im Land besucht es mindestens einmal, und man sollte diesem Beispiel folgen, der viktorianischen Architektur und der 80 Millionen Exponate wegen. *nhm.ac.uk; Cromwell Rd, SW7; 10–17.50 Uhr; gratis.*

ZU FUSS ODER PER RAD

London kann man gut zu Fuß oder mit dem Rad erkunden. Etwa mit einem Santander Cycle (*tfl.gov.uk/modes/cycling/santander-cycles; ersten 30 Min. gratis, 2 £ pro folgende 30 Min.*) und den Routenvorschlägen von der Internetseite. Es gibt verschiedene Routen für Fußgänger (*tfl.gov.uk/modes/walking/*), am besten ist aber immer noch eines der Originale: auch wenn man nur den mittleren Teil des Jubilee Walkway begeht (*tfl.gov.uk/modes/walking/jubilee-walkway*), kommt man an der Southbank und dem Tate Modern, den Houses of Parliament, dem London Eye, der St Paul's Cathedral, HMS Belfast, dem Trafalgar Square und der Tower Bridge vorbei.

© Matteo Franzil | 500px, © Helen Cathcart | Lonely Planet Images

06 Science Museum

Pro Jahr pilgern etwa 3,3 Millionen Besucher in diese Kathedrale des Fortschritts-, Wissenschafts- und Technikglaubens. Die Sammlung mit 300 000 Gegenständen bietet alles vom Flugzeug bis zum Mikrochip. Zu den Glanzlichtern gehören die *Rocket* (eine frühe Dampflokomotive), ein Nachbau der *Eagle* (Mondlandefahrzeug aus dem Jahr 1969) in Originalgröße und die *Clock of the Long Now*, die 10 000 Jahre hindurch die genaue Zeit anzeigen soll. *sciencemuseum.org.uk; Exhibition Rd, SW7; Sa–Do 10–18, Fr 10–22 Uhr; gratis.*

07 The Tate

Diese Galerie ist die Heimat von umstrittenen und experimentellen Werken wie dem 4D-Sensorium, das visuelle, akustische, taktile und olfaktorische Elemente verbindet. Zwei der vier britischen Zweigstellen sind in London: **Tate Britain** (7a; *Millbank, SW1P; 10–18 Uhr*), mit britischer Kunst von 1500 bis zur Gegenwart, und **Tate Modern** (7b; *Bankside, SE1; So–Do 10–18, Fr–Sa 10–20 Uhr*), mit Werken seit 1900. *tate.org.uk; gratis.*

08 The Wallace Collection

Auch hier gibt es Alte Meister wie Frans Hals („Der lachende Kavalier") und Rembrandt, aber interessanter ist vielleicht die vorzügliche Waffen- und Rüstungssammlung. Das beeindruckende Arsenal schließt ein Schwert aus dem 10. Jahrhundert und Feuerwaffen aus dem 16. Jahrhundert ein. Darüber hinaus gibt es fantastische französische Möbelkunst, unter anderem Stücke aus Königin Marie Antoinettes Gemächern im Pariser Schloss Versailles. *wallacecollection.org; Manchester Sq, W1U; 10–17 Uhr; gratis.*

09 Wellcome Collection

Bei einem Besuch der „kostenlosen Destination für unheilbar Neugierige" kann man unter anderem erfahren, wie Ärzte Menschen behandelten, die versehentlich in die Themse gefallen waren – indem sie ihnen Rauch in den Allerwertesten bliesen. Das Museum ist dem Grenzgebiet zwischen Medizin, Leben und Kunst gewidmet und zählt zu seinen Exponaten auch Napoleons Zahnbürste. *wellcomecollection.org; 183 Euston Rd, NW1; Mo–Mi und Fr 10–18, Do 10–20, Sa 10–16 Uhr; gratis.*

10 Victoria and Albert Museum (V&A)

Mit 4,5 Millionen Gegenständen aus 5000 Jahren in 145 Räumen ist das V&A (10a) eines der größten Kunst- und Kunsthandwerksmuseen der Welt. Die Zusammenstellung ist atemberaubend eklektizistisch und reicht von Gemälden und Skulpturen bis hin zu Textilien und Porzellan. Zum Museum gehört auch das **Museum of Childhood** (10b; *vam.ac.uk/moc; Cambridge Heath Rd, E2; 10–17.45; gratis*) mit der größten Spielzeugsammlung des Landes. *vam.ac.uk; Cromwell Rd, SW7; Sa–Do 10–17.45, Fr 10–20 Uhr; gratis.*

11 Mediatheque

Der „Tresor" des British Film Institute an der Southbank ist voll von Leinwandschätzen. Es gibt eine Ausstellung, Kinosäle und Bars, vor allem aber die Mediatheque, in der man vor einem Computer Platz nehmen kann, um Tausende von Dokumentar-, Fernseh- oder Spielfilmen anzusehen. Buchung über die Internetseite ist zu empfehlen: die Zahl der Plätze ist begrenzt. *bfi.org.uk/mediatheque; BFI Southbank, SE1; Mo–Do 11–23, Fr–Sa 11–23.30 Uhr; gratis.*

The Vault

12 Das erste Londoner Hard Rock Café liegt versteckt in einem ehemaligen Tresorraum einer Bank. Die Sammlung von Musikexponaten kann man umsonst besichtigen, wenn man einen Burger und Fritten ersteht. Dann kann man die Sonnenbrille von Kurt Cobain, eine Gitarre von Jimi Hendrix und ein US-Army-Hemd von John Lennon bestaunen. *hardrock.com/cafes/london; Hard Rock Café, 150 Old Park Lane; Mo–Do 11.30–0.30, Fr–Sa 11–1, So 11.30–22.30 Uhr; gratis.*

Teiche im Hampstead Heath

13 Im Norden Londons wird hier seit Jahrzehnten in Naturteichen gebadet. Es gibt drei Teiche, einer für Männer (mit Sprungbrett), einer für Frauen und ein gemischter (der im Sommer sehr umlagert ist). Es gibt Umkleidekabinen und Plätze zum Sonnen. An 365 Tagen im Jahr steht man unter dem Schutz von Rettungsschwimmern. Die Ausblicke auf die Stadt sind grandios, und im nahen Golders Hill Park gibt es ein Wildgehege. *cityoflondon.gov.uk/things-to-do/green-spaces/hampstead-heath/swimming; 7 Uhr bis Dämmerung; 2 £ pro Tag.*

Leben im Park

14 Die innerstädtischen Parks sind die Lungen Londons. Millionen von Menschen kommen, um sich in der Umgebung des Serpentine-Teichs im **Hyde Park** (14a; *royalparks.org.uk/parks/hyde-park; 5–24 Uhr; gratis*) zu sonnen, Boot zu fahren oder zu picknicken. Am Speaker's Corner kann man den Rednern lauschen, und das Winter Wonderland (*Nov–Jan; gratis*) lockt zur Weihnachtszeit. Wenige Kilometer entfernt liegt **Regent's Park** (14b; *www.royalparks.org.uk/parks/the-regents-park; 5–20 Uhr; gratis*) mit einem fantastischen Blumengarten und dem idyllischen St John's Lodge Garden.

Project Awesome

15 London bei Sonnenaufgang kann man im Schweiße seines Angesichts mit dieser kostenlosen Sport- und Laufgruppe sehen. „Project Awesome" trifft sich dreimal

13

INSIDER-TIPPS

„Gute Angebote gibt es genug auf den angeblich so teuren Straßen Londons. Hungrig? Auf dem Camden Stables Market (*camdenmarket.com; Camden High St, NW1; 10–18 Uhr; gratis*) oder dem Broadway Market in Hackney (*broadwaymarket.co.uk; E8; Sa 9–17 Uhr; gratis*) bekommt man kurz vor Schluss an den Ständen Essen zu stark reduzierten Preisen. Auf dem Columbia Road Flower Market (*columbiaroad.info; Columbia Rd, E2; So 8–15 Uhr; gratis*) gibt es noch Livemusik dazu. London wiegt sich oft zum Takt kostenloser Musik: In Kilburn gibt es irische Musik in den Pubs, und in den großen Kulturpalästen kommen Klassikliebhaber zum Zug."
– Colin Gallagher, Beamter

© Tedz Duran | 500px

LONDON

wöchentlich um 6.30 Uhr: mittwochs am The Scoop an der Tower Bridge (15a), freitags am Primrose Hill (15b) und montags an einem Überraschungsstartpunkt. Teilnehmer aller Konditionsstufen sind willkommen. Details über die Gruppen bei Facebook, Twitter oder Instagram. *projectawesomelondon.com; gratis.*

16 **Walk the Line**
Dieser Spaziergang für moderne und zeitgenössische Kunst folgt in etwa dem Nullmeridian, der durch Greenwich verläuft. Man kommt am O2-Unterhaltungszentrum, dem erneuerten Stadtviertel Greenwich Peninsula und dem Queen Elizabeth Olympic Park vorbei und sieht Werke von Damien Hirst, Martin Creed, Gary Hume und Eduardo Paolozzi. Auf der Internetseite stehen interaktive Routenpläne zur Verfügung. *the-line.org; gratis.*

17 **Cabmen's Shelters**
Kostenloses Essen findet man in London nicht oft. Aber preiswert essen kann man, wenn man sich in einem der Cabmen's Shelters versorgt, die im 19. Jahrhundert eingerichtet wurden, um die Kutscher zu versorgen. Heute gibt es noch 13 der grünen Shelters, in denen Taxifahrer sich satt essen können. Andere Gäste können Gerichte zum Mitnehmen erstehen, etwa das *Full-English breakfast sandwich* (2.80 £). *24 Std.*

18 **More London Free Festival**
Vier Monate im Sommer verwandelt sich das Südufer der Themse in ein einziges Festgelände mit Livemusik, experimentellem Theater, Kindervergnügen und Kinovorstellungen im Scoop – einem Amphitheater aus Beton für 1000 Zuschauer nahe der Tower Bridge. Auf der großen Leinwand werden auch wichtige Sportereignisse wie Wimbledon oder die Tour de France gezeigt. An der South Bank finden auch in den anderen Monaten Veranstaltungen statt, darunter ein stimmungsvoller Weihnachtsmarkt. *morelondon.com; The Scoop; Jun–Sept; gratis.*

© Ismail Uddin | 500px

ACTION AN DER SOUTHBANK

Das Southbank Centre am Themseufer ist ein kultureller Hotspot, im Sommer wird die Umgebung aber auch zum Anziehungspunkt für Freiluftfanatiker. Der Queen Elizabeth Hall Roof Garden ist eine Oase mit Wildblumenwiese, Kleingärten und einem Waldgarten – all das mit umwerfenden Aussichten. The Square verführt mit Märkten und Straßenessen, und in der Riverside Terrace gibt es regelmäßig Livevorstellungen. In Jeppe Heins „Appearing Rooms" vergnügen sich die Besucher im Springbrunnen, und auf Flusshöhe gibt es einen Stadtstrand. ***southbankcentre.co.uk; Belvedere Rd, SE1; Juni–Sept 10–22 Uhr; gratis.***

EUROPAS BESTE GRATIS-FÜHRUNGEN

Sie haben richtig gelesen: geführte Städtetouren, die nichts kosten (außer eventuell einem Trinkgeld)!

ALTERNATIVE BERLIN – DEUTSCHLAND

Hier geht es zum kulturellen Hefeteig der deutschen Hauptstadt: Street Art, Skateparks, Künstlerkommunen, Multikulti-Kieze, Graffitigalerien, Raves am Tage, Flohmärkte und mehr. *alternativeberlin.com; 11, 13 und 15 Uhr.*

RUNNER BEAN TOURS – SPANIEN

Der Architekt Gaudí hat in ganz Barcelona Spuren hinterlassen; diese Tour folgt ihnen: von seinem ersten Meisterwerk, dem Palau Güell, bis zur unvollendeten Sagrada Família. *runnerbeantours.com; 11 und (im Sommer) 16.30 Uhr.*

NENO & FRIENDS – BOSNIEN UND HERZEGOWINA

Neno und Merima zeigen einem die wichtigsten Attraktionen von Sarajevo und schildern dabei passioniert die Landesgeschichte und -politik sowie die blühende Kulturszene. *sarajevowalkingtours.com;*
Apr–Okt 10.30 Uhr.

BRUSSELS GREETERS – BELGIEN

Diese Touren gehen einen Schritt weiter: Bei Voranmeldung bekommt man eine maßgeschneiderte Führung, die auf besondere Interessen Rücksicht nimmt – Geschichte, Fußball, u. v. m. Trinkgeld wird nicht erwartet. *brussels.greeters.be.*

NEW ROM FREE TOUR – ITALIEN

Wir schätzen das Timing: Um 17.30 Uhr huscht man von der Spanischen Treppe zu einigen bedeutenden Orten (Hadrianeum, Pantheon, Trevi-Brunnen) – perfekt für Solo-Reisende, die abends gerne Gesellschaft hätten. *newromefreetour.com.*

© Illustration | Hayley Warnham, © Maremagnum; Merten Snijders | Getty Images
© Matt Munro; Pete Seaward; Justin Foulkes | Lonely Planet Images

BELGRADE WALKING TOURS – SERBIEN

Orientieren Sie sich bei der Downtown-Tour in Serbiens Hauptstadt und erforschen Sie dann mit der Zemun-Tour (Sa 15 Uhr) die engen Gassen dieses alten Stadtviertels. *belgradewalkingtours.com; 11 und 16 Uhr.*

FREE WALKING TOUR – POLEN

Zur Wahl stehen: die „Altstadtführung", „Das jüdische Krakau", „Essen in Krakau" oder „Makaberes Krakau". *freewalkingtour.com/krakow; März–Okt 10 und 15.30 Uhr, (Altstadtführung – andere Touren zu anderen Zeiten).*

LJUBLJANA FREE TOUR – SLOWENIEN

Zu einer bunten Tour durch Sloweniens Kapitale (Hauptattraktionen und Geheimtipps) holt Sie ein gelb gekleideter Guide vor der rosafarbenen Franziskanerkirche ab. *ljubljanafreetour.com; 11 Uhr.*

FREE WALK ZÜRICH – SCHWEIZ

Zürich ist nicht nur eiskalte Hochfinanz. Davon kann man sich bei der Zürich-West-Tour überzeugen, die einem die andere Seite der Stadt zeigt: von zu Theatern umgewandelten Fabriken bis hin zum Rotlichtviertel.*freewalkzurich.ch; 15 Uhr.*

BATH GUIDES – ENGLAND

Seit 80 Jahren führen die Mayor of Bath's Honorary Guides gratis durch die georgianische Stadt! Los geht's vor dem Pump Room. *bathguides.org.uk; So–Fr 10.30 und 14, Sa nur 10.30 Uhr, Mai–Sept Di und Do zusätzlich um 19 Uhr.*

© Amos Chapple; PytyCzech; Bernard van Dierendonck; Joe Daniel Price | Getty Images, © Matt Munro | Lonely Planet Images

KUNST & KULTUR MUSIK & FILM SPORT & FREIZEIT ESSEN & TRINKEN FESTIVALS & EVENTS

MADRID

Das Leben in Madrid tobt Tag und Nacht mit der typischen spanischen Leidenschaft durch die Straßen. Zudem wartet die Stadt mit einer beispiellosen Sammlung von Kunstgalerien auf. Diese einzigartige Verbindung von Vergnügen und Kunst ist Madrids Geschenk an die Welt – oft auch geschenkt!

01 **Caixa Forum**
Architektur mit einem Überfluss an rostigem Eisen, ein hängender Garten, der sich viele Stockwerke über Madrids prächtigstem Boulevard erhebt, Ausstellungen mit der Fotografie- und Popkultur-Avantgarde, einer der besten Museumsshops in der Stadt: Willkommen im Caixa Forum, einem dynamischen Kulturerlebnis und zugleich einem Beispiel der wilden zeitgenössischen Architektur in der Stadt. *Paseo del Prado 36; 10–20 Uhr; Eintritt gratis, Ausstellungen ab 4 €.*

02 **Centro de Arte Reina Sofía**
Das Kunstzentrum nimmt den Faden dort auf, wo er im Prado abreißt, und verschreibt sich der spanischen Kunst des 20. Jahrhunderts. Es gibt Werke von Dutzenden modernen Meistern, aber die großen Drei ragen heraus: Pablo Picasso, Joan Miró and Salvador Dalí. Der absolute Höhepunkt dürfte Picassos *Guernica* sein. *museoreinasofia.es; Calle de Santa Isabel 52; Mo und Mi–Sa 10–21 Uhr, So 10–19 Uhr Erw. 8 €; So 13.30–19, Mo und Mi–Sa 19–21 Uhr gratis.*

© Jurriaan Grubben; Félix Pagaimo | 500px, © Ã scar LÃ³pez Rogado | Getty Images

Kurz und knapp

- Bevölkerung: 6,45 Millionen
- Highlights: hervorragende Kunst und eine lebhafte Straßenszene
- Währung: Euro €
- Preisindex: 125 US-$ pro Tag

03 **Geschichtsmuseum**
Die Geschichte der Stadt wird in diesem Museum wunderbar erzählt. Der kunstvollste Eingang der Stadt, ein barockes Prachtstück von Pedro de Ribera, gibt den Weg zu einer Sammlung frei, die auch Goya's *Allegorie der Stadt Madrid* und einige witzige Karikaturen von Napoleon enthält. Im Keller kann man ein ausgezeichnetes Modell Madrids im Jahr 1830 bewundern. *madrid.es/museodehistoria; Calle de Fuencarral 78; Di–Fr 11–14 und 16–19, Sa–So 10–14 und 16–19 Uhr; gratis.*

04 **Prado**
Der Prado ist echte Weltklasse. Hier kann man Goya und Velázquez oder flämische Meister wie Rubens und Rembrandt bewundern. Auf keinen Fall sollte man Hieronymus Boschs halluzinatorischen *Garten der Lüste* verpassen. Wenn man gratis hineinmöchte, kommt man erst zwei Stunden vor Einlassschluss. *museodelprado.es; Paseo del Prado; Mo–Sa 10–20, So 10–19 Uhr; Erw./Kind 14 €/gratis; Mo–Sa 18–20 und So 17–19 Uhr gratis.*

05 **Ermita de San Antonio de la Florida**
Diese schöne kleine Kapelle unten am Río Manzanares beherbergt einen der bemerkenswertesten Anblicke der Stadt. An der Decke befinden sich üppige Wandgemälde von Francisco de Goya, er selbst ist unter dem Altar bestattet (merkwürdigerweise ohne seinen Kopf). *sanantoniodelaflorida.es; Glorieta de San Antonio de la Florida 5; Di–So 10–20 Uhr, abweichende Öffnungszeiten Juli–Aug; gratis.*

06 **Museo Thyssen-Bornemisza**
Diese Privatsammlung ist der Liebling vieler Madridbesucher. Das

SNACKS FÜR KENNER

Das Auswärtsessen kann in Madrid teuer werden, aber man kann die Kosten auch niedrig halten. Wenn man eine Übernachtung ohne Frühstück gebucht hat, kann man sich in der nächsten Bar mit einem Croissant und Kaffee stärken. Mittags gibt es in allen Restaurants und vielen Bars der Stadt ein *menú del día*, drei Gänge für einen Bruchteil des Preises einer eigenen Zusammenstellung. Zwischendurch servieren manche Bars auch zu einem Drink einen kleinen (kostenlosen) Appetithappen (*tapa*).

Besondere ist, dass hier alle europäischen Meister der vergangenen Jahrhunderte bis zur Gegenwart unter einem Dach versammelt sind. Man wird kaum einen großen europäischen Künstler finden, der nicht vertreten ist. Montags ist der Eintritt frei! *museothyssen.org; Paseo del Prado 8; Di–So, 10–19 Uhr, Mo 12–16 Uhr; Erw./Kind 10 €/gratis; Mo gratis.*

07 Plaza de Toros Monumental de Las Ventas

Las Ventas ist das Zentrum der Stierkampfwelt in Madrid. Das Äußere ist im maurischen Stil gehalten, im Inneren ist die sandbestreute Arena von vier Stockwerken hohen Zuschauerrängen umgeben, auf denen 25 000 Personen Platz finden. Falls man keinen Stierkampf sehen möchte, aber dennoch neugierig ist, bietet das **Museo Taurino** (*März–Okt Mo–Fr 9.30–14.30, So 10–13 Uhr, Nov–Feb 9.30–14.30 Uhr, gratis*) eine Vielzahl von Exponaten zum Thema. *las-ventas.com; Calle de Alcalá 237; 10–17.30 Uhr; Preise auf der Internetseite.*

08 Casa Pueblo

Das Herz dieser sagenhaften Boheme-Bar im Barrio de Las Letras schlägt laut während der Jazzkonzerte. Der jahrhundertealte Ruf wurde aber nicht nur durch Musik begründet, die Bar bietet auch Kuchen und Cocktails und Gruppen von Mittdreißigern, die sehr ernsthaft die neusten Verschwörungstheorien diskutieren. *Calle de León 3; Mo–Do 17–2, Fr 17–3, Sa 15–3, So 15–2 Uhr; gratis.*

09 Jazz Bar

In den 1920er-Jahren erwarb sich Madrid einen Ruf als europäische Jazzhauptstadt, und für Fans ist sie bis heute eine erste Adresse geblieben. Die Jazz Bar ist klein und intim, auf der Anlage läuft guter Jazz, und das Ganze ist einfach aufgezogen: Man bestellt einen Drink, sucht sich aus der CD-Sammlung einen Wunschtitel aus, setzt sich hin und hört zu. *Calle de Moratín 35; Fr-So 15–3, Mo–Do 17–3 Uhr; gratis.*

10 Populart

Mitten im angesagten Viertel Huertas liegt Populart, wo es fantastische (und kostenlose) Konzerte gibt – erstklassiger Jazz, Latin, Blues und Swing gehören zur Mischung der Stilrichtungen. Vielleicht sagen die Namen „Compay Segundo" und „Canal Street Jazz Band" genug über die Qualität des hier Gebotenen aus. *populart.es; Calle de las Huertas 22; So–Do 18–2.30, Fr–Sa 18–3.30 Uhr, Konzerte beginnen um 22 Uhr; gratis.*

11 Jardines del Campo del Moro

Diese schönen Gärten unter dem Palast zeigen den Charme, den man von einem königlichen Spielplatz in Europa erwartet. Das „Feld des Mauren" ist auch historisch bedeutsam, ein Schlachtensieg im 12. Jahrhundert sorgte dafür, dass Madrid in christlichen Händen blieb. Die elegante **Fuente de las Conchas** ist am Spätnachmittag der perfekte Aussichtspunkt. *patrimonionacional.es; Paseo de la Virgen del Puerto; Apr–Sept 10–20, Okt–März 10–18 Uhr; gratis.*

12 Parque del Buen Retiro

El Retiro ist eine grüne Oase mitten im pulsierenden Herzen von Madrid. Viele Pflanzen, der herrliche Palacio de Cristal (Kristallpalast) aus Eisen und Glas, eine Teufelsstatue, Madrids ältester Baum und genügend Platz, damit sich die Scharen von Wochenendbesuchern austoben können, machen den Park (vor allem am späten Sonntagnachmittag) zu

© David Herráez Calzada | 500px, © Anna Pekunova | Getty Images

einem echten Erlebnis. *esmadrid.com/informacion-turistica/parque-del-retiro; Plaza de la Independencia; Mai-Sept 18–24, Okt–Apr 18–23 Uhr; gratis.*

13 **Plaza de Santa Ana**
Wenn man einen einzigen Ort sucht, an dem man auf Anhieb das Geheimnis des Madrider Straßenleben zu verstehen lernen kann, dann wäre die Plaza de Santa Ana eine gute Wahl. Im Schatten der ansprechenden Architektur sind die Bars erfüllt von Geschichten über Künstler, Filmemacher und Stierkämpfer. Santa Ana ist Ausgangspunkt manch einer epischen Madrider Nacht. *24 Std.; gratis.*

14 **Plaza Mayor**
Auf diesem schönen Platz haben sich schon viele Besucher in die Stadt verliebt. Im Laufe seiner Geschichte haben hier Stierkämpfe, königliche Hochzeiten, Heiligsprechungen und Inquisitionsverfahren stattgefunden. Um die Reize des Platzes wirklich zu verstehen, sollte man sich den Madrilenen zugesellen, die hier die Zeit damit verbringen, dem unendlich unterhaltsamen Leben auf der Straße zuzuschauen. *24 Std.; gratis.*

15 **El Rincón de Jerez**
Es gibt nichts Vergleichbares in ganz Madrid. Nach dem Abendessen, von Dienstag bis Samstag um 23 Uhr, werden im Restaurant die Lichter gelöscht, und bei Kerzenlicht wird *La Salve Rociera* gesungen, ein Lied, das tief im Flamenco und dem Katholizismus Südspaniens verwurzelt ist. Gänsehaut garantiert! *elnuevorincondejerez.es; Calle de Rufino Blanco 5; Di–Sa 13–16.30 und 19–24, Sept–Juli auch So 13–16.30 Uhr; Tapas 7–13 €.*

16 **Mercado de San Miguel**
Dieser von Eisen und Glas überdachte Markt stellt alles vor, was das Restaurantessen in Madrid so gut macht. Die Stände bieten fast alle Tapas und Wein an und verbinden Innovation und Tradition, die beiden Säulen, auf denen

12

MADRID CARD

Es ist leichter, die Kosten für Besichtigungen und anderes im Rahmen zu halten, wenn man die Madrid Card ersteht (*madridcard.com; 24/48/72/120 Std. 47/60/67/77 €*) und bereit ist, ein gedrängtes Programm zu absolvieren. Der Preis schließt den ÖPNV, Führungen zu Fuß und den Eintritt zu mehr als 50 Museen in und um Madrid ein, darunter auch die wichtigsten Galerien, das Heimatstadion von Real Madrid und den Palàcio Real. Zudem gibt es in manchen Restaurants, Geschäften, Bars und Mietwagenfirmen Preisnachlässe.

© Alex Segre | 500px

MADRID

Spaniens kulinarische Revolution ruht. Leider muss man die Kostproben der Köstlichkeiten meist bezahlen, aber die aufgekratzte Atmosphäre, die den Markt vor allem anziehend macht, kann man kostenlos genießen. *mercadodesanmiguel.es; Plaza de San Miguel; So–Mi 10–24, Do–Sa 10–2 Uhr; Eintritt gratis.*

17 El Rastro

El Rastro ist einer der größten Flohmärkte in Europa und in Madrid eine Institution für den Sonntagmorgen. In den Straßen um La Latina und Lavapiés bieten die zahllosen Stände des Markts zu etwa gleichen Teilen Trödel und Schätze, von billigen Klamotten und Koffern bis hin zu Antiquitäten und alten Flamenco-Schallplatten. Später kann man den Einheimischen zur **Calle Cava Baja** folgen und Tapas essen. *Calle de la Ribera de los Curtidores; So 9–15 Uhr; gratis.*

18 Fiesta de San Isidro

Alljährlich am 15. Mai – und alter Madrider Tradition gemäß auch ein paar Tage zuvor und nachher – feiert die spanische Hauptstadt ihren Schutzheiligen San Isodro. Dann gibt es ohne Unterlass Prozessionen, Partys, Stierkämpfe und viele kostenlose Konzerte. Spanier aller Altersgruppen tragen die Tracht ihrer Heimatregionen, und in der Nacht des 14. findet eine der größten Partys des Jahres statt. *esmadrid.com; Details auf der Internetseite; gratis.*

© Krzysztof Dydynski | Getty Images

EIN GESCHENKTER TAG

Die Tagestour beginnt an der Plaza de la Paja im Viertel La Latina, das zu den ältesten Madrids gehört. Die mittelalterliche Kulisse setzt sich in der nahe gelegenen Calle Cava Baja fort, wo es *tapas* gibt wie in Madrid nirgends besser. Dann geht es zur Plaza Mayor hinauf. Am Mercado de San Miguel kann man sich immer noch mit Snacks und Essen von den Ständen stärken, bevor man mit der Metro die Stadt bis zum Parque del Buen Retiro (S. 127) durchquert. Am späteren Nachmittag hat man dann die Wahl zwischen dem Museo del Prado oder dem Museo Thyssen-Bornemisza (beide S. 126), und danach Gratisjazz auf dem Huertas im Populart (S. 127).

Kurz und knapp

- Bevölkerung: 5,2 Millionen
- Highlights: Mode als Augenweide und exzellentes Design.
- Währung: Euro €
- Preisindex: 150 US-$ pro Tag

MAILAND

Willkommen in Italiens gut betuchter Mode-, Design- und Finanzmetropole. Erlesener Geschmack und üppiger Wohlstand reichen hier einander die Hand. Da kann es teuer werden … Wer aber hinter die Fassaden schaut, entdeckt ein Mailand der versteckten Höfe und idyllischen Orte, die (beinahe) umsonst sind.

KUNST & KULTUR · MUSIK & FILM · SPORT & FREIZEIT · ESSEN & TRINKEN · FESTIVALS & EVENTS

01 Mailänder Dom

Verfehlen kann man ihn nicht, den marmornen Dom im Herzen Mailands, dessen Bau sechs Jahrhunderte dauerte. Seine gewaltigen Dimensionen und der Detailreichtum der filigranen Fialen und Statuen (jede anders als ihre Nachbarn) sind eine wahre Pracht – gekrönt von der goldenen Madonnina. Abends verleiht der Sonnenuntergang der Fassade ihren berühmten rosafarbenen Schimmer. *www.duomomilano.it; Piazza del Duomo; 8–20 Uhr, letzter Einlass 19 Uhr; 2 €.*

02 Galleria Vittorio Emanuele II

Die Einkaufsgalerie zählt zu den weltweit ältesten und dank klassizistischer Elemente, überwölbter Arkaden und hoch aufragender Dachkonstruktion aus Glas und Gusseisen auch zu den elegantesten. Wer mag, bewundert Shopklassiker wie Camparino (Jugendstil) und den ersten Prada-Laden. Oder man macht auf dem Absatz kehrt – tut man das auf den Hoden des Mosaikbullen, soll es Glück bringen … *Piazza del Duomo; 24 Std.; gratis.*

© Santiago Fernández | 500px

03 Teatro alla Scala

Opulenz für Ohr und Auge (Lüster über karminroten und goldfarbenen Interieurs) sorgt dafür, dass man einen Abend in diesem Haus nicht so schnell vergisst. Die Karten können recht teuer sein, aber am jeweiligen Aufführungstag werden 140 Karten für die oberen Ränge zu 7 € verkauft (je nach Aufführung, siehe www.teatroallascala.org). Die Sicht ist nicht perfekt, aber für das Erlebnis lohnt es sich allemal. *Via Filodrammatici 2; wechselnde Aufführungszeiten.*

04 Macao

Das selbst verwaltete Kunst- und Kulturzentrum befindet sich in einem ehemaligen Schlachthaus aus der Jugendstilära. Gegründet von Aktivisten aus der Kunst- und Unterhaltungsszene, Studierenden, Linken und anderen Befürwortern eines innerstädtischen Freiraums für Kultur und Kommunikation, vibriert es vor Schaffensfreude und bietet unter anderem Filme, Tanzabende und Konzerte. *www.macaomilano.org; Via Caposile 68; gratis oder gegen Spende.*

05 Mazurka Klandestina Mailand

Ein geheimes Stelldichein bei Kerzenlicht, Tanz zu Geigenklängen – und das vor dem Hintergrund imposanter öffentlicher Gebäude wie der Börse der Stadt. Mit ihrem eleganten Widerstand möchte die aus Mailand stammende Untergrundbewegung Mazurka Klandestina Orte der Macht mit Volkstänzen symbolisch zurückzuerobern. *Weitere Details stehen auf der Facebook-Seite der Gruppe.*

06 Castello Sforzesco

Der mächtige rote Bau ist eines der größten Schlösser Europas und spielte eine zentrale Rolle in der Stadtgeschichte: Einst Festung der Visconti, dann Residenz der Sforzas, dient es heute als kulturelle Institution. Nach dem Besuch der Museen zu Mailands Geschichte (*gratis Di ab 14 Uhr; Mi–So ab 18 Uhr*) erfrischt ein Gang durch den Park (*6.30 Uhr–Sonnenuntergang*), *www.milanocastello.it; Piazza Castello; 7–18 Uhr/19.30 Uhr Sommerzeit; gratis.*

07 Cimitero Monumentale

Der 1866 nach dem Entwurf von Carlo Maciachini errichtete Friedhof ist weniger düster als Ehrfurcht gebietend. Er beherbergt ein *Who's who* der Mailänder Elite, deren skulptural ausgeschmückte Gräber vom Glanz der Industriedynastien künden. Der Zugang führt durch den *Famedio* (Ruhmestempel), einem Marmorbau mit den Ehrengräbern der bedeutendsten Stadtbewohner. *Piazzale Cimitero Monumentale, Di–So 8–18 Uhr, Mo geschl. außer an Feiertagen; gratis.*

08 Quadrilatero della Moda

Ohne einen Besuch des Modeviertels ist kein Mailand-Trip komplett. Namen gebend von vier Straßen eingerahmt – **Via Montenapoleone, Via Manzoni, Via della Spiga** und **Corso Venezia** – ist hier das Mekka der Super-Modehäuser, das kaum seinesgleichen hat. Steingepflasterte Straßen, unglaublich dekadente Läden und extreme Modefans – von all dem kann man sich gut ein paar Stunden den Kopf verdrehen lassen. *24 Std.; gratis.*

09 Colonne di San Lorenzo

Sich im Freien zu entspannen ist typisch italienisch, und nichts ist

APERITIVO

Das altehrwürdige Ritual stammt zwar nicht aus Mailand, ist aber nirgendwo beliebter. Man zelebriert es nach der Arbeit oder vor dem Abendessen zwischen 18 und 21 Uhr. Zum Preis eines Getränks gibt es kleine Büffets oder Platten mit italienischen Snacks. Die meisten Bars offerieren eine eigene Auswahl (*ca. 8–15 €*). Besonders malerisch (und touristisch) ist es an den Navigli. Wir empfehlen das Mag Cafè (*Ripa di Porta Ticinese 43; aperitivo tgl. 17.30–21.30 Uhr*) wegen der Atmosphäre, exzellenten Cocktails (*8 €*) und der Auswahl an traditionellen *formaggi* (Käsesorten) und *salumi* (Wurstwaren).

© Giuseppe Peletti | 500px, © Michael Luhrenberg | Getty Images

MAILAND PER RAD

Mailand lässt sich hervorragend per Fahrrad erkunden: Die Stadt ist klein, eben und im Zentrum verkehrsarm. Zudem kann man dank Bike-Sharing (www.bikemi.com) Räder umsonst nutzen (jedenfalls in den ersten 30 Minuten), wenn man sich tages- oder wochenweise anmeldet. Wir empfehlen eine Nachtfahrt durch das Zentrum, bei der man es so erlebt, wie es gedacht war: kaum Menschen, aber beeindruckende Gebäude in großer Zahl. Oder man radelt am Kanalufer des Naviglio Grande entlang, wo alt und neu ein Stelldichein haben und sich *casa di ringhiera* (charmante Arbeiterhäuser aus der Zeit um 1900) mit modernen Bars abwechseln.

© Giuseppe Peletti | 500px

ortstypischer als ein Nachttrunk bei den Colonne di San Lorenzo aus der Römerzeit. Hier trifft man lauter junge Leute: Austauschstudenten, junge Berufstätige und einheimische Linke. Getränke kauft man in benachbarten Bars oder bei farbenfroh gewandeten Straßenverkäufern wie dem „Becks Man" mit seinem großen Sombrero. *Corso di Porta Ticinese; 24 Std.; Getränke 3–6 €.*

10 Panzerotti Luini

Die Schlange sagt alles: Hier ist eine heiß geliebte Krippe für den Imbiss *panzerotti*, fritiertes Brot mit herzhafter oder süßer Füllung. Das Geheimnis (wohlgehütet und tradiert seit 1949) ist das weiche Olivenölbrot. Mit dem Klassiker *mozzarella e pomodoro* (Mozzarella und Tomate) liegt man in jedem Fall richtig. *www.luini.it; Via Santa Radegonda 16; Mo 10–15, Di–Sa 10–20 Uhr; klassisch 2,50 €.*

11 Cortili Aperti

Einen Blick in ein umgebautes Kloster aus der Zeit um 400 werfen? Einmal im Jahr ist das möglich. Dann öffnen sich die Tore der *palazzi* reicher, alteingesessener Familien und erlauben einen Blick in die verborgenen Innenhöfe. Zeit und Ort der Veranstaltung wechseln von Jahr zu Jahr, Details finden sich auf der Webseite. *www.adsi.it; alljährlich; gratis.*

12 Fuorisalone

Der **Salone del Mobile** (www.salonemilano.it; eintrittspflichtig) ist die weltgrößte Möbel-und Designmesse und findet an sechs Tagen Anfang April statt. Als Fuorisalone nimmt dann ein Festival kostenloser Design-Events die gesamte Stadt in Beschlag. Dabei gibt es Hightech-Installationen großer Marken, Innovatives von unabhängigen Designern und mondäne Gratispartys im Überfluss. *www.fuorisalone.it; Anfang Apr; gratis.*

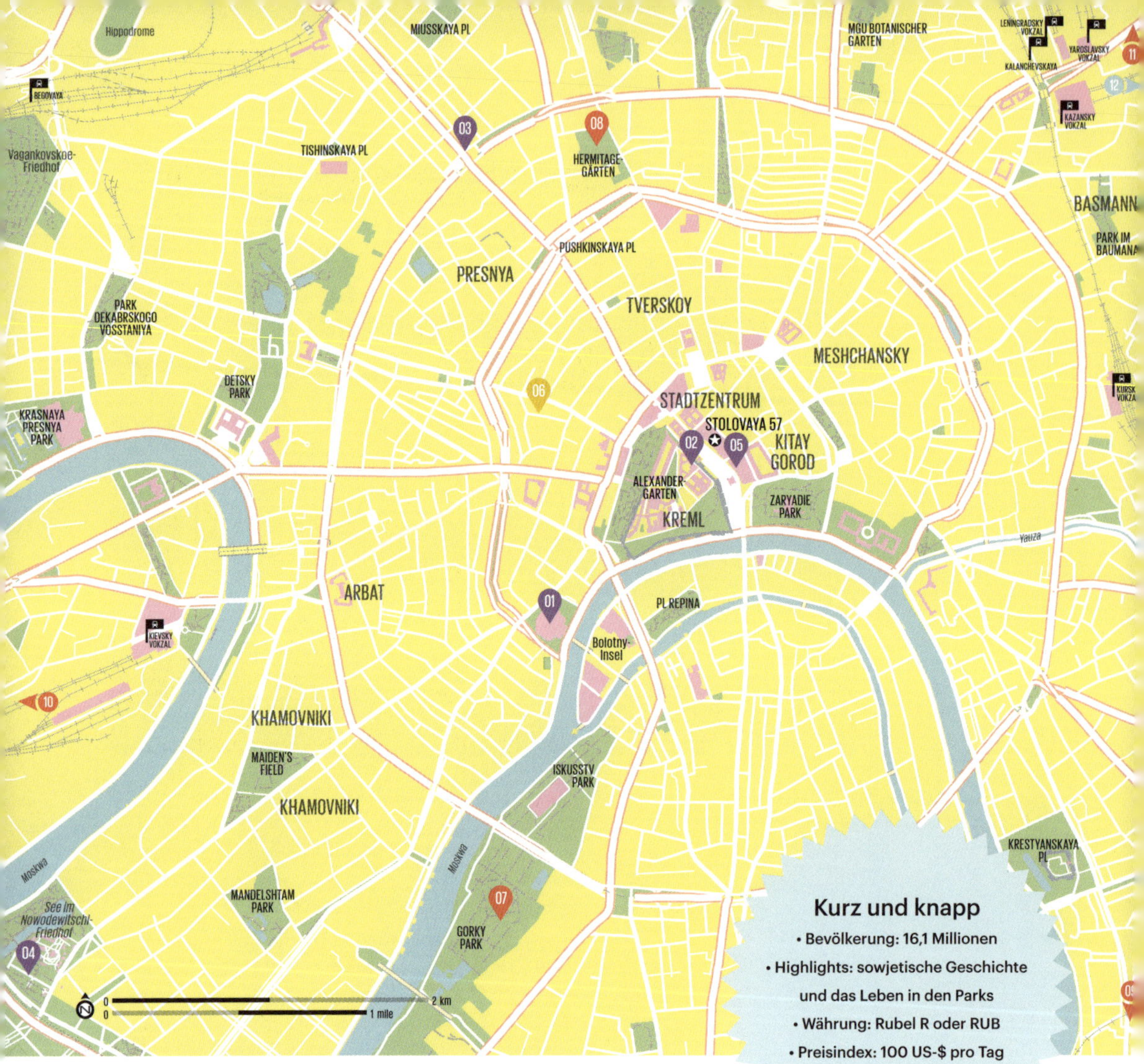

Kurz und knapp

- Bevölkerung: 16,1 Millionen
- Highlights: sowjetische Geschichte und das Leben in den Parks
- Währung: Rubel R oder RUB
- Preisindex: 100 US-$ pro Tag

MOSKAU

Moskau steht zwar im Ruf, eine der teuersten Städte der Welt zu sein, aber für preisbewusste Reisende gibt es inzwischen auch gute Nachrichten. Die Grünflächen, Monumente, Märkte, Museen ohne Eintrittsgebühren und das preiswerte traditionelle Essen lassen den Rubel nicht immer rollen.

KUNST & KULTUR MUSIK & FILM SPORT & FREIZEIT ESSEN & TRINKEN FESTIVALS & EVENTS

01 **Christ-Erlöser-Kathedrale**
Über dem Ufer der Moskwa erheben sich die goldenen Kuppeln der Kathedrale. Noch beeindruckender als dieser Anblick ist das Innere der Kirche. Man verrenkt sich schier den Nacken im Bemühen, die Fresken auf der Innenseite der Kuppel zu erfassen. Ebenfalls sehenswert das Christusgemälde von Jewgraf Sorokin in der Kapelle im Erdgeschoss. *xxc.ru; ul Volkhonka 15; Mo 13–17, Di–So 10–17 Uhr; gratis.*

02 **Lenin-Mausoleum**
Um Lenins Mausoleum zu besichtigen, muss man nicht mehr aufwenden als die Zeit, die man in der Schlange ansteht. Der einbalsamierte Leichnam liegt seit 1924 am Fuße der Kremlmauer. Man wird in den verdunkelten Innenraum gelassen, darf an dem Glassarg vorbeiziehen und einen Blick auf Lenin werfen. *lenin.ru; Roter Platz; tgl. außer Mo und Fr 10–13 Uhr; gratis.*

03 **Metro-Kunst**
Eine Fahrt mit der Moskauer U-Bahn bringt einen nicht nur von A nach B, sondern auch durch eine Welt voller Opulenz, Geschichte und der besten Kunstwerke, die so weit unter der Erde zu finden sind. Für eine Fahrkarte kann man die Bahnhöfe erkunden, vom Jugendstil-Majakowskaja bis hin zum zu den Mosaiken von Kriegshelden im Komsomolskaja. *Metro-Betrieb: 5.30–1 Uhr.*

04 **Nowodewitschi-Friedhof**
Auf diesem Friedhof kann man einigen berühmten Russen seinen Respekt erweisen. In der Sowjetzeit wurden hier jene begraben, die der Ehre eines Kreml-Begräbnisses nicht würdig erschienen, aber heutzutage ist es einer der prestigeträchtigsten Friedhöfe der Stadt. Man findet die Grabmäler von Tschechow, Bulgakow und Stanislawski, aber auch von umstritteneren Personen wie Stalins Ehefrau oder Boris Jelzin. *Luzhnetsky pr 2; 9–17 Uhr; gratis.*

05 **Der Rote Platz**
Wie hoch die Erwartungen auch sein mögen, der Rote Platz erfüllt sie, wenn man sich ihm das erste Mal nähert. Die riesige rechteckige Fläche nimmt einem den Atem, während man versucht, die Augen auf Weitwinkelsicht umzustellen, damit man alles zugleich aufnehmen kann, von den hohen, ziegelroten Kremlmauern bis hin zu den grellen Bonbonfarben der Zwiebeltürme der Basiliuskathedrale. *Krasnaya pl; gratis.*

MOSKAU

© Andrey Omelyanchuk | 500px

MOSKAU

EIN GESCHENKTER TAG

Es gibt viele Führungen durch Moskau, um sich mit der Stadt vertraut zu machen, und einige sind sogar kostenlos. Zu den besten gehören die Moskau Greeter Tours (*moscowgreeter.ru*) die von Freiwilligen aus der Stadt durchgeführt werden, und die viele Einsichten vermittelnde Moscow Free Tour (*moskowfreetour.com*) – ein zweistündiger Gang mit sehr netten Führerinnen, die Besucher unter anderem auf dem Roten Platz herumgeleiten.

06 Moskauer Konservatorium

Für Liebhaber klassischer Musik ist der Konzertsaal des Tschaikowski-Konservatoriums, an dem die Elite der russischen Musik studiert hat, eine erste Adresse. Der Eintritt kann teuer sein, aber mit etwas Glück kommt man auch in den Genuss eines der Gratiskonzerte, die gelegentlich gegeben werden – ein unglaubliches Erlebnis. Details über kostenlose Konzerte finden sich auf der Internetseite. *mosconsv.ru; ul Bolshaya Nikitskaya 13; gratis.*

07 Gorki-Park

Moskauer in ihrer Freizeit kann man bei einem Besuch dieses ausgedehnten, einst heruntergekommenen Vergnügungsparks erleben. Der Sommer ist die beste Zeit, um den Skatern und Tischtennisspielern zuzusehen, den unzähligen Paaren, die sich bei einem Tretbootausflug auf dem See vergnügen, oder anderen, die traditionelle Tanzspiele veranstalten oder Salsa lernen. *park-gorkogo.com; Krimsky Val 9; 24 Std.; gratis.*

08 Eremitage-Gärten

Die coolsten Einwohner der Stadt trifft man in diesem versteckten kleinen Park. Gepflegte Rasenflächen, Bänke und die ruhige Stimmung laden nach einem anstrengenden Besichtigungstag zum Verschnaufen ein. Man kann zwischen mehreren Bars und Kiosken wählen; wenn man aber sparen möchte, ist ein mitgebrachtes Picknick auf der Wiese kaum zu toppen. *mosgorsad.ru; ul Karetnyy Ryad 3; 24 Std.; gratis.*

09 Freilichtmuseum Kolomenskoje

Das Museum ist auf 4 Quadratkilometer untergebracht, die nur zwei Metro-Haltestellen von der Innenstadt Moskaus entfernt liegen. Der ehemalige Zarensitz Kolomenskoje stammt aus dem 14. Jahrhundert und zählt zum Weltkulturerbe der UNESCO. Höhepunkt ist die **Christi-Himmelfahrts-Kirche**, die sich am Haupttor über den Fluss erhebt. *mgomz.com; Metrohaltestelle Kolomenskaja; Park Di–Sa 8–21, Sehenswürdigkeiten 10–18 Uhr; bis auf den Großen Holzpalast (400 R) gratis.*

© Jason Pitcher; Andrey Omelyanchuk | 500px

PREISWERT ESSEN

Mit weniger Geld kommt man in Moskau über die Runden, wenn man sich an die traditionellen Cafeterien hält, in denen es für so gut wie umsonst klassische russische Gerichte gibt. Am Buffet gibt es dort dann „Hering im Pelzmantel" (Hering, Rote Bete, Karotten und Kartoffeln), *borscht* und *pelmeni* (Klöße), dazu noch einen Wodka. Erste Wahl sind das Stolovaya 57 (*3. Etage, GUM, Krasnaya pl 3; 10–22 Uhr; Hauptgerichte 200–300 R*) im GUM am Roten Platz und die Grabli-Kette (*grably.ru*), die Filialen in der ganzen Stadt, unter anderem am Museum für Zeitgeschichte, hat.

10 Pobedy-Park

Die Besichtigungen am Siegespark beginnen schon mit den Mosaiken im Metro-Bahnhof. Draußen findet man sich dann vor einem großen Gebäudekomplex, der den Sieg im Großen Vaterländischen Krieg verherrlicht. Über allem erhebt sich die 141,8 Meter hohe Siegessäule. Die zahllosen Fontänen und Monumente kann man umsonst ansehen, das Museum kostet jedoch Eintritt. *Kutuzovksy pr; Sonnenauf- bis -untergang; gratis.*

11 VDNKh

Einen preiswerten und surrealen Tag kann man in diesem Freizeitpark aus Sowjetzeiten verbringen. Nach Verlassen der Metro-Haltestelle sieht man sich einer 100 Meter hohen Titansäule gegenüber, die den Start von Sputnik 1 verherrlicht. Ausstattungsteile der Raumfahrer findet man im **Kosmonautenmuseum** (*200 R*), danach kann man sich Zierbrunnen, Sowjetdenkmäler und palastähnliche Pavillions ansehen. *119 Prospect Mira; 9–23 Uhr; gratis.*

12 Ismailowoer Markt

Als Erstes sieht man am Markt einen imitierten Zarenpalast. Man sollte aber nicht gleich umkehren, sondern in den Markt hineingehen. Der ist zwar nicht weniger vom Kitsch infiziert, aber man findet auch gute Souvenirs. Ansehen kostet nichts, Mitbringsel wie Pelzmützen, Matroschka-Puppen, Kosmonauten-Kram oder ein bizarres Putin-Konterfei so gut wie nichts. *izmailovsky-park.ru; Izmayalovskoye shosse 73; 10–20 Uhr; gratis.*

© Amy T. Zielinski | Getty Images, © Andrey Kryuchenko; Yuliya Baturina | 500px

STEINREICH – AUCH OHNE GELD

Wer sich nichts aus den Souvenirs, Zäunen und Eintrittsgebühren von Stonehenge macht, kann diese „Rockstars" gratis erforschen.

POULNABRONE-DOLMEN – IRLAND

Der elegant ausbalancierte Dolmen im unglaublich kargen Burren an der irischen Westküste ist 5000 bis 6000 Jahre alt. Halbherzig angebrachte Seile sollen zwar halbherzige Kletterer entmutigen, aber umrunden kann man ihn komplett. *County Clare, Irland; 24 Std.; gratis.*

TRETHEVY QUOIT – ENGLAND

Der Quoit (Dolmen) wurde zwischen 3700 und 3300 v. Chr. auf einem Felsvorsprung über dem Zusammenfluss zweier Gewässer errichtet. Er sollte wohl Knochen aufzunehmen – doch der saure Boden hat etwaige Beweise längst vernichtet. *www.english-heritage.org.uk ; Bodmin Moor, England; 24 Std.; gratis.*

DOLMEN VON MANÉ KERIONED – FRANKREICH

In Carnac gibt es Hunderte Steinsetzungen. Am Hauptort kosten verpflichtende Führungen 6 € (im Winter ist der Eintritt frei). Ganzjährig gratis ist die nahe gelegene Anlage von Mané Kerioned: drei Dolmen mit Gang und kleinen Menhiren, ca. 5500 Jahre alt. *www.carnactourism.co.uk; Carnac, Frankreich; 24 Std.; gratis.*

DOLMEN DE MENGA – SPANIEN

Das gewaltige Galeriegrab mit einer 25 Meter langen Kammer unter einem Grabhügel wurde um 3000 v. Chr. aus 32 Megalithen erbaut. Bei der Öffnung im 19. Jahrhundert fand man mehrere Hundert Skelette. *www.museosdeandalucia.es/culturaydeporte/museos/CADA; nahe Antequera, Málaga, Spanien; 24 Std.; gratis.*

GRIMSPOUND UND DRIZZLECOMBE – ENGLAND

Das wildromantische Dartmoor strotzt vor neolithischen und bronzezeitlichen Cairns und Steinkreisen, die man gratis erkunden kann. Erwähnenswert sind Grimspound nahe Widecombe-in-the-Moor und die Menhire (Standing Stones) von Drizzlecombe. *www.english-heritage.org.uk; Dartmoor, England; 24 Std.; gratis.*

POSKÆR STENHUS – DÄNEMARK

Dänemarks größter noch bestehender Runddolmen umfasst 23 Steine. Der Deckstein wiegt 11,5 t und balanciert seit etwa 5300 Jahren auf den Nachbarsteinen. Zur Frühlingstagundnachtgleiche scheint das Licht der aufgehenden Sonne in die Grabkammer. *www.visitdjursland.com ; Porskærvej 10, Dänemark; 24 Std.; gratis.*

RING OF BRODGAR – SCHOTTLAND

Britanniens besterhaltener Steinkreis weist einen Durchmesser von 104 Meter auf. Er ist 4000 Jahre alt, und 27 von 60 Megalithen stehen noch. Die Funktion ist rätselhaft, möglich sind astronomische oder religiöse Zwecke. *www.historic-scotland.gov.uk; Mainland, Orkney, Schottland; 24 Std.; Juni–Aug tgl; gratistouren, Sept–Mai Do.*

BRYN CELLI DDU – WALES

Der „Grabhügel im dunklen Wald" ist ein 5000 Jahre altes neolithisches Ganggrab mit Henge, das genau auf die Sonne zur Zeit der Sommersonnenwende ausgerichtet ist: Ein Lichtstrahl dringt dann in den Gang ein und leuchtet die innere Grabkammer aus. *http://cadw.gov.wales ; Anglesea, Wales; 10–16 Uhr; gratis.*

Photography | Daniel Di Paolo, Styling | Hayley Warnham, © Robert Prucha; Pete Stubbs | 500px, © Justin Foulkes | Lonely Planet Images, © DEA / G. BERENGO GARDIN; Education Images; Moorefam; ricochet64; FatManPhotoUK | Getty Images

KUNST & KULTUR MUSIK & FILM SPORT & FREIZEIT ESSEN & TRINKEN FESTIVALS & EVENTS

OSLO

Ein Mittagessen und ein Bier können in dieser schönen Stadt schönes Geld kosten. Beim Bezahlen macht man dann vielleicht das gleiche Gesicht wie die Figur in Edvard Munchs Der Schrei. *Es gibt aber auch viel Bezahlbares in der norwegischen Hauptstadt.*

01 Festung Akershus

Die mittelalterliche Burg am Oslofjord war einst Königs- und Regierungssitz. Die Geschichte der Anlage war wechselhaft: Als das alte Oslo im 17. Jahrhundert niederbrannte, wurde es zu Füßen der Festung neu aufgebaut. Die Ausblicke von den Zinnen über die moderne Stadt sind einzigartig und machen einen Besuch fast zur Pflicht. *7–21 Uhr; gratis.*

02 Oper und Rathaus

Einige von Oslos wichtigsten Gebäuden lassen sich bei einem Spaziergang besichtigen: Das **Opernhaus** (2a; *operaen.no; Bjørvika; Mo–Fr 10–20, Sa 11–18, So 12–18 Uhr*). Eine Führung kostet 100 Nkr, der Zutritt zur Dachterrasse mit Blick über die Stadt ist kostenlos. Im **Rådhuset** (2b; *oslo.kommune.no; Fridtjof Nansens Plass; 9-18 Uhr; gratis*) gibt es Kunst und am ersten Mittwoch im Monat um 13 Uhr ein Glockenspiel.

01

05

03 Museen in Hülle und Fülle

An Sonntagen zahlt man in staatlichen norwegischen Sammlungen keinen Eintritt: Die **Nationalgalerie** (3a; Universitetsgata 13; 11–17 Uhr) beherbergt Edvard Munchs *Der Schrei* und seine weniger bekannte *Madonna*, außerdem Bilder von Cézanne und Manet. Gut auch das **Museum für Gegenwartskunst** (3b; Bankplassen 4; 12–17 Uhr), das **Museum für Kunsthandwerk und Design** (3c; St Olavsgate 1; 12–16 Uhr) und das **Nationalmuseum – Architektur** (3d; Bankplassen 3; 12–17 Uhr). *Alle: nasjonalmuseet.no.*

© Felipe Rodríguez; Cole Nyquist | 500px

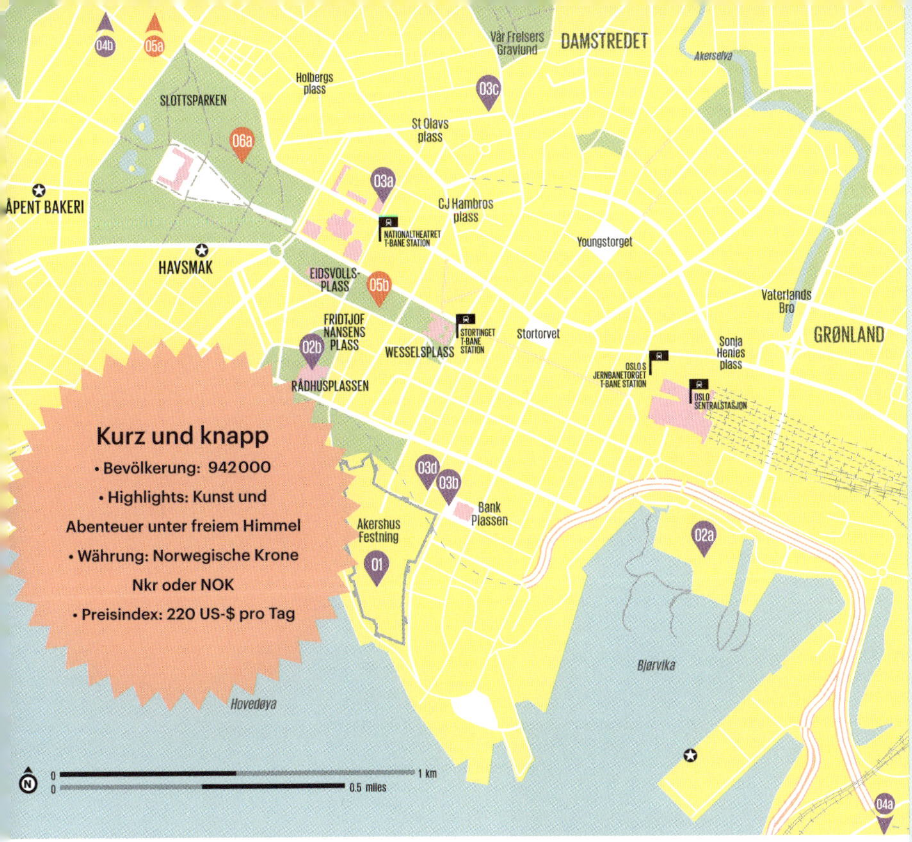

Kurz und knapp

- Bevölkerung: 942000
- Highlights: Kunst und Abenteuer unter freiem Himmel
- Währung: Norwegische Krone Nkr oder NOK
- Preisindex: 220 US-$ pro Tag

04 Kultur: Skulptur

Auf einem Gang durch den **Skulpturenpark Ekeberg** (4a; *ekebergparken.com; Kongsveien 23; 24 Std.; gratis*) kann man 31 Werke europäischer Bildhauer aus den vergangenen 130 Jahren sehen, darunter Rodin und Dalí. Die Wege bieten schöne Panoramablicke auf die Stadt. Im Nordwesten der Stadt liegt der **Vigelandpark** (4b; *vigeland.museum.no; Majorstua/Frogner; 24 Std.; gratis*), der größte Skulpturengarten der Welt, der (mit 212 Werken von Gustav Vigeland) einem einzelnen Künstler gewidmet ist.

05 Abenteuer in der freien Natur

Nur 20 Min. von Oslo entfernt liegt **Nordmarka** (5a), ein Waldgebiet mit vielen Wegen, die im Sommer zum Wandern, Laufen oder Reiten und im Winter zum Langlauf einladen. In den Außengebieten Oslos und auf den Inseln gibt es Badestrände (siehe rechts), im Winter kann man in der Stadtmitte Schlittschuh laufen, u. a. auf der **Spikersuppa-Eisbahn** (5b; *Karl Johan; 11–21 Uhr; gratis, Schlittschuhmiete 100 Nkr pro Tag*).

06 Picknick am Palast

Der frei zugängliche Schlosspark **Slottsparken** (6a; *kongehuset.no; 24 Std.; gratis*) ist bei Einheimischen und Besuchern ein beliebter Picknickplatz. Um 13.30 Uhr kann man auch dem Wachwechsel vor dem Schloss zusehen. Ein anderer wunderbarer Ort, um draußen zu essen ist der **Botanische Garten** (6b; *nhm.uio.no; Sars Gate 1; Mitte März-Sept Mo–Fr 7–21, Sa–So 10–21 Uhr, Rest des Jahres 10–17 Uhr*) in Tøyen (neben dem Munch-Museum), mit 7500 unterschiedlichen Pflanzenarten.

INSIDER-TIPPS

„Im Sommer kann man auf den Inseln schwimmen. Die Fahrkarten für den ÖPNV gelten auch für die normalen Fähren. Auf Langøyene kann man gratis zelten. In Tjuvholmen gibt es auch einen Strand, und das Sørenga-Seebad bietet sogar eine schwimmende Sauna! Im Winter kann man mit der U-Bahn nach Frognerseteren fahren und in Korketrekkeren einen Schlitten mieten (*akeforeningen.no; Holmenkollveien; Winter Mo–Fr 10–21, Sa 9–21 Uhr, So 10–18 Uhr; 100 Nkr pro Tag*). Preiswert essen kann man, indem man in der Åpent Bakeri (mehrere Filialen) Brötchen kauft – Butter und Marmelade gibt es dann kostenlos dazu."

– Lars Moastuen, Osloer

KUNST & KULTUR | MUSIK & FILM | SPORT & FREIZEIT | ESSEN & TRINKEN | FESTIVALS & EVENTS

PARIS

PARIS

In puncto Gratisvergnügen nimmt Paris einen Spitzenplatz ein. Für den Preis eines Getränks kann man stundenlang auf einer Caféterrasse sitzen und dem Treiben zusehen. Und wer sich losreißen kann, findet noch unzählige weitere Orte mit unbezahlbarem Glamour.

01 **Kathedrale Notre-Dame de Paris**
Kaum zu glauben, aber der Eintritt in dieses Meisterwerk der französischen Gotik, eine der weltweit bekanntesten Kirchen, ist umsonst. Bei der äußeren Umrundung beeindrucken die berühmten Strebebögen und im Kircheninneren die gewaltigen Fensterrosetten. Nur das Tête-à-tête mit den Wasserspeiern kostet Geld für die Turmbesteigung. *www.cathedraledeparis.com; 6 Place du Parvis Notre-Dame, 4. Arr.; Mo–Fr 8–18.45, Sa–So 8–19.15 Uhr; gratis.*

02 **Cimetière du Père Lachaise**
Der Friedhof in Hügellage ist wegen der Gräber von Jim Morrison, Oscar Wilde und Édith Piaf bekannt. Aber hier liegen auch Molière, Proust und Colette, Sarah Bernhardt sowie unzählige Revolutionäre und Politiker. Ein Ort der Gefühle, zugleich aber Skulpturengarten und historische Sehenswürdigkeit. *www.pere-lachaise.com; 16 Rue du Repos und 8 Blvd de Ménilmontant, 20. Arr.; Mo–Fr 8–18 Uhr, Sa 8.30–18 Uhr, So 9–18 Uhr; gratis.*

© Matt Munro | Lonely Planet Images

Kurz und knapp

- Bevölkerung: 10,5 Millionen
- Highlights: Kultur
- Währung: Euro €
- Preisindex: 210 US-$ pro Tag

03 Deyrolle

Der seit 1831 betriebene Laden für Tierpräparate gleicht einem Naturkundemuseum. Man sieht tropische und einheimische Tiere, große wie kleine, unglaublich lebensecht und kunstvoll arrangiert (keines Opfer von Wildfängen oder Jagd). Alles steht zum Verkauf. Falls ein liegender Löwe nicht ins Gepäck (oder Budget) passt, stehen immer noch wundervoll illustrierte Poster-Reprints oder tropische Käfer zur Wahl.
www.deyrolle.com; 46 Rue du Bac, 6. Arr.; Mo 10–13 und 14–19, Di–Sa 10–19 Uhr; gratis.

04 Musée Carnavalet

Ein Besuch des Museums zur Pariser Stadtgeschichte lohnt sich schon wegen der genutzten Gebäude: zwei *hôtels particuliers* (großzügige Stadtvillen) von Adligen aus dem 16. Jahrhundert im Marais. Highlights unter den faszinierenden Objekten und Kunstwerken sind die akribisch rekonstruierten Fin-de-Siècle-Salons und barocken Innenräume, die Einblicke in das Leben der Wohlhabenden von einst ermöglichen.
www.carnavalet.paris.fr; 23 Rue de Sévigné, 3. Arr.; Di–So 10–18 Uhr; gratis.

05 Musée d'Art Moderne de la Ville de Paris

Das weniger bekannte Museum bietet erlesene Kunst ohne Gedränge. Herausragend sind die Dauerausstellungen zur Kunst des 20. Jahrhunderts sowie zu Art-déco-Möbeln und -Objekten. Erwähnenswert sind vor allem *La Fée Electricité* von Raoul Dufy (ein raumfüllendes Wandgemälde über die Entdeckung der Elektrizität), Matisses *La Danse* und Werke von Delaunay.
www.mam.paris.fr; 11 Avenue du Président Wilson, 16. Arr.; Di–Mi, Fr–So 10–18 Uhr, Sonderausstellungen Do 10–22 Uhr; gratis.

BESTE AUSSICHT ZUM NULLTARIF

Der Blick über die Stadt der Lichter bei hereinbrechender Dunkelheit: unbezahlbar. Im Parc de Belleville geht es ruhiger zu als auf dem ebenso schönen wie überlaufenen Montmartre. Einen wundervollen Blick auf die Seine und Notre-Dame hat man – zum Preis einer Tasse Kaffee – von der Terrasse des Institut du Monde Arabe (www.imarabe.org; 1 place Mohammed V, 5. Arr.; Di–Do 10–18, Fr 10–21.30, Sa–So 10–19 Uhr). Die Dachterrasse der Galeries Lafayette (haussmann.galerieslafayette.com; 40 Blvd Haussmann, 9. Arr.; Mo–Mi, Fr–Sa 9.30–20, Do 9.30–21 Uhr) überblickt die Opéra Garnier und die Grands Boulevards; *gratis*.

© Matt Munro; Domingo Leiva | Getty images

06 Musée de la Vie Romantique

Über den gepflasterten Hof gelangt man in das 1830 errichtete *hôtel particulier* und in das künstlerische Paris des 19. Jahrhunderts. Chopin, Delacroix, Ingres, Liszt waren hier bei den Freitagabendsalons von Ary Scheffer zu Gast. Neben dessen Werken zeigt das Museum auch Memorabilien der Nachbarin George Sand. Wer mag, erkundet nach Ateliers, Gärten und Teezimmer des Künstlers auch das umliegende *quartier* Nouvelle Athènes. *www.vie-romantique.paris.fr; 16 Rue Chaptal, 9. Arr.; Di–So 10–18 Uhr; gratis.*

07 Garten des Musée Rodin

Wer aber knapp bei Kasse ist, kann sich auch einfach an dem Garten des Herrenhauses aus dem 18. Jahrhundert erfreuen, in dem Auguste Rodin, der bedeutendste französische Bildhauer der Moderne, lebte und arbeitete. Über die Anlage verteilt stehen einige seiner berühmtesten Skulpturen, darunter *Der Denker* und *Die Bürger von Calais*. *www.musee-rodin.fr; 79 Rue de Varenne, 7. Arr.; Di und Do–So 10–17.45 Uhr; 2 € (für EU-Bürger unter 25 Jahren gratis).*

08 Stöbern auf dem Marché Paul Bert

Der Marché aux Puces (Flohmarkt) von Saint-Ouen ist ein weitläufiges Netz miteinander verbundener Märkte, in dem man viele Stunden verbringen kann, ohne Eintritt bezahlen zu müssen. Dabei ist der Marché Paul Bert mehr Museum als Geschäft (mit entsprechenden Preisen). Neben Einrichtungselementen aus den 1950er-Jahren sind auch Antiquitäten zahlreich vertreten – Safaritrophäen und Goldfarbenes, wohin das Auge blickt. *www.marcheauxpuces-saintouen.com; 18 Rue Paul Bert, Saint-Ouen; Sa 9–18, So 10–18, Mo 11–17 Uhr; gratis.*

10

09 Gärten des Château de Versailles

Das Schloss Versailles ist einzigartig, der Andrang im Inneren allerdings auch. Doch die Gartenanlagen – sorgfältig gepflegt, mit eleganten Skulpturen und großen Brunnen geschmückt und von Wegen durchzogen – sind großartig und das halbe Jahr kostenlos. Hurtig zum Picknickkorb gegriffen und weg von den Massen … *www.chateauversailles.fr; Versailles; 7–20.30 Uhr; Nov–März gratis, Apr–Okt Di, Sa und So Eintritt.*

10 Entspannung am Canal St-Martin

Die eisernen Fußgängerbrücken und baumbestandenen Ufer kennt man aus *Die fabelhafte Welt der Amélie*. Von République bis Gare du Nord ist der Kanal das Bobo-(Bohème-Bourgeoisie) Mekka – gentrifiziert, aber etwas schäbig. Hier sind die angesagtesten Bistros und Cocktailbars. Die Einheimischen genießen am Ufer einen *apéro* oder ein Picknick mit

ERSTER SONNTAG IM MONAT

In vielen Pariser Museen ist der Eintritt am ersten Sonntag des Monats frei, darunter: Centre Pompidou (www.centrepompidou.fr; Place Georges Pompidou, 4. Arr.; 11–21 Uhr), Musée d'Orsay (www.musee-orsay.fr; 62 Rue de Lille, 7. Arr.; 9.30–18 Uhr), Musée Rodin (S. 145), Musée de l'Orangerie (www.musee-orangerie.fr; Jardin des Tuileries, 1. Arr.; 9–18 Uhr). Bei anderen gilt das nicht für alle Monate: Louvre (www.louvre.fr; Rue de Rivoli, 1. Arr.; 9–18 Uhr), Arc de Triomphe (www.monuments-nationaux.fr; Place Charles de Gaulle, 8. Arr.; Apr–Sept 10–23, Okt–März 10–22.30 Uhr) und Château de Versailles (www.chateauversailles.fr; Apr–Okt 9–18, Nov–März 9–17.30 Uhr). Die komplette Liste findet sich unter www.parisinfo.com

Decken, Baguette und Käse. Wer mag, tut es ihnen gleich. *10. Arr.; 24 Std.; gratis.*

11 Sonntags im Marais

Kein anderes *quartier* lädt mehr zum Schlendern ein, und am Wochenende sind die Straßen autofrei. Renaissancebauten, skurrile Boutiquen, hippe Cafés, verschwiegene Plätze und einladende Restaurants säumen uralte Straßenverläufe. Im Marais liegen auch der winzige Place des Vosges und das alte jüdische Viertel rings um die Rue des Rosiers. Günstige Mahlzeiten gibt es dort bei L'As du Fallafel (*So–Do 12–24, Fr 12–17 Uhr; Gerichte zum Mitnehmen 5,50–8,50 €*). *4. Arr.; 24 Std.; gratis.*

12 Mit Blick auf den Eiffelturm

Das an der Seine gelegene Bauwerk bildet einen höchst dramatischen Hintergrund für einen Uferspaziergang – ganz ohne Eintrittsgebühr. Auf dem **Champ de Mars**, der riesigen Freifläche zu seinen Füßen, kann man picknicken oder *pétanque* spielen, und – am 14. Juli – ein grandioses Feuerwerk genießen. *Champ de Mars, 7. Arr.; 24 Std.; gratis.*

13 Coulée verte René-Dumont

Die erhöhte Parkanlage (Inspiration für die New Yorker High Line) entstand auf einer ehemaligen Eisenbahnstrecke aus dem 19. Jahrhundert. Der Grünzug beginnt im hippen, nüchternen 12. Arr., direkt östlich der Opéra Bastille und ermöglicht ein urbanes Erlebnis wie aus einer anderen Welt. Über 4,7 Kilometer führt der Weg bis an den Rand der Innenstadt. *12. Arr.; Mo–Fr 8–17.30, Sa–So Winter 9–17.30, Sommer 9–21.30 Uhr; gratis.*

14 Rue Mouffetard

Die legendäre Straße im Quartier Latin gehört zu den ältesten der Stadt. Als Hinterhof der **Sorbonne**, Heimathafen für Intellektuelle und Revolutionäre, wurde sie nach dem 1. Weltkrieg das *quartier* von

© Matt Munro | Lonely Planet Images

Hemingway, Joyce und anderen Literaten. Morgens findet ein quirliger Markt statt, von dem man sich gut in einem Café am **Place de la Contrescarpe** erholen kann, einem der charmantesten Plätze von Paris. *Rue Mouffetard, 5. Arr; 24 Std.; gratis.*

15 Die Straßen von Montmartre

Hier tummeln sich die Besucher, angelockt von der Opulenz der **Basilika Sacré-Cœur**, dem spektakulären Blick über Paris oder dem Wunsch, sich von einem Möchtegern-Picasso am **Place du Tertre** malen zu lassen. Doch nur wenige Straßen von Touristen und Selfie-Sticks entfernt wartet das Dörfchen Montmartre mit schattigen Plätzen, Jugendstilbrunnen und Relikten der künstlerischen Vergangenheit – und vielleicht sogar echten Einheimischen. *18. Arr.; 24 Std.; gratis.*

16 Spaziergang vom Louvre zum Arc de Triomphe

Dieser an historischen Orten überreiche Weg zeigt Paris von seiner monumentalsten Seite. Vom **Louvre** (Rue de Rivoli, 1. Arr.) führt er pfeilgerade durch den streng gegliederten **Jardin des Tuileries**, über die gewaltige **Place de la Concorde** (während der Schreckensherrschaft Standort der Guillotine) und dann die **Champs-Élysées** hinab bis zum **Arc de Triomphe** von Kaiser Napoleon I. – Geschichte auf Schritt und Tritt. *1.–8. Arr.; 24 Std.; gratis.*

17 Marché d'Aligre

Das Markttreiben zu betrachten kostet nichts, doch um die Mittagszeit droht Prasserei. Stundenlang kann man in *fruits de mer*, *fromage* und anderen Genüssen schwelgen und findet Fotomotive zuhauf. Hervorragend sitzen und (preiswert!) genießen lässt es sich im benachbarten Le Baron Rouge (1 Rue Théophile Roussel, 12; Di–Fr 10–14 und 17–22, Sa 10–22, So 10–16 Uhr). *marchedaligre.free.fr; Rue d'Aligre, 12.Arr.; 8–13 Uhr, Di–Sa auch 16–19.30, So 8–13.30 Uhr; gratis.*

18 Picknick im Jardin du Luxembourg

Mit seinen Renaissancegärten, den beeindruckenden Plastiken und dem Renommée als Sitz des französischen Senats ist der Jardin du Luxembourg der bedeutendste öffentliche Park von Paris. Bei aller Grandeur sind aber Besucher herzlich willkommen: Jogger, Kinder, die ihre Segelboote auf dem Teich in See stechen lassen, *pétanque*-Spieler, die eine nicht immer ruhige Kugel schieben, und Bücherwürmer lassen es sich dort gut gehen. Hier kann man sich zu einem Picknick der Glamourklasse niederlassen… *Rue de Vaugirard, 6. Arr.; Öffnungszeiten je nach Jahreszeit; gratis.*

BROCANTES UND VIDE-GRENIERS

An jedem Wochenende finden in ganz Paris unzählige kleine Märkte statt. Bei *vide-greniers* („Dachbodenleerungen") werden ganze Straßen für den Verkehr gesperrt, und Anwohner bieten Stöberlustigen nicht mehr Benötigtes feil. Diese Flohmärkte nach Pariser Façon bieten Festivalatmosphäre mit Livemusik (manchmal) und viel Essen (immer). Formeller geht es bei den *brocantes* (Antik-/Trödelmärkte) zu: Auf überdachten Märkten verkaufen professionelle Antiquitätenhändler ihre Schätze, bei deren Anblick viele Augen leuchten. Tagesaktuelle Angaben zu beiden findet man unter www.brocabrac.fr; gratis

© Colin Wisdom; Diego Rodriguez | 500px

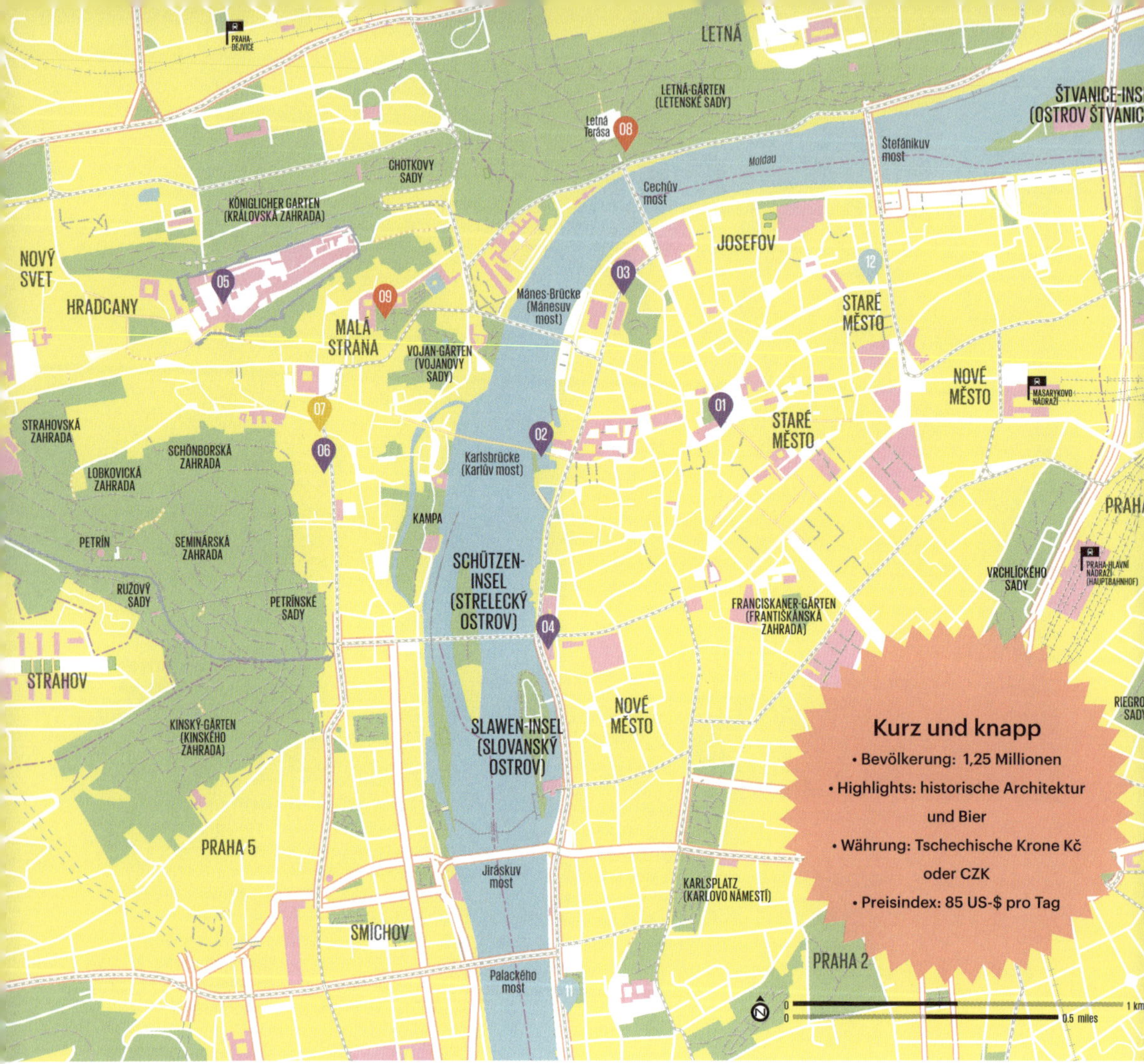

Kurz und knapp

- Bevölkerung: 1,25 Millionen
- Highlights: historische Architektur und Bier
- Währung: Tschechische Krone Kč oder CZK
- Preisindex: 85 US-$ pro Tag

PRAG

Ein Vierteljahrhundert nach dem Fall des Kommunismus hat sich Prag zum Star von Mitteleuropa gemausert. Die Besucher werden von der prachtvollen Stadtlandschaft aus dem 14. Jahrhundert angelockt, lassen sich dann aber von der Kultur, der Atmosphäre, dem Bier und den niedrigen Preisen bezaubern.

KUNST & KULTUR | MUSIK & FILM | SPORT & FREIZEIT | ESSEN & TRINKEN | FESTIVALS & EVENTS

01 Prager Rathausuhr

Performance-Kunst ohne Menschen: Die 600 Jahre alte astronomische Uhr am Rathaus versetzt immer zur vollen Stunde die Zuschauer mit ihrer Figuren-Prozession in Erstaunen. Die Figuren stammen direkt aus dem Mittelalter und sind teilweise recht makaber – als Letztes dreht der Tod das Stundenglas um, das er hält. Gute Plätze zum Fotografieren erhält man nur, wenn man früh kommt. *orloj.eu; Staroměstské náměstí; 9–21 Uhr; gratis.*

02 Karlsbrücke

Es ist kaum überraschend: Die 650 Jahre alte Brücke mit ihren 30 barocken Statuen kann man kostenlos überqueren. Man sollte früh ankommen, wenn die Menschenmenge noch klein ist, und nachts wiederkommen, wenn sich Burg, Lichter und Kirchtürme zu einer traumhaften Szene verbinden. Der Turm auf der Ostseite bietet gute Fotogelegenheiten. *muzeumprahy.cz; Karlův most; Brücke 24 Std., Turm Apr-Sept 10–22, Okt-März 10–18 Uhr; Turm 90 Kč.*

03 Blick auf den Jüdischen Friedhof

Das Jüdische Museum Prag besteht aus vier historischen Synagogen und dem Friedhof aus dem 15. Jahrhundert mit Hunderten von alten, schief stehenden Grabsteinen. Der Gesamteintrittspreis für alle vier Teile des Museums (*300 Kč*) kann abschreckend wirken, aber von einem kleinen Fenster in der Westmauer des Friedhofs kann man auch umsonst einen Blick auf die düsteren Grabstätten werfen. *jewishmuseum.cz; neben ul 17. Listopadu 2; 24 Std.; gratis.*

04 Nationaltheater

Das Národní divadlo (Nationaltheater) ist die wichtigste Prager Bühne für Schauspiel, Oper und Tanz. Schon die besten Plätze sind ihr Geld mehr als wert (Parkett, Mitte kostet um 1000 Kč), aber Stehplätze und der Rang sind in Anbetracht des Gebotenen schon fast geschenkt. Karten sollte man an der Theaterkasse kaufen. *narodni-divadlo.cz; Národní třída 4; Vorstellungen ab 19 Uhr; Stehplätze 110 Kč.*

05 Prager Burg

Über der Stadt erhebt sich die großartige Burg (Pražský hrad). Man kann leicht einen halben Tag oder länger in den Anlagen verbringen und dafür mehr als 250 Kč Eintrittsgelder bezahlen. Das Gelände selbst ist jedoch kostenlos zugänglich. Eintritt in das Goldene Gässchen (Zlatá ulička) mit seinen Miniaturhäusern ist nach 18 Uhr gratis. *hrad.cz; Hradčanské náměstí; 1; Gelände Apr-Okt 5–24, Nov-März 6–23 Uhr; gratis.*

© Nik Phot; Marco Varrone | 500px, © De Agostini / A. Dagli Orti | Getty Images, © Mark Read | Lonely Planet Images

06 Das Prager Jesulein

Seit vier Jahrhunderten ist diese kleine Wachspuppe in der Karmeliterkirche Maria vom Siege im Stadtviertel Malá Strana ein Pilgerziel für katholische Gläubige. Auch heute noch strömen die Bewunderer dorthin, nicht zuletzt, weil man ihm die Errettung der Stadt vor der Pest und den Verwüstungen des Dreißigjährigen Kriegs zuschreibt. *pragjesu.cz; Karmelitská 9; Mo–Sa 8.30–19, So 8.30–20 Uhr; gratis.*

07 Jam-Session im Little Glen's

Es gibt viele Jazzclubs in Prag, und das musikalische Niveau ist hoch. Einer der besten ist Little Glen's (U Malého Glena), der seinen Namen wegen der geringen Körpergröße des Besitzers trägt. Unter der Woche gibt es Livejazz (für einen Gedeck-Preis), aber sonntags kommen Musiker aus der Stadt mit den Instrumenten unter dem Arm zu einer kostenlosen Jam-Session zusammen. *malyglen.cz; Karmelitská 23; ab 19.30 Uhr, Musik ab 21 Uhr; Gedeck 150 Kč, So gratis.*

08 Letná-Park

Die tschechische Hauptstadt wird als „Stadt der hundert Kirchtürme" bezeichnet, und es gibt keinem besseren Platz, sie zu zählen, als vom Letná, einem lang gestreckten Hügel nördlich der Altstadt. Man überquert die Moldau auf der Čechův-Brücke, steigt bis zu einem Metronom empor und wendet sich nach Osten oder Westen, um die Ausblicke zu genießen. *letenskyzamecek.cz; Letenské sady; 24 Std.; gratis.*

09 Garten Palais Waldstein

Die Prager Kleinseite (Malá Strana) ist für ihre barocken Paläste und versteckten Gartenanlagen bekannt. Eine der großartigsten ist vielleicht der

© Florin Draghici; Jan Zeman; Jan Fidler; Genevieve Hathaway | 500px

HERUM-KOMMEN

Gehen, gehen, gehen. Das Stadtzentrum von Prag ist sehr überschaubar, man kann alles gut zu Fuß erreichen. Es gibt auch viele Fußgängerstraßen, in denen dann Schusters Rappen die einzige Möglichkeit ist. Längere Strecken überwindet man gut mit dem preiswerten ÖPNV. Eine Tageskarte für 110 Kč berechtigt während 24 Std. zu beliebig vielen Fahrten mit der Straßenbahn, dem Bus und der Metro. Taxis sollte man nicht am Straßenrand heranwinken. Die Fahrpreise sind zwar gering, aber es gibt viele Fahrer ohne Lizenz. Man sollte stattdessen jemanden bitten, einen Wagen von einer zuverlässigen Taxizentrale zu bestellen.

© Matt Munro | Lonely Planet Images, © Florin Draghici | 500px

10

12

Wallensteingarten (Valdštejnská zahrada), der versteckt hinter dem Amtssitz des tschechischen Senats liegt. Auf dem gepflegten Rasen spazieren Pfauen zwischen den Statuen und Teichen umher. Am Ostrand des Gartens liegt eine unheimlich anmutende Grotte. *www.senat.cz; Letenská; Mo–Fr 7.30–18, März–Okt Sa–So 10–18 Uhr, Juni–Sept 10–19 Uhr; gratis.*

10 Bier

Das tschechische Bier gehört zu den besten der Welt, und auch in Prag belastet es das Budget nicht sehr. Eine Halbe kostet weniger als 50 Kč – damit ist es billiger als Wasser und nach einem tschechischen Sprichwort auch besser für die Gesundheit und Lebenseinstellung. Goldstandard ist immer noch das Pilsener Urquell, aber auch alle anderen Biere sind sehr gut. Zudem gibt es eine Vielzahl von Kleinstbrauerereien. *Bars und Biergärten in der gesamten Stadt.*

11 Náplavka-Bauernmarkt

Der beliebteste Bauernmarkt der Stadt könnte kaum malerischer gelegen sein: am Ostufer der Moldau unterhalb des Nationaltheaters. Samstags wird hier Obst und Gemüse, Käse und Fleisch verkauft. An Sommerabenden versammelt sich die halbe Stadt, um am Flussufer ein Bier zu trinken. *farmarsketrziste.cz; Rašínovo nábřeží (nr Palackého náměstí); Markt Sa 8–14 Uhr; gratis.*

12 Mittagessen im Sisters

Die Tschechen essen für ihr Leben gern *chlebíčky* (belegte Brote und Brötchen) – ein preiswertes und sättigendes Mittagessen. Man bekommt sie in der ganzen Stadt in Bäckereien und Metzgereien, aber das Sisters hat sie zu einer hohen Kunst entwickelt: Hier gibt es neben den Standards auch Ausgefallenes wie Hering mit Wasabi-Mayonnaise oder Makrele mit Roter Bete. *chlebicky-praha.cz; Dlouhá 39; Mo–Fr 9–19, Sa 9–16 Uhr; belegte Brote um 35 Kč.*

Kurz und knapp

- Bevölkerung: 185 000
- Highlights: überraschende Kunst und Gebäude aus dem Raumfahrtzeitalter
- Währung: Isländische Krone Ikr oder ISK
- Preisindex: 170 US-$ pro Tag

REYKJAVíK

Die nördlichste Hauptstadt der Welt herrscht über ein Land aus Eis und Feuer. Besucher kommen hierher, um ein wirklich einzigartiges Ziel zu bereisen. Reykjavík hat es deshalb nicht nötig, mit Sonderangeboten zu locken – unerschrockene Reisende kommen dennoch auf ihre Kosten.

KUNST & KULTUR · MUSIK & FILM · SPORT & FREIZEIT · ESSEN & TRINKEN · FESTIVALS & EVENTS

01 Ásmundur-Sveinsson-Skulpturengarten

Das ehemalige Heim des isländischen Bildhauers Ásmundur Sveinsson (1a) ist von seinen abstrakten Werken umgeben, die man jederzeit besichtigen kann, auch ohne Eintritt für das Museum zu bezahlen (*1200 Ikr*). Sveinsson ließ sich durch die Landschaft und Folklore Islands inspirieren, und unter seinen figürlichen Arbeiten findet sich auch eine *Trollin*. Weitere Werke findet man um Öskjuhlíð (S. 155) und vor der Universität (1b); *artmuseum.is/asmundarsafn; Sigtún; 24 Std.; gratis.*

02 Skulpturen von Einar Jónsson

Das **Einar-Jónsson-Museum** kostet Eintritt (*1000 Ikr*), aber der Garten kann kostenlos betreten werden und ist voller Statuen von Islands erstem berühmtem Bildhauer. Jónsson nahm Themen aus der Mythologie und Folklore auf, man findet viele seiner Werke in der Stadt, etwa die *Gesetzlosen* vor dem Suðurgata-Friedhof, eine Statue von Ingólfur Arnarson, dem Wikinger, der Island entdeckte, am Hafen oder dem Freiheitskämpfer Jón Sigurðsson auf dem Austurvöllur-Platz. *lej.is; Eiríksgata 3; 24 Std.; gratis.*

03 Harpa

Das Kulturzentrum Harpa ist eine Konstruktion aus glänzendem Glas und Stahl direkt am Wasser. Als die Wirtschaftskrise sich in Island bemerkbar machte, war dieses Stück ultramoderner Architektur nicht fertiggestellt, und die Zukunft sah düster aus. Der Bau wurde jedoch beendet und 2011 eröffnet. Führungen sind kostenpflichtig (*1500 Ikr*), aber auf eigene Faust kann man auch kostenlos hinein. *harpa.is; Austurbakka 2; Mo–Fr 10–18, Sa 11–16 Uhr; gratis.*

04 Imagine Peace Tower

Der Friðarsúlan ist Yoko Onos Denkmal für John Lennon. An 61 Tagen im Jahr (von Lennons Geburtstag, dem 9. Oktober, bis zum Todestag, dem 8. Dezember) wird der Himmel über Reykjavík farbig beleuchtet. Die 15 Scheinwerfer werden mit geothermischer Energie betrieben, um diese Botschaft der Hoffnung abzustrahlen. Der Steinsockel, aus dem die Lichter kommen, ist in 24 verschiedenen Sprachen mit dem Zitat: „Stell dir vor, es ist Frieden" beschriftet. *Insel Viðey; Okt–Dez; gratis.*

05 Elliðaárdalur

Elliðaárdalur ist ein verstecktes, aber gut zu erreichendes grünes Tal mitten in Reykjavík. Die großstädtische Oase liegt zwischen den Vierteln Árbær, Breiðholt

© Education Images/UIG | Getty Images, © Leszek Daszkowski; Walter Niederbauer; Eddie Chui | 500px

und Fossvogur und erfreut den Besucher mit einem Wald und einem Fluss mit Wasserfall; man kann Waldbeeren pflücken oder Lachse angeln, oder einfach den Kaninchen zusehen. Bei gutem Wetter der perfekte Platz für ein Picknick. *24 Std.; gratis.*

06 Esja-Besteigung

Etwa 10 Kilometer nördlich der Stadt erhebt sich die Kette von Vulkangipfeln der Esja bis zu einer Höhe von 914 Meter. Die Besteigung sollte auf der Liste jedes Besuchers stehen, der schöne Aussichten zu schätzen weiß. Der Aufstieg zum Þverfellshorn (780 Meter) ist gut markiert, aber steil. Der Anfangspunkt ist mit öffentlichen Verkehrsmitteln zu erreichen, falls man nicht hinwandern möchte. *visitreykjavik.is/mount-esja; 24 Std.; gratis.*

07 Grótta-Leuchtturm

Einer der aufregendsten Spaziergänge für Abenteuerlustige führt über einen schmalen Landstreifen hinüber zum Leuchtturm von Grótta. Dieser stimmungsvolle Ort ist auch bei den Hauptstädtern beliebt, und mit etwas Glück erstrahlt das Nordlicht am Himmel. Man sollte jedoch die richtige Zeit wählen, weil der Fußweg bei Flut verschwindet … Oder man fährt mit der Buslinie 11 bis zur Lindargotu-Straße; *gratis.*

08 Hafnarfjörður

Viele Sehenswürdigkeiten in Reykjavík sind kostenpflichtig, aber in Hafnarfjörður ist vieles gratis, darunter ein Museum (8a) mit einer Sammlung antiker Spielzeuge. Hafnarfjörður ist für seine Bevölkerung von Elfen und Zwergen berühmt (im Ernst). Man kann sie und anderes Volk im Hellisgerði Lava Park *(8b) besuchen elfgarden.is; Elf Garden; Sommer Di–So 13–17 Uhr; gratis),* durch

© Keren Su; Matthew Micah Wright | Getty Images, © Stefan Thaler; Brian Greenberg | 500px

INSIDER-TIPPS

Einen guten Blick über die vielfarbigen Dächer der Stadt hat man vom Kirchturm der Hallgrímskirkja, (800 Ikr). Isländische Spezialitäten wie Fleischsuppe, Hummer oder Fisch bekommt man an den vielen fahrbaren Imbissständen. Mit dem Essen kann man sich dann in den Skulpturengarten des Einar-Jónsson-Museums (S. 153; *gratis*) zurück. Ich fahre gerne an der Küste Fahrrad und besuche die Strände mit dem schwarzen Sand, die Leuchttürme, und die heißen Quellen. Entgehen lassen sollte man sich auch nicht die isländische Eiskrem (wir essen sie das ganze Jahr über) und die Badeanstalten mit entspannenden, heißen Pools (*Eintritt um 650 Ikr*), die es in der ganzen Stadt gibt. – Brynja Ingólfsdóttir, Stadtplanerin

© Arctic-Images | Getty Images

den es auch Führungen gibt *(alfar.is; Sommer Di und Fr 14.30 Uhr; 4500 Ikr).*

09 Geothermaler Strand Nauthólsvík

Island ist nicht unbedingt als Badeland bekannt, aber die Isländer gehen erstaunlich gerne im Freien schwimmen. Es gibt mehrere geothermisch beheizte Schwimmbäder in Reykjavík, aber dieses ist am ausgefallensten. Am manchmal schneebedeckten Strand gibt es eine mit Erdwärme auf Temperatur gebrachte Lagune (15°C bis 19°C) und heiße Pools (30°C bis 39°C) sowie Duschen und Umkleidekabinen. *nautholsvik.is; Mitte Mai–Mitte Aug tgl. 10–19, Mitte Aug–Mitte Mai Mo–Fr 11–13, Sa und So 11–15 Uhr.*

10 Perlan

Das Warmwasserreservoir der Stadt steht auf dem bewaldeten Öskjuhlíð hoch über Reykjavík und bringt das Raumfahrtzeitalter nach Island. Auf den vier riesigen Wassertanks dreht sich sanft eine große Glaskuppel wie der Kopf des Roboters R2D2. Innen findet man das **Saga Museum** *(sagamuseum.is; 10–18 Uhr; 2000 Ikr)* und das (recht teure) **Perlan-Restaurant** *(perlan.is; ab 10 Uhr)* – aber die Aussichtsplattform ist kostenfrei und die Ausblicke sind grandios.

11 Stadtführung

Die Citywalks in Reykjavík sind verglichen mit anderen „kostenlosen" Stadtführungen besonders unterhaltend. Der Historiker Marteinn stammt aus der Stadt, neben seiner einfachen Führung (*Bezahlung nach Belieben*) veranstaltet er auch einen Kneipenbummel (22–1 Uhr; 1000 Ikr), dessen Kosten man durch verbilligte Getränke wieder hereinbekommt. Bei „Walk the Crash" (2500 Ikr) erklärt ein Wirtschaftshistoriker

die Hintergründe des isländischen Zuammenbruchs im Jahr 2008. *citywalk.is.*

12 Menningarnótt

Im August lässt sich Reykjavík alljährlich gehen und feiert Menningarnótt, die Nacht der Kultur, die sich inzwischen zum größten Fest Islands entwickelt hat. Die meisten Museen und Galerien bieten freien Eintritt, kleine Stände und Bars schießen aus dem Boden, und in der ganzen Stadt gibt es Konzerte, Tanzpartys, Performances und Wettbewerbe. Der Tag endet mit einem Feuerwerk, und viele Hauptstädter laden zu Waffeln und Getränken in ihre Häuser. *menningarnott.is; Aug; gratis.*

EUROPAS BESTE TOUREN MIT ÖFFENTLICHEN VERKEHRSMITTELN

Wer Straßenbahnen, Busse und Boote nutzt, bekommt viel authentischere (und preisgünstigere) Einblicke als mit teuren Touren.

STRASSENBAHNLINIE 28E – LISSABON, PORTUGAL

Auf urigste Art erkundet man das steile, dicht bebaute Alfama-Viertel von Lissabon mit der klappernden, gelben Straßenbahnlinie 28. Die Remodelado-Wagen wurden in den 1930ern entworfen. Es kann voll werden – früher Fahrtantritt ist ratsam. *Einzelfahrt 2,85 €, Tageskarte 6 €.*

STRASSENBAHNLINIE 2 – BUDAPEST, UNGARN

Die Fahrt entlang der Donau ermöglicht einen Blick auf den Burgpalast, das Holocaust-Mahnmal „Schuhe am Donauufer" und das grandiose Parlamentsgebäude. *Einzelfahrt 350 Ft Tageskarte 1650 Ft.*

BOSPORUSFÄHRE – ISTANBUL, TÜRKEI

Eine Fahrt von Europa nach Asien für wenige Euro? Genau das ermöglichen die Bosporusfähren, die beide Seiten der Interkontinentalstadt Istanbul verbinden. Bei Sonnenuntergang sieht man die minarettverzierte Skyline als Schattenriss. *Einzelfahrt 4 TL.*

BATEAU BUS – MONTE CARLO, MONACO

Mit Monte Carlos elektrisch betriebenen Fähren genießt man etwas vom Glamour des Hafengetümmels. Es handelt sich zwar nicht um millionenschwere Yachten, aber man hat denselben Ausblick und noch Geld für das Casino übrig. *Einzelfahrt 2 €.*

KUSTTRAM – BELGIEN

Die „Küstentram" verkehrt zwischen De Panne und Knokke-Heist (68 km) und verbindet 68 Stationen an der belgischen Nordseeküste – viel Küste für wenig Geld. *Einzelfahrt 3 €, Tageskarte 5 €, Wochenkarte 20 €.*

TRANSPORT CARD – GENF, SCHWEIZ

Das schöne und ganz schön teure Genf lässt Minderbemittelte schlucken. Aber die Stadt macht ein Angebot: Wer über Nacht bleibt, erhält die Geneva Transport Card kostenfrei, die für alle öffentlichen Verkehrsmittel gilt; *gratis.*

MERSEY FERRY – LIVERPOOL, ENGLAND

Europas ältester Fährdienst wurde schon in den 1960ern besungen. Von Seacombe nach Pier Head dauert es 10 Minuten, dann rücken die Türme des Royal Liver Building näher und näher. *Mo–Fr 7.20–9.40, 17–18.40 Uhr; Einzelfahrt 2,50 £, Hin- und Rückfahrt 3 £.*

BUSLINIE 11 – LONDON, ENGLAND

Auf Tuchfühlung mit den Einheimischen deren Blick auf die Metropole teilen: Die Linie 11 fährt von Fulham zur Liverpool Street Station, vorbei an Chelsea, den Houses of Parliament, dem Trafalgar Square, der St. Paul's Cathedral und der Bank of England. *Einzelfahrt 1,50 £, Tageskarte 5 £.*

VAPORETTO – VENEDIG, ITALIEN

Kein Gondoliere singt, aber die Fahrt mit dem öffentlichen *vaporetto* (Wasserbus) statt eines privaten Kahns spart viel Geld – und man blickt immer noch vom Wasser aus auf die Stadt. *Einzelfahrt 7,50 €, Tageskarte 20 €.*

Illustration | Owen Gatley

KUNST & KULTUR · MUSIK & FILM · SPORT & FREIZEIT · ESSEN & TRINKEN · FESTIVALS & EVENTS

ROM

Für eine europäische Hauptstadt ist Rom vergleichsweise günstig. Alle paar Schritte gibt es antike Stätten ohne Eintritt (fast alle zu Fuß erreichbar), und man kann auch jeden Abend ein Stück Pizza für 3 € essen. Museen kosten Eintritt, aber schon in einem könnte man einen ganzen Tag zubringen.

01 Lateranbasilika Der Petersdom ist berühmter, dabei ist die Lateranbasilika ebenso beeindruckend wie historisch bedeutsam. Die im 4. Jahrhundert erbaute Kathedrale überstand die Westgoten, die Vandalen, ein Erdbeben im Mittelalter sowie verschiedene Feuer. Die Türen aus massiver Bronze sind diejenigen des römischen Senatsgebäudes aus dem 2. Jahrhundert. *Piazza di San Giovanni in Laterano 4; 7–19, Winter 7–18 Uhr; gratis.*

02 Erster Sonntag im Monat Am ersten Sonntag im Monat freien Eintritt bieten: das **Kolosseum** (2a; www.romancolosseum.org; Piazza del Colosseo; 8.30 Uhr bis 1 Std. vor Sonnenuntergang), der **Palatin** (2b; Via di San Gregorio 30 und Via Sacra; 8.30 Uhr bis 1 Std. vor Sonnenuntergang) und das **Forum Romanum** (2c; Largo della Salara Vecchia und Via Sacra; 8.30 Uhr bis 1 Std. vor Sonnenuntergang). Einen guten Platz in der Schlange erwischt nur, wer schon um 8 Uhr erscheint.

© Justin Foulkes | Lonely Planet Images

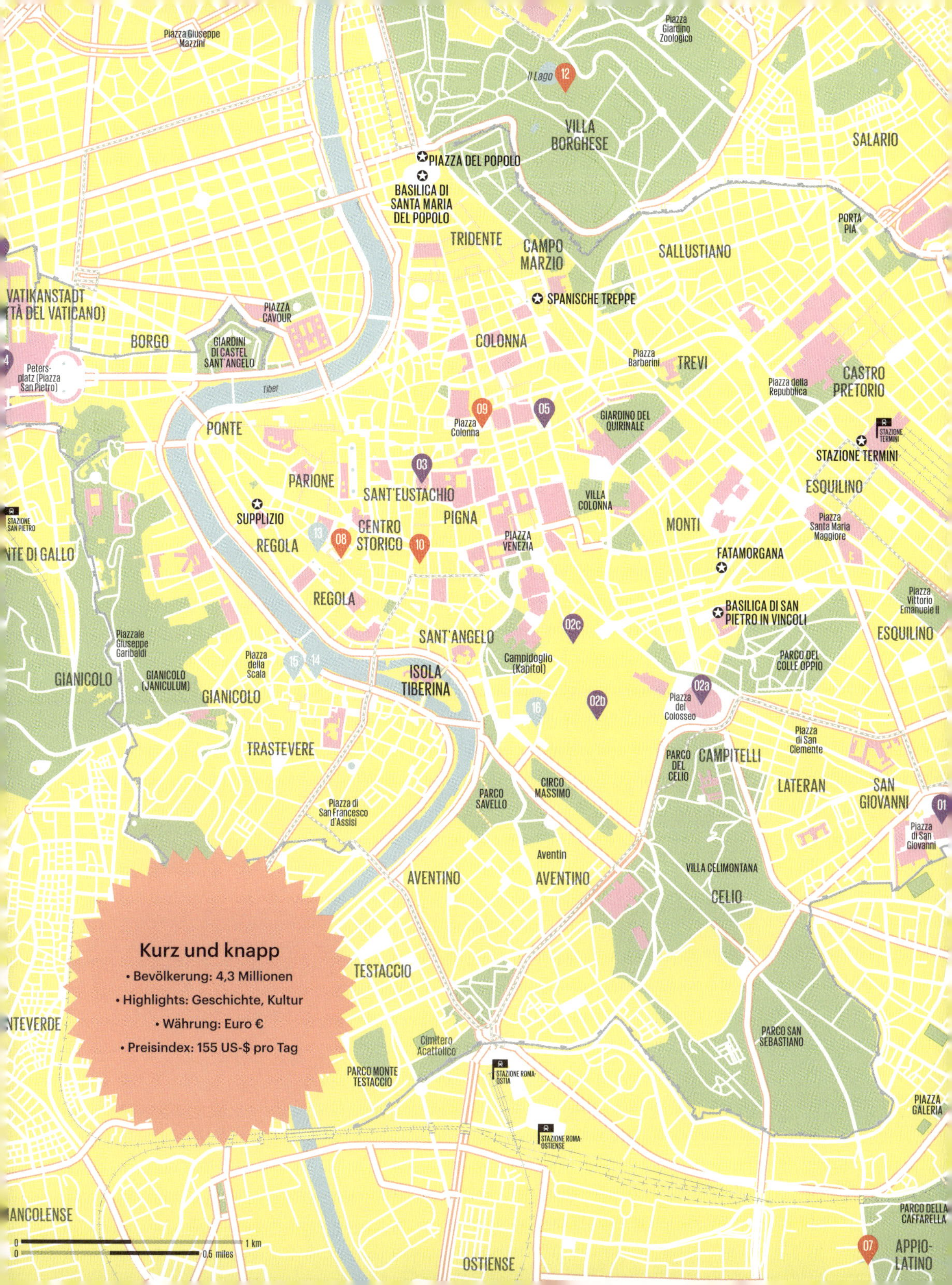

Kurz und knapp

- Bevölkerung: 4,3 Millionen
- Highlights: Geschichte, Kultur
- Währung: Euro €
- Preisindex: 155 US-$ pro Tag

03 Pantheon

Der erste Tempel an dieser Stelle wurde um 29 v. Chr. errichtet, das heutige Gebäude um 202 n. Chr. Im Mittelalter diente der große Rundbau als christliche Kirche. Die nicht bewehrte Betonkuppel ist noch immer die größte ihrer Art. Zu beobachten, wie der Marmor das Sonnenlicht reflektiert, das durch das Opaion einströmt, ist ein nahezu mystisches Erlebnis. *www.turismoroma.it/cosa-fare/pantheon; Piazza della Rotonda; Mo–Sa 9–19.30, So 9–18 Uhr; gratis.*

04 Petersdom

Bramante, Bernini, Michelangelo – die Liste der Künstler, Architekten und Bildhauer, die diese Basilika mit ihrer Kunst verschönerten, ist lang und klangvoll. Das Warten auf den Einlass dauert so lange wie eine normale Oper, doch das ist vergessen, sobald man ins Innere gelangt und sieht, wie das Licht aus der vergoldeten Kuppel den Papstaltar umspielt. *Piazza San Pietro, Vatikanstadt; Sommer 7–19, Winter 7–18 Uhr; gratis.*

05 Trevi-Brunnen

Beim Trevi-Brunnen trifft man zwar viele Touristen, aber das sollte einen nicht vom Besuch abhalten. Der schöne Barockbrunnen stammt aus dem Jahr 1762 und war einst der Endpunkt eines Aquädukts aus der Römerzeit. Der Legende nach kehrt nach Rom zurück, wer mit der rechten Hand eine Münze über die linke Schulter in das Becken wirft. *Piazza di Trevi; 24 Std.; eine Münze.*

06 Vatikanische Museen und Sixtinische Kapelle

Diese Ziele stehen wohl auf jeder Rom-Liste. Wem Zeit und Nerven wichtiger sind als Geld, der sollte sie nicht an einem freien Sonntag besuchen. Falls doch, ist

© Justin Foulkes | Lonely Planet Images

INSIDER-TIPPS

„Leckere römische Snacks sind *suppli* (frittierte Reiskroketten) von Supplizio (Via dei Banchi Vecchi 143; Mo-Sa 12–16 und Mo–Do 17.30–22, Fr–Sa 17.30–23 Uhr; *suppli* 3–5 €) oder *gelati* von Fatamorgana (www.gelateria-fatamorgana.it; Sommer 12–24, Winter 12–22.30 Uhr; ab 2 €). Jede Kirche bietet gratis Kunst, wie die Chiesa di Santa Maria del Popolo (Piazza del Popolo; Mo-Do 7.15–12.30 und 16–19, Fr–Sa 7.30–19, So und Feiertage 7.30–13.30 und 16.30–19.30 Uhr; gratis) und die Basilica di San Pietro in Vincoli (Piazza di San Pietro in Vincoli 4a; 8–12.30 und Sommer 15–19 Uhr, Winter 15–18 Uhr; gratis)."
— Linda Martinez, Eigentümerin The Beehive Ho(s)tel

© Justin Foulkes | Lonely Planet Images

frühes Erscheinen ratsam (gegen 7.30 Uhr), sonst drohen zwei bis drei Stunden Wartezeit. *vatican.va; Viale Vaticano ; Mo–Sa 9–18 Uhr, letzter Einlass 16 Uhr; gratis letzter So im Monat 9–14, letzter Einlass 12.30 Uhr*

07 Via Appia

Schon mal auf einer Autobahn gefahren? Der Dank gebührt Rom und der Via Appia. Die weltweit ersten Hauptstraßen wurden 312 v. Chr. für den Transport von Soldaten und Nachschub gebaut. Heute ziehen dort Einheimische und Touristen unter Bäumen entlang. Man sollte viel Zeit einplanen: Der Weg führt an Dutzenden antiker Stätten vorbei, darunter auch Katakomben (geringer Eintritt). *Via Appia Antica; 24 Std.; gratis.*

08 Campo de' Fiori

Mit einem abendlichen *gelato* kann man gut zum Campo de' Fiori schlendern und dort zu Füßen des Giordano-Bruno-Denkmals über den Wandel Roms und der Welt nachsinnen. Vor 400 Jahren wurde dort der Philosoph von der katholischen Kirche wegen Häresie bei lebendigem Leib öffentlich verbrannt. Längst bestimmen Touristen und Blumen das Bild auf dem mittelalterlichen Platz ein entzückender Anblick. *24 Std., gratis.*

09 Mark-Aurel-Säule

Ein schönes Ziel für die *passeggiata* (Abendbummel) ist die Mark-Aurel-Säule. Das 1800 Jahre alte Siegerdenkmal aus Carrara-Marmor wurde zu Ehren des früheren römischen Kaisers und stoischen Philosophen errichtet. Angebracht wäre auch ein stummer Gruß in Richtung des Palazzo Chigi auf dem Hauptplatz, denn dies ist der offizielle Wohnsitz des italienischen Premierministers. *Piazza Colonna; 24 Std.; gratis.*

10 Largo di Torre Argentina

Katzenliebhaber? Im Jahr 44 v. Chr. wurde hier Julius Cäsar ermordet. Der tiefer liegende Platz ist für Menschen gesperrt, aber zwischen den Ruinen gibt es ein Gratiskätzchen für jede(n): Eine Katzenzuflucht betreut die auf dem Gelände heimische Armee an Streunern. Wer Flöhe nicht fürchtet, kann sie besuchen. *Via di Torre Argentina; Ruine 24 Std., Katzenzuflucht 12–18 Uhr; gratis.*

11 *Passeggiata* wie die Einheimischen

Nichts ist romtypischer als die *passeggiata* (Abendbummel). Also heraus mit Gucci-Tasche und Prada-Schuhen und munter die schicke Via del Corso bis hinunter zur Piazza del Popolo (Platz des Volkes) entlangflaniert – wahlweise untergehakt oder mit dem Daumen am Smartphone. Dazu empfehlen wir eine doppelte Portion *gelato* in den Modesorten *nocciola* (Haselnuss) und *riso* (Reis). *Überall in der Stadt; am frühen Abend; gratis.*

12 **Gärten der Villa Borghese**
Nach dem Blick von der Spanischen Treppe kann man dem Gedränge vor dem Kunstmuseum in der Galleria Borghese entfliehen und in die gepflegten Gärten der Villa Borghese gehen. Dort locken Picknickstellen oder eine Bootsfahrt auf dem See, vorbei an einem neoklassizistischen Tempel. *Eingänge: Piazzale San Paolo del Brasile, Piazzale Flaminio, Via Pinciana, Via Raimondo und Largo Pablo Picasso; ganztägig; gratis.*

13 **Bäckerei Forno Campo de' Fiori**
Während man die Blumen am Campo de' Fiori bewundert und an all die Rom-Filme denkt, lässt sich gut ein Stück Pizza oder ein ofenheißes *panino* von Forno Campo de' Fiori knabbern. Seit 1819 ist die Bäckerei mit angeschlossenem Pizzaofen ein heißer Tipp für einen günstigen Snack. *www.fornocampodefiori.com; Vicolo del Gallo, 14; Mo–Sa 7.30–14.30 und 16.45–20 Uhr (außer Sa nachmittag in Juli und Aug); Pizzastücke ab 3 €.*

14 **Bar Freni e Frizioni**
Das elegante wie lässige Freni e Frizioni ist eine „Wunder-Bar" im Herzen des sogar noch hipperen Trastevere. Die ehemalige Werkstatt (daher der Name „Bremsen und Kupplungen") zieht junge Nachtschwärmer an, die ein paar warme Abendstunden lang an der *piazza* mit Freunden Cocktails (7 €) nippen und *aperitivos* (6–10 €, 19–22 Uhr) essen. *www.freniefrizioni.com; Via del Politeama 4–6; täglich 18.30–2 Uhr.*

15 **Restaurant La Renella**
In Trastevere kann man sich gut die Beine vertreten und ein charmantes römisches Viertel mit alten Häusern, gepflasterten Straßen (und besonders angesagtem Nachtleben) erkunden. Im Vergleich zu den Mahlzeiten in anderen Restaurants (Komplettpreis etwa 25 €), bietet La Renella Häppchen als Schnäppchen – und ist fast rund um die Uhr geöffnet. *Via del Moro 15–16; Di–Sa 7–2, So–Mo 7–22 Uhr; Pizzastücke ab 2,50 €.*

12

BILLIGER ÖPNV

Am besten erkundet man die Stadt mit öffentlichen Verkehrsmitteln und nutzt den Roma Card *(gilt für alle Busse, Straßen- und U-Bahnen, außer für Fahrten zu den Flughäfen; 48/72 Std. 28/36 €)*. Die Buslinie 40 fährt von Stazione Termini (Piazza dei Cinquecento) an Torre di Largo und Piazza Venezia vorbei zum Vatikan. Zwischen der Spanischen Treppe und den Gärten der Villa Borghese (S. 162) verkehrt die Minibuslinie 117. Fahrscheine kauft (und entwertet) man vor Fahrtantritt, und zwar bei *tabacchi* (Kiosken) und Automaten an großen Bushaltestellen und U-Bahn-Stationen.

ROM

© Justin Foulkes | Lonely Planet Images

SATT GESPART

Das Abendessen ist in römischen Restaurants tendenziell teuer, beginnt erst nach 20 Uhr und dauert geraume Zeit. Da ist es vielleicht besser (und billiger), die Hauptmahlzeit auf den Mittag zu legen, wenn es eh zu heiß zum Herumlaufen ist und einige Sehenswürdigkeiten geschlossen sind. Auch das Verdauen der kohlehydrathaltigen Speisen braucht seine Zeit. Abends reicht dann ein Stück Pizza an einer *piazza* und ein *gelato* als Dessert. Oder man besucht eine Bar mit Happy Hour, die oft auch ein Buffet oder kleine Gerichte anbietet.

© Justin Foulkes | Lonely Planet Images, © Lorenzo Montanari | 500px

16 Mercato di Campagna Amica del Circo Massimo

Wer den Campo de' Fiori zu touristisch findet, kann in dieser Markthalle mit Bauern plaudern und regionales Olivenöl oder Honig probieren. Man kann sich auch einen Imbiss zusammenstellen und es in den nahe gelegenen Circus Maximus mitnehmen, der heute ein angenehmer Park ist. *www.mercatocircomassimo.it; Via di San Teodoro 74; Sa 9–16 Uhr, So 9–16 Uhr, Aug geschl. ; gratis.*

17 Estate Romana

Viele Römer verlassen die Stadt im Juli und August. Wer aber bleibt oder anreist, wird mit der Veranstaltungsreihe „Estate Romana" belohnt. Ganz Rom steht dann im Zeichen von Kunst und Kultur: Es gibt Freiluftkino, Musikveranstaltungen, Street Art, Konzerte und vieles mehr. *estateromana.comune.roma.it; aktuelle Ankündigungen auf der website und bei Facebook, Twitter und Instagram; Juni–Sept; viele Veranstaltungen gratis.*

04

08

ROM

KUNST & KULTUR · MUSIK & FILM · SPORT & FREIZEIT · ESSEN & TRINKEN · FESTIVALS & EVENTS

STOCKHOLM

Stockholm ist das Stilhauptquartier! Hier sieht alles aus wie aus dem Designmusterbuch. Kaum verwunderlich, dass es schwer sein kann, günstige Angebote zu finden. Es gibt sie aber, zum Teil sogar bei den Dingen, die als typisch für die Stadt gelten.

01 Medeltidsmuseet

Das Mittelaltermuseum unter der ältesten Steinbrücke der Stadt wirkt fast wie eine versteckte Festung. Hier sollte ein Parkplatz entstehen, aber bei den Ausschachtungen stieß man auf Teile der Stadtmauer aus dem 16. Jahrhundert und einen Tunnel zum Palast – heute der Kern einer gut arrangierten Multimedia-Ausstellung. *medeltidsmuseet.stockholm.se ; Strömparterren 3; Di und Do–So 12–17, Mi 12–20 Uhr; gratis.*

02 Riksdagshuset

Bei einer Führung durch das schwedische Parlamentsgebäude kann man viel über konsensorientierte Politik lernen. Schweden wird von 349 Volksvertretern gelenkt, die Führer erklären, wie das Regierungssystem entstand und wie es funktioniert – interessanter und unterhaltsamer, als man vermuten mag. *riksdagen.se; Riksgatan 3; einstündige englische Führungen später Juni–Aug Mo–Fr 12, 13, 14, 15 Uhr, Mitte Sept–später Juni Sa–So 13.30; gratis.*

03 Djurgården

Djurgården, eine der 14 Inseln, auf denen die Stadt liegt, war ursprünglich ein königliches Jagdrevier. Heute findet man vor allem ruhige Parks und Wege. Das hüglige, waldige Refugium ist nur durch eine Fußgängerbrücke von der Innenstadt getrennt, also ideal für ein Picknick oder einen Spaziergang. Bei warmem Wetter kann man an den Sandstränden baden. *visitdjurgarden.se/sv/nationalstadsparken; Djurgårdsbron; 24 Std.; gratis.*

© Duci86 | 500px

MITTAGS-PAUSE

Ein Abendessen in guten Stockholmer Restaurants kann immens teuer werden. Die meisten bieten aber ein Mittagsangebot zu festen (und bezahlbaren) Preisen. Man kann also auch mit geringem Budget das beste Essen der Stadt genießen – wenn man sich mittags an den Tisch setzt. Achten Sie auf die Bezeichnung *dagens lunch*. Meist wird es von Montag bis Freitag angeboten und schließt einen Salat, Brot und Kaffee ein, sodass man sich preiswert an Spezialitäten satt essen kann.

04 Södermalm

Die Ausblicke, die man von Södermalm über Stockholm hat, sind kaum zu übertreffen. Man steigt die Holztreppe südlich der Schleuse Slussen hinauf, geht bis zum Freiluftaufzug Katarinahissen und dann die schmale Gasse Maria Trappgränd östlich von Slussen bis zum 500 Meter langen Monteliusvägen mit seinen kleinen Häuschen. *Slussen T-bana station; 24 Std.; gratis.*

05 Wachwechsel am Palast

Falls man zur Mittagszeit in der Altstadt ist, hört man die Trommeln und die Marschmusik, die den Wechsel der Palastwache begleiten. Ein Umweg um zuzuschauen lohnt sich: Die Choreografie ist ausgefeilt, die Befehle werden laut gebellt. Im Sommer findet vor der Zeremonie meist noch eine Parade statt. *stockholmgamlastan.se/lang_en/se_gora/hogvakten.php; Außenhof des Königlichen Palasts; Sommer Mo–Sa 12.15, So 13.15 Uhr, Sept–Apr nur Mi, Sa, So; gratis.*

06 Smaka på Stockholm

Die kulinarische Szene Stockholms hat einen guten Ruf. Allerdings kann das Essen in den Restaurants schnell sehr teuer werden. Anstatt sich bei einem einzigen Essen zu verausgaben, kann man auch Kostproben aus den besten Küchen (und Weingärten, Destillerien und Brauereien) des Landes nehmen, wenn man sich zu diesem jährlichen Festival im Kungsträdgården-Park einfindet. *smakapastockholm.se; erste Juniwoche; 11 Uhr bis spätabends; gratis.*

Kurz und knapp

- **Bevölkerung: 1,5 million**
- **Highlights: Foodies and fashionistas**
- **Währung: Schwedische Krone Skr or SEK**
- **Preisindex: US-$ 260 pro Tag**

KUNST & KULTUR | MUSIK & FILM | SPORT & FREIZEIT | ESSEN & TRINKEN | FESTIVALS & EVENTS

VENEDIG

Fünfsternehotels, Fünf-Gang-Menüs und samtausgekleidete Gondeln – Venedig ist das Tummelfeld von Europas Elite. Doch kundige Reisende wissen, dass vieles Schöne umsonst ist: Der Markusdom ist gratis, Karneval in den Straßen am schönsten, und das Spiegelbild der Paläste im Canal Grande ist zauberhaft.

01 Markusdom

Venedigs byzantinische Basilika umhüllt die Gebeine des Evangelisten Markus mit Goldmosaiken und ist die perfekte Selbstinszenierung der Stadt. Die Fertigstellung dauerte 800 Jahre. Alles darf man gratis bewundern, doch wer vorab bucht (2 €), umgeht die Schlange. Es gibt auch Gratisführungen (Apr–Okt, Mo–Sa 11 Uhr). *www.basilicasanmarco.it; Piazza San Marco; Mo–Sa 9.45–16.45, Ostern–Nov 14–17, Nov–Ostern 14–16 Uhr; gratis.*

02 Architek-Tour auf eigene Faust

Venedig ist voller Museen, das schönste aber ist die Stadt selbst: ein architektonisches Meisterwerk von Palästen aus Marmor, aus deren Stilvielfalt sich ab dem 7. Jahrhundert das typische Flair der Stadt entwickelte. Die *vaporetto*-Linie 1 (alle 10 Minuten, Fahrpreis 7 €) fährt den Canal Grande hinab bis nach San Marco und zum Lido – im Zickzackkurs durch die Stadtgeschichte.

03 Isola di San Michele

San Michele, die Toteninsel von Venedig, ist von einer hohen Mauer umschlossen und wird von Zypressen und der älteste Renaissancekirche Venedigs überragt. Ezra Pound, Sergei Djagilew und Igor Strawinsky Djagilew liegen dort. Musikliebhaber wie Architekturfans erweisen ihnen die Ehre und bewundern

© Matt Munro | Lonely Planet Images

Kurz und knapp

- Bevölkerung: 425 000
- Highlights: Kunst und Architektur
- Währung: Euro €
- Preisindex: 240 US-$ pro Tag

die moderne Erweiterung und das basaltverkleidete Totenhaus nach Plänen von David Chipperfield. *Apr–Sept 7.30–18, Okt–März 7.30–16 Uhr; gratis.*

04 Lido-Strände

Jahrhundertelang diente der Lido der Lagunenstadt als Bollwerk, im 19. Jahrhundert wurde er dann zum Inbegriff des Badeorts. Über viele Jahre zog er den *bel mondo* an, und jeden September treffen sich dort noch die Promis zum Filmfestival. Normale Sterbliche nutzen die drei öffentlichen Lido-Strände: **Spiaggia Comunale** (4a), **San Nicolò** (4b) und **Alberoni** (4c). *24 Std.; gratis.*

05 Günstige Happy Hours

Touristen beklagen die hohen Preise für gutes Essen, aber die Einwohner wissen Rat: Sie bevorzugen *un'ombra* (einen „Schatten" – ein kleines Glas Wein) ab 0,60 € bei der **Bacereto Da Lele** (5a; Santa Croce 183; Mo–Fr 6–14, 16–20 Uhr; Sa 6–14 Uhr) und der **Cantina Aziende Agricole** (5b; Rio Tera Farsetti; Mo–Sa 9–1 3.30 und 17–22 Uhr) und gönnen sich dazu *cicheti* (venezianische *tapas*, 1–4 €/Stk.).

06 Mercato di Rialto

Der Markt von Rialto und die *Pescaria* (Fischmarkt) sind seit mehr als 700 Jahren Handelsplatz und Teil von Venedigs lebendiger Geschichte. Nachhaltige Fischerei ist hier nichts Neues: Marmortafeln belegen, dass schon vor Jahrhunderten für Fische aus der Lagune Mindestgrößen galten. Wer hier den Blick für Fänge aus der Lagune schärft, kann später auf den Speisekarten besser Ortstypisches auswählen. *Rialto-Mercato, Di–So 7–14 Uhr, gratis.*

BIENNALE

Europas wichtigste Kunstschau findet seit 1907 statt. Die Biennale legt dabei den Schwerpunkt abwechselnd auf Kunst (ungeradzahlige Jahre, Sommer) und Architektur (geradzahlige Jahre, Herbst). Die zeitgenössischen Kunstwerke in den 30 nationalen Pavillons der Parkanlage Giardini und die Architekturinstallationen in den Gebäuden des Arsenale locken 300 000 Besucher an. Der Eintritt zu der Hauptveranstaltung ist teuer (30 €), ringsherum sprießen aber Gratisveranstaltungen, die verborgene Winkel erschließen, zu denen man sonst keinen Zutritt hat. Zuletzt gab es mehr als 90 verschiedene Veranstaltungen. *www.labiennale.org; gratis.*

Kurz und knapp

- Bevölkerung: 1,8 Millionen
- Highlights: Klassische Musik und Kaffeehauskultur
- Währung: Euro €
- Preisindex: 150 US-$ pro Tag

WIEN

Wien mit all seinem Pomp und seiner Grandezza mag nicht wie eine Stadt wirken, die sich auch mit wenig Geld genießen lässt. Doch gräbt man nur ein wenig tiefer, findet man Konzerte, tolle Gärten und eine historische Kaffeehauskultur, die man für kleine Münze erleben kann.

KUNST & KULTUR · MUSIK & FILM · SPORT & FREIZEIT · ESSEN & TRINKEN · FESTIVALS & EVENTS

01 Hofburg
Die Palastanlage der Hofburg, einst Heim der Habsburger, ist *das* Symbol für die frühere Macht des österreichischen Kaiserreichs. Man sieht überwältigende Gebäude, verschiedene Museen, schöne Höfe und Kaiserappartements und fragt sich unweigerlich, wie es sich hier wohl dereinst lebte. Das Herumschlendern ist kostenlos, aber für den Blick in die Gebäude wird Eintrittsgeld verlangt. *www.hofburg-wien.at; Michaelerkuppel; 24 Std.; gratis.*

02 Wiener Zentralfriedhof
Der Aufenthalt auf einem Friedhof klingt vielleicht nicht nach dem größten Urlaubsvergnügen, aber der Zentralfriedhof ist faszinierend. Er erstreckt sich über 2,4 Quadratkilometer und ist mit etwa drei Millionen Gräbern einer der größten Friedhöfe Europas. Zu den berühmten Bestatteten gehören unter anderem Beethoven, Brahms und Schubert. *Simmeringer Hauptstraße 232-244; Fr–Mi 7–19, Do 7–20 Uhr; gratis.*

03 Wiener Staatsoper
Man muss kein Vermögen ausgeben, um einer Opernaufführung in der Wiener Staatsoper beizuwohnen. Wer bereit ist, vorher anderthalb Stunden anzustehen, sich mit einem Stehplatz zufriedengibt (besser für den Kreislauf!) und eine eingeschränkte Sicht in Kauf nimmt (Hören ist wichtiger als Sehen!), bekommt eine Weltklassedarbietung zum Schnäppchenpreis. *www.wiener-staats-oper.at; Opernring 2; Stehplatzkarten ab 4 €, Stehplatzkasse Operngasse.*

04 Sommer auf dem Rathausplatz
Wer die besten Kultur-Highlights gratis genießen möchte, kommt im Sommer und begibt sich direkt zum Rathausplatz. Viele kostenlose Veranstaltungen locken an milden Abenden Menschen an: von Klassik-konzerten und Opernaufführungen bis zu DJs. Am wichtigsten aber ist deren „Mutter", das unglaublich beliebte Musikfilm-Festival (*filmfestival-rathausplatz.at*), das dort im Juli und August stattfindet; *gratis.*

05 Donauinsel
Die in den 1970er-Jahren angelegte Donauinsel ist der Wasserspielplatz der Stadt. Im Sommer bietet sie viele Möglichkeiten zur Abkühlung: schwimmen, Boot fahren ... oder sich nackt machen. Teile der Insel sind als FKK-Bereiche ausgewiesen. Wer lieber bekleidet bleibt, kann sich auch auf den Inliner- und Fahrradwegen vergnügen, die um die 21,5 Kilometer lange Insel herumführen. *www.wien.gv.at; Donauinsel; 24 Std.; gratis.*

LECKER & GÜNSTIG

Wien bietet Gaumenfreuden für jeden Geldbeutel. Imbisse und Märkte finden sich überall, und der beste Ort für eine „Wechselgeld"-Mahlzeit ist der allgegenwärtige *Würstelstand*. Als Einlage für das Brötchen wählt man zunächst aus dem Angebot hochwertiger Würste (wie die würzige *Debrecziner* oder die klassische *Bratwurst*) und ergänzt diese noch mit Garnituren: süßem oder scharfem Senf oder auch gebratenen Zwiebeln und Käse. Lecker!

© Helen Cathcart | Lonely Planet Images

06 Dorotheum
Nur weil man nicht genug Geld übrig hat, um ein Gebot für einen Monet oder eine Sammlung antiker Münzen abzugeben, muss man nicht ganz auf das Dorotheum verzichten. Es zählt zu den größten Auktionshäusern Europas und kann besichtigt werden. (Nicht bieten, nur von der Heimreise mit einem Schatz träumen ...) *www.dorotheum.com; Dorotheergasse 17; Mo–Fr 10–18 Uhr, Sa 9–17 Uhr; gratis.*

07 Wiener Prater
Wer seine Euros zusammenhält, spart sich natürlich die Adrenalin-Trips auf dem Rummel. Aber der Prater ist Wiens schönster Park, man sollte ihn also nicht ganz auslassen. Auf über 60 Quadratkilometer gibt es haufenweise Picknickplätze und perfekte Alleen zum Schlendern. Auch der Jahreszeitenwechsel ist zauberhaft: Blütenmeere im Frühling und überladene Kastanienbäume im Herbst. *www.prater.at; 1020 Wien; 24 Std.; gratis.*

08 Schlossgärten
Der Blick in die Wiener Paläste ist teuer, aber die Palastgärten lohnen auch einen Besuch. Wunderbare Ausblicke auf Wien bietet der französisch-strenge Garten von **Schloss Belvedere** (*8a; belvedere.at; Rennweg 6; ganztägig; gratis*). Im hervorragend gepflegten Barockgarten von **Schloss Schönbrunn** (*8b; schoenbrunn.at; Schönbrunner Schlossstraße 47; 6.30 Uhr bis Abenddämmerung; gratis*) führen Wege an Blumenrabatten, klassischen Hecken, römischen Ruinen und Brunnen vorbei.

09 Spaziergang auf der Ringstraße
Um Wiens Pracht zu erkunden, muss man kein Vermögen investieren: Bei einem Spaziergang entlang der

© Smrigo; Károly Meyer; Oliver Haller | 500px, © Greg Elms | Getty Images

WIEN-KARTE

Wer den Besuch zahlreicher Museen plant (quasi ein Muss), sollte direkt nach der Ankunft eine Wien-Karte (*wien.info/de/reiseinfos/wien-karte*) kaufen. Die Karte gilt für 48 oder 72 Stunden (*21,90 bzw. 24,90 €*), und man hat mit ihr bei vielen Sehenswürdigkeiten freien oder ermäßigten Eintritt. Außerdem berechtigt sie zur kostenlosen Nutzung der Wiener U-Bahnen, Trams und Busse. Erwerben kann man die Wien-Karte am Flughafen, bei der Touristeninformation und in den meisten Hotels.

Ringstraße entdeckt man atemberaubende Bauten und imposante Wahrzeichen. Der Boulevard umgibt die Innere Stadt und zeigt den architektonischen Reichtum Wiens: vom neoklassizistischen Parlament und der imposanten Staatsoper bis zur erhabenen Hofburg und dem kuppelgekrönten Kunsthistorischen Museum. *24 Std.; gratis.*

10 Kaffeehäuser

Wer knapp bei Kasse ist, kann in den Cafés aus wenig viel machen. Für den Preis einer Tasse Kaffee kann man so lange bleiben, wie man möchte, Zeitung lesen und die Welt betrachten. Die Wiener Kaffeehauskultur ist eine altehrwürdige Tradition, die an Opulenz den Torten gleichkommt. *Kaffee 3–5 €.*

11 Naschmarkt

Der fest installierte Lebensmittelmarkt geht bis auf das Ende des 16. Jahrhunderts zurück und umfasst mehr als 100 Stände, die sich über 500 Meter an der Linken Wienzeile entlangziehen. Es gibt Gewürze, Obst und Gemüse, orientalische Imbisse, Käse, Oliven, sämtliche Fleischsorten und Sauerkraut in Holzfässern – Geräusche, Anblicke und Düfte, an denen man sich weiden kann. *www.naschmarkt-vienna.com; Linke und Rechte Wienzeile; Mo–Fr 6–19.30 Uhr, Sa 6–17 Uhr; gratis.*

12 Mittagsmenü

In Wien kann Essengehen eine kostspielige Angelegenheit sein, doch zum Glück bieten viele Restaurants einen Ausweg: das *Mittagsmenü* – üblicherweise ein zweigängiges Menü, das man aus der Tageskarte wählt. Wer also mittags den größten Hunger stillt, kommt für nur 10 € zu einer Hauptmahlzeit. Abends kann man sich dann aus dem Angebot eines *Würstelstands* (S. 169) versorgen.

© Dan Tivadar | 500px, © Yadid Levy | Getty Images

NORD-AMERIKA

© Matt Munro, Mark Read | Lonely Planet Images

KUNST & KULTUR MUSIK & FILM SPORT & FREIZEIT ESSEN & TRINKEN FESTIVALS & EVENTS

AUSTIN

Austin ist keine verschlafene Collegestadt mehr, sondern hat sich zu einem Reiseziel eigenen Rechts gemausert. Aufgrund der höheren Besucherzahlen (und des Bevölkerungswachstums) sind die Preise gestiegen, aber es ist immer noch eine preiswerte Stadt.

01 Austin Art Garage

Diese unkonventionelle und sehr entspannte Galerie gehört zwei Künstlern aus Austin und zeigt sehr deutlich den Geist der Kunstszene in der Stadt: lebendig, eklektizistisch und wenig geneigt, sich zu ernst zu nehmen. Wenn man beim Stöbern etwas entdeckt, das einem gefällt, kann man es sich wahrscheinlich auch leisten. *austinartgarage.com; 2200 S Lamar; Di–Sa 11–18, So 12–17 Uhr; gratis.*

02 Elisabet Ney Museum

Diese Miniaturburg liegt versteckt in einem Wohnviertel. Das unprätentiöse Gebäude wurde 1892 für die Bildhauerin Elisabet Ney gebaut, von der einige der bemerkenswertesten Statuen ihrer Zeit stammten, die sich nicht nur hier, in ihrem ehemaligen Atelier, sondern auch in der Smithsonian Institution und im US-Capitol finden. *304 E 44th St.; Mi–So 12–17 Uhr; gratis.*

03 Texas State Capitol

Das unter Denkmalschutz stehende Gebäude aus rosa Granit ist das größte Capitol eines US-Staates und bildet den beeindruckenden Mittelpunkt des Stadtzentrums von Austin. Bei einer kostenlosen Führung lernt man einiges

© LMPphoto | Shutterstock

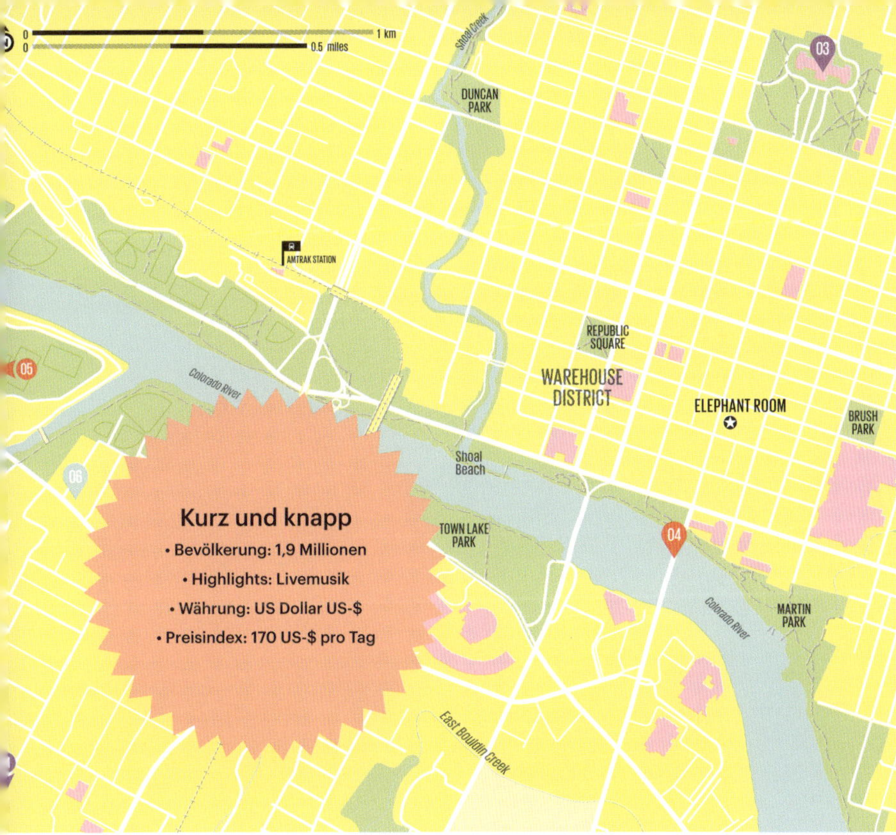

Kurz und knapp

- **Bevölkerung: 1,9 Millionen**
- **Highlights: Livemusik**
- **Währung: US Dollar US-$**
- **Preisindex: 170 US-$ pro Tag**

über Geschichte, Regierungsform und Architektur. Man kann aber auch die Rotunde auf eigene Faust besichtigen. *1100 Congress Ave.; Mo–Fr 7–22; Sa–So 9–20 Uhr; gratis.*

04 Auszug der Fledermäuse

In Austin gibt es die größte Kolonie der Mexikanische Bulldoggfledermaus in den USA (1,5 Millionen Tiere). Vom späten März bis Anfang November kann man sie in der Abenddämmerung dabei beobachten, wie sie unter der Congress Avenue Bridge herausfliegen und sich auf die Suche nach ihrem Abendessen machen. *Congress Avenue Bridge; Dämmerung; gratis.*

05 Zilker Metropolitan Park

Die Japanese Gardens lohnen einen Besuch, man kann sich aber auch beim Discgolf oder beim Schwimmen im Barton Springs Pool entspannen. Eintritt ist im Winter und am frühen Morgen kostenlos, aber an heißen Sommernachmittagen sind die meisten Besucher gerne bereit, die 4 US-$ Eintritt zu bezahlen. *2100 Barton Springs Rd.; Fr–Mi 5–22 Uhr; gratis, am Wochenende 5 US-$ Parkgebühr.*

06 Chuy's

Millionen Studenten können sich nicht irren: Preiswerter kann man den Appetit auf Texmex-Essen nicht stillen als mit der kostenlosen Nacho-Happy-Hour im Chuy's (*Mo–Fr 16–19 Uhr*). Es wird erwartet, dass man ein Bier oder einen Margarita bestellt, aber das tut man gerne. Das Ambiente ist immer noch so kitschig wie zur Gründung in den 1980er-Jahren. *chuys.com; 1728 Barton Springs Rd.; So–Do 11–22, Fr–Sa 11–23 Uhr; gratis.*

LIVEMUSIK

Austin ist wegen seiner Livemusik bekannt, und man bekommt fast jeden Abend etwas geboten. Das kann teuer werden, aber auch nichts kosten, je nachdem, wofür man sich entscheidet. Einen Besuch lohnt der Continental Club (*continentalclub.com; 1315 S Congress Ave.; bis 2 Uhr früh, unterschiedliche Eintrittspreise*) mit Gratiskonzerten während der Happy Hour. Der Elephant Room (*elephantroom.com; 315 Congress Ave.; bis 2 Uhr; So–Do gratis*) bietet Kellerjazz. Der Little Longhorn Saloon (*thelittlelonghornsaloon.com; 5434 Burnet Rd.; Di–So gratis*) ist die beliebteste Absacker-Bar in der Stadt.

Kurz und knapp

- Bevölkerung: 4,7 Millionen
- Highlights: Geschichte. Und Colleges. Und Colleges mit Geschichte
- Währung: US-Dollar US-$
- Preisindex: 250 US-$ pro Tag

BOSTON

Die Geschichte von Boston ist die Geschichte der USA. Und diese Geschichte ist durch nichts so sehr beeinflusst wie durch die Gelehrsamkeit der Stadt. Die Bildungsinstitutionen haben künstlerische und wissenschaftliche Impulse geliefert. Und die vielen Studenten sorgen für niedrige Bierpreise und kostenlose Unterhaltung.

KUNST & KULTUR | MUSIK & FILM | SPORT & FREIZEIT | ESSEN & TRINKEN | FESTIVALS & EVENTS

01 **Boston Public Library**
Die BPL ist nicht nur eine Bibliothek, sondern auch ein kleines Kunst- und Architekturmuseum mit Wandgemälden von John Singer Sargent und Pierre Puvis de Chavannes, Skulpturen von Augustus Saint-Gaudens und großartigen Bronzetüren von Daniel Chester French. Es gibt Führungen und für jene, die selbst forschen wollen, einen gedruckten Führer. *bpl.org; 700 Boylston St.; Mo–Do 9–21, Fr–Sa 9–17, So 13–17 Uhr; gratis.*

02 **Museumsnächte**
Die Galerien in Boston haben viel zu bieten. Wenn man aber ein armer Schlucker ist, lassen einen die Eintrittspreise trocken schlucken. Erfreulicherweise kann man an jeweils einem Abend in der Woche gratis sowohl ins Museum of Fine Arts als auch in das Institute for Contemporary Art. Im **MFA** (2a; *mfa.org; 465 Huntington Ave.; Mi 16–22 Uhr; gratis*) gibt es Impressionisten, im **ICA** (2b; *icaboston.org; 100 Northern Ave.; Do 17–21 Uhr; gratis*) Gegenwartskunst.

© Lou Jones | Getty Images

03 **Harvard University**
Seit der Gründung 1636 erweckt der Name „Harvard" Ehrfurcht – es ist die älteste und angesehenste Universität der USA. Ihr geschichtliches Herz schlägt im Harvard Yard, dessen rote Backsteingebäude und laubbedeckte Gehwege der Inbegriff amerikanischer Bildung sind. Es gibt Studentenführungen, bei denen man viel über die Geschichte, Architektur und anderes mehr erfährt. *harvard.edu/visitors; 1350 Massachusetts Ave.; Details auf der Internetseite; gratis.*

04 **SoWa Artists Guild**
Die aktuellste Kunstszene der Stadt findet man in SoWa (So-uth of Wa-shington St.). Man kann auf dem **SoWa Open Market** (4a; *newenglandopenmarkets.com; 460 Harrison Ave.; Mai–Okt 10–16 Uhr; gratis*) stöbern, dessen Stände Kunst und Kunsthandwerk bieten. Oder man wirft an einem der **SoWa First Fridays** (4b; *sowaboston.com; 450 Harrison Ave.; erster Fr im Monat 17–21 Uhr; gratis*) einen Blick hinter die Kulissen, wenn die Künstler ihre Ateliers für das Publikum öffnen.

05 **Berklee College of Music**
Wenn man etwas über modernen Jazz, Songwriting, elektronische oder Weltmusik erfahren möchte, dann ist man am innovativen Berklee College of Music am rechten Platz. In den Auditorien veranstalten die Studierenden und Lehrenden mit Gastkünstlern Konzerte mit mitreißenden Klängen. An die Absolventen sind schon mehr als 250 Grammys gegangen, sie müssen einfach gut sein. *berklee.edu/events; gratis.*

BOSTON

06 **Boston Symphony Orchestra**
Für jüngere Liebhaber der klassischen Musik hat das BSO ein besonderes Angebot: Gäste,die noch nicht 40 sind, bekommen Eintrittskarten zu 20 US-$ und können dann in prachtvoller Umgebung einem Weltklasse-ensemble lauschen. Für die *rush tickets* (9 US-$), die drei Stunden vor den Konzerten am Dienstag- und Donnerstagabend und Freitagnachmittag in den Verkauf gehen, gibt es keine Altersbeschränkung.
bso.org; 301 Massachusetts Ave.; unterschiedliche Preise.

07 **Charles River Esplanade**
Am Charles River Esplanade erfrischen die Brisen vom Fluss den Besucher, während er sich dem Freiluftkino (*Juli–Aug Fr bei Sonnenuntergang*) oder einem Orchesterkonzert (*bostonlandmarksorchestra.com; Juli–Aug Mi 19 Uhr*) widmet. Wenn man nicht still sitzen kann, lädt die Esplanade Association zum Zumba (*Jul–Sept Di 18 Uhr; gratis*) am Hatch Shell und zum Yoga (*Juli–Sept Mi 18 Uhr; gratis*) am Fiedler Field ein.
esplanadeassociation.org; gratis.

08 **Arnold Arboretum**
Die 107 Hektar des Arnold Arboretum sind mehr als eine städtische Oase, in die man sich vor dem Gedränge auf den Straßen flüchten kann, um zwischen den mehr als 15 000 exotischen Bäumen zu wandeln. Man kann dort auch etwas lernen, wenn man an den kostenlosen Führungen (*Mo, Do, Sa 10.30, So 13 Uhr*) oder den Vorträgen teilnimmt und die Kunstausstellungen besucht. *arboretum.harvard.edu; 125 Arborway, Jamaica Plain; Sonnenauf- bis -untergang; gratis.*

09 **Blue Hills Reservation**
Der Naturpark ist mehr als 28 Quadratkilometer groß und ein beliebtes Naherholungsziel der Bostoner. Er wird von 200 Kilometer Wanderwegen erschlossen, von denen mehrere auf den Great Blue Hill (194 Meter) führen, von dessen Gipfel man herrliche Aussichten auf die Skyline der Stadt hat. Da man schwimmen und

BOSTON

HISTORISCHER SPAZIERGANG

Der Kampf der Amerikaner um ihre Unabhängigkeit begann in Boston. Die beste Einführung in die Geschehnisse bietet der Freedom Trail (*thefreedomtrail.org, gratis*), ein 3,8 Kilometer langer Weg durch die Stadt, der an 16 historischen Stätten vorbeiführt und mit einer roten Linie markiert ist. Er beginnt am Boston Common und endet am Bunker Hill (Ort einer Entscheidungsschlacht). Unterwegs kommt man an Kirchen, Friedhöfen, Versammlungsstätten und Museen vorbei, von denen viele ohne Eintrittsgeld betreten werden können. Von April bis Oktober gibt es auch Führungen, die zu unterschiedlichen Zeiten an der Faneuil Hall beginnen (*nps.gov/bost*).

© Chuck Purro | 500px

STUDENTEN-ANGEBOTE

Die Studenten wissen, wie man das meiste aus Boston macht, ohne Bankrott zu machen. Wenn man hungrig und pleite ist, empfiehlt der Student John Louis Chinatown: „Das beste Mittagsangebot hat Peach Farm (*4 Tyler St., 11–15 Uhr*), wo man für 4,99 US-$ lecker satt wird. Außerdem ist die Lage in einem Keller einer Nebenstraße etwas zwielichtig." Pluspunkte! Die Open-Mic-Nächte, bei denen jeder, der möchte, sein Talent unter Beweis stellt, sind manchmal „voll krass". Louis empfiehlt die Open-Mic Challenge im Lizard Lounge (*lizardloungeclub.com; 1667 Massachusetts Ave., Cambridge; Mo 19.30; Gast/Auftretende 6/3 US-$*). Die allnächtliche Jam Session in Wally's Café (*wallyscafe.com; 427 Massachusetts Ave.; 18–21 Uhr; gratis*) ist auch sehr beliebt.

© Jeffrey S. Rease | 500px, © Paul Giamou; Photolibrary | Getty Images

Ski fahren kann, ist das Gebiet das ganze Jahr attraktiv. *695 Hillside St., Milton; Sonnenauf- bis -untergang; gratis.*

10 Judson B Coit Observatory

Wenn man in Boston eine Sternschnuppe sieht, könnte man sich für den Mittwochabend klaren Himmel wünschen, um sich im Observatorium der Bostoner Universität als Sterngucker zu betätigen. Fragen werden von Mitgliedern des Astronomieclubs beantwortet, die auch darauf achten, dass die Fernrohre in die richtige Richtung zeigen. *bu.edu/astronomy; 725 Commonwealth Ave.; Okt–März Mi 19.30 Uhr, Apr–Sept Mi 20.30 Uhr; gratis.*

11 Samuel Adams Brewery

Freibier? Hat hier jemand Freibier gesagt? Samuel Adams war einer der Gründerväter der USA. Er hat sich auch als Brauer versucht, was vielleicht nicht zu seinen wichtigsten Leistungen gehört, aber sicher zu den schmackhafteren. Eine Führung durch die Samuel Adams Brewery kostet nur wenig, dafür gibt es in ihrem Rahmen das Bier dann umsonst. *samueladams.com; 30 Germania St.; Mo–Sa 10–15 Uhr; Spende 2 US-$.*

12 Improv Boston

Boston kann auch ein unglaublich witziger Ort sein. Einige der bekanntesten amerikanischen Komiker stammen aus der Stadt, z. B. Conan O'Brien, Jay Leno und Denis Leary. Verschiedene Komiker (wenn auch kaum diese drei) kann man beim Improv Boston im Rahmen der People's Show sehen, spätabends am Wochenende beim kostenlosen Nightcap oder am Sonntagabend, wenn man so viel bezahlt, wie man kann. *improvboston.com; 40 Prospect St., Cambridge; Fr–Sa 23.30 und So 21 Uhr; gratis.*

Kurz und knapp

Bevölkerung: 42,5 Millionen

Highlights: sonnengetränkter Strandurlaub

Währung: unterschiedlich; US-$ werden vielerorts akzeptiert

Preisindex: 400 US-$ pro Tag

DIE KARIBIK

Siebentausend Inseln: Das sind sieben Millionen Gründe, in die Karibik zu fahren. Die Region hat zwar den Ruf, einen in den Ruin treiben zu können, aber die Urlauber kommen vor allem wegen der Strände. Und in der Hinsicht gibt es gute Nachrichten: Die sind meist kostenlos.

01 Aloemuseum und -fabrik, Aruba

Die Aloe kam Mitte des 19. Jahrhundert nach Aruba, wo sie unter der karibischen Sonne gut gedieh und schnell als echte Wunderpflanze erkannt wurde. Bald gab es auf der ganzen Insel Aloefarmen, und heute können die Urlauber eine kurze Führung durch das Museum und die Fabrik mitmachen, um etwas über die Geschichte zu erfahren und einige Proben zu ergattern. *arubaaloe.com; Pitastraat 115, Oranjestad; Mo–Fr 8–17, Sa 9–17 Uhr; gratis.*

02 Ciudad Colonial, Dominikanische Republik

Die sogenannte Zona Colonial, die Altstadt von Santo Domingo, ist die älteste dauerhafte Siedlung in der Neuen Welt und als solche UNESCO-Weltkulturerbe. Man kann Kirchen mit jahrhunderte alter Kunst besichtigen, darunter die Kathedrale Santa María la Menor, die älteste Basilika in Amerika. Sie steht am Parque Colón, dem Hauptplatz der Stadt, der nach dem Entdecker Christopher Kolumbus (spanisch: Cristóbal Colón) benannt ist. *24 Std.; gratis.*

03 The Carenage, Grenada

Ein Schaufensterbummel kostet überhaupt nichts, und in der Karibik gibt es kaum eine bessere Stelle dafür als den Hafen von St. George's, der Hauptstadt des Inselstaats Grenada. Die Gegend trägt den Namen Carenage und lädt mit ihren historischen Gebäuden, bunten Booten und den farbenfrohen Häusern am Hang unter der alten Festung zu einem Spaziergang ein. *St George's; 24 Std.; gratis.*

04 Grace Bay, Turks- und Caicosinseln

Grace Bay ist überaus beeindruckend. Sie wird oft als schönster Strand der Karibik bezeichnet und ist mit dem blauen Wasser und cremeweißen Sand der perfekte Hintergrund für ein Flitterwochenfoto. Der Reiz dieser Bucht ist auch den Reichen nicht verborgen geblieben, und es sind Luxusvillen entstanden, aber glücklicherweise kann der Strand immer noch kostenlos besucht werden. *24 Std.; gratis.*

05 Happy Bay Beach, St. Martin

Auf einer Insel, die mit Spitzenstränden gesegnet ist, entsteht schnell der Wunsch nach etwas Ruhe. Happy Bay kann sie bieten. Man erreicht die Bucht über einen Weg von der Friar's Bay und findet dort meist nur wenig Gesellschaft vor. Auch der Bootsverkehr ist eher gering, da die Bucht recht offen ist und kaum Schutz vor der Dünung des offenen Meers bietet.
sxm-beaches.com; 24 Std.; gratis.

WANDERN

Die Natur in der Karibik hat mehr zu bieten als Strände – Hunderte von Vulkangipfeln (manche noch aktiv) erheben sich aus dem Meer und bieten wunderbare Ausblicke und unvergessliche Wanderungen. Die folgenden Wege und Naturparks kosten meist nicht mehr als eine Spende für den Naturschutz: der Sandy Cruz Trail zum Gipfel des Mount Scenery auf Saba (*24 Std.; gratis*), die Wege durch den Morne Trois Pitons National Park (*24 Std.; gratis*), auf Dominica, die Hügel um den Mont Pelée (*24 Std.; gratis*) auf Martinique; und der riesige Virgin Islands National Park (*nps.gov/viis/index.htm; Park 24 Std., Besucherzentrum 8–16.30; gratis*) auf St. John.

© jimmyvillalta | Getty Images

06 Low Bay, Barbuda

Barbuda, die bescheidene Schwesterinsel von Antigua, wird allgemein als beste Insel für Strandurlaub in der ganzen Karibik betrachtet. Low Bay ist dann die *crème de la crème*: 27 Kilometer ununterbrochener Sandstrand, der einen eher an eine flache Sandbank als an eine richtige Bucht denken lässt. Der Strand ist meist von Seevögeln und nicht von Menschen überlaufen. *24 Std.; gratis.*

07 Schweinestrand, Exuma, Bahamas

Dies ist die einzige Stelle in der Karibik, an der man mit Berühmtheiten baden kann, ohne bezahlen zu müssen. Das liegt daran, dass sie sich ihrer Berühmtheit nicht bewusst sind. Die verwilderten Schweine von Exuma waren eine Instagram-Sensation und gehen täglich ins Wasser. Angeblich haben Seeleute sie als Proviantvorrat ausgesetzt. *Big Major Cay, Exuma, 24 Std.; gratis.*

08 Seven Mile Beach, Grand Cayman

Der Name ist zwar eine leichte Übertreibung (es sind nur etwa fünf Meilen, also 8 Kilometer), aber der beste Strand der Insel ist bei den Touristen beliebt und erfrischend frei von Bauchladenhändlern. Der Sand ist strahlend weiß und sehr gepflegt, es gibt viele öffentliche Zugänge und man kann gut spazieren gehen, joggen und in den Riffen vor dem Government House und dem Marriott Hotel schnorcheln. *caymanislands.ky/activities/beaches/sevenmilebeach.aspx; 24 Std.; gratis.*

09 Underwater Sculpture Park, Grenada

Die außergewöhnlichste Kunstgalerie der Welt liegt 2 Meter unter dem Wasserspiegel. Das vom britischen Künstler Jason deCaires Taylor initiierte Projekt versucht,

© Mikolaj Niemczewski; Travis Snelling; Jo Ann Snover | 500px; © R Gombarik | Shutterstock

RUM DEALS

Rum war eine der wirtschaftlichen Triebfedern der Kolonialzeit, und es gibt heute noch mehrere Brennereien, die Rum herstellen. Meist bieten sie auch Führungen an, die nicht nur ein Licht auf die Geschichte der Region und die Chemie des Verfahrens werfen, sondern auch den Besucher gnadenlos betrunken machen. So etwa die Casa Bacardí (*visitcasabacardi.com; Carr. 165 Kilometer 6.2, Cataño; Mo–Sa 9–16.30, So 10–16.30 Uhr; Führung 12 US-$*) in Puerto Rico; die Cruzan Rum Distillery (*cruzanrum.com; 3A Estate Diamond, Frederiksted; Mo–Fr 9–16.30, Sa-So 10–14 Uhr; Führung 8 US-$*) auf St. Croix; oder die Mount Gay Distillery (*mountgayrum.com; Exmouth Gap, Brandons; Mo–Fr 9.30–15.30, Führung 10 US-$*) in Barbados.

© Justin Foulkes | Lonely Planet Images, © John Bryden | 500px

durch bezwingende Bildhauerarbeiten Interesse für Naturschutzbelange zu wecken. Das beeindruckendste der versenkten Kunstwerke ist *Vicissitudes*, ein Kreis von nach außen blickenden Kindern. Man kann mit Pressluft oder Schnorchel hinunter. *grenadaunderwatersculpture.com; Molinière Bay, gratis.*

10 Hungry's, Anguilla

Manche Inseln der Karibik haben sich zu Urlaubszielen der Reichen und Prominenten entwickelt, Anguilla ist eine von ihnen. Allerdings heißt das nicht, dass man den ganzen Urlaub dort unter überteuerten Restaurantmahlzeiten leiden muss. Man kann sich auch an einem der einheimischen Imbissstände versorgen, etwa bei Hungry's, wo seit 2004 herzhaftes Inselessen serviert wird, unter anderem ein scharfer *Seafood-Chowder* (Eintopf). *hungrysgoodfood.com; The Valley Rd, gegenüber der St.-Gerard-Kirche; Frühstück, Mittag- und Abendessen erhältlich; Suppe 5 US-$.*

11 Sunset Beach Bar, Sint Maarten

In der Karibik gibt es vermutlich ebenso viele Bars wie Strände. Aber für preisbewusste Trinker ist dies eine besondere Empfehlung. Die Bar liegt gefährlich nah am Flughafen, sodass man von den Sitzplätzen unter freiem Himmel den Jumbos beim Landeanflug zusehen kann. *sunsetsxm.com; 2 Beacon Hill Rd.; Frühstück, Mittag- und Abendessen erhältlich; Bier ab 3 US-$.*

12 Trinidad Carnival, Trindad und Tobago

Auf Trinidad findet eine der größten Partys der Karibik statt: Am Rosenmontag und Fastnachtsdienstag tobt der Karneval über die Insel. Die Teilnahme am Umzug ist zwar kostenpflichtig, aber als Zuschauer kann man sich bei Feuerwerk mit Soca-Tanzen zur Steeldrum-Musik aus den Panyards umsonst vergnügen. *gotrinidadandtobago.com/trinidad/carnival; unterschiedliche Orte und Zeiten; gratis.*

Kurz und knapp

- Bevölkerung: 9,1 Millionen
- Highlights: Musik, Architektur, eigenartige Museen
- Währung: US-Dollar US-$
- Preisindex: 230 US-$ pro Tag

CHICAGO

Die wolkenkratzende Architektur und die Weltklassemuseen stehen an erster Stelle unter Chicagos Sehenswürdigkeiten. Aber auch die abgefahrenen Galerien, die abgedrehten Musikpartys und die Diners lohnen mehr als einen Blick. Es ist nicht nur der Wind vom See, der einen hier vom Hocker haut ...

KUNST & KULTUR MUSIK & FILM SPORT & FREIZEIT ESSEN & TRINKEN FESTIVALS & EVENTS

01 American Toby Jug Museum

Ein Toby Jug ist ein Keramikkrug in Gestalt eines rundlichen älteren Herren mit Dreispitz und Kleidung aus dem 18. Jahrhundert. Im Laufe der Zeit sind auch andere Motive angenommen worden, etwa Karikaturen von John F. Kennedy, Josef Stalin oder traurig blickenden Hunden. In diesem Kellermuseum gibt es mit 8000 Stück die größte Sammlung der Welt. *tobyjugmuseum.com; 910 Chicago Ave., Evanston; Di und Do 10–16 Uhr; gratis.*

02 Chicago Cultural Center

Das Gebäude ist ein Wahrzeichen der Stadt und nimmt einen ganzen Straßenblock ein. Es ist eine Schatztruhe voller kostenloser Kulturknaller: Exzellente Kunstausstellungen, Filmvorführungen und Mittagskonzerte mit Jazz oder elektronische Dance-Music vom DJ gehören zu den Höhepunkten. Am Wochenende ist es der Ausgangspunkt für einstündige Führungen durch das Stadtzentrum. *chicagoculturalcenter.org; 78 E Washington St.; Mo–Do 9–19, Fr–Sa 9–18, So 10–18 Uhr; gratis.*

03 Architektur von Frank Lloyd Wright

Natürlich kann man 17 US-$ Eintritt für das **Frank Lloyd Wright's Home and Studio** (*951 Chicago Ave., Oak Park; 9–17 Uhr*) bezahlen, in dem der berühmte Architekt seinen Prairie Style schuf. Man kann aber auch durch das Viertel schlendern und sich die anderen Gebäude ansehen, die er hier gebaut hat. *Details über das Internet oder in dem Architektur-Stadtplan, der im Museumsshop für 4,25 US-$ verkauft wird.*

04 Logan Hardware Vintage Arcade Museum

Logan Hardware ist ein Laden für gebrauchte Schallplatten. Im Hinterraum ist das Besondere versteckt: das Vintage Arcade Museum mit Arcadespielen aus den Frühzeiten des Genres. Nach einem Kauf im Geschäft wird man auf Donkey Kong, Ms Pac Man und 20 andere Spiele losgelassen. *logan-hardware.com; 2532 W Fullerton Ave.; Mo–Sa 12–21, So 12–19 Uhr; Schallplatten ab 3 US-$.*

05 Money Museum

Nach einem Besuch dieser kleinen Galerie in der Federal Reserve Bank ist man reicher als zuvor. Buchstäblich, weil die Bank einem einen Beutel Scheine mit nach Hause gibt. Wenn sie nur nicht geschreddert wären ... Es gibt Interessantes zu Geldfälschungen, und man kann sich mit einem Koffer

CHICAGO

© Frank Kehren | 500px, © Walter Bibikow; Franz Marc Frei | Getty Images

fotografieren lassen, der eine Millionen Dollar enthält. *cityofchicago.org, dort unter „Education"; 230 S LaSalle St.; Mo–Fr 8.30–17 Uhr; gratis.*

06 National Museum of Mexican Art

Das 1982 von Carlos Tortolero gegründete Museum ist das größte der USA mit diesem Themenbezug. Es wird leider oft übersehen, vielleicht weil es etwas abseits im Stadtviertel Pilsen liegt. Zu den Exponaten gehören Volkskunst (mit vielen Skeletten), psychedelische Op-Art, ansprechende Perlenarbeiten und politische Latino-, Chicano- und mexikanische Kunst. Außerdem gibt es Ballett, Familientage und Führungen. *nationalmuseumofmexicanart.org; 1852 W 19th St.; Di–So 10–17 Uhr; gratis.*

07 Second City

Chicago ist die Heimat der Improv Comedy. Und The Second City war der Geburtsort. Hier haben viele Stars der amerikanischen Szene ihre ersten Lorbeeren geerntet. Der Eintritt liegt um 30 US-$, aber es gibt eine billigere Möglichkeit: Gegen 22 Uhr kann man (außer an Fr und Sa) nach der normalen Show eine halbstündige Gratisvorführung sehen. *secondcity.com; 1616 N Wells St.; Mo–Do und So etwa 22 Uhr Gratisshow.*

08 Buddy Guy's Legends

In Chicago entstand der Electric Blues. Zu den besten Clubs gehört das Legends von Buddy Guy. Abends kostet der Eintritt 10–20 US-$, aber zum Mittag- und Abendessen singen die Musiker umsonst. Man sollte vielleicht etwas zu essen oder trinken bestellen, da der Club auch ein Cajun-Restaurant ist, aber es gibt keinen Mindestverzehr. *buddyguy.com; 700 S Wabash Ave.; Gratismusik Mi–So 12–14 und tgl. 18–20 Uhr.*

TIPPS

- **Auf der Internetseite des Chicago Park District (*chicagoparkdistrict.com*) findet man alle möglichen kostenlosen Veranstaltungen, die in den Grünanlagen stattfinden (Kino, Musik, Theater u. a. m.).**
- **Hot Tix (*hottix.org*) verkauft Tickets für Theater, Comedy und darstellende Kunst der gleichen Woche zum halben Preis (4 US-$ Bearbeitungsgebühr). Anfang der Woche hat man die beste Auswahl.**
- **Viele Boots- und Fahrradverleihe bieten um die 10% Rabatt, wenn man online bucht. Ähnlich auch bei Stadtführungen.**
- **Die Go Chicago Card (*smartdestinations.com/chicago*) bietet unterschiedliche Rabattsätze für Museen, Führungen und andere Attraktionen.**

© Keith Levit / Design Pics | Getty Images, © Mariusz Jurgielewicz | 500px, © joe daniel price | Getty Images

© Charles Cook | Getty Images

09 SummerDance

An jedem Sommerwochenende versammelte sich im Grant Park eine bunt gemischte Schar aus den verschiedensten Bevölkerungsgruppen der Stadt, um zur Musik von Rumba-, Samba- und anderen Weltmusik-Bands zu tanzen. Vor jedem Auftritt gibt es eine einstündige Einführung in den zugehörigen Tanzstil. *cityofchicago.org; 601 S Michigan Ave.; später Juni–Mitte Sept Fr–Sa 18–21.30, So 16–19 Uhr; gratis.*

10 The Whistler

Im Whistler spielt fast jede Nacht eine Indie-, Punk-, Soul-, Country- oder Jazz-Band aus Chicago. Die Bar liegt im Viertel um das angesagte Logan Square, und die Konzerte sind immer kostenlos. Stattdessen trinken alle Gäste die fantastischen Cocktails, damit die Musik nie aufhört ... Whistler ist auch Plattenlabel und Galerie, in den Schaufenstern sieht man Werke örtlicher Künstler. *whistlerchicago.com; 2421 N Milwaukee Ave.; Mo–Do 18–2, Fr–Sa ab 17 Uhr; gratis.*

11 John Hancock Center

Chicago ist eine gute Stadt, wenn man hoch hinaus will. Naja, die Wolkenkratzer... Die höchsten haben Aussichtsterrassen, von denen aus man für etwa 20 US-$ über die Stadt blicken kann, zum Beispiel im 94. Stockwerk des Hancock Center. Zwei Etagen höher in der Signature Lounge bezahlt man für den Blick jedoch nichts, nur für ein Getränk. *signatureroom.com; 875 N Michigan Ave.; 9–23 Uhr; Getränke ab 6 US-$.*

12 Veranstaltungen im Millennium Park

Im Sommer ist Downtown Chicago mit den vielen Kunstwerken im öffentlichen Raum eine einzige Aneinanderreihung von Gratisveranstaltungen: Parkführungen, Yoga-Unterricht, Kinderspiele. Unübertroffen sind jedoch die allnächtlichen kostenlosen Konzerte im Pritzker Pavilion, vor allem die klassischen am Wochenende. *cityofchicago.org (nach „Millennium Park" suchen); 201 E Randolph St.; 6–23 Uhr; gratis.*

SPITZENKÖCHE (FAST) FÜR LAU

Man muss keinen Bankraub begehen, um bei den Spitzenköchen von Chicago essen zu können. Viele haben preiswertere Lokale neben ihren eigentlichen Restaurants eröffnet. So etwa Stephanie Izard: Gegenüber dem renommierten Girl and the Goat betreibt sie das Little Goat (*littlegoatchicago.com; 820 W Randolph St.; So–Do 7–22, Fr–Sa 7–24 Uhr; Hauptgerichte 10–19 US-$*). Ähnlich auch bei Rick Bayless: Neben seinem feudalen mexikanischen Restaurant Topolobampo bietet er im Xoco sehr gute *tortas, churros* und anderes Straßenessen an (*rickbayless.com/restaurants/xoco; 449 N Clark St.; Di–Do 8–21, Fr–Sa 8.22 Uhr; Hauptgerichte 10–14 US-$*).

KUNST & KULTUR · MUSIK & FILM · SPORT & FREIZEIT · ESSEN & TRINKEN · FESTIVALS & EVENTS

DETROIT

Motor City. Motown. Hockey Town, USA. Wenn es um Autos, Musik und Sport geht, kann Detroit mit jeder anderen Großstadt mithalten. Allerdings hat Detroit auch viele Probleme, denen es jedoch mit ungebrochenem Optimismus (und vielen preiswerten Angeboten) entgegentritt.

01 Architekturführungen

Die kostenlosen Führungen von Pure Detroit (*puredetroit.com*) zeigen einem die beste Architektur der Stadt. Oder auf eigene Faust: im Kreis um das runde **Renaissance Center** (1a; *gmrencen.com; 330 E Jefferson Ave., Führungen Mo–Fr 12 und 14 Uhr*), oder die Mosaike, Wandgemälde und farbigen Glasfenster des **Guardian Building** (1b; *guardianbuilding.com; 500 Griswold St*) und **Fisher Building** (1c; *3011 W Grand Blvd.; Führungen Sa 11, 13 und 15 Uhr*) bewundern.

02 Heidelberg Project

Ausgestopfte Tiere trinken in verlassenen Häusern Tee; in Baulücken stehen Haushaltsmaschinen; riesige Uhren zeigen keine Uhrzeit an. Der Straßenkünstler Tyree Guyton begann das Heidelberg Project einst, um die Straße zu verschönern, in der er lebte. 30 Jahre danach hellt es immer noch die Umgebung auf und verwirrt Passanten. *heidelberg.org; 3600 Heidelberg St.; 24 Std.; gratis.*

03 Detroit Jazz Festival

Am Labor Day Weekend (dem Wochenende vor dem ersten Montag im September) stellen die Detroiter ihre Rockmusik leiser und die Stadt feiert das größte kostenlose Jazz-Festival der Welt. Vier Tage lang finden in der Innenstadt unter anderem im Hart Plaza und Campus Martius auf fünf Bühnen Konzerte statt, spätabends gibt es Jam-Sessions in den Clubs der Gegend. Das und die vielen anderen Veranstaltungen, alles ohne Eintrittsgeld. *detroitjazzfest.com; Details auf der Internetseite.*

© dannyjameslane | 500px

TIPPS VON MUSIKERN

„Am liebsten gehe ich in das Cliff Bells" (*cliffbells.com; 2030 Park Ave.; Di–Do ab 20, So ab 18 Uhr*), sagt Jim Habarth von den Savage Rascals. „Die Atmosphäre ist großartig und es treten Spitzenjazzgruppen wie Dr Lonnie Smith auf." Singersongwriter Paulina Jayne empfiehlt das Shelter (*saintandrewsdetroit.com; 431 East Congress St.; Konzerte 13–17 US-$*): „Eine ganz intime Erfahrung. Man ist mit der Sängerin, dem Sänger fast Haut an Haut."

04 Belle Isle

Die städtische Oase wurde in den 1880er-Jahren von Frederick Law Imsted gestaltet. Die Insel im Detroit River zwischen den USA und Kanada ist mit Sumpfgebieten und gepflegten Anlagen bedeckt, dazwischen schlängeln sich Wege an Picknickstellen, Spielplätzen, botanischen Gärten, einem Strand, Aquarium und Museen vorbei. *belleisleconservancy.org; Brückengebühr Macarthur Bridge Pkw 10 US-$, Fahrräder und Fußgänger gratis.*

05 Slow Roll

The Slow Roll bietet einen neuen Blick auf die Stadt: vom Fahrradsattel aus. Jede Woche treffen sich Hunderte Fahrradfahrer an einem vereinbarten Startpunkt, um eine langsame, sichere, gemeinsame Fahrt durch Detroit zu unternehmen. *slowroll.bike; Mo 18 Uhr; 10 US-$ Jahresgebühr, man wird aber wegen mangelnder Zahlungsfähigkeit nicht abgewiesen.*

06 Märkte

Am **Eastern Market** (6a; *easternmarket.com; 2934 Russell St.; gratis*) ist immer etwas los. Samstags (*6–16 Uhr*) ist der Bauernmarkt am belebtesten, aber dienstags findet auch ein kleinerer Wochenmarkt und sonntags (*Juni–Okt 10–15 Uhr*) ein Kunstmarkt statt. Außer Lebensmitteln gibt es auch Yoga-Unterricht, Livemusik und Führungen. üln der Nähe liegt der **Detroit Market Garden** (6b; *greeningofdetroit.com; Orleans St.; gratis*), einer der berühmten Detroiter städtischen Bauernhöfe.

Kurz und knapp

- **Bevölkerung: 3,8 Millionen**
- **Highlights: Musik**
- **Währung: US-Dollar US-$**
- **Preisindex: 195 US-$ pro Tag**

DIE

© Stephen Frink | Getty Images

Im Land der unbegrenzten Möglichkeiten, stehen Abenteuer auf der Tagesordnung.

LEBEN UNTER WASSER

Mit Flossen und Schnorchel bewaffnet, kann man das Florida Keys National Marine Sanctuary erforschen, in dem das drittgrößte Riff des Planeten liegt und die Unterseestatue *Christ of the Abyss* steht. *floridakeys.noaa.gov; Key Largo, Florida; gratis.*

GLETSCHER-SPOTTING

Im Sommer kalbt der Child's Glacier nahe Cordova, Alaska, alle 15 Minuten. Den 43 Kilometer langen Matanuska-Gletscher in den Chugach Mountains kann man zu Fuß erreichen. *Alaska; gratis.*

BODY-SURFING

Kein Surfbrett? Kein Geld? Kein Problem! Der Strand am Point Panic im Surfparadies Hawaii bietet Brandung, die so perfekt für das brettlose Surfen ist, dass die Brettbesitzer sie selbstlos den Puristen überlassen; *gratis.*

DEEP WATER SOLOING

DWS ist Solo-Klettern ohne die Belastung (und Kosten) einer Kletterausrüstung. Man steigt allein in eine Wand ein, die über tiefem Wasser liegt. Die lange Küste des Lake Powell ist perfekt dafür geeignet. *lakepowell.com; Glen Canyon National Recreation Area, Utah; gratis.*

STÜRME JAGEN

Bandon-by-the-Sea ist die selbsternannte „Welthauptstadt des Storm-Watching"-. Wenn der Winter den Pazifik mit Wind und Wellen aufwühlt, kann man dem Schauspiel aus der Deckung der Brandungspfeiler am Bullards Beach beobachten. *Oregon; gratis.*

SKILANGLAUF

Auch in den USA gibt es Loipen, zum Beispiel am Higgins

Lake in Michigan. Dort kann man für nur 8 US-$ am Tag ein 19 Kilometer langes Streckennetz mit Langlaufski erkunden.

SAN FRAN PARKOUR
Weder als Anfänger noch als erfahrener *traceur* muss man in San Francisco unbedingt ein Blumenkind sein. Die Szene der Parkourläufer in der Stadt ist gut organisiert und gastfreundlich. *facebook.com/SFParkour; gratis.*

CANYONING
Der Peekaboo–Spooky Gulch Loop und das Escalante-Grand Staircase National Monument in Utah können zu einfachen dreistündigen Ausflügen in die süchtigmachende Sportart des Canyoning genutzt werden. Die Touren sind technisch anspruchslos, bieten aber dennoch viel zu sehen. *utah.com/hiking; gratis.*

WALDLAUF
Während des Indian Summer kann man in der Umgebung des Lake Placid im Staat New York Waldläufe inmitten des Farbrausches des Herbstlaubs machen. Die Strecken ziehen sich durch die 24 200 Quadratkilometer der Adirondack Mountains. *lakeplacid.com; Lake Placid, New York; gratis.*

BOULDERN
Eine andere Klettersportart, die im Wesentlichen auf (Sicherheits-) Ausrüstung verzichtet, ist das Bouldern, bei dem man in geringer Höhe an Felsblöcken oder -wänden klettert. Um den Ort Bishop in der kalifornischen Sierra Nevada liegt eines der besten Bouldergebiete der Welt. *bishopvisitor.info; Bishop, Kalifornien; gratis.*

BESTEN GRATIS-ABENTEUER IN DEN USA

Kurz und knapp

- Bevölkerung: 2 Millionen
- Highlights: Spielcasinos und Nachtleben
- Währung: US-Dollar US-$
- Preisindex: 200 US-$ pro Tag

LAS VEGAS

Man braucht keine Ausrede für einen Besuch der Sündenhauptstadt der USA. Die Casinos, Nachtclubs, 24-Stunden-Heiratskapellen und Spielautomaten sind Verlockung genug. Man kann leicht Tausende in einer Nacht ausgeben, muss es aber nicht – es gibt genug preiswerte und kostenlose Vergnügungen.

KUNST & KULTUR MUSIK & FILM SPORT & FREIZEIT ESSEN & TRINKEN FESTIVALS & EVENTS

01 Bellagio Conservatory and Botanical Gardens

Las Vegas mutet oft sehr künstlich an, in den Casinos gibt es keine lebenden Pflanzen, kein Tageslicht. Eine erfrischende Abwechslung ist deshalb der üppige Wintergarten im Bellagio. Die Blütenpracht wird je nach Jahreszeit oder Festtagen anders gestaltet. Manche der botanischen Schaustücke müssen dazu mit einem Kran durch das Glasdach herabgelassen werden. *3600 Las Vegas Blvd. S; 24 Std.; gratis.*

02 Burlesque Hall of Fame

Preiswertere Unterhaltung als die meisten Casinos bietet das alternative Viertel Fremont East, das nur einen kurzen Spaziergang von den großen Casinos am *Glitter Gulch* entfernt liegt. Im Kollektiv Emergency Arts kann man Fotos aus der Vergangenheit der Stadt und Kostüme bestaunen, die bei den Shows damals getragen wurden. *burlesquehall.com; 520 Fremont St.; Di–Sa 11–19, So 12–17 Uhr; gratis, kleine Spende empfehlenswert.*

03 Zirkus im Circus Circus

Nein, es ist keine Halluzination. Es ist wirklich ein Seiltänzer, der über den Roulettetischen des Circus-Circus-Casinos balanciert. Er lenkt einen, wie die Schlangenmenschen, die Clowns, die Jongleure und anderen Künstler, davon ab, wenn man zu viel an den Tischen verloren hat. Oder verhindert, dass man überhaupt erst gewinnt. Nur zuschauen kostet nichts. *circuscircus.com; 2880 Las Vegas Blvd. S; So–Do 11–23, Fr 11–24, Sa 11–1 Uhr; gratis.*

04 Big Elvis

Das Harrah-Casino ist mit Mardi-Gras-Motiven dekoriert. In der Piano Bar ist Pete Vallee schon mehr als 7000-mal in der Rolle des „Big Elvis" aufgetreten. In der Lounge muss man zwar mindestens zwei Getränke bestellen, aber es hindert einen nichts daran, sich in das Casino zu stellen und zu lauschen. *bigelvislasvegas.com; 3475 Las Vegas Blvd. S; Vorstellungszeiten können variieren, meist Mo, Mi, Fr 14, 15.30 und 17 Uhr; gratis.*

05 Carnaval Court

Mitten am Strip liegt dieser Nachtclub unter freiem Himmel. Eintritt kostet er nur spätabends an den Wochenenden. Die Barkeeper sind Experten im Mixen aufwendiger Cocktails, und auf der Bühne spielen energiegeladene Coverbands

LAS VEGAS

© Mitchell Funk | Getty Images

GUTE AUSSICHTEN – GRATIS

Man kann gegen Eintrittsgeld vom höchsten Riesenrad der Welt auf die Stadt hinabsehen: High Roller (*3545 S Las Vegas Blvd.*). Aber warum Geld ausgeben? Genauso gut ist der Blick aus der Skyfall Lounge im 64. Stock des Delano Hotel (*3940 S Las Vegas Blvd.*) oder der Sky Lobby im 23. Stock des Mandarin Oriental (*3752 S Las Vegas Blvd.*). Höher hinauf als im Stratosphere Tower (*stratospherehotel.com; 2000 S Las Vegas Blvd.*) geht es hier nirgends Den exorbitanten Eintrittspreis für die Ausblicksterrasse kann man sparen, wenn man in der Lounge Level 107 einen Drink nimmt (Aufzug für Gäste der Bar kostenlos).

Rock. Das Publikum ist ein bunt gemischter Partyhaufen, von Studenten bis hin zu arrivierten Babyboomers. *3475 Las Vegas Blvd. S; 23–3 Uhr; meist keine Gedeckgebühr.*

Fremont Street Experience

06 Sie ist unglaublich kitschig, aber nicht zu ignorieren: Die Viva-Vision-Light-show wartet mit einem 450 Meter langen Hallendach auf, das einen mit 550 000 Watt Musik und dem Licht von 12,5 Millionen LED bestürmt. In der darunter liegenden Fußgängerzone spielen Bands gratis Livemusik. *vegasexperience.com; Fremont St., zw. Main St. und Las Vegas Blvd.; 24 Std., Shows stündlich von Sonnenuntergang bis 24 oder 1 Uhr; gratis.*

07 **Las Vegas Strip**

Auf dem Strip kann man die Sehenswürdigkeiten der Welt in Kopie bestaunen: im **Mirage** (*mirage.com; 3400 S Las Vegas Blvd.*) einen feuerspeienden Vulkan und im **Bellagio** (*bellagio.com; 3600 S Las Vegas Blvd.*) singende Gondolieri auf künstlichen Kanälen. Weiter südlich steht vor dem „Welcome to Fabulous Las Vegas"-Schild ein Elvis-Darsteller (der für ein Foto ein Trinkgeld erwartet). *Las Vegas Blvd. S, zw. Tropicana Ave. und Sahara Ave.; 24 Std.; gratis.*

08 **Urban Gallery des Neon Museum**

Diese Freiluft-Sammlung von Neonschildern führt einen zurück in die Zeit des *Rat Pack* (Davis, Martin und Sinatra). Nebenan im Neonopolis-Einkaufszentrum (an der riesigen Aladdinslampe zu erkennen) gibt es weitere Neonschilder am Hauptaufzug. Hinweis: Der Besuch des Museums selbst ist nicht billig. *neonmuseum.org; Ecke Fremont St. und N 3rd St.; 24 Std.; gratis.*

© Mark Read | Lonely Planet Images, © Dean Pennala; Aprpix | 500px

GRATIS-DRINKS IM CASINO

Als Zocker zahlt man in Las Vegas nichts für die Getränke. Auch wenn man nur einen Automaten mit Münzen füttert, hat man Anspruch auf kostenlose Drinks. Man bestellt bei einer der Kellnerinnen, die im Casino umhergehen und der man dann mindestens 1 US-$ Trinkgeld geben sollte. Die großen Spieler werden als *high rollers* oder *whales* bezeichnet und bekommen auch das Zimmer und Essen, ohne zu zahlen. Wenn man in das Hotel eines Casinos eincheckt, kann man auch als normaler Gast nach Coupons fragen, mit denen man zwei Drinks zum Preis von einem, verbilligte Showtickets und anderes mehr bekommt.

09 Red Rock Canyon National Conservation Area

Man kann stundenlang fahren und 30 US-$ bezahlen, um in den Grand Canyon National Park zu kommen, man kann aber auch Geld sparen und einfach durch den Red Rock Canyon fahren, der vor den Toren von Las Vegas liegt. Die Wüstenlandschaft ist atemberaubend. *3205 Hwy. 159; Besucherzentrum 8–16.30 Uhr, Durchfahrt ab 6 Uhr bis (nach Jahreszeit unterschiedlich) 17 bis 20 Uhr; Gebühr pro Pkw 7 US-$.*

10 Garden Court Buffet

Downtown ist alles billiger als auf dem Strip. Das gilt nicht nur für Alkohol, sondern auch für die Festpreis-Buffets wie dieses im Main Street Station Casino. Das Seafood-Abendessen am Freitag kostet mehr, aber auch dann ist es für die endlose Mengen an frischen Krabbenbeinen und Austern immer noch ein außerordentlich gutes Angebot. *200 N Main St.; Mo–Do 7–21, Fr–So 7–22 Uhr; 8–15 US-$.*

11 First Friday Las Vegas

Künstler aus der Gegend, Musiker, Straßenkünstler, Hipster und Zuschauer versammeln sich in Massen zu dieser allmonatlichen kostenlosen Veranstaltung. Man kann durch Galerien schlendern, an den Food Trucks einen Happen essen und der Livemusik von Indie-Bands zuhören. All das findet im Arts District Downtown (18b) und im Viertel Fremont East statt. *Casino Center Blvd., zw. Colorado St. und California St.; 1. Fr im Monat. 17–23 Uhr; gratis.*

12 World Series of Poker

Gute Spieler, die ihr Pokergesicht perfektioniert haben, nehmen am sogenannten „Main Event" teil, einem Texas Hold 'Em Turnier ohne Limit. Die Turniere finden jedes Jahr im Rio Casino statt, das etwas westlich vom Strip liegt. Zuschauer müssen nicht bezahlen, die Teilnahme an einem Turnier kostet jedoch 565 US-$ oder mehr. *3700 W Flamingo Rd.; später Mai–Mitte Juli und Mitte Nov; Zuschauer gratis.*

© Kris Davidson | Lonely Planet Images

Kurz und knapp

- Bevölkerung: 15 Millionen
- Highlights: Hier gibt es alles: Hochkultur und Populäres, Nightlife und Strände und Berge im Hinterland
- Währung: US-Dollar US-$
- Preisindex: 195 US-$ pro Tag

LOS ANGELES

L.A. lockt Träumer und Rockstars an und alle, die kein Risiko scheuen. Über den Glamour Hollywoods hinaus gibt es Kultureinrichtungen mit Weltklasse, Strände, Wanderwege und ein Völkergemisch, das der UNO gleichkommt. Auch wenn es eine der teureren Städte der USA ist, gibt es doch vieles, was nichts kostet.

KUNST & KULTUR · MUSIK & FILM · SPORT & FREIZEIT · ESSEN & TRINKEN · FESTIVALS & EVENTS

01 **Getty Center**
Das Museumsgebäude hat Milliarden Dollar gekostet und ist in vierfacher Hinsicht ein Traum: wegen der Kunstsammlung erster Güte, von Renaissancemeistern bis hin zu David Hockney, der Avantgarde-Architektur, der prächtigen Gartenanlagen, die den Wechsel der Jahreszeiten widerspiegeln und wegen der großartigen Ausblicke über die Stadt bis zum Pazifik. *getty.edu; 1200 Getty Center Dr., Westside; Di–Fr und So 10–17.30, Sa 10–21 Uhr; Eintritt gratis, Parkgebühr 15 US-$ (10 US-$ nach 16 Uhr).*

02 **Broad Museum**
Das Broad Museum ist das neuste Kronjuwel der Kulturszene in L.A..Es wurde 2015 eröffnet, um die Sammlung von bisher 2000 Werken der zeitgenössischen Kunst zu beherbergen, die vom Milliardärspaar Eli und Edythe Broad zusammengetragen wurde. Hinter der durchbrochenen Außenhülle verbirgt sich eine hervorragend arrangierte Ausstellung mit Arbeiten von der Nachkriegszeit bis heute. *thebroad.org; 221 S Grand Ave.; Di–Mi 11–17, Do–Fr 11–20, Sa 10–20, So 10–18 Uhr; gratis.*

© oneinchpunch | Getty Images

03 **Gebäude des L.A. Philharmonic Orchestra**
Der Architekt Frank Gehry legte sich bei der **Walt Disney Concert Hall** (3a) seine Zügel an: Die Skulptur aus Edelstahl scheint der Schwerkraft zu trotzen. Falls eine Konzertkarte zu teuer ist, kann man das Gebäude auch kostenlos besichtigen. Der Sommersitz der Philharmoniker ist die **Hollywood Bowl** (3b; *hollywoodbowl.com; 2301 Highland Ave*), wo die billigsten Plätze nur 1 US-$ kosten! *laphil.org; 111 S Grand Ave.; Details auf der Internetseite.*

04 **Samstagabend: Kino**
Die Angelenos gehen gerne in Kinos, die es so nur in ihrer Stadt gibt, etwa das **Last Remaining Seats Film Series** (*laconservancy.org*), in dem klassische Filme in Kinos aus der goldenen Zeit Hollywoods gezeigt werden. Auf der anderen Seite der Stadt ist das **Cinespia** (*cinespia.org*) im **Hollywood Forever Cemetery** (*6000 Santa Monica Blvd.*) untergebracht, auf dem viele Stars ihren letzten Ruheplatz gefunden haben. *Unterschiedliche Zeiten und Eintrittspreise, Details siehe Internetseiten.*

05 **Walk of Fame auf dem Hollywood Boulevard**
Marilyn Monroe, Michael Jackson, Aretha Franklin und Bibo aus der Sesamstraße sind nur einige der 2400 Stars, die man auf dem **Hollywood Walk of Fame** (5a; *walkoffame.com; Hollywood Blvd.; gratis*)

verewigt findet. Der Mittelpunkt ist das **TCL Chinese Theatre** (5b; *tclchinese theatres.com; 6925 Hollywood Blvd.; gratis*), wo man die Hand- und Fußabdrücke der größten Stars im Beton findet.

06 Goldene Strände

L.A. ist ein Traumziel für Strandläufer: kilometerlange goldene Sandstrände, Palmen, Klippen, Volleyball, Mountainbikewege, Skateparks und Wellen, die von Bilderbuch-Surfern geritten werden. Ein guter Anfangspunkt ist der stadtnahe **Santa Monica State Beach** (6a; *smgov.net/portals/beach; 24 Std.; gratis*), etwas südlich davon liegt **Venice Beach** (6b; *venicebeach.com; 24 Std.; gratis*) mit einer Promenade, auf der sich Bodybuilder, Skaters und Hippies jedes Alters versammeln.

07 Griffith Park

L.A. hat auch dem Wanderer etwas zu bieten: Der Griffith Park ist eine der größten innerstädtischen Grünflächen der USA (fünfmal größer als der Central Park). Auf 85 Kilometer Wanderwegen kommt man unter anderem zur Batman-Höhle, zum bekannten Hollywood-Schild, zu einem Zoo, einem Observatorium und verschiedenen Museen und Spielplätzen. *laparks.org/dos/parks/griffithpk; 4730 Crystal Springs Dr.; 5–22.30 Uhr, Wanderwege Sonnenauf- bis -untergang; gratis.*

08 Schwitzen, Baby!

Bei **Perry's** kann man Fahrräder mieten (*perryscafe.com, mehrere Standorte; Std./Tag 10/30 US-$*) um den 35 Kilometer langen **South Bay Bicycle Trail** (8a; *traillink.com*) abzufahren. Weiter südlich kommt man zum **Muscle Beach Venice** (8b; *musclebeach.net; 1800 Ocean Front Walk; 24 Std.; gratis*) wo seit den 1930er-

EIN GESCHENKTER TAG

Um ein Gespür für das Völkergemisch in L.A. zu bekommen, kann man der Metrolinie Gold Line Downtown folgen. Die Fußgängerzone Olvera St. (*olvera-street.com; 24 Std.; gratis*) war der Ursprung der Stadt und mutet wie ein (etwas kitschiger) mexikanischer *mercado* an. Etwas nördlich liegt hinter einem modernen Drachentor Chinatown (*chinatownla.com; 24 Std.; gratis*) und lockt mit *dim sum* und Geschäften mit Heilkräutern, imitierten Seidenpantoffeln und Glücksbambus. Mit der Gold Line geht es dann weiter nach Little Tokyo (*littletokyola.org; 24 Std.; gratis*), das mit buddhistischen Tempeln, modernen Galerien, traditionellen Gärten und authentischem Sushi aufwartet.

© meeyak; Alfred Hermida | 500px

GÜNSTIGER ÖPNV

L.A. mag zwar seinen Beitrag zur heutigen Autokultur geleistet haben, aber die modernen Angelenos haben die Nase voll vom schlimmsten Verkehr des Kontinents und verlangen immer deutlicher nach Verkehrsalternativen. Die Metro (*metro.net*) verbindet inzwischen Downtown mit Santa Monica, Hollywood, Koreatown, Olvera Street, Chinatown und Little Tokyo für günstige 1,75 US-$ (*Tages-/Wochenkarte 7/25 US-$*). Außerdem greifen die Einwohner gerne auf Dienste zurück, die auf Apps basieren, etwa Uber (*uber.com/cities/los-angeles*) oder Lyft (*lyft.com*), die nur einen Bruchteil der Taxipreise verlangen. Den Flughafen LAX erreicht man für 8 US-$ mit einem Flyaway-Bus (*lawa.org*) von Hollywood, Santa Monica und Downtown aus.

© David Roth | Getty Images

Jahren dem Körperkult gefrönt wird. Der Ehrgeiz der Geistessportler am **Santa Monica International Chess Park** (8c; *Ocean Front Walk; bei Tageslicht; gratis*) ist allerdings genauso groß.

09 Bauernmärkte

Die Bauernmärkte in L.A. gehören zu den besten des Landes, was kaum überrascht, da in Kalifornien ein Großteil der Agrarprodukte der USA angebaut wird. Die Märkte in **Santa Monica** (9a; *smgov.net/portals/farmersmarket; Third Street Promenade und Arizona Ave., Santa Monica; Mi 8.30–13.30, Sa 8.30–13 Uhr*) setzen Maßstäbe (gut: die professionellen Köche), während der Markt in **Hollywood** (9b; *hollywoodfarmersmarket.org; Ecke Ivar Ave. und Selma Ave., Hollywood; So 8–13 Uhr*) großartiges Essen und Kunsthandwerk aus der näheren und ferneren Umgebung bietet; *gratis*.

10 Grand Central Market

Das beste Essen in Los Angeles muss nicht immer das teuerste sein. So kann man im Jugendstilgebäude des Grand Central Market auf Gängen wandeln, die mit Sägespänen bestreut und von Neonlichtern erleuchtet sind. An den Gängen stehen thailändische Imbisse (Sticky Rice), klassische US-Delis (Wexler), dekadente Frühstückslokale (Eggslut), schicke Käseläden (DTLA Cheese) und Patisserien (Valerie) neben historischen Gemüseständen. *grandcentralmarket.com; 317 S Broadway; So–Mi 8–18, Do–Sa 8–21 Uhr: gratis.*

11 Artwalk Gallery Tours

Allmonatlich fallen die Kunstliebhaber in der Stadtmitte ein, um sich feuchtfröhlich durch mehr als 40 Galerien und Museen. Die meisten Einrichtungen findet man zwischen der 3. und 9. Ave. und Broadway und Main St. Auch wenn das Volksfest manchmal die Kunstwerke in den Schatten stellt, macht es doch meist sehr viel Spaß. Falls nicht, gibt es immer ein andermal ...
downtownartwalk.org;
zweiter Do im Monat 12–21 Uhr; gratis.

12 Sommerfestivals für alle

In L.A. ist der Sommer die Zeit der kostenlosen Open-Air-Konzerte. Die meisten Tanzwütigen kommen zur **Twilight Dance Series** (*santamonicapier.org/twilightconcerts; gratis*), wenn der Santa Monica Pier und angrenzende Strände zu einer einzigen Partymeile werden. Downtown gibt es am **Pershing Square** (12a; *laparks.org/pershingsquare; 525 S Olive St.; gratis*) am Samstag und Donnerstag Livemusik, und **Grand Performances** (12b; *grandperformances.org; gratis*) bringt freitags und samstags internationale Acts an die California Plaza.

LOS ANGELES

KUNST & KULTUR | MUSIK & FILM | SPORT & FREIZEIT | ESSEN & TRINKEN | FESTIVALS & EVENTS

MIAMI

Miami ist mehr als eine Stadt am Strand. Es ist der Ort, an dem Lateinamerika, Nordamerika und die Karibik aufeinandertreffen. Das durchgehend wunderbare Wetter, die kosmopolitische Kunstszene und die Lebenslust machen daraus ein Reiseziel, das seinesgleichen sucht und zudem bezahlbar bleibt.

01 Wynwood Walls
Das Szene-Herz Miamis schlägt seit 2009 in den Lagerhäusern und Ateliers von Wynwood. Hier dreht sich alles – Kunstführungen, Galerienächte und das stetig wachsende Angebot für Nachtschwärmer – um die wunderbaren Wynwood Walls, eine Sammlung von atemberaubenden Wandgemälden, die einen immer wieder erstaunen lassen. *thewynwoodwalls.com; zw NW 25th und 26th St. und NW 2nd Ave.; Mo–Do 11–23.30, Fr–Sa 11–24, So 11–20 Uhr; gratis.*

02 WALLCAST in der New World Symphony
Das New World Center des Architekten Frank Gehry ist der Stolz von Miami Beach. Falls man ein Konzert in dem Kulturzentrum sehen möchte, aber die Kosten scheut, kann man auf die WALLCAST-Veranstaltungen ausweichen, bei denen die Shows der Symphoniker für Zuschauer auf die Außenwand des Gebäudes projiziert werden. *nws.edu/wallcasts.aspx; Miami Beach, 500 17th St.; Details auf der Internetseite; gratis.*

03 A1A/MacArthur Causeway
Diese Sehenswürdigkeit ist kostenlos. Allerdings braucht man ein Auto: Die Strecke führt zwischen den Hochhäusern und Straßenschluchten von Miami und Miami Beach entlang. Man sollte fahren,

© Marco Simoni | Getty Images

wenn der Sonnenuntergang den Himmel tiefrosa färbt und die Palmen sich im Wind wiegen. Die Fenster bleiben dabei natürlich unten ... *24 Std.; gratis.*

04 Lincoln Road Mall

Südflorida gibt gerne kräftig an. Nirgends sieht man das deutlicher als im Lincoln Road Mall. Die Lincoln Road ist eine Fußgängerzone inmitten der schicksten Hotels und angesagtesten Nachtclubs. Sehen und gesehen werden ist das Motto der Schönen, Reichen, Hipster und jener, die keines von all dem sind. *Miami Beach, zw. 16th und 17th St.; 24 Std.; gratis*

05 Miami Beach

Miami Beach ist sowohl der Name einer eigenen Stadt auf einer Insel vor Miami als auch der Name des zugehörigen Stands. South Beach reicht etwa von der 1st bis zur 23rd Street und ist bei Touristen am beliebtesten. Unterhalb der 11th St. ist das Publikum jünger und eher party-orientiert, während der Strand desto familienfreundlicher wird, je höher die Zahlen der Straßen sind. *miamibeachfl.gov; 5–24 Uhr; gratis.*

06 Viernes Culturales

Am letzten Freitag des Monats feiert Miami sein lateinamerikanisches Erbe und seine lebendige Kunstszene mit den *Viernes Culturales* („Kulturfreitagen"). Das Herz von Little Havanna wird mit Führungen, Kunstmärkten, Vernissagen, Musik, erfrischenden tropischen Drinks und Essen aus ganz Lateinamerika zu einer einzigen riesigen Party umgewandelt. *viernesculturales.org; SW 15th Ave. und 8th St.; 19–23 Uhr; gratis.*

HOTELS IN SOBE

Die Hotels in South Beach zeigen unbescheiden Reichtum, Luxus und Sexyness. Auch wenn man nicht zu dieser Szene gehört, kann man einen Blick auf die Einrichtung und die Außenanlagen werfen, die doch recht beeindruckend sind. Die Lobbys und Lounges im Außenbereich sind öffentlich zugänglich, und einen Drink kann man auch bestellen.

KUNST & KULTUR · MUSIK & FILM · SPORT & FREIZEIT · ESSEN & TRINKEN · FESTIVALS & EVENTS

NEW ORLEANS

Ganz so wie in New Orleans ist es nirgendwo anders: historische Architektur, bonbonbunte Häuser, die beste urwüchsige Küche der USA, nicht zu bremsende Livemusik, afro-karibische Kultur und Bars, die einfach nicht schließen wollen. Alles dreht sich um Hedonismus und Schönheit, und jede Straßenecke zeugt davon.

01 Jackson Square

Jackson Square ist das Herz des French Quarter, liegt aber nicht an den Hauptstraßen, sondern am Mississippi, der ja einst der wichtigste Weg in die Stadt war. An der gepflegten Grünanlage steht die St.-Louis-Kathedrale, eine der ältesten französischen Kathedralen in Nordamerika. Der Platz selbst ist von Straßenmusikern, Wahrsagern und allerlei anderen Künstlern belebt. *jackson-square.com; zw. St Peter, St Ann und Decatur St.; 24 Std.; gratis.*

02 Lafayette Cemetery No. 1

Im Schatten der alten Bäume liegt eine der stimmungsvollsten „Totenstädte" von New Orleans. Der Friedhof ist überreich an langsam verfallenden Grabmälern und Mausoleen, deren leicht morbide Atmosphäre des *memento mori* durch die Lebendigkeit des üppig wuchernden Pflanzengrüns etwas gemildert wird, das sich im umgebenden Stadtviertel Garden District breit macht. *Zw. Prytania St., Coliseum St. und Washington Ave.; Mo–Fr 7–15.30, Sa–So 8–16 Uhr; gratis.*

03 Frenchmen Street

Man kann davon ausgehen, dass „Musik" der Begriff ist, der den meisten zur Stadt New Orleans einfällt. Am leichtesten findet man Livemusik auf der Frenchman Street. Man trifft hier zwar nicht unbe-dingt die Einheimischen, aber es gibt unzählige Lokale, Bands und Zu-hörer. Die Musik lässt sich auch auf der Straße genießen, ohne irgendwo Eintritt bezahlen zu müssen. *Musik 18–2 Uhr; gratis.*

© Basil Anas; Stuart Murray | 500px, © Kris Davidson | Lonely Planet Images

04 City Park

Der größte Park in New Orleans ist auch eine der größten städtischen Grünanlagen der USA. Um alles zu erwähnen, bräuchte man einen eigenen Katalog. Es gibt mit Louisianamoos behangene Bäume, griechische Pavillons, das New Orleans Museum of Art und eine Grünanlage, die einen guten Eindruck der Wildnis in Louisiana vermittelt. *neworleanscitypark.com; 1 Palm Dr; Sonnenauf- bis -untergang; gratis.*

05 Mardi Gras

Mardi Gras ist New Orleans. Bei dieser Veranstaltung kommen alle Fäden im Völkergemisch der Stadt zusammen und feiern sich selbst: Uptown applaudieren die Zuschauer den Umzugswagen, in den schwarzen Vierteln sind es die marschierenden Jazzbands und die Mardi Gras Indians, und unten am Fluss verkleiden sich Künstler und Musiker in fantasievollen Kostümen. *mardigrasneworleans.com; Feb; Details auf der Internetseite; gratis.*

06 Second Lines Festival & Event

Die afrokaribische Kultur in New Orleans zeigt sich in den *Second Lines* – Umzüge der einzelnen Viertel, die (außer im Sommer) an jedem Sonntag stattfinden. Sie werden jeweils von den Nachbarschaftsvereinen der Viertel veranstaltet und bestehen aus einer Jazz-Band (der *First Line*) und der *Second Line* mit den Feiernden. *Routen und Termine auf der Internetseite des Radiosenders WWOZ (wwoz.org/new-orleans-community/inthestreet); gratis.*

ENDSTATION SEHNSUCHT

Die Straßenbahn, die auf der St. Charles Avenue verkehrt, ist ein nicht wegzudenkendes Wahrzeichen der Stadt New Orleans (*norta.com; 24 Std.; eine Strecke 1,25 US-$, Tageskarte 3 US-$*)

. Bei einer Fahrt sieht man in gemächlichem Tempo eine der schönsten Straßen Nordamerikas mit Herrenhäusern, die hinter riesigen Bäumen hervorlugen.
Die Straßenbahn fährt etwa alle 20 Minuten durch den Garden District und Uptown.

Kurz und knapp

- **Bevölkerung: 1,2 Millionen**
- **Highlights: Essen, Musik und ein guter Drink**
- **Währung: US-Dollar US-$**
- **Preisindex: 200 US-$ pro Tag**

NORDAMERIKA: KINO, KINO UMSONST!

MOVIES WITH A VIEW – BROOKLYN

Im Brooklyn Bridge Park gibt es zu jährlich wechselnden Themen klassische und Kultfilme. Hipster treffen auf Intellektuelle treffen auf Woody Allen … nur in New York. *brooklynbridgepark.org; 334 Furman St., Brooklyn; Juli–Aug Do bei Sonnenuntergang.*

SCREEN ON THE GREEN – WASHINGTON, DC

Bei diesem kostenlosen Filmfestival zwischen Smithsonian und National Monument lernt man der National Mall auf ganz neue Weise kennen. *hbo.com/screenonthegreen/. Auf die National Mall zw. 4th und 7th St.; Juli–Aug Do bei Sonnenuntergang.*

NEW ORLEANS FILM SOCIETY: MOONLIGHT MOVIES – NEW ORLEANS

Eine exquisite Auswahl meist kostenloser Filme unter freiem Himmel an verschiedenen Stellen in der Stadt (Old U.S. Mint, Sculpture Garden) sorgt für einen aufgewerteten Kulturquotienten. *neworleansfilmsociety.org; Frühlings- und Herbstprogramme.*

LITTLE ITALY OPEN AIR FILM FESTIVAL – BALTIMORE

Hier spürt man italienische Lebensart: Die kostenlosen Filme werden auf eine unfertige Reklametafel an der Mauer eines Restaurants projiziert … aus dem Fenster einer Privatwohnung. *littleitalymd.com/t/Open_Air_Film_Fest.; Ecke High St. und Stiles St.; Juli–Aug Fr 21 Uhr.*

FREE FRIDAY FILMS IN DER INNIS TOWN HALL – TORONTO, ON

Die Cinema Studies Students' Union der Universität hat gute Beziehungen zu den verschiedenen Filmfestivals in der Stadt und bietet Previews, Filmkunst und Gespräche mit Regisseuren. *cinssu.ca/fff-schedule/. Innis Town Hall, 2 Sussex Ave.; Sept–Apr Fr 19 Uhr.*

EN PLEIN AIR – MONTREAL

Wissbegierig? Beim Montréal International Documentary Festival kann man in den Parks und an anderen Orten eine gute Auswahl der besten Dokumentarfilme der Welt sehen, ohne bezahlen zu müssen. *ridm.qc.ca/en/ridm-en-plein-air; Juli–Sept, Vorführungen währen der ganzen Woche.*

CAPRI DRIVE-IN THEATER – COLDWATER, MICHIGAN

Ein typisches Stück Amerika zwischen Detroit und Chicago: das Capri aus den 1960er-Jahren hat eine sehr coole Retro-Anmutung. Die Autoschlangen und das Sound System (das Autoradio) lohnen die 8 US-$ Eintritt. *119 West Chicago Rd.; ab 19.30 Uhr an Wochenenden.*

MIAMI BEACH SOUNDSCAPE CINEMA SERIES – MIAMI

Palmen und Bougainvilleen sind die Kulisse für die Filme auf einer riesigen Leinwand in diesem städtischen Park, der nur Schritte von der Lincoln Road liegt. *mbculture.com; Soundscape ExoStage, 17 St. und Washington Avenue; Okt–Mai, Mi 20 Uhr.*

OLD PASADENA FILM FESTIVAL – PASADENA

In Pasadena wohnten die ersten Hollywood-Stars. Heute findet vier Wochen lang an verschiedenen Orten ein Filmfest mit zusammengewürfeltem Programm statt. Snacks gibt es von Imbisswagen. *oldpasadena.org; Jul–Aug ab 19–20.30 Uhr.*

FILM ON THE ROCKS – MORRISON, COLORADO

Eine einmalige Gelegenheit, Kino in einem natürlichen Amphitheater aus rotem Sandstein zu erleben. Morrison liegt dicht bei Denver. Der Eintritt kostet zwar 12 US-$, aber das Erlebnis ist unbezahlbar. *redrocksonline.com; Juni–Sept, ab 18.30 Uhr.*

Illustration | Thomas Burden

KUNST & KULTUR · MUSIK & FILM · SPORT & FREIZEIT · ESSEN & TRINKEN · FESTIVALS & EVENTS

NEW YORK

New York ist eine der fesselndsten Städte der Welt. Die vielen Museen und Theater, die faszinierend unterschiedlichen Stadtviertel und die konkurrenzlose Restaurantszene tragen dazu bei, sind jedoch nicht immer preiswert. Es gibt aber auch viele kostenlose Veranstaltungen und andere Möglichkeiten, sich ohne Geld zu vergnügen.

01 American Folk Art Museum

Dieses kleine Museum an der Upper West Side bietet Kunst von Außenseitern und Autodidakten. Man findet Holzschnitzereien, Gemälde, Textilien, handkolorierte Fotos und viele Kuriositäten, darunter auch Werke von Henry Darger, die eine ganz eigene Welt darstellen. Freitagabends gibt es kostenlose Livemusik. *folkartmuseum.org; 2 Lincoln Sq.; Di–Do und Sa 11.30–19, Fr 12–19.30, So 12–18 Uhr; gratis.*

02 Galerien in Chelsea

Das Zentrum der New Yorker Kunstszene liegt in West Chelsea, einem ehemaligen Industriegebiet, in dem sich Hunderte von Galerien angesiedelt haben. Sich die Werke von Arrivierten und Neulingen anzusehen, kostet nichts, und am Donnerstagabend gibt es meist Vernissagen, mit einem kostenlosen Glas Wein. Zu den ersten Adressen gehören **David Zwirner** (2a; *davidzwirner.com*), **Gagosian** (2b; *gagosian.com*) und

04

06

10

© Jack Vartoogian | Getty Images, © Rohit Kamboj | 500px, © Matt Munro | Lonely Planet Images

Kurz und knapp

- Bevölkerung: 8,5 Millionen
- Highlights: die schwindelerregende kulturelle Auswahl
- Währung: US-Dollar US-$
- Preisindex: 300 US-$ pro Tag

Barbara Gladstone (2c; *gladstonegallery.com*). *chelseagallerymap.com; 10th bis 11th Ave., zw. 18th und 25th St.; gratis.*

03 Metropolitan Museum

Das Metropolitan Museum ist ein Gelobtes Land für Kunstliebhaber: Auf fast sieben Hektar Galeriefläche sind zwei Millionen Exponate untergebracht, von wunderbar gearbeiteten altägyptischen Werken bis hin zu Alten Meistern aus Europa. Man könnte Tage dort verbringen und beim nächsten Besuch doch etwas Neues entdecken. Der Eintritt ist nicht kostenlos, man kann aber weniger geben als den Spendenvorschlag. *metmuseum.org; 1000 Fifth Ave.; So–Do 10–17.30, Fr–Sa 10–21 Uhr; Spendenvorschlag 25 US-$.*

04 National Museum of the American Indian

Obwohl sie in einem großartigen Jugendstilgebäude in Lower Manhatten untergebracht ist, wird diese Abteilung des Smithsonian Institute zwischen all den großen Museen der Stadt oft übersehen. Man sollte sich die Sammlungen mit Kunsthandwerk, Textilien und Zeremonialgegenständen aber auf jeden Fall ansehen. Sie vermitteln einen guten Einblick in die indigenen Kulturen des Kontinents vermitteln. *nmai.si.edu; 1 Bowling Green; Fr–Mi 10–17, Do 10–20 Uhr; gratis.*

05 Celebrate Brooklyn!

Brooklyn lässt sich nicht vom bekannteren Manhattan in den Schatten stellen und veranstaltet im grünen Prospect Park ein eigenes sommerliches Festival. Es gibt eine abwechslungsreiche Musikmischung von New-Orleans-Jazz über afrikanischen Funk bis hin zu Indie-Rock. Gut essen und trinken kann man auch. *bricartsmedia.org/performing-arts/celebrate-brooklyn; Prospect Park, Eingang an der 9th St. und Prospect Park W; gratis.*

06 SummerStage

Eine gute Möglichkeit, einen Sommerabend in New York zu verbringen,

INSIDER-TIPPS

„Ich bin oft im Park, wo immer etwas los ist – kostenloses Kino, Yoga, Konzerte ... Beim Shoppen sollte man auf „Sample Sales" achten, die oft günstige Gelegenheiten bieten. Ich neige zu Refinery 29 (*refinery29.com*) und Flavorpill (*flavorpill.com*)."
– Florence Foley, Modeschöpferin

„Kleidung und Haushaltswaren sind bei Housing Works (*housingworks.org*) günstig, das in der ganzen Stadt Filialen hat. Die Sommerkonzerte lohnen einen Besuch. Bei denen, die nicht kostenlos sind, mache ich ein Picknick auf dem Rasen vor der Veranstaltungshalle."
– Heungman R Kwan, Fotograf (*heungman-photography.com*)

© Sivan Askayo | Lonely Planet Images

sind die Konzerte im Central Park. Zwischen Juni und August finden mehr als 20 kostenlose Auftritte statt, darunter auch große Namen – in der Vergangenheit sind schon Django Django, Femi Kuti und die Metropolitan Opera aufgetreten. *cityparksfoundation.org/summerstage; Central Park, Eingang nahe Fifth Ave. und 72nd St.; gratis, Spenden werden jedoch gern angenommen.*

07 Sunny's

Im Stadtteil Red Hook von Brooklyn liegt in Hafennähe eine altmodische Bar, die unter der Woche meist von den Bewohnern des Viertels besucht wird. Am Samstagabend finden sich aber auch andere ein, um Bluegrass zu hören, wie es sie besser nirgends in der Stadt gibt. Früh kommen, um einen Platz zu ergattern, und nicht vergessen, die Musiker mit einem Beitrag in den herumgereichten Hut zu bedenken.*sunnysredhook.com; 253 Conover St.; Sa 14–4 Uhr; gratis.*

08 Brooklyn Bridge Park

Man verliebt sich unwillkürlich in Brooklyn, wenn man in diesem 34 Hektar großen Park am East River spazieren gegangen ist. Er bietet nicht nur atemberaubende Ausblicke auf Lower Manhattan, sondern auch vielfältige Aktivitäten, vom Rollschuhfahren am Pier 2 und Beachvolleyball am Pier 6 bis hin zum historischen Jane's Carousel am Fuß der Brooklyn Bridge. *brooklynbridgepark.org; 18–1 Uhr; gratis.*

09 Central Park

Der bekannteste Park der Stadt bietet kostenlose Vergnügen in vielfältigen Varianten. Man kann am See spazieren gehen, auf den Wiesen mit dem Frisbee spielen oder auf der Sheep Meadow picknicken. In der Woche ist es ländlich-ruhig (vor allem in den North Woods), am Wochenende ist Partystimmung angesagt mit Straßenmusikern, Pirouetten drehenden Rollerskatern und Familien, die an den Karussells und am **Tisch Children's Zoo** anstehen. *centralparknyc.org; 6–1 Uhr; gratis.*

10 High Line

Ein Gang durch die längste Gartenanlage Manhattans bietet sehr gute Aussichten auf die Stadt. Die ehemalige Industriehochbahn ist zu einem Grünstreifen mit Blumenwiesen, Kunstinstallationen und Luken mit Blick auf das 9 Meter tiefer liegende Straßengeschehen umgewandelt worden. Er erstreckt sich über 2,4 Kilometer von Gansevoort St. bis zur W 34th St. *thehighline.org; Dez–März 7–19, Apr–Mai und Okt–Nov 7–22, Juni–Sept 7–23 Uhr; gratis.*

11 Staten Island Ferry

Anstatt lange für die (kostenpflichtige) Bootsfahrt zur Freiheitsstatue anzustehen, sollte man lieber die Staten Island Ferry nehmen. Die 25-minütige Fahrt auf der klassisch-orangefarbenen Fähre kostet keinen Cent und bietet schöne Blicke auf die große Fackelträgerin, aber

NEW YORK

© Guilhem TINEL | 500px

auch auf die Wolkenkratzer Manhattans. Bonus: Man kann an Bord ein Bier kaufen. *siferry.com; Ostende des Battery Park; 24 Std.; gratis.*

12 **Joe's Pizza**

Joe's ist die Meryl Streep der Pizzabäckereien: In den letzten 30 Jahren hat sie Dutzende – verdiente – Auszeichnungen und Ruhmesreden geerntet und so ihren Ruf als eine der Spitzenpizzerien in New York gefestigt. Die Pizzen werden gleichermaßen selbstverständlich Studenten, Touristen und Prominenten wie Bill Murray oder Mickey Rourke serviert. *joespizzanyc.com; 7 Carmine St.; 10–4 Uhr; Pizzastücke ab 2,75 US-$.*

13 **Imbisswagen auf der Roosevelt Avenue**

Auf der Roosevelt Avenue findet das

KAJAK IN DER GROSSSTADT

Man vergisst leicht, dass New York von Wasser umgeben ist. Am besten ruft man sich das wieder in Erinnerung, indem man eine kostenlose Kajakfahrt von einem der vielen Bootshäuser der Stadt unternimmt. Man muss sich nur an Ort und Stelle für eine kostenlose 20-minütige Probefahrt anmelden, um vor der unbezahlbaren Kulisse zu paddeln. Kajaks gibt es bei: Downtown Boathouse (*Hudson River Park nr N Moore St.; Mitte Mai–Anfang Okt Sa–So 9–16.30 Uhr*); auf Governors Island (*Juni–Aug Sa 10.30–16 Uhr*) und im Brooklyn Bridge Park, nahe Pier 2 (*Jun/Aug Sa 10–15 Uhr und Do 17.30–18.45 Uhr*).

© kaarsten; Jose Luis Pelaez Inc | Getty Images, © Roman K | 500px

Essen auf dem Bürgersteig zu seiner Höchstform. Spätabends treffen die Wagen mit lateinamerikanischen Gerichten ein und die Gäste kommen in Strömen, um zwischen der 90th St. und 103rd St. *champurrados* (warmes Schokoladen-Maisgetränk) zu schlürfen oder *cemita* (mexikanisches Sandwich) zu essen *Unterschiedliche Zeiten.*

14 **Smorgasburg**

Jedes Wochenende findet in Brooklyn eines der besten Gastronomie-Events New Yorks statt. Es heißt *Smorgasburg* und besteht aus einer schwindelerregenden Anzahl von Imbissständen, die Gerichte aus jeder Ecke der Welt anbieten. Es gibt indisch inspirierte Masala-Sandwiches, Donuts, gefüllte Tortillas aus San Salvador, Kirschtarte als Eis am Stiel und vieles mehr. Ortsangaben auf der Internetseite. *smorgasburg.com; Sa–So 11–18 Uhr; gratis.*

15 **Brooklyn Flea**

Am Wochenende kann man in Brooklyn einen der besten Märkte der ganzen Stadt besuchen. An mehr als 100 Ständen werden Schätze von früher und heute verkauft. Man findet alles, von Schallplatten und Postern aus den 1930er-Jahren über alte Klamotten und Schmuck, Kunst und Kunsthandwerk bis hin zu Antiquitäten und Haushaltsgeräten.

© Roger Gaess | Getty Images

An mehr als zwei Dutzend Imbisswagen kann man sich zwischendurch stärken. Je nach Jahreszeit unterschiedliche Orte, Details auf der Internetseite. *brooklynflea.com; gratis.*

16 **Independence Day**

Am Unabhängigkeitstag gibt es in fast jeder Stadt der USA ein Feuerwerk. Die Pyrotechnik in New York ist wegen der Kulisse der Wolkenkratzer von Manhattan aber kaum zu überbieten. Meist werden die Raketen über dem East River gezündet, sodass man sie von Brooklyn, Queens und der East Side von Manhattan aus sehen kann. Man muss schon vor Sonnenuntergang an Ort und Stelle sein, um einen guten Platz zu ergattern. *social.macys.com/fireworks; 4. Juli; gratis.*

17 **Mermaid Parade**

Dieser herrlich skurrile Nachmittagsumzug verherrlicht den Strand, das Meer und den Sommeranfang: Auf Coney Island zeigen die Teilnehmer Kostüme mit viel Schuppengeglitzer und viel nackter Haut. Der Umzug findet im Juni an dem Samstag statt, der dem Sommeranfang am nächsten liegt. Für Teilnehmer ist der Spaß noch größer – das kostet allerdings 25 US-$ pro Person. *coneyisland.com/programs/mermaid-parade; Juni; gratis.*

18 **Village Halloween Parade**

Der Umzug ist für die Zuschauer ein Heidenvergnügen – für Teilnehmer im stilechten Kostüm und mit gruseligem Make-up natürlich erst recht. Die Strecke führt von der Spring St. zur 16th St. Willkommen ist jedermann und -frau im Kostüm. Man muss nur an Halloween zwischen 19 und 21 Uhr an der Sixth Ave. nahe der Canal St. auftauchen. *halloween-nyc.com; 31. Okt; gratis.*

MUSEUMS-TAGE

Wenn man richtig plant, kann man drei der besten Museen der USA besuchen, ohne Bankrott erklären zu müssen. Das Museum of Modern Art (MoMA; *moma.org; 11 W 53rd St.*) gewährt freitags von 16 bis 20 Uhr freien Eintritt. Wenn man nach 18 Uhr ankommt, ist es nicht so überlaufen. Im Guggenheim (*guggenheim.org; 1071 Fifth Ave. an der 89th St.*), zahlt man am Samstag nur so viel, wie man möchte (17.45–19.45 Uhr). Inzwischen hat auch das brandneue Whitney Museum (*whitney.org; 99 Gansevoort St.*) nahe der High Line ein preiswertes Angebot: Am Freitag zahlt man von 19–22 Uhr nur so viel, wie man entbehren kann.

KUNST & KULTUR · MUSIK & FILM · SPORT & FREIZEIT · ESSEN & TRINKEN · FESTIVALS & EVENTS

PORTLAND

PORTLAND

Portland ist für sein Craft Beer ebenso bekannt wie für die abgedrehte Atmosphäre. Inzwischen verdient auch die Restaurantszene Respekt. Das Essen ist nicht mehr so preiswert wie einst, aber die Restaurants sind im Vergleich zu ähnlichen Städten immer noch günstig,

02

03

04

01 OMSI Science Pub

In dieser Vortragsreihe erfährt man etwas über bahnbrechende Entwicklungen in der Wissenschaft, Technik, Geschichte und Geologie, vom Ursprung der Quitte bis hin zur Zukunft der Polarmeere. Die Präsentation ist ebenso unterhaltsam wie informativ. So lernt man etwa, mit Schallwellen einen Biergeysir zu erzeugen. *omsi.edu; Spendenvorschlag 5 US-$.*

02 Powell's City of Books

Powell's ist ein Wahrzeichen der Stadt – fast schon ein Museum. An den meisten Abenden finden im Hauptgeschäft Autorenlesungen statt. In den vielen Räumen des riesigen Gebäudes kann man sich auf der Suche nach Gebrauchtexemplaren eines Wunschtitels verlieren. *powells.com; 1005 W Burnside St.; 9–23 Uhr; Lesungen gratis.*

03 Forest Park

In den naturbelassenen 2000 Hektar verlaufen mehr als 130 km Wanderwege,

© Danielle D. Hughson; Anthony Pidgeon | Getty Images, © Irvin Hayes Jr. | 500px

Kurz und knapp

- Bevölkerung: 2 Millionen
- Highlights: Fahrradfahren und Imbiss-Essen
- Währung: US-Dollar US$
- Preisindex: 200 US$ pro Tag

darunter auch der beliebte Wildwood Trail, der auf 48 Kilometer durch den Park führt und dabei mehrere kürzere Wege kreuzt. An den meisten Anfangspunkten kann man kostenlos parken. Ein günstig gelegener Start ist Lower MacLeay Park. *forestparkconservancy.org; NW 29th Ave. und Upshur St.; tgl 5–22 Uhr; gratis.*

04 Pioneer Courthouse Square

Der Platz wird oft als „Wohnzimmer Portlands" bezeichnet und ist eine gute Stelle, um in der Stadtmitte eine Pause zu machen und die Passanten zu beobachten, während man einen Snack isst. Montags von 10 bis 14 Uhr findet ein Bauernmarkt statt. Auch zu anderen Zeiten gibt es jahraus, jahrein vielfältige Veranstaltungen und Festivals. *thesquarepdx.org; SW Broadway und Morrison St.; 24 Std.; gratis.*

05 Last Thursday Art Walk

Dieser aufgedrehte Umzug sorgt allmonatlich für Chaos auf der hippen NE Alberta Street. Natürlich kann man auch einkaufen – die Souvenirs sind garantiert einzigartig –, aber es macht auch Spaß, sich nur in den Kunstgalerien umzusehen und ein Eis zu essen. *lastthurspdx.org; NE 15th–30th Ave. an der Alberta St.; letzte Do im Monat 18–21.30; gratis.*

06 Saturday Market

Eigentlich ist diese Wochenend-veranstaltung (der Markt findet auch Sonntags statt) ein Kunsthandwerker-Markt, aber man sollte auch wegen des Straßentheaters hingehen – und sich Zeit lassen, damit man nicht irgendetwas verpasst. *portlandsaturdaymarket.com; 2 SW Naito Pkwy.; März-Dez Sa 10-17, So 10-16.30 Uhr; gratis.*

TOUREN AUF ZWEI RÄDERN

Das beste Transportmittel in Portland ist – im Dienste der Umwelt wie auch des Besichtigens – das Fahrrad. Der Autoverkehr in der Stadt ist zunehmend nervtötend geworden. Der ÖPNV ist zwar gut und preiswert, aber Fahrradfahren macht einfach mehr Spaß und bietet größere Flexibilität. In der gesamten Stadt gibt es Fahrradspuren auf den Straßen und für Pkws gesperrte Verkehrswege. Falls man nicht mit dem eigenen Rad anreist, kann man eins bei Cycle Portland Bike Tours (*portlandbicycle tours.com, Miete ab 5 US-$*) mieten, eine Fahrradstreckenkarte einstecken und sich auf den Weg machen.

Kurz und knapp

- Bevölkerung: 3,2 Millionen
- Highlights: Strände! Und etwas Kultur und Geschichte
- Währung: US-Dollar US-$
- Preisindex: 165 US-$ pro Tag

SAN DIEGO

Die Eigenwerbung der Stadt lautet „America's Finest City", und da ist etwas dran. Das Wetter ist perfekt, über den Stränden scheint die Sonne, in der Ferne erheben sich Berge, und die Stadt wartet mit einem lebendigen Zentrum und ruhigen Parks auf. Hier kommen alle ohne Kosten auf ihre Kosten – Segler, Surfer, Kulturbeflissene …

01 Balboa Park

Balboa Park liegt mitten in der City und bietet so viele Museen und Gärten, dass man tagelang beschäftigt ist. Manche sind kostenlos, etwa das **Timken Museum of Art** (1a; *timkenmuseum.org; 1500 El Prado; Di–Sa 10–16.30, So 12–16.30; gratis*), andere nehmen Großstadtpreise, sodass es sich lohnt, im **Visitors Center** (1b; *1549 El Prado; 9.30–16.30 Uhr*) den Besuch im Voraus zu planen, um das Meiste aus Zeit (und Geld) zu machen. *balboapark.org.*

02 Hotel Del Coronado

Das Hauptgebäude aus geweißtem Holz wartet mit Kuppeln, Türmen und Türmchen und Balkonen auf. Das Interieur aus poliertem Holz verlangt noch heute nach Panamahüten und Sommeranzügen. Das allseits beliebte Hotel war Drehort von „Manche mögen's heiß" mit Marilyn Monroe, und die Wände sind mit Fotos von unzähligen anderen berühmten Gästen gepflastert. *hoteldel.com; 1500 Orange Ave., Coronado; 24 Std.; gratis.*

03 Old Town State Historic Park

1821 gehörte Kalifornien noch zu Mexiko. Damals entstand hier die erste Siedlung des Gebietes. Heute ist die Plaza von Bäumen und historischen Gebäuden mit Museen, Geschäften und Restaurants umgeben. Es gibt täglich kostenlose Führungen, die um 11 Uhr und 14 Uhr am Visitor Center beginnen. *www.parks.ca.gov; 4002 Wallace St.; Visitor Center und Museen Mai-Sept Mo–Do 10–16, Fr–So 10–17 Uhr; Eintritt zum Park und zu den meisten Museen und Gebäuden gratis.*

04 Filmnacht

Am Pool des **Pearl Hotel** (4a; *thepearlsd.com; 1410 Rosecrans St.*) ist immer etwas los. Am Mittwochabend gibt es meist für den Preis eines Drinks eine Kinovorführung auf großer Leinwand. An anderen Tagen lohnt sich die geringe Ausgabe für eine FilmkunstAufführung im **La Paloma Theatre** (4b; *lapalomatheatre.com; 471 S Coast Hwy. 101, Encinitas; 10 US-$ nur in bar*), einem Jugendstilpalast aus dem Jahr 1928 nördlich der Stadt.

05 Spreckels Organ Pavilion

Die Familie Spreckels ist mit Zuckerrüben reich geworden und hat der Stadt den Spreckels Organ Pavilion im Balboa Park unter der Bedingung gestiftet, dass es immer einen angestellten Organisten geben müsse. Die Orgel steht in einer Kolonnade und ist angeblich die zweitgrößte unter freiem Himmel stehende der Welt. *spreckelsorgan.org; House of Hospitality, 1549 El Prado #10; Konzerte So 14 Uhr; gratis.*

02

© Charles Davies | 500px

SAN DIEGO ZOO

Der Zoo von San Diego ist zu Recht berühmt und lohnt das Eintrittsgeld. Er beherbergt mehr als 3000 Tiere und über 800 Arten und ist schon seit Langem ein Vorbild für die Gestaltung von Gehegen, die natürliche Habitate nachahmen. Die Koalabären sind so beliebt, dass sie zu einem inoffiziellen Maskottchen der Stadt geworden sind, und die Elefanten, Gorillas und Komodowarane finden auch alle einen Platz an der Sonne. Nur die nachtaktiven Spezies werden innen gehalten. *sandiegozoo.org; 2920 Zoo Dr.; Tageskarte Erw./Kind ab 48/38 US-$; Mitte Juni-Anfang Sept 9–21, sonst 9–17/18 Uhr. Ermäßigte Karten siehe San Diego Savings (S. 217).*

06 Strandleben

Sich für den besten Strand San Diegos zu entscheiden, ist wie ein Schmuckstück bei Tiffany & Co. auszuwählen. Der **Coronado Municipal Beach** steht inzwischen auf den meisten Top-10-Listen, aber es gibt für fast jeden Geschmack einen Strand: Bodysurfing (**Pacific Beach**), Surfen (**Sunset Cliffs** am Ocean Beach), familienfreundlich (**Shell Beach** in La Jolla), Teenie-Szene (**Mission Beach**) und Nacktbaden (**Black's Beach** in La Jolla). *24 Std.; gratis.*

07 Harbor Drive

Der **Embarcadero** (7a) ist eine gepflegte Promenade am Wasser. Das **USS Midway Museum** (7b; *midway.org; 910 N Harbor Dr.; 10–17 Uhr; Erw./Kind 20/10 US-$*) ist ein ehemaliger Flugzeugträger, der inzwischen zu den besten Museen der USA zählt. Nach dem Museumsbesuch kann man in einem der Restaurants im schicken Einkaufszentrum **The Headquarters at Seaport** (7c; *theheadquarters.com; 789 W Harbor Dr.; Mo–Sa 10–21, So 10–20 Uhr; gratis*) Leib und Seele stärken.

08 Brew Pubs

In San Diego gibt es einige der besten Brauereien der USA, darunter auch die etwa 40 Mitglieder der **San Diego Brewers Guild** (*sandiegobrewersguild.org*). Freibier gibt es zwar nicht, aber das Selbstgebraute kostet deutlich weniger als in einer Cocktailbar oder einem Nachtclub. Die **Try Stone Brewing Company** (*stonelibertystation.com; 2816 Historic Decatur Rd.; Mo–Sa 11.30–22, So 11–21 Uhr; Hauptgerichte 14–29 US-$*) lohnt z. B. einen Besuch.

09 Clayton's Coffee Shop

Es gibt *Diners*, die auf alt machen.

© Rob Hopkins; Chris Nanoski; Alex Gaflig | 500px, © Stephen Saks | Getty Images

SPAREN IN SAN DIEGO

Es geht auch ohne Mietwagen. In San Diego kommt man gut mit dem Metropolitan Transit System herum (*sdmts.com*). Bus-/Straßenbahnkarten kosten 2,25/2,50 US-$, und Tageskarten sind noch günstiger (*Karten für 1/2/3/4 Tage 5/9/12/15 US-$, zzgl. 2 US-$ für eine wiederverwendbare Compass Card*). Ermäßigte Preise für Fahrt und Eintritt zahlt man mit dem Passport to Balboa Park (*einmaliger Eintritt zu 14 Museen binnen 1 Woche; Erw./Kind 53/29 US-$*), dem Stay For The Day Pass (*fünf Museen; 43 US-$*) oder dem Combo Pass (*Pass und Eintritt in den Zoo; Erw./Kind 89/52 US-$*). Alle Pässe erhältlich im Transit Store (*sdmts.com; 102 Broadway*).

© Alan Crosthwaite; Toshi Miyamoto | 500px

Und es gibt solche, die es sind. Der Clayton's Coffee Shop stammt aus den 1940er-Jahren, die Barhocker sind mit Kunstleder bezogen, und jede Nische hat eine kleine Jukebox. Serviert werden typische amerikanische Frühstücksgerichte und einige mexikanische Spezialitäten wie *machaca* (würziges Fleisch) mit Eiern und Käse – alles zu annehmbaren Preisen. *979 Orange Ave., Coronado; So–Do 6–21, Fr–Sa 6–22 Uhr; Hauptgerichte 8–12 US-$.*

10 Essen in Mission Hills

Das etwas abgelegene Viertel Mission Hills sieht zwar nicht nach viel aus, lohnt aber einen Abstecher wegen der preiswerten Spezialitäten, die dort aus den Küchen kommen. Das vielprämierte **Saffron** (10a; *saffronsandiego.com; 3731-B India St.; Mo–Sa 10.30–21, So 11–20 Uhr; Hauptgerichte 8–11 US-$*) bietet Thai-Hühnchen, Nudeln und Saté. Nur wenige Schritte weiter liegt das **El Indio** (10b; *el-indio.com; 3695 India St.; 8–21 Uhr; Gerichte 3–9 US-$*), das seit 1940 Taquitos, Tamales und Frühstücks-Burritos serviert.

11 Comic-Con International

Alljährlich im Juli verwandelt das Comic-Con International die halbwegs normale Stadt San Diego in ein Eldorado der Geeks. Besucher aus der ganzen Welt treffen sich, um ihre Sammlungen von Comic- und Popkultur-Stücken zu ergänzen. Hier findet man alles, vom Superhelden bis zum Anime. Der Eintritt kostet 50 US-$, aber abgedrehte Kostüme sieht man kostenlos in der ganzen Stadt. *comic-con.org; später Juli; gratis.*

12 Fleet Week

San Diego ist das Hauptquartier der US-Pazifikflotte, und während der Flottenwoche (eher ein „Flottenmonat") zeigt die Kriegsmarine, was sie hat und kann. Es gibt Paraden und Ausstellungen klassischer Automobile, Führungen durch die Schiffe, die Miramar Air Show (die größte der Welt) und das Cabrillo Festival, mit dem der spanische Forscher gefeiert wird, der Kalifornien „entdeckte". *fleetweeksandiego.org; Mitte Sept–Anfang Okt; 24 Std.; gratis.*

KUNST & KULTUR MUSIK & FILM SPORT & FREIZEIT ESSEN & TRINKEN FESTIVALS & EVENTS

SAN FRANCISCO

Von den Blumenkindern bis zu den Start-ups in Silicon Valley hat San Francisco immer wieder Neues in den USA ausgelöst. Der Besucher erfreut sich an den romantischen Ausblicken über die Bucht und den Cable Cars: Man kann sein Herz hier verlieren, aber nicht unbedingt sein ganzes Geld.

01 Balmy Alley

Farbenfrohe Wandgemälde gibt es seit den 1980er-Jahren im Mission District. Heute wartet Balmy Alley mit der höchsten Konzentration politischer Straßenkunst in der Stadt auf. Im **Precita Eyes Muralists Center** (*precitaeyes.org/tours.html*) gibt es einen Plan für eine Besichtigungstour zu den Bildern, die sich vom Alltagsleben der Stadt bis zum Weltfreiden allen denkbaren Themen widmen. *balmyalley.com; Balmy St.; zw. 24th und 25th St.; 24 Std.; gratis.*

02 Cable Car Museum

Die Kabelstraßenbahnen auf den unglaublich steilen Straßenzügen gehören zu den unvergesslichen Bildern der Stadt. Die Fahrkarten sind zwar nicht billig (7 US-$), dafür ist der Eintritt in dieses kleine Museum kostenlos. Man kann alte Originalwagen und sogar das Kabel unter der Straße sehen, mit dem die Wagen gezogen werden. *cablecarmuseum.org; 1201 Mason St.; Okt–März 10–17, Apr–Sept 10–18 Uhr; gratis.*

02

04

11

© Robert Schlie | 500px, © T photography | Shutterstock, © Exploratorium www.exploratorium.edu

Kurz und knapp

- Bevölkerung: 6 Millionen
- Highlights: technische Innovationen und alternative Kultur
- Währung: US-Dollar US-$
- Preisindex: 205 US-$ pro Tag

03 City Lights Books

Die bekannte unabhängige Buchhandlung in San Francisco wurde 1953 vom Dichter Lawrence Ferlinghetti gegründet. Ihren Ruf als Hort der politischen Radikalität begründete sie mit der Herausgabe des Buches *Howl* von Allen Ginsberg, das wegen Obszönität zu einem Gerichtsverfahren Anlass gab (Ferlinghetti gewann). Es gibt einen Veranstaltungskalender mit vielen kostenlose Autorenlesungen. *citylights.com; 261 Columbus Ave.; 10–24 Uhr; gratis.*

04 Coit Tower

Dieser blendend weiße Jugendstilturm steht seit 1933 auf dem Telegraph Hill im Stadtviertel North Beach. Die unteren Etagen mit politischen Wandgemälden aus der Zeit der Weltwirtschaftskrise können kostenlos besichtigt werden. Der Aufzug nach oben kostet eine geringe Gebühr, die angesichts der Panoramaausblicke jedoch lohnt. *1 Telegraph Hill Blvd.; Nov–Apr 10–17, Mai–Okt 10–18 Uhr; gratis; Aufzug 8 US-$.*

05 Musée Mécanique

Am Fuße der Taylor St. quillt diese Schatztruhe von alten Arcade-Spielen, Flipper-Automaten, handbetriebenen Jukeboxen und anderen mechanischen Wundern über. Das Spielen an den Maschinen kostet etwas, aber nicht sehr viel – manche lassen sich schon mit einem Penny (1 US-Cent) in Betrieb setzen. Es gibt Automaten, an denen man sich mit Münzgeld versorgen kann. *museemecaniquesf.com; Shed A, Pier 45, The Embarcadero; meist 10–20 Uhr; gratis.*

06 Presidio Officers' Club

Zwischen den Grünanlagen des Presidio-Parks steht dieser renovierte Offiziersclub aus Lehmziegeln. Das

EIN GESCHENKTER TAG

Der Tag beginnt mit einem Cappuccino und italienischem Gebäck in North Beach. Danach geht es die Filbert Street Steps zum Coit Tower hinauf und dann zum City-Lights-Buchladen. Mittags kann man sich mit einer Schale Nudeln in Chinatown stärken, bevor es zum Fisherman's Wharf geht, wo sich am Pier 39 die Seelöwen sonnen (S. 222) und am Hyde Street Pier historische Schiffe vor Anker liegen. Mit der Cable Car kann man dann hinauf zum winzigen Cable Car Museum (S. 218) gelangen. Auf der Market Street geht es dann wieder hinab, um mit der BART-Schnellbahn zum Mission District zu fahren, wo man als Abendessen einen riesigen Burrito im San Francisco Style verspeist.

© Sabrina Dalbesio | Getty Images, © Mark Read | Lonely Planet Images

Gebäude stammt aus der spanischen Kolonialzeit im späten 18. Jahrhundert. Das Museum mit Exponaten zur Kulturgeschichte der Stadt und zur Natur in der Umgebung kann kostenlos besucht werden. Karten für kostenlose Konzerte, Vorträge und Führungen über die Internetseite. *presidioofficersclub.com; 50 Moraga Ave.; Di–So 10–18 Uhr; gratis.*

07 San Francisco City Guides

Die enthusiastischen Führerinnen und Führer dieser kostenlosen Fußgängertouren können mit vielen historischen Leckerbissen über ihre Stadt aufwarten. Es gibt Führungen zu bestimmten Themen und durch einzelne Stadtviertel. Für den ersten Besuch ist der Gang durch Chinatown ein Klassiker (Ausgangspunkt Portsmouth Square Park). Reservierungen nicht notwendig. *sfcityguides.org; unterschiedliche Ausgangspunkte; unterschiedliche Zeiten; gratis, Spenden jedoch gern gesehen.*

08 San Francisco Maritime National Historical Park

Das Seefahrtsmuseum liegt in der Nähe vom Fisherman's Wharf und ist in einem Streamline-Moderne-Gebäude aus den 1930er-Jahren untergebracht, das wie ein Ozenriese aussieht. Am Hyde Street Pier sind Schiffe aus den vergangenen Jahrhunderten vertäut. *nps.gov/safr; 499 Jefferson St. und 900 Beach St.; 9.30–17 Uhr; Visitor Centre, Museum und Pier gratis, Schiffe 10 US-$.*

09 Amoeba Music

Mitten in Haight-Ashbury, dem Viertel der Hippies, liegt *der* Laden für Musik abseits des Mainstream. Es gibt auch Konzerte mit Bands, die sogar aus Europa (oder nur aus L.A.) anreisen. Eintritt frei, keine Tickets notwendig. Die schier endlosen Regalreihen bieten Alben mit Hip-Hop, Electronica, World Beats und anderen Schmankerln. Die Empfehlungen der Mitarbeiter sind manchmal recht extrem. *amoeba.com; 1855 Haight St.; Musik zu unterschiedlichen Zeiten; gratis.*

10 Stern Grove Festival

Das kostenlose Freiluftfestival geht jetzt ins 80. Jahr und bietet Klassisches (etwa Ballett und die Symphoniker der Stadt) und Modernes wie Mambo und Folk. Die Konzerte finden sonntagnachmittags im Sommer statt. Einen Platz bekommt man nur, wenn man früh genug ankommt. *sterngrove.org; am Sloat Blvd. nahe der 19th Ave.; Mitte Juni–Mitte Aug; gratis.*

11 Exploratorium

Das beliebteste Museum in San Francisco wirft einen interaktiven Blick auf die Welt der Wissenschaft und der Sinneswahrnehmungen. Der Eintrittspreis für den neuen Campus ist nicht ohne, aber die Außengalerien kann man umsonst besichtigen. Zu den Freiluft-Exponaten gehören eine riesige Äolsharfe und eine Camera obscura, die in einer Rikscha versteckt ist. *exploratorium.edu; Pier 15, The Embarcadero; Di–So 10–17, Do auch 18–22 Uhr; Freiluftexponate gratis, Museum Erw./Kind 29/19 US$.*

12 Golden Gate Bridge

Die Farbe des Anstrichs heißt „International Orange". Das Wahrzeichen der Stadt überspannt den windigen Eingang zur Bucht von San Francisco. Wenn man unter einem der wolkenkratzenden Jugendstilpfeiler steht, kann man bis zu den Marin Headlands blicken oder vielleicht Wale sehen, die in die Bucht einschwimmen. *goldengatebridge.org; Hwy 101; Fahrzeuge*

24 Std., Fußgänger 5–18.30, Mitte März–Anfang Nov 5–21 Uhr; Fußgänger gratis, Fahrzeuge ab 7,25 US-$.

13 Golden Gate Park

Der 4 Quadratkilometer große Stadtpark reicht bis an den Ocean Beach. Die Haine und botanischen Gärten sind ein schönes Ziel für Spaziergänger. Neben holländischen Windmühlen sieht man auch weidende amerikanische Bisons. Es gibt kostenlose Veranstaltungen, von Yogakursen bis zu Opernaufführungen. *goldengatepark.com; zw. Fulton St. und Lincoln Way, Stanyan St. und Great Hwy; 24 Std., unterschiedliche Zugangszeiten und Preise bei manchen Gebäuden; sonst gratis.*

14 Seelöwen am Pier 39

Nach dem Loma-Prieta-Erdbeben 1989 (Richterskala 6,9) begannen die kalifornischen Seelöwen, an der Pier 39 des Fisherman's Wharf an Land zu kommen. Seitdem sind sie geblieben – man kann manchmal bis zu 1700 der Tiere sehen, die auf dem Dock herumlümmeln. Selfies mit den inoffiziellen Maskottchen der Stadt sind erlaubt ... *Pier 39, The Embarcadero; 10–21 Uhr, Ende Mai–Ende Sept 10–23 Uhr; gratis.*

15 El Farolito

Im Mission District, einem Viertel mit lateinamerikanischen Wurzeln, gibt es Taco-Shops im Überfluss. Der berühmteste Hungerstiller für Billigheimer ist ein riesiger Burrito im San Francisco Style mit einer Extraportion Reis, Bohnen und Gemüse. Die Herausforderung liegt darin, das Ding beim ersten Biss als Ganzes in den Mund zu bekommen. Das El Farolito fügt auch noch dicke Avocadoscheiben hinzu ... *2779 Mission St.; So–Do 10–14.30, Fr–Sa 10–3,30 Uhr; Mahlzeiten unter 10 US-$.*

16 Off the Grid

An jedem Tag der Woche kommen verschiedene Food Trucks an einer anderen Stelle der Stadt zusammen. Zu den Favoriten gehört das „Picnic at the Presidio" am Sonntagnachmittag und das „Twilight at the Presidio" am

KOSTENLOSE KOSTPROBEN

San Francisco ist eine Stadt für Gourmets. Für ein mehrgängiges Molekularküchen-Menü kann man leicht mehrere Hundert Dollar ausgeben. Einige der bekanntesten Leckerbissen gibt es aber auch umsonst: Die Golden Gate Fortune Cookie Factory (*56 Ross Alley; 8–18 Uhr*) in Chinatown und die Schokoladenfabrik Ghirardelli Square (*ghirardelli.com; 900 North Point St.; So–Do 9–23, Sa–So 9–24 Uhr*) verschenken Proben. Verwöhnteren Gaumen seien die kostenlosen Appetithäppchen empfohlen, die es an den Ständen des Ferry Building Marketplace und auf dem Bauernmarkt gibt, der dreimal wöchentlich davor stattfindet.

© kavram | Shutterstock

Donnerstagabend mit Livemusik und Kochen am offenen Feuer. *offthegrid.com; Main Parade Ground, The Presidio; Do 17–21 und So 11–16 Uhr; gratis, Speisen ab 2 US-$.*

17 **Fleet Week**

Die Schiffe der US-Kriegsmarine zu besichtigen oder der Flottenparade in der Bucht zuzuschauen, mag schon ein Erlebnis sein, aber es ist erst das Vorspiel für die Hauptveranstaltung: Bei einer spektakulären Flugshow zeigen die Blue Angels atemberaubende Manöver und Tricks. Am besten bei einem Picknick auf dem Marina Green zu beobachten. *fleetweeksf.org; unterschiedliche Veranstaltungsorte; Anfang Okt; gratis.*

18 **Hardly Strictly Bluegrass Festival**

Seit mehr als einem Jahrzehnt findet am ersten Wochenende im Oktober (inkl. Freitag) dieses gigantische Freiluftfestival im Golden Gate Park statt. Der Name besagt schon, dass nicht nur Bluegrass, Country und Folk auf den sieben Bühnen gespielt wird – es gibt auch Rock, Punk, Indie und World Beat zu hören. Jedes Jahr treten mehr als 100 verschiedene Bands und Musiker auf. Unbedingt anhören! *hardlystrictlybluegrass.com; Golden Gate Park; Anfang Okt; gratis.*

18

© Engel | 500px

SAN FRANCISCO PRIDE

Die größte LGBT-Veranstaltung der USA findet in San Francisco statt, eine der Wiegen der amerikanischen Gay-Rights-Bewegung. Die Feier findet Ende Juni statt und ist kostenlos, aber an den Toren wird um eine kleine Spende gebeten. Am wildesten und kreativsten ist der Umzug am Sonntag, bei dem mehr als 200 Gruppen die Market Street hinabmarschieren, während mehr als eine Million meist kostümierte Zuschauer die Strecke säumen – man sieht alles vom Regenbogen-Ballettröckchen bis zur schwarzen Lederkluft. Es gibt auch einen Dyke March und einen Trans March, die umgemein beliebt sind. *sfpride.org*

DIE 10 BESTEN KOSTENLOSEN ABENTEUER IN DEN NATIONALPARKS DER USA

Die Nationalparks sind die Abenteuerspielplätze der USA. Manche verlangen eine kleine Eintrittsgebühr, aber dann kann man sich kostenlos ins Vergnügen stürzen.

Illustration | Hayley Warnham

01 SENKRECHT WANDERN

Der Precipice Trail führt über 3,2 Kilometer auf sehr schmalen Graten und gesicherten Klettersteigen die Ostflanke des Champlain Mountain in Maine hinauf. *nps.gov/acad; Mount Desert Island, Acadia NP; unterschiedliche Öffnungszeiten; Wochenkarte 15 US-$.*

02 HEISSES BAD

Nach dem Parken geht man in Richtung Dampfwolken bis zum Boiling River, wo sich heiße Quellen in den Gardner River ergießen und Badevergnügen versprechen. *www.nps.gov/yell; Mammoth Hot Springs, Yellowstone NP; 24 Std.; Wochenkarte 15 US-$.*

03 FLOWER POWER

Mehr als 1500 Wildblumenarten blühen im Frühling in den Appalachians. Man darf als Wanderer im Nationalpark inmitten der vergänglichen Pracht wild zelten, muss jedoch dafür bezahlen (14–23 US-$ pro Nacht). Es gibt Schwarzbären im Park ... *nps.gov/grsm; Great Smoky Mountains NP; 24 Std.; gratis.*

04 SCHNORCHELN AM FORT

110 Kilometer vor Key West liegt auf einem Korallenatoll Fort Jefferson. Man kann um die Mauern und den einstigen Graben zwischen Fischen und Wracks schnorcheln. *nps.gov/drto; Dry Tortugas NP; 24 Std.; Wochenkarte 5 US-$.*

05 WASSERFALL-WANDERN

Die beste kurze Wanderung in der großartigen Sierra Nevada ist diese 10,4 Kilometer lange Strecke, die durch den Dunst der laut herabstürzenden Wasserfälle Vernal Falls und Nevada Falls führt. *nps.gov/yose; Mist Trail, Yosemite NP, ; 24 Std.; Wochenkarte 15 US-$.*

06 BÄREN!

Es gibt kaum etwas so Aufregendes wie die Begegnung mit einem riesigen Braunbären. Glücklicherweise haben die Bären am Brooks Camp in Alaska Leckereres zu fressen als die Besucher. *nps.gov/katm; 24 Std.; Brooks Camp, Katmai NP; gratis.*

07 MONDSCHEIN-WANDERUNG

Zwei Autostunden von Las Vegas entfernt ist der Nachthimmel so klar, dass man oft fünf Planeten gleichzeitig sehen kann. Die Ranger bieten bei Vollmond im Sommer Nachtwanderungen an. *nps.gov/grba; Great Basin NP; 24 Std.; gratis.*

08 VULKAN-VOYEURISMUS

Der Vulkan Kilauea auf Hawaii ist noch aktiv, und man kann sich den Höllenschlund des Halema'uma'u-Kraters vom Aussichtspunkt am Jaggar Museum aus ansehen. *nps.gov/havo; Hawai'i Volcanoes NP; 24 Std.; Wochenkarte 8 US-$.*

09 BISON-„JAGD"

Theodore Roosevelt galt als Naturschützer. In dem nach ihm benannten Park in North Dakota kann man die Prärie der Badlands erforschen und amerikanische Bisons aufs Korn (der Kamera) nehmen. *nps.gov/thro; Theodore Roosevelt NP; 24 Std.; Wochenkarte 10 US-$.*

10 DURCH RAUM UND ZEIT REISEN

Der Park in New Mexico ist nicht nur ein Lichtschutzgebiet (Dark Sky Park), sondern bietet auch 1000-jährige Pueblo-Ruinen, deren Erbauer sie nach astronomischen Kriterien ausgerichtet haben. Die Parkranger bieten kostenlose Führungen an. *nps.gov/chcu; Chaco Culture National Historical Park; 7 Uhr bis Sonnenuntergang; Wochenkarte 15 US-$.*

Kurz und knapp

- Bevölkerung: 3,6 Millionen
- Highlights: urwüchsige Parks und ebensolche Skulpturen
- Währung: US-Dollar US-$
- Preisindex: 210 US-$ pro Tag

SEATTLE

Seattle ist die Heimat von Internetmillionären, Hi-Tech-Geräten und des reichsten Mannes der Welt, Bill Gates. Heißt aber nicht, dass die Stadt sehr teuer ist. Man kann dem Portemonnaie eine Pause gönnen und sich die Kunst im öffentlichen Raum und die Parks ansehen oder auf den ältesten Bauernmärkten der USA einen Snack essen.

KUNST & KULTUR — MUSIK & FILM — SPORT & FREIZEIT — ESSEN & TRINEKN — FESTIVALS & EVENTS

01 Bill & Melinda Gates Foundation Visitor Center

Dieses nachhaltige konzipierte Gebäude hat 2011 500 Millionen US-$ gekostet und gehört dem reichsten Mann der Welt, aber der Eintritt ist kostenlos. Es ist auf Besucher ausgerichtet und beschäftigt sich mit den wohltätigen Aktivitäten des Ehepaars Gates. Man wird ermuntert, eigene Ideen beizusteuern. *gatesfoundation.org/visitor-center; 440 5th Ave. N; Di–Sa 10–17 Uhr, im Sommer bis 18 Uhr; gratis.*

02 Fremont Public Sculpture

Das Stadtviertel Fremont wird seinem Motto *De Liberta Quirkas* („Frei, eigenartig zu sein") mit einer überwältigenden Ansammlung von Skulpturen im öffentlichen Raum gerecht. Zu den merkwürdigen Erscheinungen gehören ein Troll, der einen VW-Käfer plattmacht, eine Rakete aus dem Kalten Krieg vor einer Boutique, eine Gruppe von Pendlern, die auf einen Zug wartet, der nie kommt, und eine Statue von Lenin. *Fremont; 24 Std.; gratis.*

03 Pioneer Square First Thursday Art Walk

Einen der ersten Kunstspaziergänge durch eine Stadt gab es in den 1980er-Jahren am Pioneer Square in Seattle. Dieses Original gibt es immer noch, es führt durch einige der mehr als 50 Galerien des Viertels und gibt Gelegenheit, sich die Skulpturen anzusehen, die Stände am Occidental Park zu durchstöbern und Künstler aus dem Viertel kennenzulernen. *pioneersquare.org/experiences/first-thursday-art-walk; Pioneer Sq.; erster Do im Monat 18–20 Uhr; gratis.*

© Chris Gibson | 500px

04 Seattle Art Museum (SAM)

Das SAM liefert wesentliche Impulse für die Kunstszene der Stadt. An jedem ersten Donnerstag im Monat ist der Eintritt kostenlos. Die Dauerausstellung hat Schwerpunkte im Bereich der indigenen amerikanischen Kunst und in der Moderne. Surreale Bildhauerei gibt es im Überfluss im nahen **Olympic Sculpture Park** *(2901 Western Ave.; Sonnenauf- bis -untergang; gratis). seattleartmuseum.org; 1300 1st Ave.; Mi und Fr–So 10–17, Do 10–21 Uhr; erster Do im Monat gratis.*

05 Fremont Almost Free Outdoor Cinema

Es ist erst dann wirklich Sommer, wenn man den ersten Film im „Almost Free"-Freiluftkino in Fremont gesehen hat. Die Vorführungen finden auf einem winzigen

SEATTLE IM SATTEL

Seattle hat seinen sowieso schon guten Ruf als fahrradfreundliche Stadt nochmals aufpoliert, als es 2014 den Pronto-Verleih (*prontocycleshare.com*) einrichtete. Die Idee ist einfach, aber bewährt: Gegen eine geringe Gebühr (*24 Std./ 3 Tage 8/16 US-$*) hat man das Recht, an einer der mehr als 50 Stationen im Stadtgebiet ein Fahrrad zu leihen. Bei Rückgabe an einer beliebigen Station binnen 30 Minuten ist die Fahrt kostenlos. Bei längerer Dauer fällt eine geringe Gebühr an (*2 US-$ bis zu einer Std.*). Besucher, die gerne strampeln, tun etwas für ihre Gesundheit, reduzieren den motorisierten Verkehr und sparen auch noch Geld.

Parkplatz statt, über den Wandgemälde von Bogart und Bergman wachen. An guten Abenden kommt die halbe Nachbarschaft, manche mit ihren Sesseln, andere in zum Film passenden Kostümen. Imbisswagen sorgen für leckere Verpflegung. *fremontoutdoormovies.com; 3501 Phinney Ave. N; Juli und Aug; 5 US-$.*

06 Center for Wooden Boats

Seattle ist von Wasser umgeben, es ist also schon fast Pflicht, sich die Stadt auch von einem Boot aus anzusehen. Dieses Museum veranstaltet seit 25 Jahren kostenlose einstündige Bootsfahrten auf verschiedenen Wasserfahrzeugen. Wer an einem Sonntag nach 10 Uhr als Erster kommt, geht dann auch als Erster an Bord. *cwb.org; 1010 Valley St.; 10–19 Uhr; gratis.*

07 Green Lake Park

Der Park um einen kleinen See in einem der wohlhabendsten Viertel in North Seattle ist immer sehr belebt. Hier sieht man die Stadt ohne Allüren, wenn sich die Einwohner beim Fahrradfahren, Laufen, Diskutieren und zu Dates treffen. Bei einem Spaziergang muss man Skatern ausweichen, aber auch Internetmillionären, die von ihren Personal-Trainern getriezt werden. *7201 E Greenlake Dr. N; 24 Std.; gratis.*

08 Hiram M. Chittenden Locks

Auf dem allgemein als Ballard Locks bekannten Schleusensystem können Boote den Höhenunterschied von mehr als 7 Meter zwischen dem Lake Union und dem Puget Sound überwinden. An den Ufern laden Gärten zum Verweilen und Beobachten der Boote, Yachten, Vögel und gelegentlichen Seelöwen ein. Es gibt sogar eine einsehbare Fischtreppe, auf der die Lachse stromaufwärts ziehen, um zu laichen. *myballard.com/ballard-locks-seattle; 3015 NW 54th St.; 24 Std.; gratis.*

09 Klondike Gold Rush National Historic Park

Seattle war der Ausgangspunkt für die Goldgräber, die vom legendärsten Goldrausch der Geschichte gepackt waren. Hier konnten sie sich ausrüsten, bevor sie

© Richard Cummins | Getty Images

KOSTENLOS AM DONNERSTAG

Wenn man bei der Planung eines Seattle-Besuchs Spielraum hat, sollte man versuchen, am ersten Donnerstag im Monat dort zu sein. An diesem Tag öffnen viele Museen (zur Zeit sind es fast ein Dutzend) ihre Tore, ohne Eintritt zu verlangen. Wenn man einige der großen Namen einplant – etwa das Seattle Art Museum (S. 227, *sonst 19,50 US-$*) oder das Museum of History and Industry (*mohai.org; 860 Terry Ave. N; Fr–Mi 10–17, Do 10–20 Uhr, sonst 17 US-$*) kann man eine Menge sparen.

sich zum Klondike in Kanada aufmachten. Das Museum wird vom US National Parks Service betrieben und erweckt die Atmosphäre der Jahre 1897–98 anhand der Schicksale von fünf Goldgräbern wieder zum Leben. *nps.gov/klgo; 117 S Main St.; 9–17 Uhr; gratis.*

10 Seattle Free Walking Tours

Seattle hat ein beeindruckendes Angebot an Stadtführungen. Zu den besten gehören die seit 2012 angebotenen Touren, zu denen sich ein paar ehemalige Weltenbummler von ähnlichen Führungen inspirieren ließen. Die kurzen, kulturlastigen Führungen durch das Stadtzentrum sind eine Schatztruhe Anekdoten und historischen Details. Vorausbuchung über das Internet. *seattlefreewalkingtours.org; Pike Place Market; Führungen 9.30, 11, 14 Uhr; gratis.*

11 Washington Park Arboretum

Die „immergrüne Stadt" des pazifischen Nordwestens ist Heimat eines riesigen Arboretums, in dem an die 5500 verschiedene Baumarten zu sehen sind. Es mag in Seattle zwar urwüchsigere Grünanlagen geben, aber wenige sind so vielfältig wie diese, die sich im Frühling mit Azaleen- und Rhododendronblüten in allen denkbaren Rosa- und Orangetönen einkleidet. An Wochenenden gibt es kostenlose Führungen. *depts.washington.edu/uwbg/gardens/wpa.shtml; 2300 Arboretum Dr. E; Sonnenauf- bis -untergang; gratis.*

12 Pike Place Market

Der größte Touristenmagnet der Stadt ist zugleich auch ein beliebter Treffpunkt der Einwohner: ein inoffizieller Zusammenschluss von Kleinbauern, Bäckern und Fischern, Käsemachern und Obstbauern aus der Umgebung. Der Markt zieht sich wie ein einziges buntes Straßentheater am Hafen entlang. Wenn man sich im Tumult Appetit angelaufen hat, lockt hier die beste Auswahl an Soul Food in der ganzen Stadt. *pikeplacemarket.org; 1st Ave. und Pike St.; Mo–Sa 9–18, So 9–17 Uhr; gratis.*

© Moelyn Photos | Getty Images, © Matt Munro | Lonely Planet Images

KUNST & KULTUR · MUSIK & FILM · SPORT & FREIZEIT · ESSEN & TRINKEN · FESTIVALS & EVENTS

TORONTO

Toronto wächst langsam in seine Rolle als Weltstadt hinein. Glücklicherweise ist die Stadt stolz darauf, alles und jeden willkommen zu heißen, und es gibt immer einen Weg, an Festivals und Veranstaltungen teilzunehmen oder Sehenswürdigkeiten zu besuchen, ohne den vollen Eintrittspreis zu bezahlen.

01 Bata Shoe Museum
Dieser riesige, luftige Schuhkarton zeigt im Wechsel jeweils 1000 Exemplare aus der weltweit größten Sammlung von Schuhen mit Exponaten aus 4500 Jahre Schuhgeschichte. Am Donnerstagabend kommt man gegen eine Spende hinein – was deutlich billiger als Schuh-Shopping ist. *batashoemuseum.ca; 327 Bloor St. W; Do 17–20 Uhr; Spendenvorschlag 5 C-$.*

02 Evergreen Brickworks
Die ehemalige Ziegelei in Don Valley ist nach langem Leerstand in ein Doku- und Veranstaltungszentrum umgewandelt worden. Man kann etwas über die Geschichte der Ziegelei lernen, durch den Wald und die Wiesen auf dem Gelände streifen oder am Wochenende den größten Bauernmarkt der Stadt besuchen. *evergreenbrickworks.com; 550 Bayview Ave.; Mo–Fr 9–17, Sa 8–17, So 10–17 Uhr; gratis.*

03 Schlittschuhlaufen in der Stadt
Vor der Kulisse der Wolkenkratzer kann man vor dem Rathaus im

TORONTO

© Roberto Machado Noa; WD Wilson; Damion Rae Photography | 500px

Kurz und knapp

- Bevölkerung: 6,1 Millionen
- Highlights: Kultur und stadtnahe Wildnis
- Währung: Kanadischer Dollar C-$
- Preisindex: 140 US-$ pro Tag

Stadtzentrum für wenig Geld Schlittschuhlaufen. Stände mit Essen und heißer Schokolade sind nur Schritte entfernt. *nathanphillipssquareskaterentals.com; 100 Queen St. W; Ende Nov–Mitte März, 10–22 Uhr; 2 Stunden 10 C-$.*

04 Queen Street West

An der Queen Street von der Bathurst St. bis zur Dufferin St. liegt eines von Torontos aufregendsten Vierteln. Die Geschäfte, Cafés, Galerien und Restaurants zeigen deutlich den multikulturellen und unternehmerischen Geist der Stadt. *Queen Street West zw. Bathurst und Dufferin St.; 24 Std.; gratis.*

05 Contact Photography Festival

Das größte internationale Fotografiefestival der Welt läuft den ganzen Mai über. Mehr als 1500 Künstler werden aus einer offenen Ausschreibung gewählt und garantieren ungemeine Kreativität. Es gibt Dutzende verschiedener Ausstellungsorte, unter anderem Geschäfte und sogar Reklametafeln. Details auf der Internetseite *scotiabankcontactphoto.com; Ausstellungen meist gratis.*

06 Kensington Market

Als Ergebnis der verschiedenen Einwanderungswellen hat sich der Markt zu einer Fest der Kulturen entwickelt. Hier treffen (unter anderem) portugiesische auf karibische auf mittelamerikanische Elemente. Besonders im Sommer werden alle Sinne angesprochen, wenn Bäckereien, Imbisse, Antiquitäten und Blumen um Aufmerksamkeit wetteifern. *kensington-market.ca; zw. Spadina Ave. und Bathurst, College, Dundas St,; unterschiedliche Zeiten; gratis.*

INSIDER-TIPPS

„Ich gehe überall zu Fuß hin – es ist die beste Art, die Stadt kennenzulernen. Falls man mehr als dreimal an einem Tag in den ÖPNV steigt, lohnt sich eine Tageskarte (11,50 C-$). Das Essen in Toronto ist fantastisch, kann aber auch teuer sein. Ich hole mir Essen bei Food Trucks oder in kleinen internationalen Lokalen (an der Queen St West gibt es mehrere indische Roti-Läden) und gehe auch zu den beiden Food Festivals: Summerlicious (*toronto.ca/summerlicious*) und Winterlicious (*toronto.ca/winterlicious*), wenn beliebte Restaurants ermäßigte Menüs anbieten. Die Zeitschrift *NOW* (*nowtoronto.com*) erscheint donnerstags und stellt einmalige und wiederkehrende kostenlose Veranstaltungen zusammen, sodass man eigene Pläne schmieden kann."
– Gino Pugliano, Einwohner von Toronto

KOSTENLOSER ZUSCHAUERSPORT IN DEN USA

Sport ist in den USA eine wichtige Angelegenheit, und Eintrittskarten können sehr teuer sein. Es gibt aber auch die Möglichkeit, Athleten kostenlos zuzuschauen.

US POND HOCKEY CHAMPS – MINNEAPOLIS

Ganz einfach: Wenn man die Kälte aushält, kann man zuschauen. Alljährlich im Januar findet in Minnesota diese Meisterschaft statt, bei der sich Amateurteams auf dem gefrorenen Lake Nokomis gegenüberstehen. Es gibt keine Sitzplätze, kein Eintrittsgeld – nur Spieler und Zuschauer. Und den Puck … *uspondhockey.com.*

BOSTON MARATHON – BOSTON,

Der älteste jährlich stattfindende Marathonlauf wird seit 1897 an jedem Patriots' Day *(3. Mo im Apr)* in Boston durchgeführt. Wenn man am Straßenrand steht, sieht man nicht nur den 30 000 Teilnehmern zu, man feiert auch die Geschichte und Tradition – und ebenso die Solidarität mit den Opfern des Bombenanschlags von 2013.

VENICE BEACH STREETBALL – LOS ANGELES

In Venice Beach kann man nicht nur die Bodybuilder beäugen, sondern auch der Urform des Basketballs zusehen. Streetball ist flüssiger, weniger regelgebunden und mehr auf Effekte bedacht als der Sport in den großen Hallen. Man kann spontanen Spielen oder an Sommersonntagen der Venice Basketball League zusehen.

LITTLE LEAGUE BASEBALL WORLD SERIES – WILLIAMSPORT

Eintrittskarten für die Baseball World Series können bis zu 1000 US-$ kosten. Tickets für die Little League kosten keinen Cent. Die Meisterschaft findet seit 1947 alljährlich im August statt, und man hat Gelegenheit, 11- bis 13-jährigen Spielern vor einem sachkundigen Publikum beim Baseball zu applaudieren. *llbws.org.*

IDITAROD – ANCHORAGE

Das Schlittenhunderennen führt 1600 Kilometer durch Alaska bis nach Nome. Man nennt es auch das „letzte große Rennen der Welt". Glücklicherweise ist die Herausforderung an die Zuschauer beim zeremoniellen Start an der 4th Avenue in Anchorage am ersten Samstag im März keine so große Herausforderung wie das Rennen selbst. *iditarod.com.*

EAST COAST SURFING CHAMPIONSHIPS – VIRGINIA BEACH

Beim ältesten Surfwettbewerb der USA kann man Profis und Amateuren zusehen. Seit den Anfängen im Jahr 1963 hat sich die Veranstaltung zu einem freien Sportfestival entwickelt: Man sieht auch Skateboarder, Skimboarder, Stand-up-Paddler, Paddleboarder und Beachvolleyballer. *surfecsc.com.*

PHILADELPHIA INTERNATIONAL CYCLING CHAMPIONSHIP – PHILADELPHIA

Dieses Fahrradrennen ist das angesehenste außerhalb von Europa. Gute Plätze für Zuschauer sind Manayunk, von wo aus man zusehen kann, wie die Fahrer sich an der „Manayunk Wall" quälen, und die Midvale Ave., wo man auf die Sprint Zone blickt und an der großen Party teilnehmen kann. *procyclingtour.com.*

SPRING FOOTBALL – ÜBERALL IN DEN USA

Karten für Football-Spiele sind nicht billig. Sogar die Spiele der College League gehen ins Geld – außer bei den Trainingsspielen im März und April. Die Fans nutzen dann die Gelegenheit, die besten neuen Spieler zu sehen, sich Autogramme zu verschaffen und sich auf die kommende Saison einzustimmen. Alles umsonst … *fbschedules.com.*

© Digital Media Pro | Shutterstock, © David Broberg; Design Pics; Rob Friedman; Glenn Cantor; Roberto Westbrook; Jonathan Devich; The Washington Post | Getty Images, © Marcio Silva; Robin van Dongen | 500px

Kurz und knapp

- Bevölkerung: 2,4 Millionen
- Highlights: Freiluftvergnügen, Kaffee und Essen
- Währung: Kanadischer Dollar C-$
- Preisindex: 140 US-$ pro Tag

VANCOUVER

Vancouver ist wie eine Kinderzeichnung: Es ist alles drin – der Ozean, schneebedeckte Berge, Strände, Wolkenkratzer, Wälder und Menschen aller Hautfarben, die sich an all dem erfreuen. Und dann noch das Essen! Für Kenner ist ein Urlaub in der Stadt auch durchaus bezahlbar. Der Spielplatz wartet …

KUNST & KULTUR MUSIK & FILM SPORT & FREIZEIT ESSEN & TRINKEN FESTIVALS & EVENTS

01 Gordon MacMillan Southam Observatory

Im GMS Observatory kann man unter der 10 Meter hohen Kuppel durch ein Cassegrain-Teleskop mit einem halben Meter Durchmesser einen Blick in den Himmel werfen. Das Observatorium wurde als Teil eines Bürgerprojekts geplant, erhebt also auch nicht die kräftigen Eintrittspreise des benachbarten HR MacMillan Space Centre. *spacecentre.ca/gms; 1100 Chestnut St.; Juli–Aug Sa 20–24 Uhr; Eintritt gegen Spende.*

02 Fresh Air Cinema

Mit einem Kissen oder Liegestuhl und guten Freunden ist man bestens gerüstet, um unter dem Sternenhimmel Filme auf einer riesigen aufblasbaren Leinwand zu sehen. Diese Freiluftkinos tauchen das ganze Jahr über auf, sind aber im Sommer häufiger, wenn das Wetter eher zum Verweilen im Freien einlädt. Details: @OutdoormoviesBC auf Twitter. *freshaircinema.ca; gratis.*

03 Vancouver International Jazz Festival

Seit über 30 Jahren gibt es dieses lebhafte Festival. Viele der Konzerte kosten Eintritt, aber es gibt auch Hunderte kostenlose Veranstaltungen in der ganzen Stadt, sodass man auch für wenig Geld Spaß haben kann. Kostenlos sind z. B. **Vancouver Art Gallery** (3a; *vanartgallery.bc.ca; 750 Hornby St.*), **Granville Island** (3b; *granvilleisland.com; 1661 Duranleau St.*) und **David Lam Park** (3c; *1300 Pacific Blvd.*) in Yale Town. *coastaljazz.ca; Juni; gratis.*

04 Bowen Island Ferry

Die Fjorde des Howe Sound sind eine der größten Sehenswürdigkeiten an der Westküste Kanadas. Am besten sieht man sie sich vom Wasser aus an. Anstatt in Horseshoe Bay ein teures Motorboot zu mieten, kann man auch einfach dort die Fähre nach Bowen Island nehmen – die Aussicht vom Deck ist genauso gut. Vor der Rückfahrt kann man das gesparte Geld in Essen anlegen. *bcferries.com; Horseshoe Bay; Hin- und Rückfahrt 12 C-$.*

05 Grausamer Grouse Mountain

Warum sollte man 40 C-$ für die Seilbahn auf den Grouse Mountain bezahlen, wenn man auch zu Fuß hinaufkommt? Die Strecke überwindet auf drei Kilometer 853 Höhenmeter und führt dabei durch den dichten Küstenwald. Der Blick vom Gipfel lohnt die Anstrengung allemal. Hinunter geht's dann für 10 C-$ mit der Seilbahn oder wieder zu Fuß auf dem MBCMC Trail. *grousemountain.com; 6400 Nancy Green Way; gratis.*

EIN GESCHENKTER TAG

Zum Frühstück geht es ins Hogan's Alley Café (*hogansalleycafe.com; 789 Gore St.; Mo–Fr 6.30–17, Sa 8–16, So 8–14 Uhr; Hauptgerichte 8–10 C-$*) bevor man zu Fuß Chinatown erforscht. Dann geht es entweder am False Creek entlang oder mit einer der Mini-Fähren (5,50 C-$) zum Granville Island Public Market (*granvilleisland.com/publicmarket; Johnston St.; 9–19 Uhr*). Zu Fuß und mit dem Bus kommt man (mit Zwischenstopps am Kitsilano Beach und Jericho Beach) dann zur University of British Columbia. Dort kann man preiswert im AMS Student Nest essen (*ams.ubc.ca/nest; 6133 University Blvd.; 7–23.30 Uhr*) und das Museum of Anthropology besuchen (*moa.ubc.ca; 6393 NW Marine Dr; Mi–Mo 10–17, Di 10–21 Uhr; 16,75 C-$, Di abends 9 C-$*).

© Ken Straiton | Getty Images

06 Lynn Canyon Park

Es gibt Vergnügen, die einem fraglich erscheinen mögen, auch wenn sie kostenlos sind. So auch der schwindelerregende Blick von der Hängebrücke auf das Wildwasser des tief unten liegenden Lynn Creek. Vielleicht nicht so hoch wie die Capilano-Brücke, aber die kostet auch. Zu den anderen Attraktionen des Parks gehören die vielen Wanderwege unter den Nadelbäumen und das Baden im eiskalten Bach. *lynncanyon.ca; Sommer 7-21 Uhr, kürzere Öffnungszeiten in der Nebensaison; gratis.*

07 Stanley Park Seawall

Ob man jetzt auf der Seawall läuft, spazieren geht, mit dem Fahrrad oder mit Skates fährt, der gepflasterte Weg um den Stanley Park ist vielleicht *das* Erlebnis in Vancouver. Die 8,8 Kilometer lange Strecke führt unter riesigen Bäumen und am Meeresufer entlang und bietet dabei umwerfende Blicke auf English Bay, die Berge und die Skyline. Wenn man dann immer noch nicht genug hat, kann man weiter um den False Creek und am Strand entlang nach Westen bis zur University of British Columbia gehen. *Downtown und West End; gratis.*

08 Dine Out Vancouver

An diesem 17-tägigen kulinarischen Fest beteiligen sich viele der besten Restaurants der Stadt mit dreigängigen Verkostungsmenüs, die 18, 28 oder 38 C-$ kosten. Das ist zwar nicht umsonst, aber sehr günstig in Anbetracht des Gebotenen, und man bekommt Gelegenheit, Spitzenküche zu erleben, die man sich sonst vielleicht nicht leisten könnte. Im Stadtzentrum finden auch andere Veranstaltungen (etwa Märkte mit Street Food oder Craft-Bier-Verkostungen) statt. *dineoutvancouver.com; Jan.*

© Firefly Images; James Wheeler; Jan Holakovsky | 500px, © Lawrence Worcester | Getty Images

GÜNSTIGER ÖPNV

Die Tageskarte für TransLink (*9,75 C-$*) erlaubt einem, für wenig Geld größere Strecken zurückzulegen. Die Benutzung des SeaBus ist eingeschlossen, mit dem man die vielen Sehenswürdigkeiten an der North Shore besuchen kann, etwa den Grouse Mountain (S. 235) und den Lynn Canyon Park. Eine noch bessere Wahl ist jedoch das Fahrrad. Wenn man eines mitbringen (oder ausleihen) kann, sollte man das tun. Die Stadt hat ein gut ausgebautes Netz von Fahrradspuren und -wegen, und für längere Fahrten kann man die Fahrradträger an den Bussen nutzen (auf dem SeaBus ist die Mitnahme ebenfalls erlaubt).

09 Shipyards Night Market

Die historische Wallace-Werft an der North Shore wird einmal wöchentlich von einem Nachtmarkt belebt. Man bekommt frisches Gemüse vom Bauern, gutes Essen von etwa einem Dutzend Food Trucks und Live-Unterhaltung. Da der Markt genau neben der Anlegestelle des SeaBus liegt, kann man eine brieftaschenschonende Bootstour von Downtown und zurück unternehmen. *northshoregreenmarket.com; Shipyard Plaza; Mai–Sept Fr 17–22 Uhr; gratis.*

10 Celebration of Light

Bei diesem jährlichen Feuerwerkswettbewerb werden die gesamte Küste und das Wasser der English Bay in Licht gebadet. Im Wechsel stellen drei Länder ihre pyrotechnische Choreografie zu Musik vor, die über Lautsprecher, aber auch im örtlichen Radio zu hören ist. Die besten Plätze sind am English Bay Beach und im Vanier Park, die dem Lastkahn, von dem aus abgefeuert wird, am nächsten liegen
hondacelebrationoflight.com; English Bay; Juli; gratis.

11 Drachenboot-Festival

Hunderte von Drachenboot-Teams versammeln sich in der dritten Juniwoche in der Nähe von Science World am False Creek, um sich ein Wochenende lang einem farbenfreudigen Wasserspektakel hinzugeben. Es gibt nicht nur das Drachenbootrennen selbst, sondern auch eine Unzahl von Imbissständen, Aktivitäten für Kinder, Kunstinstallationen sowie kostenlose Livemusik und Theateraufführungen. *dragonboatbc.ca; False Creek; gratis.*

12 Ships to Shore Festival

Am Canada Day (1. Juli) und während der vorhergehenden Tage ist Steveston in Richmond der Heimathafen einer ganzen Flotte von historischen und noch genutzten Schiffen. Es gibt fabelhafte kostenlose Veranstaltungen im Überfluss, unter anderem Touren mit den Schiffen. Gleichzeitig findet das jährliche **Steveston Salmon Festival** (*stevestonsalmonfest.ca*) im nahe gelegenen Steveston Park statt. *richmond.ca/shipstoshore; Britannia Shipyard, 5180 Westwater Dr., Steveston; gratis.*

© zennie; Chris Cheadle | Getty Images

KUNST & KULTUR MUSIK & FILM SPORT & FREIZEIT ESSEN & TRINKEN FESTIVALS & EVENTS

WASHINGTON, D.C.

Wenn es um kostenlose Vergnügungen geht, geht nichts in der Welt über Washington, D.C. Museen? Freier Eintritt. Konzerte? Umsonst. Besichtigung des Weißen Hauses? Gratis. Sogar in den Bars gibt es kostenlose oder ermäßigte Getränke. In der US-Hauptstadt kann man Wochen verbringen und kaum einen Cent ausgeben!

01 **Bureau of Engraving and Printing**

Wenn man angesichts der vielen kostenlosen Angebote vergessen haben sollte, wie Geld überhaupt aussieht, dann kann man hier zusehen, wie die Dollars gedruckt werden. Es gibt kostenlose 40-minütige Touren, bei denen man in der Druckerei zusehen kann, wie Millionen von Dollar von den Pressen rollen. Wenn man mag, kann man dann sogar noch Geld für Geldprodukte ausgeben. *moneyfactory.gov/washingtondctours.html; 14th und C St., SW; Mo–Sa 8.30–15 Uhr; gratis.*

02 **Library of Congress**

Eine der aufregendsten Sehenswürdigkeiten der Stadt trägt einen außerordentlich langweiligen Namen. Die Bibliothek ist nicht nur eine der größten Büchersammlungen der Welt, sie ist auch in einem atemberaubenden Gebäude von Thomas Jefferson untergebracht, das Gemälde und Mosaiken im Überfluss bietet. Es gibt täglich kostenlose Führungen. *loc.gov; 101 Independence Ave SE; Mo–Sa 8.30–17 Uhr; gratis.*

© Matailong Du; Clinton Blackburn | 500px, © RiverNorthPhotography | Getty Images

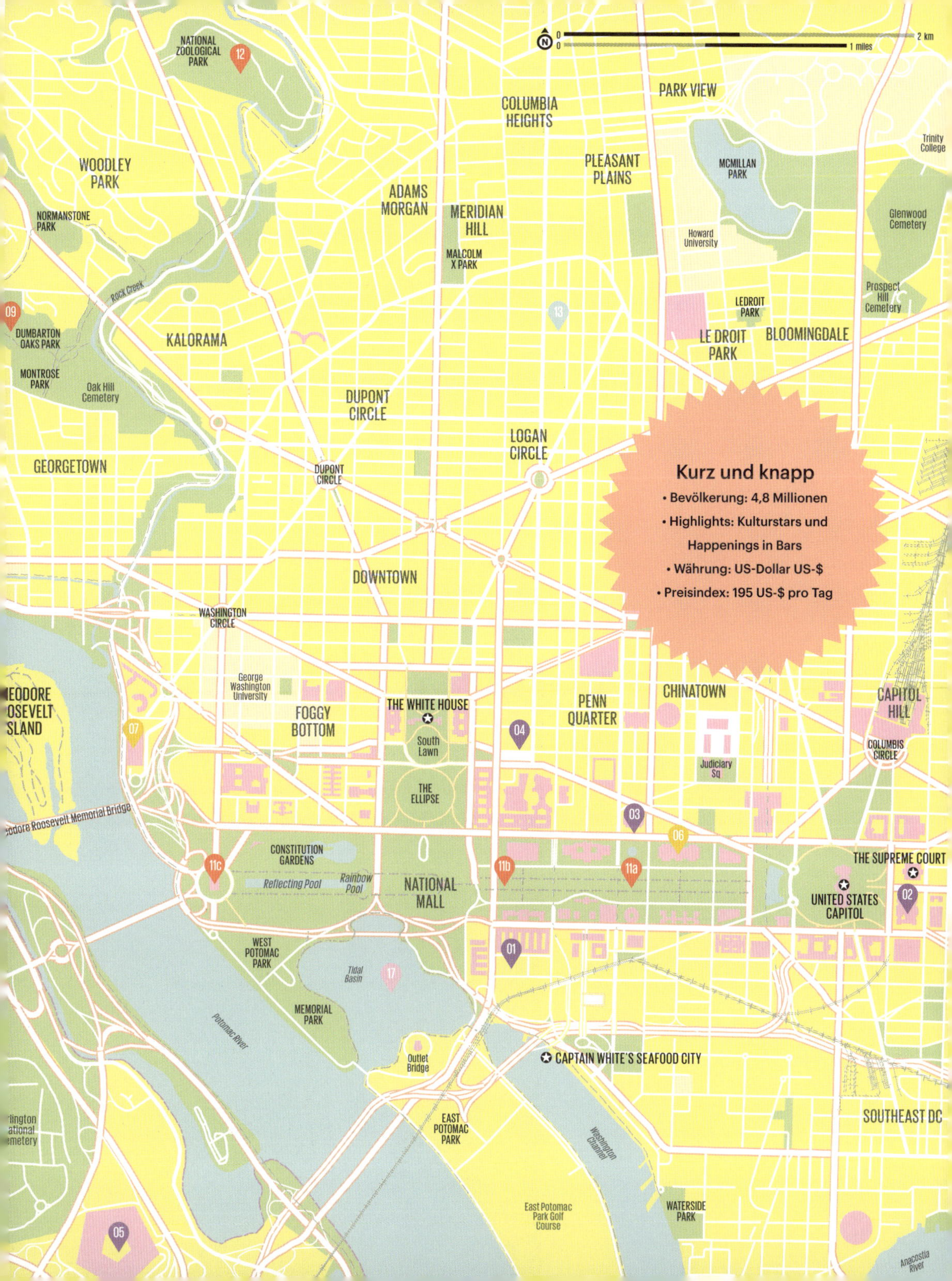

Kurz und knapp

- Bevölkerung: 4,8 Millionen
- Highlights: Kulturstars und Happenings in Bars
- Währung: US-Dollar US-$
- Preisindex: 195 US-$ pro Tag

03 National Archives

Hier fängt das Herz eines Amerikaners an, schneller zu schlagen. Warum? Es ist der Aufbewahrungsort der US-Verfassung, der ergänzenden Bill of Rights und der Unabhängigkeitserklärung. Sehenswert sind auch die öffentlich zugänglichen Gewölbe und eine faszinierende Sammlung von Originaldokumenten von Telegrammen Abraham Lincolns bis hin zu Tonaufnahmen aus dem Oval Office. *archives.gov; 700 Pennsylvania Ave. NW; 10–17.30 Uhr; gratis.*

04 National Theater

Am Samstagmorgen kommen hier auch Kinder in den Genuss von kostenlosen Angeboten: Es gibt ein Programm mit Puppenspiel, Tanz, Musik und interaktiven Aufführungen, das zu Kreativität, Spiel und Lachen anregt. Vom Flamenco bis zur spielerischen Darstellung von Reptilien reicht die Bandbreite. Tickets werden nach dem Prinzip „Wer zuerst kommt ..." eine halbe Stunde vor Beginn verteilt. Details auf der Internetseite. *thenationaldc.org/saturday-morning-at-the-national; 1321 Pennsylvania Ave. NW; Sa 9.30 Uhr; gratis.*

05 Pentagon-Führung

Es überrascht kaum, das ein Besuch des Pentagon zahllosen Regeln unterliegt (so muss man sich zum Beispiel zwischen 14 und 90 Tage zuvor anmelden). Der Aufwand lohnt sich jedoch, um einen Blick in das Hauptquartier der amerikanischen Streitkräfte werfen zu können. Die Führungen bringen in einer Stunde sehr viele Informationen, Besichtigungen, Zahlen und Fakten unter. *pentagontours.osd.mil/tour-selection.jsp; The Pentagon; einstündige Führungen Mo-Fr 9–5 Uhr; gratis.*

INSIDER-TIPPS

„Das Stadtviertel Shaw ist zur Zeit sehr angesagt. An der 7th St. kann man dort tagsüber wie auch nachts gut versacken, etwa bei Killer-Cocktails und Bier für weniger als 10 US-$, Bar-Snacks für etwa 5 US-$ und viel leckerem Essen, um einem Kater entgegenzuwirken." – Erin Petrey, Einwohner von Shaw

„Die Bewohner der Hauptstadt gehen gerne zu Captain White's Seafood City (*1100 Maine Ave. SW*), einem Fischmarkt im Freien, auf dem man aus einer Papiertüte gedämpfte Krabben essen kann, während man auf einem vertäuten Lastkahn steht – für nur etwa 7 US-$." – Molly Cox, Expertin für preiswertes Essen in Washington, D.C.

© Edmund Greaves; Aaron Sheldon | 500px

06 Jazz im Skulpturengarten der National Gallery

An milden Freitagabenden im Sommer kann man im Sculpture Garden Konzerte mit Salsa, Xylophon-Musik und Afrofunk hören. Washington ist eine Jazz-Bastion – hier haben sich Größen wie Duke Ellington und Shirley Horn erste Lorbeeren verdient – und die Freitagskonzerte bringen den Jazz zu einem breiten Publikum. *Constitution Ave NW, zw. 3rd und 9th St.; Mai–Sept Fr 17–20.30 Uhr; gratis.*

07 Millennium Stage im John F. Kennedy Center for the Performing Arts

Allabendlich kann man auf dem Millennium Stage im Kennedy Center für darstellende Künste der Hauptstadt eine Liveaufführung sehen. Die Bandbreite reicht von erhaben (die jungen Eleven der Washington National Opera) bis hin zum eher Lustigen (Skateboarder, die zur Musik improvisieren), aber eine erstrangige Platzierung verdient auf jeden Fall die Kulisse: die Ufer des Potomac River. *kennedy-center.org/programs/millennium; 2700 F St. NW; 18 Uhr; gratis.*

08 Kulturführungen

Mit den kostenlosen Karten, Apps und Audiodateien von **Cultural Tourism DC** (*culturaltourismdc.org*) kann man die Stadt auf eigene Faust erkunden. Einen besseren Einblick bekommt man mit einer Tages- oder Nachtführung mit einem Einheimischen von **DC by Foot** (*freetoursbyfoot.com/washington-dc-tours*). Die Führer sind unterschiedlich gut, man muss sich also etwas auf sein Glück verlassen ... *Unterschiedliche Orte und Zeiten; Trinkgelder gern gesehen.*

09 Dumbarton Oaks Park

Dieser kleine, aber schöne Park der Gartenarchitektin Beatrix Farrand am Nordrand von Georgetown ist eines der gut gehüteten Geheimnisse von D.C.. Man gelangt über die etwas versteckt liegende Lovers' Lane (zweigt von der R Street ab) zu den Wegen unter dichtem Laub, den idyllischen Brücken und den grasenden Rehen des Parks. *nps.gov/olst/planyourvisit/dumbarton.htm; R St. NW; Sonnenauf- bis -untergang; gratis.*

10 Fahrräder von Capital Bikeshare

Leihfahrräder sind eine großartige, preiswerte und oft auch schnelle Methode, um von einer Sehenswürdigkeit zur nächsten zu gelangen. Man muss alle 30 Minuten auf ein anderes Rad wechseln, um nicht mit 2 US-$ pro Stunde zur Kasse gebeten zu werden, aber es gibt viele Stationen. Nachteile? Es gibt keine Helme, und die Stationen können leer oder voll sein, je nach Tageszeit. *capitalbikeshare.com; 8 US-$ für 24 Std..*

11 Denkmäler am National Mall

Was man auch von **The Mall** (11a) halten mag – einem 5 Kilometer langen rechteckigen Rasenstück –, es ist auf jeden Fall der „Vorgarten der USA". An einem Ende liegt das US-Capitol, am anderen das **Lincoln Memorial** (11b). In der Anlage stehen auch Denkmäler für Martin Luther King Jr. und für die Soldaten, die in Vietnam kämpften. Das **Washington Monument** (11c; gratis) bietet einen Blick von oben auf Washington. *900 Ohio Dr. SW; 24 Std.; gratis.*

12 Smithsonian National Zoological Park (Conservation Biology Dept)

Mehr als zwei Millionen Besucher strömen jedes Jahr in diesen Zoo, um die Tiere, die Fütterungen und Vorführungen zu sehen. Die Pandabären sind die Stars, aber es gibt mehr als 2000 Tiere aus etwa 400 Arten in Gehegen, die den natürlichen

Lebensräumen nachgeahmt sind. Die Anlage ist ansprechend und lohnt einen Besuch, auch wenn man zoologische Gärten sonst eher meidet. *nationalzoo.si.edu; 3001 Connecticut Ave. NW; Sommer 6–20, Winter 6–18 Uhr; gratis.*

13 Ben's Chili Bowl

Ben's Chili Bowl ist der Inbegriff des preisgünstigen und netten Imbissladens. Er wird nicht nur wegen seiner Lage an der U Street (wo es in den 1960er-Jahren zu Krawallen kam) als Sehenswürdigkeit gehandelt, sondern auch wegen der preiswerten Hotdogs mit Chili und der Milchshakes und weil auch Barack Obama hier schon beim Essen gesehen wurde. *benschilibowl.com/menu; 1213 U St. NW; Mo–Do 6–2, Fr 6-4, Sa 7–4, So 11–24 Uhr; Chilli Dog 4,40 US-$.*

14 Food Trucks

In den verschiedenen Vierteln der Stadt finden sich immer einige Imbisswagen. Manche der Snacks sind fantastisch, andere nur sättigend. Aber das hängt natürlich vor allem vom eigenen Geschmack ab. Unter den Reigen haben sich einige Spitzenköche gemischt, man kann also auch einen kulinarischen Jackpot knacken ... *foodtruckfiesta.com; unterschiedliche Orte und Zeiten; kleines belegtes Brötchen 4 US-$.*

15 Happy Hour

Die Happy Hour ist in Washington eine Institution (und ein garantierter Publikumsmagnet). Vom hoch angesehenen Restaurant bis zur heruntergekommenen Bar bietet fast jedes Lokal zwischen 16 und 19 Uhr ermäßigte Getränke oder „zwei für den Preis von einem" an. Cheers! *dchappyhours.com oder bardc.com/happyhour; unterschiedliche Orte und Zeiten; Bier 3–5 US-$.*

16 D.C. Jazz Festival

Washington, D.C. hat viele wichtige Beiträge zur Geschichte des Jazz geleistet. Das D.C. Jazz Festival steht

WASHINGTON, D.C.

GRATIS-BILDUNG

Washington, D.C. hat vermutlich die größte Anzahl kostenloser Museen aller Städte der Welt – dank der Smithsonian Institution, einer Sammlung von 19 Museen und Galerien, einem Zoo und Forschungszentren. Alles einem exzentrischen Briten zu verdanken, der sein Vermögen einem Land hinterließ, das er nie betreten hatte, um dort die „Verbreitung des Wissens" zu fördern: Mr. James Smithson. In den Museen, die an der Mall und an anderen Stellen der Stadt stehen, kann man über fast jedes denkbare Thema etwas lernen, von Dinosauriern bis zur Raumfahrt, von Goldnuggets bis zur amerikanischen Flagge und Verfassung. Das Bemerkenswertes an all dem? Der Eintritt beträgt: null Dollar.

© Roy Harris | 500px

in dieser Tradition und stellt etablierte Künstler wie auch Neuankömmlinge vor. In den Museen, Restaurants und Clubs sind dann die verschiedensten Stile zu hören – vom Blues zum Swing, vom Bebop zum Soul –, oft für nur wenige Dollar Eintritt. *dcjazzfest.org; unterschiedliche Orte und Zeiten; Karten ab 5 US-$.*

17 **National Cherry Blossom Parade**
Die Saison ist kurz und süß, und auch wenn D.C. nicht in Japan liegt, so ist doch das ganze Tidal Basin am Potomac zur Zeit der Kirschblüte im März oder April in Rosa getaucht. Man kann den Farbrausch bei einem Spaziergang um das Reservoir kostenlos genießen, aber es gibt auch einen Umzug mit Themenwagen, Marschkapellen und Unterhaltung, der den Zuschauer ebenfalls nichts kostet. *nationalcherryblossomfestival.org; parade Constitution Ave. NW, zw. 9th und 15th St., 10–12 Uhr; gratis.*

18 **Die Washington Nationals spielen ...**
Die einzigen „Freikarten" zu einem Baseballspiel mit den Nationals gibt es für die Spieler auf dem Feld, alle anderen müssen bezahlen. Aber nach allen Gratisangeboten wird es auch langsam Zeit, dass man als Besucher mal Geld ausgibt! Studenten bekommen stark ermäßigte Karten, aber es gibt auch andere günstige Kombi-Angebote (Eintritt und Verzehr). *Nationals Park; Sommer; Karten ab 7 US-$.*

17

© Hanlun Wu | 500px

SITZE DER MACHT

Näher als auf dem Fernsehschirm hat man die Machtzentrale der USA meist nicht gesehen. Dabei kann man an nur einem Tag alle drei Säulen der Regierung sehen: die Exekutive das Weiße Haus, die Legislative (US-Capitol) und die Judikative (das Supreme Court). Es ist erstaunlich leicht, die heiligen Hallen zu besichtigen, nur beim Weißen Haus muss man etwas vorausplanen (*whitehouse.gov; 1600 Pennsylvania Ave NW*). Für das US-Capitol (*visitthecapitol.gov; East Capitol St. NE und First St. SE*) kann man noch am Besichtigungstag Karten bekommen (Vorbuchung dennoch empfohlen). Im Supreme Court (*supremecourt.gov; 1 First St. NE*) kann man einen dreiminütigen Blick in eine Sitzung werfen oder einer ganzen Verhandlung beiwohnen.

OZEANIEN

© Matt Munro

KUNST & KULTUR · MUSIK & FILM · SPORT & FREIZEIT · ESSEN & TRINKEN · FESTIVALS & EVENTS

BRISBANE

BRISBANE

Brisbane ist vielleicht nur die drittgrößte Stadt in Australien, aber sie macht mit vielen neuen Bars, Geschäften und Kulturveranstaltungen den südlichen Metropolen wacker Konkurrenz. Das tropische Klima und der Lebensstil ziehen junge und aktive Menschen an, ein Besuch muss nicht viel kosten.

01 Museum of Brisbane

Brisbane war zu weniger ästhetisch orientierten Zeiten mit einem Bauboom gesegnet, sodass es nur wenige ansprechende alte Gebäude gibt. Glücklicherweise ist die City Hall aus den 1920er-Jahren erhalten geblieben, in der man sich während einer Führung über die Geschichte und Menschen der Stadt informieren kann (rechtzeitig anmelden). *museumofbrisbane.com.au; Level 3, City Hall; 10–17 Uhr; gratis.*

02 Brisbane Botanic Gardens Mount Coot-Tha

Der botanische Garten ist nach thematischen und geografischen Gesichtspunkten angelegt. Es gibt Wegweiser zu selbstständigen Rundgängen, von denen einer Pflanzen vorstellt, die von den indigenen Bewohnern Queenslands verwendet wurden. Hinter dem Garten erhebt sich der Mt. Coot-Tha mit vielen Wanderwegen. *brisbane.qld.gov.au; Mt.-Coot-Tha Rd., Toowong; 8–17.30 Uhr; gratis.*

03 Streets Beach

Nahe dem Brisbane River gibt es an einer flachen Lagune einen angeschütteten Strand, der vor allem bei Familien beliebt ist. Falls man an warmen Wochenenden nicht um einen Platz auf dem Sand rangeln möchte, gibt es in der Nähe auch ausgedehnte Rasenflächen, um ein Picknick zu veranstalten oder den Nachmittag zu verträumen. *visitbrisbane.com.au/south-bank; Stanley St., South Bank Parklands; bei Tageslicht; gratis.*

© Darren Parry | 500px

NORTH STRADBROKE ISLAND

Die unprätentiöse Ferieninsel ist in 30 Minuten mit der Fähre leicht vom Brisbaner Vorort Cleveland zu erreichen. Wie Perlen liegen die Strände mit weißem Pudersand aneinandergereiht, die Wellen laden zum Surfen ein, und es gibt sehr gute Unterkünfte und Restaurants. Man hat außerdem hervorragende Gelegenheiten, Delfine, Meeresschildkröten und Rochen zu beobachten, und zwischen Juni und November ziehen Hunderte von Buckelwalen vorbei. Es ist ein preiswerter Tagesausflug von Brisbane aus, den man allerdings mit Blick auf den Busfahrplan, „Straddie" planen muss. *stradbroke-island.com*

04 Eat Street Markets

Dieser Imbiss-Markt findet auf einer aufgegebenen Containerwerft am Brisbane River statt. Man kann (preiswert) einen Happen essen, der Livemusik lauschen und sich beim Drink mit den Einheimischen unterhalten. Das Essen verwöhnt mit einem Angebot, das von Mexiko bis zum Nahen und Fernen Osten reicht. *eatstreetmarkets.com; Macarthur Ave, Hamilton; Fr–Sa 16–22, So im Winter 10–15 Uhr; Zutritt ab 12 Jahren 2 A-$.*

05 Brisbane Festival

Im September zeigt sich Brisbane bei schönstem Wetter von seiner besten Seite: Das Brisbane Festival ist ein internationales Ereignis mit Kunst, Musik, Tanz, Oper und Zirkus. Auf dem Rasen um das **Queensland Performing Arts Centre** (*Ecke Melbourne und Grey St.*) gibt es oft kostenlose Konzerte. Details auf der Internetseite. *brisbanefestival.com.au; verschiedene Veranstaltungsorte; Sept; gratis.*

06 Comedy und Livemusik

Dank einer Sponsoren-Vereinbarung gibt es an jedem Freitagabend ab 18 Uhr im Powerhouse Vorstellungen mit Komikern aus Brisbane. Am Sonntagnachmittag finden kostenlose Konzerte in der Turbinenhalle statt. Falls weder Stand-up-Comedy noch alternativer Rock den eigenen Geschmack trifft, kann man das riesige ehemalige Kraftwerk mit seinen Ausstellungen, Bars und Restaurants auf eigene Faust erforschen. *brisbanepowerhouse.org; Brisbane Powerhouse Arts, 119 Lamington St.; gratis.*

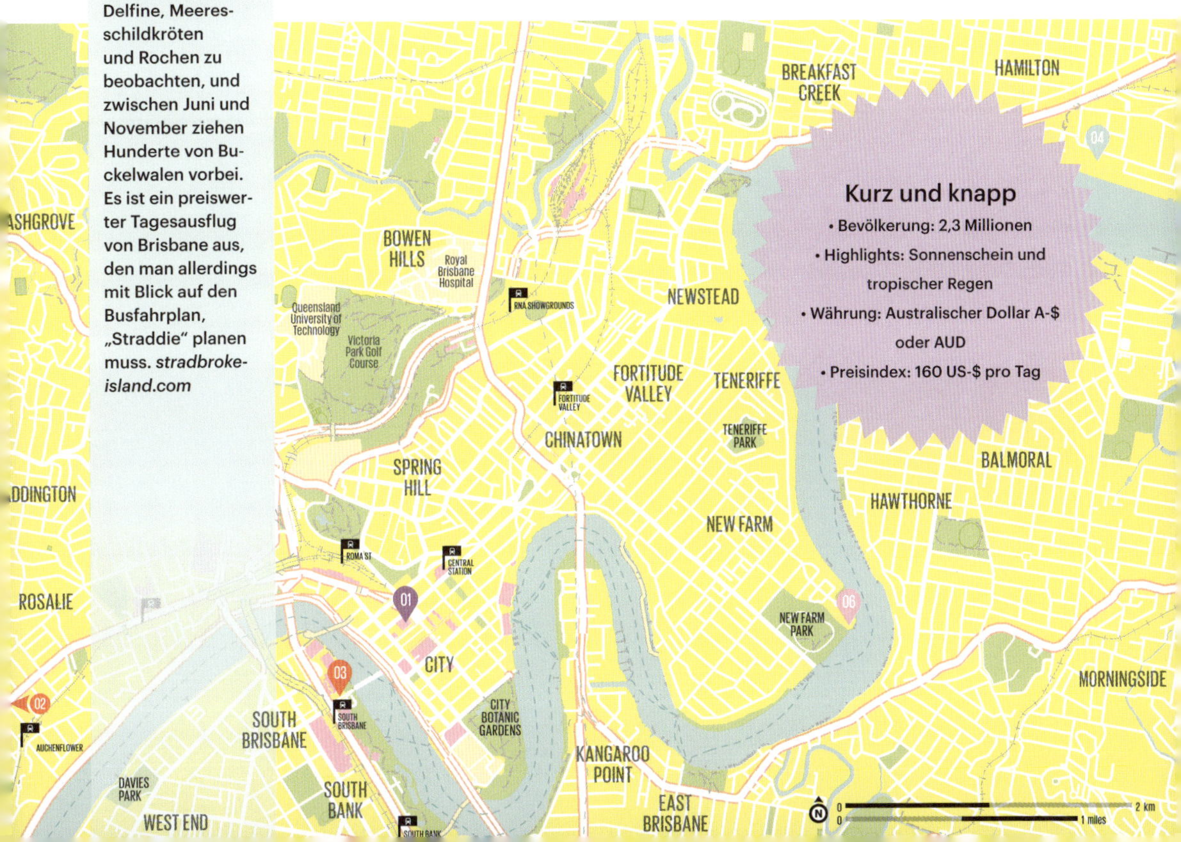

Kurz und knapp

- Bevölkerung: 2,3 Millionen
- Highlights: Sonnenschein und tropischer Regen
- Währung: Australischer Dollar A-$ oder AUD
- Preisindex: 160 US-$ pro Tag

MELBOURNE

Australiens Kulturhauptstadt ist eine der lebenswertesten Großstädte der Welt. Sie macht dem oberflächlichen Sexappeal von Sydney durch ein differenzierteres Angebot Konkurrenz, bei dem sich die vielfältigen Reize der Stadt nur Schicht um Schicht entblättern. Ob man dabei viel Geld ausgibt, hängt allein von einem selbst ab.

KUNST & KULTUR · MUSIK & FILM · SPORT & FREIZEIT · ESSEN & TRINKEN · FESTIVALS & EVENTS

01 Kunst in den Gassen

Die labyrinthischen Gassen von Melbourne sind mit Coffee Houses und Bars gesäumt, die Mauern sind mit Graffiti geschmückt. Führungen kosten etwas, aber es geht auch „freestyle", wenn man sich von der Hosier Lane nach Norden orientiert. Neben den Einheimischen haben sich Berühmtheiten wie Banksy, Blek le Rat und Shepard Fairey hier verewigt. *24 Std.; gratis.*

02 Australian Centre for Contemporary Art (ACCA)

Diese Galerie ist in einem kantigen Bau aus rostendem Stahl untergebracht, der an die Industrievergangenheit des Geländes erinnert und selbst wie ein Kunstwerk wirkt. Es werden Werke australischer und internationaler zeitgenössischer Künstler gezeigt, wie etwa das umstrittene *Vault* von Ron Robertson-Swann vor dem Eingang. *accaonline.org.au; 111 Sturt St.; Di–Fr 10–17, Mi 10–20; Sa–So 12–17 Uhr; gratis.*

03 Koorie Heritage Trust

Melbourne ist gerade mal 175 Jahre alt, aber es gibt nur noch wenige Spuren von den Menschen, die mehr als 30000 Jahre hier lebten, bevor die englischen Siedler kamen. Dieses Ausstellungszentrum soll dem Vergessen entgegenwirken, indem es die Traditionen der Aborigines in Südostaustralien erklärt. Man kann „Bush Food", Kunsthandwerk und Bücher kaufen oder (kostenpflichtige) Touren zu den Flagstaff Gardens und zum Yarra buchen. *koorieheritagetrust.com; Yarra Bldg., Federation Square; 10–17 Uhr; gratis.*

04 National Gallery of Victoria (NGV)

Die NGV (4a) zeigt in ihrer Dauerausstellung klassische und zeitgenössische Werke, unter anderem von Rodin und Constable. Das Gebäude an der St.-Kilda-Rd. ist mit Wassergraben und bunten Glasfenstern ein Hingucker. Das nahe **Ian Potter Centre** (4b; *Federation Square; 10–17 Uhr; gratis*) beherbergt die australische Sammlung, die auch atemberaubende Kunst der Aborigines zeigt. *ngv.vic.gov.au; 180 St. Kilda Rd.; 10–17 Uhr; gratis.*

05 State Library of Victoria

Von der Skulptur davor bis zur Kuppel über dem Lesesaal erzählt das Gebäude von der Vergangenheit, der Gegenwart und der Zukunft des Bundesstaats Victoria. Es gibt Bücher (mehr als 2 Millionen), Ausstellungen und Diskussionsveranstaltungen – manche im **Wheeler Centre** (*wheelercentre.com; 176 Little Lonsdale St.*) und viele kostenlos. *slv.vic.gov.au; 328 Swanston St.; Mo–Do 10–21, Fr–So 10–18 Uhr; gratis.*

MELBOURNE

© Philip Game; 4FR | Getty Images, © Melanie Conroy; Peter Novacco | 500px

GÜNSTIGER ÖPNV

Es ist leicht, Melbourne fast umsonst zu erforschen – das Straßenraster ist leicht zu verstehen, und es gibt mehrere günstige Verkehrsmittel. Im Stadtzentrum kann man seit 2015 kostenlos Straßenbahn fahren (*ptv.vic.gov.au*). Alternativ kann man die City Circle Free Tourist Tram (*yarratrams.com.au; gratis*) benutzen, die von Flinders Street durch die Docklands und bis zur Nicholson Street fährt. Melbourne Bike Share (*melbournebikeshare.com.au*) stellt blaue Fahrräder (und Helme) zur Verfügung, die für die erste halbe Stunde nichts und danach nur wenig kosten. Es gibt auch kostenlose Stadtführungen, die von Freiwilligen geleitet werden und zwei oder vier Stunden dauern. (*thatsmelbourne.com.au/greeter; gratis*).

06 Australian Centre for the Moving Image (ACMI)

Diese Verherrlichung des Kinos, Fernsehens und digitaler Bewegtbilder ist ein Wunderland für alle Filmfans. Das Glanzstück ist das interaktive Screen Worlds, in dem die Entwicklung des Mediums vom Zoetrop bis zu modernen Videospielen dargestellt wird. In der **Australian Mediatheque** kann man Programme des australischen National Film and Sound Archive sehen. *acmi.net.au; Federation Sq.; 10–17 Uhr, Führungen 11 und 14.30 Uhr; gratis.*

07 Gratis-Gigs

Livemusik und Comedy gehören zu Melbournes Leben, und es gibt eine Reihe von Veranstaltungsorten, die ein üppiges Angebot haben – oft ohne Eintritt zu verlangen. **St Kilda's Espy** (7a; *espy.com.au; 11 The Esplanade)* ist eine Kultkneipe mit Livebands, in der die Gigs meist gratis sind. Die **Cherry Bar** (7b; *cherrybar.com.au; AC/DC Lane)* bietet Musik, die zu ihrer Rock'n'Roll-Adresse passt. Termine und Künstler sind Veranstaltungsmagazinen wie *Beat* zu entnehmen.

08 Strandleben

Tage, die an den Strand locken, sollte man am **Brighton Beach** mit seinen Strandhütten verbringen, den man mit dem Zug (4 A-$) vom Bahnhof Flinders St. (Sandringham Line) erreicht. Man kann auch noch weiter bis nach **Sandringham** selbst fahren (30 Min.), dem besten Vorortstrand von Melbourne. In der Bucht gibt es zwar keinen Wellengang, aber man kann sehr gut schwimmen, schnorcheln und sonnenbaden. Hinter dem Strand gibt es kostenlose Grillplätze.

09 Royal Botanic Gardens

Ein Viertel der Stadt südlich des Flusses wird von den 38 Hektar des botanischen Gartens beherrscht. Er ist

© Krzysztof Dydynski; David Hannah | Getty Images

© L2Vision Lok | 500px

INSIDER-TIPPS

„Essen und Trinken in Melbourne ist teuer – aber Crossways (*crosswaysfoodforlife.com.au; 123 Swanston St.; Mo–Sa 11.30–20 Uhr; All-You-Can-Eat 7,50 A-$*) und Om (*omvegetarian.com; 113 Swanston St; 11-21; All-You-Can-Eat 6,50 A-$*), servieren bergeweise gesundes vegetarisches Essen. Auf *thehappiesthour.com* findet man weitere Angebote. Ich bin ein nomadischer Freiberufler, und in den Cafés gibt es meist WLAN, aber man kann nur begrenzte Mengen Kaffee in sich hineinschütten. Deswegen sind die kostenlosen Internetzugänge an der State Library (S. 249), Federation Square (*fedsquare.com; Ecke Swanston und Flinders St.; gratis*) und Southgate (*southgatemelbourne.com.au; 3 Southgate Ave.; 10 Uhr bis spätabends; gratis*) angenehm." – Simon Madden, Journalist

bei Joggern beliebt, die vor oder nach der Arbeit eine Runde (3,84 km) um „The Tan" drehen. Im Park gibt es einen See, unzählige Picknickplätze und einen **Children's Garden** mit Springbrunnen und Bach, in dem die Kleinen toben können. *rbg.vic.gov.au; Birdwood Ave.; 7.30 Uhr–Sonnenuntergang; gratis.*

10 Yarra Bend Park

Dieser Park am Fluss ist von der Stadtmitte aus gut zu erreichen. Es ist das größte verbliebene Stück wildes Buschland im Stadtgebiet und wird durch Wander- und Fahrradwege erschlossen. So kann man die 16 Kilometer des Ufers erforschen, etwa vom Studley Park bis zum Wasserfall Dights Falls und zur Kolonie von Graukopf-Flughunden gegenüber dem Picknickplatz Bellbird. Im ganzen Park gibt es kostenlose Grillplätze. *parkweb.vic.gov.au; Kew; gratis.*

11 Kaffeekult

Kaffee ist hier eine Religion. Das Sakrament wird von Baristas mit vielen Tattoos und Barthaaren gespendet. Kultorte sind die Hipstercafés, die Liturgie ist auf zunehmend aufwendigeren Getränkekarten festgehalten. Die Messe ist eine „Cupping Session" – das Kaffeegegenstück zu einer Weinverkostung. Kostenlose Sessions werden unter anderem vom **Seven Seeds** angeboten. *sevenseeds.com.au; 114 Berkeley St., Carlton; Fri–Sa 21 Uhr.*

12 Moomba

Moomba ist das größte kostenlose Festival der Stadt und zieht mehr als eine Million Besucher an, die sich am Ufer des Yarra bei Feuerwerk, Livemusik, Wasserski und Spielen im Wasser treffen. Dazu gehört auch die **Bird Man Rally**, bei der die Teilnehmer versuchen, in selbst gebauten Konstruktionen über den Fluss zu „fliegen". Der Name wurde in den 1950er-Jahren vom Präsidenten der Australian Aborigines League vorgeschlagen. Angeblich bedeutet er „Steck's dir in den Hintern!". *facebook.com/moombafestival; März; gratis.*

Kurz und knapp

- Bevölkerung: 3,5 Millionen
- Highlights: eine intensive Mischung aus Kultur und Natur
- Währung: neuseeländischer Dollar NZ-$ oder NZD
- Preisindex: 135 US-$ pro Tag

NORDINSEL, NZ

Neuseeland ist angeblich ein teures Reiseland. Nun mögen Essen, Unterkunft und Transport nicht billig sein, aber es gibt unzählige Erlebnisse, die das wettmachen, da sie wenig oder nichts kosten. Ob es einen zur Kultur zieht, zum Tierleben oder in die frische Luft, schon mit ein paar Cents kann man sich auf den Weg machen.

KUNST & KULTUR | MUSIK & FILM | SPORT & FREIZEIT | ESSEN & TRINKEN | FESTIVALS & EVENTS

01 Jugendstil in Napier

Ganz Napier ist im Grunde ein Freiluftmuseum der Jugendstilarchitektur, seitdem es nach einem verheerenden Erdbeben 1931 neu aufgebaut wurde. Die herrlichen Straßen sind ein farben-froher Augenschmaus und für Spaziergänge und Fahrradtouren prädestiniert. Es gibt Führungen, aber mit der Art-Deco Walk Map'(7,50 NZ-$) in der Hand kann man die Gegend um die Tennyson Street und Emerson Street auch gut allein erkunden. *artdeconapier.com; 24 Std.; gratis.*

02 Auckland Art Gallery

„Kostenlose Führungen" – das ist Musik im Ohr des Kunstliebhabers. Aucklands Kunstsammlung ist in einem schönen Gebäude aus dem Jahr 1887 untergebracht und bietet täglich zwei Führungen (11.30 und 13.30 Uhr). Neben den großen Namen (Picasso, Cézanne Gauguin) sind es die neuseeländischen Künstler, die den Besuch lohnen. *aucklandartgallery.com; Ecke Kitchener und Wellesley St.; 10–17 Uhr; gratis.*

03 Len Lye Centre

Das Len Lye Centre aus dem Jahr 2015 ist der neue Flügel der beliebten Galerie Govett-Brewster. Len Lye ist vermutlich der exzentrischste, farbigste und optimistischste Künstler Neuseelands. Sein Werk steht unter dem Motto „Sofortiges Glück für jedes Individuum" und verfehlt seinen Zauber bei keinem Besucher des himmelstürmenden Gebäudes. *lenlyefoundation.com; 42 Queen St., New Plymouth; Fr–Mo und Mi 10–18, Do 10–21 Uhr; gratis.*

04 Museum of New Zealand Te Papa Tongarewa

Nationalmuseen, die keinen Eintritt nehmen, gibt es zwar oft, aber die wenigsten machen so viel Spaß wie dieses. Die farbenfrohe Ausstellung bietet viele Exponate zum Anfassen und viel digitalen Schnickschnack. Bei einem einzigen Besuch kann man kaum alles ansehen, also ist kostenloser Eintritt in diesem Fall doppelt wertvoll. *tepapa.govt.nz; 55 Cable St., Wellington; Fr–Mi 10–18, Do 10–21 Uhr; gratis.*

05 Tölpelkolonie am Cape Kidnappers

Tölpel nisten normalerweise auf entlegenen Inseln, aber hier haben sich etwa 20 000 von ihnen eine zugängliche Klippe als Nistplatz ausgesucht. Die beste Zeit für einen Besuch ist von November bis Ende Februar, wenn es Touren mit dem Traktor gibt, aber man kann sich auch zu Fuß auf eigene Faust aufmachen (von Clifton 5 Std. hin und zurück). *doc.govt.nz; Clifton Rd; gratis.*

© Emma Durnford; Lans Hansen; LatitudeStock; Andrew Bain; Paul Kennedy | Getty Images

PREISWERT CAMPEN

Der Schmutz von rücksichtslosen Wohnmobil-Campern hat zu deutlichen Einschränkungen auf der Nordinsel geführt. Falls man jedoch eine Toilette an Bord hat, gibt es immer noch viele gebührenfreie Stellplätze. Wohnmobile ohne Toilette und Zelte können aber auch auf den etwa 100 Plätzen des Department of Conservation unterkommen, die höchstens 15 NZ-$ pro Peron und Nacht kosten. Auch die nächste Komfortstufe – der klassische neuseeländische Holiday Park – bietet immer noch ein gutes Preis-Leistungs-Verhältnis. Manche der Hütten sind sehr ansprechend und stellen eine gute Alternative zu Zimmern in billigen Motels dar. ***doc.govt.nz; hapnz.co.nz.***

06 Hot Water Beach

Man kann von den therapeutischen Wirkungen der heißen Quellen in Neuseeland auch profitieren, ohne in einem Spa viel Geld zu lassen. An diesem wunderschönen Strand der Coromandel-Halbinsel gräbt man sich dazu einen eigenen Pool in den Sand (Spaten werden im Café verliehen) und suhlt sich dann während der vier Stunden um die Ebbe herum im heißen Salzwasser. *thecoromandel.com/new-zealand/hot-water-beach; Hot Water Beach Rd. (off SH25), Coromandel; gratis.*

07 Karangahake Gorge

Falls man schöne Landschaften gerne mit einem leichten Gruseln verbindet, ist diese Schlucht genau das Richtige. Der Hauraki Rail Trail Abschnitt führt hier an geisterhaften Goldgräberrelikten, einem spinnwebigen Museum und dem Windows Walkway vorbei. Auch wenn man die Fahrradmiete und eine Tasse Tee im Waikino Station Cafe einrechnet, ist es noch sehr preiswerte Unterhaltung. *karangahakegorge.co.nz/; SH2 zw. Waihi und Paeroa; gratis.*

08 Kuirau Park, Rotorua

Die großen Thermalparks wie Whakarewarewa und Te Puia lohnen zwar den verlangten Eintritt wegen der Maori-Kultur, die hier präsent ist, sie sind jedoch nicht die einzige Möglichkeit, die vulkanische Seite von Rotorua kennenzulernen. Der Kuirau Park Precinct ist in 10 Minuten vom Zentrum Rotoruas zu erreichen und bietet einen Kratersee, blubbernde Schlammlöcher und reich-lich Wasserdampf. *rotoruanz.com/kuirauparkprecinct; Ranolf und Pukuatua St.; gratis.*

09 Tongariro Alpine Crossing

Eine der schönsten Tageswanderungen der Welt muss nicht mehr kosten als die Anreise zu ihrem Anfangspunkt

© Guy Wilkinson Photography | Getty Images, © Peng Shi | 500px

und etwas Gummi von den Schuhsohlen – und Schweiß. Die Tour führt durch das vulkanische Herz des Tongariro-Nationalparks, einer Mondlandschaft aus Dampfschloten und Quellen, surrealen Seen und Kratern. Wer sicher zu Fuß ist, kann einen Abstecher auf den Mount Ngauruhoe machen, den Schicksalsberg im *Herrn der Ringe*.
doc.govt.nz; Tongariro NP; gratis.

10 Bauernmarkt in Hawke's Bay

An einem warmen, sonnigen Wochenendmorgen barfuß im Gras zu liegen, während die Einheimischen für einen Musik machen und die Stände in der Nähe wie in einem Schlaraffenland von Leckereien überfließen: So stellt man sich doch einen Bauernmarkt vor. In Hawke's Bay bekommt man Obst, Brot, Käse und Wein von Weltklasse direkt vom Erzeuger: Unterhaltung zum Nulltarif und Einkäufe für wenig Geld. *hawkesbayfarmersmarket.co.nz; A&P Showgrounds, Kenilworth Rd.; So 8.30–12.30 Uhr; gratis.*

11 Pasifika Festival

Die weltweit größte polynesische Party findet an einem Spätsommerwochenende in Auckland statt. Die Kultur der pazifischen Inseln hat wesentlich zur kollektiven Identität Neuseelands beigetragen, hier wird sie in Kunst, Handwerk, Essen und mehr Livemusik vorgestellt, als man sich vorstellen kann. Inselleben von seiner besten Seite! *aucklandnz.com/pasifika; Western Springs, Auckland; Anfang–Mitte März; gratis.*

12 Wellington Summer City

Die Einwohner von Wellington reagieren so vollkommen ekstatisch auf die Ankunft der schönen Jahreszeit, dass sie sich in einer schier endlosen Kette von Konzerten, Festen, Feiern und verschiedenen kulturellen Events verlieren. In der dreimonatigen Festivalzeit finden fast 100 Veranstaltungen statt, die meisten davon unter freiem Himmel. Die Kosten sind oft auch gering – oder man feiert umsonst. *wellington.govt.nz; Jan–März; gratis.*

PUB-MUSIK

Es gibt kaum eine Ecke auf der Nordinsel, wo in den Pubs nicht regelmäßig Livemusik zu hören ist. Als Gast, der absichtlich oder zufällig an dem entsprechenden Abend in die Kneipe gerät, stehen einem großartige Erlebnisse bevor, von denen viele zudem kostenlos sind. Ob es nun ein Schafscherer im schwarzen Unterhemd ist, der Country-Klassiker intoniert, oder hormongeschädigte Zwanzigjährige, die sich am Mainstream-Rock vergehen, unterhaltsam ist das Gebotene auf jeden Fall. Beliebt sind (vor allem außerhalb der Großstädte) gute Coverbands, die dann oft neuseeländische Hits bringen (z. B. „April Sun in Cuba" (*whoa ho ho!*) von Dragon oder „Why Does Love Do This To Me?" (*I don't know... o-o-o!*) von The Exponents.

© John Alexander | Getty Images

DIE BESTEN KOSTENLOSEN WANDERUNGEN IN NEUSEELAND UND AUSTRALIEN

Viele beliebte Parks und Wanderwege auf der anderen Seite der Welt sind kostenpflichtig, aber es gibt auch Ausnahmen – lohnende Ausnahmen …

BONDI BIS COOGEE BEACH
Eine klassische Strecke auf den Klippen über fünf der besten Strände von Sydney. Ausgangspunkt Bondi Beach, dann geht es an den vielen Buchten der Küste an Tamarama, Bronte, Clovelly und schließlich Coogee Beach nach Süden. Man sollte reichlich Zeit zum Schwimmen und ein gelegentliches Bier am Strand einplanen. *bonditocoogeewalk.com.au; Sydney, NSW, Australien; 5,5 km; gratis.*

ORMISTON GORGE UND POUND
Im Zentrum Australiens gibt es mehr zu entdecken als Uluru, den großen roten Berg. Die Tageswanderung zweigt vom Larapinta Trail ab und führt durch eine Schlucht und die West-MacDonnell-Berge bis zu einem Badeteich, der beruhigenderweise nicht von Krokodilen bewohnt wird. *nt.gov.au/westmacs/docs/Ormiston_Gorge.pdf; West MacDonnell NP, NT, Australien; 7,5 km; gratis.*

REES-DART TRACK
Diese anspruchsvolle, vier- bis fünftägige Wanderung führt in der Nähe von Queenstown an den spektakulären Flüssen Rees und Dart entlang. Wildes Zelten ist erlaubt, wenn man sich entsprechend rücksichtsvoll verhält. Man kann aber auch in Hütten auf Campingplätzen unterkommen. *doc.govt.nz/parks-and-recreation/places-to-go; Mt Aspiring NP, Südinsel, Neuseeland; 86 km; gratis.*

MT FEATHERTOP UND THE RAZORBACK

Eine der besten Strecken in den Victorian Alps führt in zwei Tagen auf einem herrlichen Kamm bis zum zweithöchsten (aber schönsten) Gipfel des Bundesstaates Victoria. Die Tour ist anstrengend und sollte nur von erfahrenen Wanderern unternommen werden. Im Winter kann sie auch mit Langlaufski befahren werden. *parkweb.vic.gov.au; Vic, Australien; 36 km; gratis.*

VON KAP ZU KAP

Diese epische Küstenwanderung von Leuchtturm zu Leuchtturm dauert sieben Tage und führt vom Cape Naturaliste bis zum Cape Leeuwin. Unterwegs kann man Wein verkosten, wild zelten und mit etwas Glück Wale draußen im Meer sehen. *capetocapetrack.com.au; WA, Australien; 135 km; gratis.*

TONGARIRO-ALPENÜBERQUERUNG

Diese fabelhafte Tagestour führt an aktiven Vulkanen und leuchtenden Seen vorbei. Das Wetter kann eine ebenso große Herausforderung wie das Gelände sein, man sollte also auf (fast) alles vorbereitet sein. An- und Abfahrt müssen mit dem Pkw arrangiert werden. *tongarirocrossing.org.nz; Tongariro NP, Nordinsel, Neuseeland; 19,5 km; gratis.*

BARTLE FRERE TRAIL

Die 75 Kilometer südlich von Cairns gelegenen Josephine Falls sind der Ausgangspunkt für eine Rundwanderung auf den höchsten Gipfel in Queensland. Die Strecke führt durch üppigen Regenwald, um schließlich oberhalb der Waldgrenze den Blick über die Tablelands bis zum Great Barrier Reef freizugeben. *nprsr.qld.gov.au/parks/bartle-frere; Tropical North Queensland, Australien; 16 km; gratis.*

MT WELLINGTON UND DIE ORGAN PIPES

Das beste Gefühl für die Weltabgeschiedenheit von Hobart bekommt man auf dem Mt Wellington, zu dem die felsige Strecke dieser Tour hinaufführt. Der Ausgangspunkt in einem Vorort ist preiswert mit dem Bus zu erreichen. Der Aufstieg belohnt einen dann mit Ausblicken über die Organ Pipes (ein Mekka für Felsenkletterer) bis zum Hafen, von dem die Eisbrecher in die Antarktis ablegen.*parks.tas.gov.au; Hobart, Tas, Australien; 13 km; gratis.*

Illustration | Owen Gatley

KUNST & KULTUR · MUSIK & FILM · SPORT & FREIZEIT · ESSEN & TRINKEN · FESTIVALS & EVENTS

SÜDINSEL, NZ

Das herrlichste Angebot der neuseeländischen Südinsel ist das Naturschutzgebiet, das sich über große Teile erstreckt und schier endlose Abenteuer bietet. Daneben gibt es noch eine Vielzahl anderer Erlebnisse, die einen nicht arm machen, vom Restaurant- oder Galeriebesuch bis zu Tierbeobachtungen und Architekturbesichtigungen.

01 Canterbury Museum
Wenn es um kostenlose Kultur geht, zählt das Canterbury Museum mit zum Besten. Es sind vor allem die Exponate aus der Umgebung, die den Besuch zu einem Erlebnis machen: Das Paua-Muschelhaus von Fred und Myrtle, Maori-Artefakte, eine nachgebaute Straße aus der Kolonialzeit von Christchurch. Dienstags und donnerstags um 15.30 Uhr finden kostenlose Führungen statt. *canterburymuseum.com; Rolleston Ave.; 9–17 Uhr; gratis.*

02 Eastern Southland Gallery
Diese herausragende Galerie befindet sich in der alten Stadtbücherei von Gore, einem bescheidenen Landstädtchen. Zu den Höhepunkten gehören die Arbeiten des Maori-Künstlers Ralph Hotere. Die John Money Collection zeigt westafrikanische und australische indigene Kunst neben Werken der Neuseeländerin Rita Angus. *esgallery.co.nz; 14 Hokonui Dr., Gore; Mo–Fr 10–16.30, Sa–So 13–16 Uhr; gratis.*

© Oliver Strewe; John Alexander; Eric Middelkoop | Getty Images

Kurz und knapp

- Bevölkerung: 1 Million
- Highlights: überwältigende Naturerlebnisse
- Währung: Neuseeländischer Dollar NZ-$ oder NZD
- Preisindex: 135 US-$ pro Tag

03 Victorianisches Viertel

Die koloniale Architektur in diesem Viertel stände auch einem Freilichtmuseum gut zu Gesicht. Ein Besuch des Victorian Precinct in Oamaru kostet jedoch nicht mehr als den Preis eines Snacks. Die gepflasterten Straßen sind mit Häusern gesäumt, die aus einem Dickens-Roman stammen könnten und in denen altmodische Geschäfte (Bäckerei, Buchladen, Galerien und Ateliers) ebenso zum Lokalkolorit beitragen wie die kostümierten Einwohner. *victorianoamaru.co.nz; 2 Harbour St.; gratis.*

04 Livemusik im Mussel Inn

Eine vergnügte Nacht muss hier trotz der schmackhaften Biere nicht die Welt kosten. Die ungekünstelt rustikale Einrichtung, der Biergarten und die regelmäßigen Gigs mit Musikern von überallher tragen das Ihre zur Atmosphäre bei. Die Konzerte kosten 5 NZ-$, und um in Stimmung zu kommen, kann man ein mit Manuka versetztes Captain-Cooker-Bier probieren. *musselinn.co.nz; 1259 State Highway, Onekaka; 11 Uhr bis spät (Mitte Juli bis Mitte Sept geschlossen); 5 NZ-$.*

05 Drehorte von „Der Herr der Ringe“ und „Der Hobbit“

Man muss nicht viel Geld für eine Führung bezahlen: Eine Tour unter eigener Regie bedarf nur einer Transportmöglichkeit, etwas Recherche und einer lebhaften Fantasie. In der Landschaft der Südinsel fühlt man sich oft nach Mittelerde versetzt; vor allem um Queenstown sind Lothlorien, die Furt von Bruinen und Gladden Fields zu erkennen. Hinweise finden sich in Ian Brodies *The Lord of the Rings Location Guidebook* oder unter „Middle-earth“ auf *newzealand.com; gratis.*

06 Aoraki/Mt Cook National Park Visitor Centre

Das Besucherzentrum des großartigsten neuseeländischen Nationalparks liegt im Schatten des höchsten Berges und wird diesem mit beeindruckenden Exponaten, Landkarten und Souvenirs gerecht. Die Naturkunde wetteifert mit aufregenden

TAGES-WANDERUNGEN

Die „Great Walks“ in Neuseeland sind nicht zu Unrecht wegen der atemberaubenden Landschaften beliebt, die man auf ihnen in mehreren Tagen durchwandert. Man kann die Natur aber auch anders, ohne die Kosten für Hütten und Transport und ohne einen schweren Rucksack erwandern. Denn glücklicherweise lassen sich Abschnitte der „Great Walks“ und Hunderte andere Wanderwege an jeweils einem Tag bestreiten. Darüber hinaus bieten viele von ihnen hervorragende Erklärungstafeln, die mit ihren Informationen die Landschaften zum Leben erwecken und den kostenlosen Abenteuern in der Natur Neuseelands noch einen zusätzlichen Reiz verleihen. *doc.govt.nz; gratis.*

© Matt Munro | Lonely Planet Images

Geschichten aus den Bergen um Aufmerksamkeit. Das Ganze wäre auch einen hohen Eintritt wert, man sollte sich also durch eine Spende erkenntlich zeigen. *doc.govt.nz/parks-and-recreation; 1 Larch Grove, Canterbury; Mai–Sept 8.30–16.30, Okt–April 8.30–17 Uhr; gratis.*

07 Catlins Wildlife Tour

Dieser Abschnitt der Southern Scenic Route ist eine bezaubernde Mischung aus bewirtschafteten Land, Sümpfen, Wäldern und rauen Küsten. Zu den Einwohnern dieses aufregenden Landstrichs gehören viele bemerkenswerte Tierarten, etwa die Pinguine am **Nugget Point**, Löffler in **Pounawea** und die Seelöwen in der **Surat Bay**. Um sie zu sehen, braucht man nicht mehr als Wanderschuhe, Geduld und ein Quäntchen Glück. *catlins.org.nz; gratis.*

08 Avalanche Peak

Es ist nicht der Everest. Dafür kann man auch bei nur mäßiger Kondition und ohne Sauerstofftanks an einem Tag auf den Gipfel und wieder zurück gelangen. Mit passender Ausrüstung und Verpflegung sowie einem Zustandsbericht für den Weg (aus dem Besucherzentrum im Nationalpark) ausgestattet, kann man die 1100 Meter zum Gipfel (1883 Meter) bezwingen. *doc.govt.nz; Arthur's Pass NP, Canterbury; gratis.*

09 Gletscheraussichten

Die Zwillingsgletscher an der Westküste – **Franz Josef** und **Fox** – wirken wie Magneten auf Eiskletterer und reiche Besucher, die ein Vermögen für einen Flug über die kalte Pracht zahlen. Aber auch mit einem geringeren Budget kann man die ehrfurchtgebietenden Formen des Eises bewundern, da es in den Tälern gute Aussichtspunkte, Wege und Informationstafeln zu den vielen Wasserfällen und Felsengärten gibt. *doc.govt.nz; Westland Tai Poutini NP; gratis.*

10 Seehundkolonie bei Kaikoura

Whale-Watching ist zu teuer? Kein Problem, man kann auch auf Seehunde ausweichen, die am Point Kean kostenlos zu sehen sind. Es ist zwar nicht unbedingt zirkusreif, was die Meeressäuger dort abliefern, aber ein Blick in ihr Alltagsleben (zumeist schlafen) an dem felsigen Riff ist doch eigenartig fesselnd. Man kann den Besuch mit dem **Kaikoura Peninsula Walkway** kombinieren, der einen in drei bis vier Stunden zu unglaublichen Ausblicken auf Meer und Berge führt. *doc.govt.nz; Fyffe Quay, Kaikoura; gratis.*

11 Kiwis auf Stewart Island

Auf Stewart Island gibt es geschätzte 20 000 wilde Kiwis (*tokoeka*), von denen man vermutlich einige bei einer teuren Nachtführung sehen wird. Preiswerter ist es, einen Einheimischen freundlich nach einem bestimmten Sportplatz in Oban zu fragen, an dem sich die Vögel abends und morgens zeigen. Man kann sich auch gleich nach der Pinguinparade am Kai erkundigen. *Oban, Stewart Island; gratis.*

© Danita Delimont | Getty Images

SÜDINSEL, NZ

12 Als Sterngucker im Mackenzie Country

Es macht mehr Spaß als Meditieren und ist billiger als Drogen, aber es ist ebenso bewusstseinserweiternd: Der Blick in den Sternenhimmel zeigt unendliche Geheimnisse. Die Region Aoraki Mackenzie ist eine von fünf International Dark Sky Reserves und bietet im **Mt John Observatory** Sternenführungen (*earthandskynz.com; Erw./Kind 145/80 NZ-$*), man kann es sich aber auch draußen umsonst auf einer Decke bequem machen. *mtcooknz.com; gratis.*

13 Bungeespringer beobachten

Es gibt viele gute Gründe, nicht selbst aus großer Höhe kopfüber in die Tiefe zu springen, während man nur durch ein Gummiband gehalten wird. Neben dem Selbsterhaltungstrieb zum Beispiel auch die Kosten. Glücklicherweise

BELIEBTE BADE-STELLEN

„Man könnte meinen, das Baden in einem eiskalten See oder Fluss sei nicht die vergnüglichste kostenlose Beschäftigung, die unser Planet zu bieten hat. Andererseits wird die Erinnerung daran bestimmt länger haften bleiben als die an einen Museumsbesuch, für den man 10 Euro bezahlt hat. Die Südinsel bietet viele Badestellen, die leicht an den vollen Parkplätzen, den vertäuten Flössen und den Rettungsschwimmern zu erkennen sind. Man sollte nur an Stellen schwimmen, die als sicher bekannt sind, da die Strände, Flüsse und Seen wild und gefährlich sein können."
– Sarah Bennett, Autorin des *Lonely Planet New Zealand*

© Matt Munro, © Scott Fairchild | 500px, © Neil Farrin | Getty Images

kann man den Nervenkitzel auch umsonst bekommen, indem man anderen beim Springen zusieht. Etwa am allerersten Absprungort, der knarzenden Kawarau Bridge. *AJ Hackett Bungy, SH6 zw. Queenstown und Cromwell; gratis.*

14 West Coast Wilderness Trail

Dies ist einer der 23 Fahrradfernwege, die in den vergangenen Jahren unter beträchtlichem Kosten- und Zeitaufwand in Neuseeland entstanden sind. Die Strecke führt auf historischen Wegen am Fuße der Neuseeländischen Alpen über 120 Kilometer von Greymouth nach Ross. Es gibt Fahrradverleihstationen, die das Abenteuer bezahlbar machen, man kann den Weg aber auch zu Fuß zurücklegen. *westcoastwildernesstrail.co.nz; nzcycletrail.com; gratis.*

15 Muscheln am Marahau-Strand

Marahau Beach liegt am Rand des Abel-Tasman-Nationalpark und wird von großen Herzmuschelkolonien besiedelt. Bei Ebbe kann man die Muscheln sammeln, was eine anstrengende Arbeit ist, da jede nur einen kleinen Bissen enthält. Die Mühsal vergisst man später bei Muscheln in Knoblauch-Weißweinsoße zu Pasta aber schnell wieder. Sammelbegrenzungen sind am Strand angegeben. *Marahau Beach Rd; gratis.*

© Faisal Syed | 500px

16 Weinverkostungen in Marlborough

Das neuseeländische Weinland erstreckt sich über mehrere Täler und bietet auf 35 Weingütern Verkostungen an. Viele davon kann man mit dem Leihfahrrad erreichen oder (in Renwick) sogar zu Fuß besuchen. Bei manchen Winzern des Marlborough Wine Trail kostet die Verkostung eine geringe Gebühr, aber auch dann ist es ein preiswertes und unterhaltsames Vergnügen. Manchmal bekommt man auch ganz außergewöhnliche Weine zu sehr niedrigen Preisen. *wine-marlborough.co.nz; gratis bis 5 NZ-$.*

17 Christchurch World Buskers Festival

Diese farbenfrohe Freiluftspektakel findet alljährlich an 10 Tagen im Januar statt. 40 Vorstellungen mit Straßenkünstlern aus der ganzen Welt (und aus Christchurch selbst) verwandeln dann den Hagley Park und seine Umgebung, aber auch viele andere Veranstaltungsorte in der ganzen Stadt in eine einzige Manege mit Akrobaten und Jongleuren, Clowns und Musikern. Details auf der Internetseite. *worldbuskersfestival.com; unterschiedliche Veranstaltungsorte und -zeiten, Jan; gratis.*

18 Queenstown Winter Festival

Während der Skisaison kann es in der teuersten neuseeländischen Wintersportmetropole recht versnobt zugehen. Während der 10 Tage des Winterfestivals kann man sich aber auch als normaler Besucher unter die Reichen und Schönen mischen. Es gibt viele kostenlose Veranstaltungen, von einer Party am Seeufer mit Feuerwerk bis hin zu einem Umzug, Kunsthandwerksmärkten und Konzerten. *winterfestival.co.nz; Ende Juni–Anfang Juli; gratis.*

CLEVERES EINKAUFEN

Die Gemüse- und Obstproduktion Neuseelands unterliegt extremen saisonalen Schwankungen. Immer wieder kommt es zu Marktschwemmen von Avocado, Spargel oder Beerenfrüchten mit entsprechenden Niedrigstpreisen. Das ist natürlich für Selbstversorger Reisende ein Geschenk. In den meisten Städten gibt es samstags oder sonntags einen Wochenmarkt, auf denen man auch andere örtliche Lebensmittel wie Fleisch, Käse oder Marmeladen bekommt. Am Straßenrand gibt es immer wieder Stände mit Eiern freilaufender Hühner, mit Zitronen oder Salaten. Die „honesty box" als Kasse am Stand gehört zur Lebensweise der Neuseeländer, von denen keiner auf die Idee käme, das Entnommene nicht zu bezahlen. *farmersmarkets.org.nz; gratis.*

KUNST & KULTUR · MUSIK & FILM · SPORT & FREIZEIT · ESSEN & TRINKEN · FESTIVALS & EVENTS

SYDNEY

Die Einwohner Sydneys betrachten sie als die eigentliche Hauptstadt Australiens. Sydney ist mit seiner Architektur und der Lage an einem der größten Hafenbecken der Welt auf jeden Fall einzigartig. Andererseits kann einem die Stadt auch etwas aufdringlich und teuer erscheinen, außer ...

01 Art Gallery NSW

Hinter der klassizistischen Fassade liegt eine fantastische Galerie mit Arbeiten von internationalen, aber auch australischen Künstlern wie Sidney Nolan, Grace Cossington Smith, John Olsen und Arthur Boyd. Die **Yiribana Gallery** zeigt Kunst der Aborigines und Torres-Strait-Insulaner, und auch die asiatische Sammlung ist beeindruckend. Es gibt kostenlose Führungen und mittwochabends ebensolche Vorträge und Filme. *artgallery.nsw.gov.au; Art Gallery Rd., The Domain 2000; Do–Di 10–17, Mi 10–22 Uhr; gratis.*

02 Conservatorium of Music

Oberhalb der Royal Botanic Gardens geschehen hinter 200 Jahre alten Zinnen musikalische Wunder. Man kann kostenlos durch die Hallen dieser internationalen Musikschule wandern oder eine (kostenpflichtige) Führung mitmachen, um sich über die Vergangenheit des Gebäudes zu informieren. Vor allem kann man aber bei einem der vielen

© John Clutterbuck | Getty Images, © Sourabh | Shutterstock, © Pete Seward | Lonely Planet Images

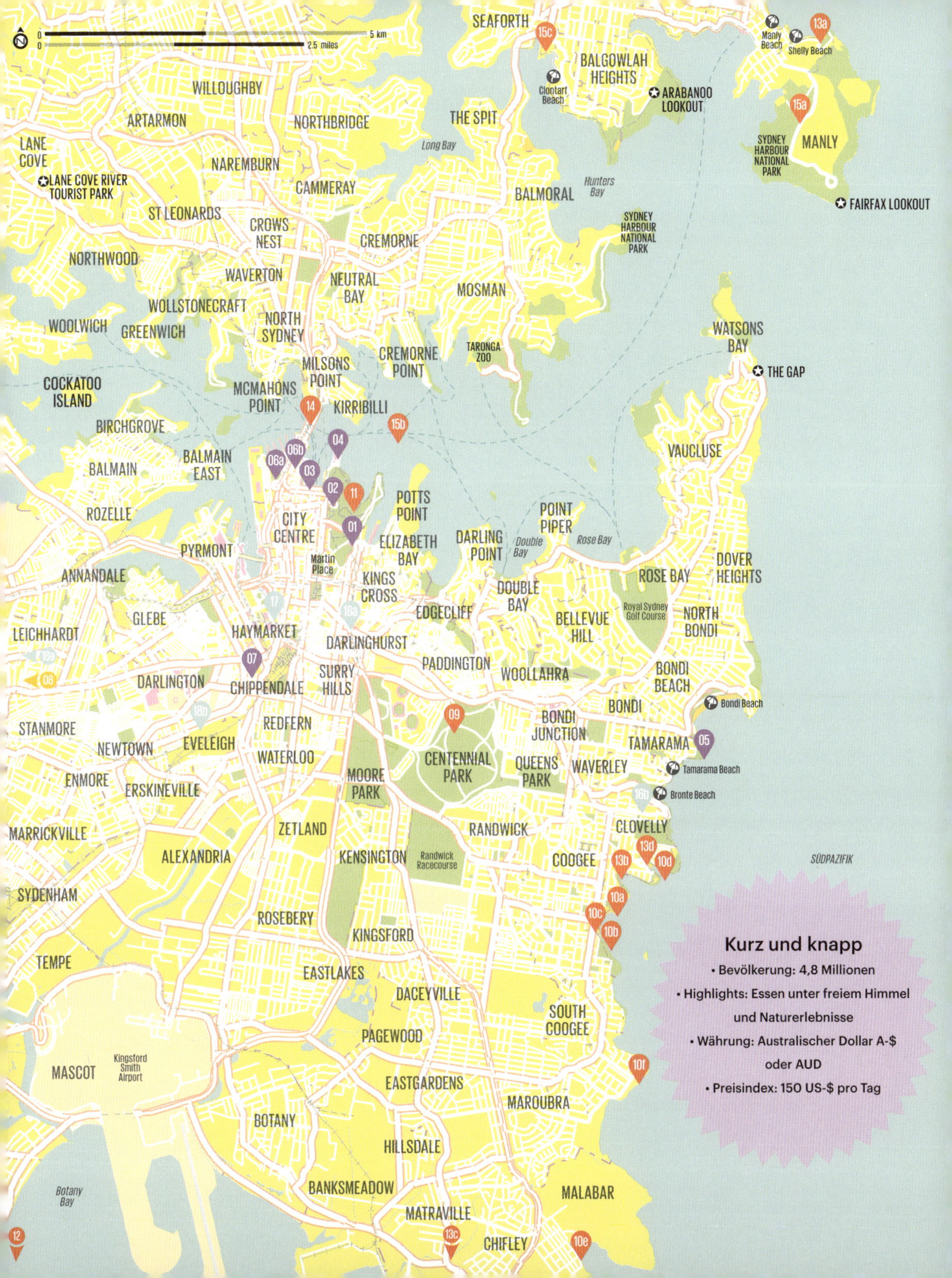

Kurz und knapp

- Bevölkerung: 4,8 Millionen
- Highlights: Essen unter freiem Himmel und Naturerlebnisse
- Währung: Australischer Dollar A-$ oder AUD
- Preisindex: 150 US-$ pro Tag

kostenlosen Konzerte klassische Musik von Weltniveau hören. *music.sydney.edu.au; University of Sydney, Ecke Bridge und Macquarie St.; Mo–Sa 8–18 Uhr; gratis.*

03 **Museum of Contemporary Art**
Das riesige Jugendstilgebäude steht am Circular Quay mit Blick über den Hafen. Der Eintritt zur Dauerausstellung ist kostenlos, Wechselausstellungen können kostenpflichtig sein (Details auf der Internetseite). Es werden auch kostenlose Führungen angeboten, die teilweise von Teenagern geleitetet werden – eine gute Gelegenheit, moderne Kunst aus der Perspektive von Jugendlichen kennenzulernen. *mca.com.au; 140 George St., The Rocks; Fr–Mi 10–17, Do 10–21 Uhr; gratis.*

04 **Opera House**
Jørn Utzon, der Architekt des Opernhauses, hat seine Werk nie vollendet gesehen – er schied im Streit aus dem Projekt. Man kann das Gebäude, bei dem der Ausdruck Ikone einmal passt, kostenlos besichtigen, wenn das Geld nicht für eine Opernaufführung reichen sollte. Vielleicht bei einem Essen in einem der Restaurants – das **Opera Kitchen** (*operabar.com.au; Mo–Do 8–24, Fr–So 8–1 Uhr*) hat die moderatesten Preise. *sydneyoperahouse.com; gratis.*

05 **Sculpture by the Sea**
Als ob die Wanderung auf den Klippen von Bondi bis Coogee Beach (S. 256) noch nicht genug zu sehen böte, werden an der Strecke im Frühsommer ausgewählte Freiluft-Kunstwerke aufgestellt. Im Rahmen des Projektes wird auch eine „Tactile Tour" durchgeführt, bei der Sehbehinderten Gelegenheit gegeben wird, die Kunstwerke durch Berührungen zu genießen und würdigen.

SYDNEY

WHALE-WATCHING

Es gibt nur wenige Großstädte, in denen man kostenlos Gelegenheit hat, Wale zu beobachten. Sydney liegt jedoch an einer wichtigen Wanderstrecke, und so kann man hier einige der größten Lebewesen des Planeten in freier Wildbahn sehen. Von Mitte Mai bis August ziehen 20 000 Buckelwale und Glattwale vorbei und führen allerhand verspielte Kunststücke auf. Zu den besten Plätzen, um sie dabei zu beobachten, gehören Cape Solander (am Ausgang der Botany Bay), Arabanoo Lookout (oberhalb von Manly), Fairfax Lookout (North Head), wo die Wale oft kalben, The Gap (Watsons Bay, South Head), wo man manchmal such Orcas sehen kan; und Barrenjoey Head (Palm Beach).

© Matt Munro, © Marco Simoni | Getty Images

sculpturebythesea.com; Küstenweg Bondi bis Tamarama; Okt–Nov; gratis.

06 The Rocks

Das älteste Stadtviertel Sydneys wird vom **Observatory Hill** (6a; *24 Std.; gratis*) überragt. Die einstige Lasterhöhle ist heute ein Labyrinth gepflasterter Straßen mit Lebensmittelmärkten, Cafés und Galerien, in denen Kunst der Aborigines ausgestellt wird. Die Gebäude wären fast der Abrissbirne zum Opfer gefallen, aber die Bauarbeitergewerkschaft verweigerte die Arbeit – das **Rocks Discovery Museum** (6b; *2–8 Kendall Lane; 10–17 Uhr; gratis*) berichtet darüber. *therocks.com.*

07 White Rabbit Gallery

Diese exzentrische Galerie ist in einer einstigen Servicewerkstatt von Rolls-Royce untergebracht und stellt chinesische Kunst aus dem neuen Jahrtausend aus. Die kostenlosen Führungen erklären die Details. Die Sammlung besteht aus 1400 Werken von mehr als 500 Künstlern, die wechselnd ausgestellt werden. Es gibt auch ein Teehaus, in dem Tee aus Taiwan und *cha* aus China in entspannter Umgebung serviert werden. Es gibt unter anderem Chrysanthemen-, Lychee- und Grünen Tee. *whiterabbitcollection.org; 30 Balfour St., Chippendale; Mi–So 10–17 Uhr; gratis.*

08 Open-Air-Kino

Die milden Abende führen in Sydney zu einem vielfältigen Angebot an Kinovorführungen unter freiem Himmel. Im Sommer sieht man überall große Leinwände, eine taucht sogar an der Brücke vor dem Opera House aus dem Hafen auf – hier kostet ein Ticket mehr als 30 A-$. Im **Olympic Park** werden jedoch kostenlos neue, klassische und Kultfilme gezeigt. Der Park ist gut mit öffentlichen Verkehrsmitteln zu erreichen, und man kann ein Picknick mitbringen. *sydney-olympicpark.com.au; Olympic Park; gratis.*

09 Centennial Park

Der 125 Jahre alte Park erinnert mit seinen Seen, Spiel- und Grillplätzen, einem Labyrinth und mehr als 15 000 Bäumen an die Grünanlagen in London. Es gibt eine Kolonie von Flughunden, die man beim monatlichen **Bat Chat** kennenlernen kann. Für eine paar Dollar kann man auch ein Fahrrad mieten oder einen Ausritt zu Pferd machen. *centennialparklands.com.au; unterschiedliche Öffnungszeiten; gratis.*

10 Meerwasserbäder

In Sydney gibt es an die 40 Meerwasserschwimmbäder für alle, die gerne Bahnen schwimmen oder unter Hai-Phobie leiden. Manchmal (etwa im Icebergs in Bondi) muss man Eintritt bezahlen, die meisten sind jedoch kostenlos. Etwa die **Giles Baths** (10a), **McIvers Baths** (10b; nur Frauen) und **Ross Jones Memorial Pool** (10c), alle in Coogee; oder **Clovelly Ocean Pool** (10d), **Malabar Ocean Pool** (10e) in Long Bay und **Mahon Pool in** Maroubra (10f). *randwick.nsw.gov.au; gratis.*

11 Royal Botanic Gardens

Sydney wird oft wegen seiner Großstadtallüren und -preise kritisiert. Der Eintritt zu dieser Oase der Stille zwischen dem Stadtzentrum und dem Hafen ist jedoch kostenlos. Es gibt täglich um 10.30 Uhr eine Führung durch die 730 Hektar große Anlage. Die 200 Jahre alte Pflanzensammlung sucht ihresgleichen, und in der Ausstellung „Cadi Jam Ora" wird an die ursprünglichen Bewohner des Stadtgebietes erinnert.
rbgsyd.nsw.gov.au; 24 Std.; gratis.

12 **Royal National Park**
Der zweitälteste Nationalpark der Welt wird von einem über 100 Kilometer langen Netz von Wanderwegen erschlossen, die über Klippen und durch Regenwaldschluchten bis zu menschenleeren Stränden führen. Bei Uloola Falls und in der North Era kann man für 12 A-$ zelten – billigere Unterkünfte gibt es in Sydney kaum. Die Einfahrt mit dem Auto kostet 12 A-$, aber als Besucher mit dem Zug (bis Waterfall) oder der Fähre (ab Cronulla) zahlt man nichts. *nationalparks.nsw.gov.au/Royal-National-Park; Audley Rd., Audley; 7–20.30 Uhr.*

13 **Schnorcheln**
Man kann an vielen der Strände in der Stadt kostenlos Fische beobachten, wenn man sich mit Schnorchel und Tauchmaske einfindet. **Shelly Beach** (13a) in Manly ist großartig, **Gordons Bay** (13b) zwischen Coogee und Clovelly ebenfalls. Am **Bare Island** (13c) in Botany Bay kann man mit den wunderbaren Fetzenfischen schwimmen, und in **Clovelly** (13d) trifft man oft einen Riesenlippfisch, der „Bluey" getauft worden ist. *24 Std.; gratis.*

14 **Sydney Harbour Bridge**
Der riesige „Kleiderbügel" beherrscht die Skyline nicht mehr allein, aber die Brücke ist mit dem Opernhaus immer noch eines der beiden definierenden Elemente der Stadt. Die offizielle Besteigung der Brücke ist teuer, man kann jedoch auch einen Spaziergang über den Bürgersteig an der Ostseite machen – die Ausblicke sind auch von hier atemberaubend. *24 Std.; gratis.*

15 **Sydney Harbour National Park**
Dieser 4 Quadratkilometer große Nationalpark stellt Teile von Sydneys Küste und mehrere der Inseln im Hafengebiet unter Schutz. Die meisten Sehenswürdigkeiten sind kostenlos, etwa die **Quarantine Station** (15a; *quarantinestation.com.au; 1 North Head Scenic Dr.; Museum So–Do 10–16, Fr–Sa 10–20 Uhr*) und **Fort Denison** (15b; *fortdenison.com.au*) auf Pinchgut Island, das man allerdings nur mit der

SYDNEY

GÜNSTIGER ÖPNV

Sydney zu erkunden muss kein Vermögen kosten. Wenn man eine Opal Card (*opal.com.au*) kauft und zwischen Montag und Sonntag acht Fahrten mit Bus/Straßenbahn/Zug/Fähre bezahlt, fährt man den Rest der Woche kostenlos. Als Autofahrer sollte man wissen, dass die Benzinpreise am Anfang der Woche am niedrigsten sind und zum Wochenende (vor allem bei Feiertagen) steigen. Auf *motormouth.com.au* findet man aktuelle Preisangaben. Sydney und seine Vororte eigenen sich gut für Spaziergänge, und für viele Orte – unter anderem Observatory Hill, The Rocks (S. 267) und den Centennial Park (S. 267) – gibt es kostenlose oder günstige Apps. Kostenloses Kartenmaterial für Küstenwanderungen gibt es bei *walkingcoastalsydney.com.au*.

© Matt Munro | Lonely Planet Images

kostenpflichtigen Fähre erreicht. Es gibt Wanderwege im Park, unter anderem von **Spit bis Manly** (15c; *walkingcoastalsydney.com.au; free). nationalparks.nsw.gov.au; 24 Std.; Fußgänger gratis.*

16 Nationalsport Barbecue

Restaurants in Sydney kosten ein Vermögen, aber auswärts essen kann kostengünstig sein, wenn man grillt. An vielen Stellen der Stadt und in den Vororten, von den **Western Sydney Parklands** (16a; *westernsydneyparklands.com.au; Richmond Rd.; Dean Park, Mai–Juli 8–17, Aug–April 8–19 Uhr; gratis*) bis zum **Bronte Park** (16b; *Bronte Rd; gratis*), findet man kostenlose (oder münzbetriebene) Grills, an denen sich Familien, Rucksacktouristen und andere Besucher zum Barbecue treffen

17 Nachtmärkte in Chinatown

Chinatown ist erfüllt von Düften und hektischer Aktivität. Die chinesische Kolonie in Sydney ist sehr alt, aber Chinatown hat sich inzwischen zu einem panasiatischen Schmelztiegel entwickelt, der dem Gourmet eine reiche Auswahl an Küchen bietet: Kantonesisch, Thai, Malaysisch, Japanisch und Vietnamesisch. Die Einwohner von Sydney gehen (vor allem mittags am Wochenende) gerne für Dim Sum hin, aber die sensationellen Nachtmärkte finden am Freitag statt. *Dixon St.; Fr 16–23 Uhr; gratis.*

18 Bauernmärkte

Die Wochenmärkte in Sydney sind eine gute Quelle für frisches, meist örtlich gezogenes Obst und Gemüse. Wenn man zur richtigen Zeit kommt, kann man oft günstige Angebote erwischen, z. B. in den **Sydney Sustainable Markets** (18a; *sydneysustainablemarkets.org; Taylor Sq., Darlinghurst; Sa 8–13 Uhr; gratis*) oder dem **Carriageworks Farmers Market** (18b; *carriageworks.com.au; 245 Wilson St., Eveleigh; Sa 8–13 Uhr; gratis*).

© Rob Reichenfeld | Getty Images

INSIDER-TIPPS

„Sydney ist nicht billig, man kann die Ausgaben aber im Rahmen halten. Der australische Wein ist fantastisch, aber es wird zu viel Gewese darum gemacht. Um den Markt nicht zu übersättigen, werden in den Geschäften von Sydney Spitzenweine ohne Namen auf dem Etiketten verkauft – zu einem Bruchteil des sonstigen Preises. Sydneys Klima lässt einen Zelturlaub zur echten Hotelalternative werden: Lane Cove River Tourist Park (*Plassey Rd., Macquarie Park*) und The Basin Campground im Ku-Ring-Gai Chase National Park liegen beide nahe an der Stadt. Details auf *nationalparks.nsw.gov.au*."
– Oran Redmond, Einwohner von Sydney

SÜD-AMERIKA

© Matt Munro / Lonely Planet Images

© Philip Lee Harvey / Lonely Planet Images

KUNST & KULTUR
MUSIK & FILM
SPORT & FREIZEIT
ESSEN & TRINKEN
FESTIVALS & EVENTS

BOGOTÁ

In Bogotá schlägt das Herz Kolumbiens. Die Hauptstadt unter den kalten Andengipfeln ist weltläufig und cool, aber auch entgegenkommend und sehr lebendig. Tagsüber locken Kultur und Geschichte, vom Kolonialviertel La Candelaria bis zu den fast 80 Museen, und nachts – geht die Post ab!

01 Bogotá Graffiti Tour

Diese faszinierende 2½-stündige Führung durch die beeindruckende Straßenkunstszene Bogotás ist kostenlos, man sollte sich aber durch ein Trinkgeld (20 000 COP bis 30 000 COP) erkenntlich zeigen. Es ist eine großartige (und billige) Möglichkeit, eine kreative Welt kennenzulernen, an der man sonst vielleicht achtlos vorbeiginge; *bogotagraffiti.com; Parque de los Periodistas; 10 und 14 Uhr; gratis.*

02 Museo Botero

Im großen Museumskomplex der Banco de la República sind mehrere Säle mit rundlichen Dingen angefüllt: Händen, Apfelsinen, Frauen, Bartträgern, Kinder, Vögel, Revolutionären der Fuerzas Armadas Revolucionarias de Colombia (FARC). Alles natürlich als Bild oder Statue aus der Hand des kolumbianischen Künstlers Fernando Botero, der die Werke dem Museum gestiftet hat. *banrepcultural.org/museo-botero; Calle 11 No 4–41; Mo und Mi-Sa 9–19, So 10–17 Uhr; gratis.*

03 Cine Tonalá

Eines der wenigen unabhängigen Kinos in Bogotá zeigt vor allem lateinamerikanische Filme, lässt sich aber nicht auf eine Kategorisierung ein. Das Kulturzentrum in einem Herrenhaus aus den 1930er-Jahren bietet Künstlern aller Art eine Heimstatt, die wegen der hippen Bar, dem guten mexikanischen Essen und der Partynächte kommen. *cinetonala.co; Carrera 6A No 35–27; Di–So 12–3 Uhr; Filme 7000–9000 COP.*

© Daniel Garzón | 500px

Kurz und knapp

- Bevölkerung: 9 Millionen
- Highlights: Bar-Hopping und Botero
- Währung: Kolumbianischer Peso COP
- Preisindex: 75 US-$ pro Tag

04 La Puerta Falsa

Der berühmte Snackladen im Kolonialviertel von Bogotá lockt einen mit Süßigkeiten in Regenbogenfarben in den winzigen Verkaufsraum. Dort kann man sich dann, wie die Einheimischen, an den feuchten Tamales und der üppigen *chocolate completo* (heiße Schokolade mit Käse, Butterbrot und einem Keks) gütlich tun – ohne daran bankrott zu gehen. *Calle 11 No 6-50; Mo–Sa 7–21, So 8–19 Uhr; Süßigkeiten 1500–2000 COP, Snacks 3500–6300 COP.*

05 Noche de Galerías

Sich mit Kultur volllaufen lassen? *Und mit kostenlosem Wein?* In Bogotá geht das – einmal im Quartal, wenn einige der coolsten Galerien der Stadt ihre Türen zur Noche de Galerías (Nacht der Galerien) öffnen. Es gibt Führungen, Vernissagen, Gratisgetränke und eine insgesamt festliche Stimmung, in der man einige der interessantesten Menschen Bogotás treffen kann. *nochedegalerias.co; Details auf der Internetseite; gratis.*

06 Musik für alle für umsonst

Bogotá ist eine der besten Städte der Welt, wenn es um kostenlose Konzerte geht. Beim **Rock al Parque** spielen zum Beispiel drei Tage lang Rock-, Metal-, Pop-, Funk- und Reggaebands (meist aus Südamerika) (*rockalparque.gov.co; Parque Simón Bolívar; Details auf der Internetseite; gratis*). Lohnend auch: **Salsa al Parque** (*salsaalparque.gov.co; Details auf der Internetseite; gratis*), **Hip-Hop al Parque** (*hiphopalparque.gov.co; Okt/Nov, Details auf der Internetseite; gratis*) und das **Festival de Verano** (*idrd.gov.co/sitio/idrd; Details auf der Internetseite; gratis*).

HILFREICHE TIPPS

- Mit dem Fahrrad kommt man gut in der Stadt herum: Bogotá hat eines der ausgedehntesten Fahrradwegenetze der Welt. Es besteht aus über 350 Kilometer deutlich markierten, separaten Wegen, die als *CicloRuta* bezeichnet werden. An Sonn- und Feiertagen bricht die Fahrradmanie voll aus, wenn zwischen 7 und 14 Uhr die Straßen der Stadt auf einer Länge von 121 Kilometer für Motorfahrzeuge gesperrt werden.
- Ins Museum sollte man am besten sonntags gehen, wenn mindestens 35 der unzähligen Museen in Bogotá keinen Eintritt erheben.

KUNST & KULTUR · MUSIK & FILM · SPORT & FREIZEIT · ESSEN & TRINKEN · FESTIVALS & EVENTS

BUENOS AIRES

Buenos Aires ist eine Stadt, die vor Leidenschaft bebt. Vom Fußball bis zur Politik kommen große Gefühle zutage und drücken sich auch in einer lebendigen Kunstszene aus. Und das nicht nur bei kostenlosen Konzerten und Ausstellungen – in jedem Viertel findet man Straßenkunst, Musiker und Feierabendphilosophen.

01 Caminito

Diese Straße ist mit ihren bunten Häusern typisch für die Viertel, in denen einst die vielen italienischen Werftarbeiter lebten. Neben den Straßenkünstlern, die Tango vorführen, kann man auch das berühmte Maradona-Wandgemälde von La Boca bestaunen. Von der Dachterrasse des **Quinquela Martin Museum** (*Ave. Don Pedro de Mendoza 1835; Di–Fr 10–18, Sa–So 11–18 Uhr; Spendenempfehlung 10 ARS*) hat man einen wunderbaren Ausblick. *24 Std.; gratis.*

02 Carlos-Gardel-Museum

Auch wenn man vorher nicht viel über Carlos Gardel wusste, wird man schon nach kurzer Zeit in Buenos Aires sein Gesicht kennen – es begegnet einem überall. Das Wohnhaus des Tangosängers ist heute ein Museum, und in den nahegelegenen Straßen Calle Zelaya und Calle Agüero sieht man ihn auf Wandgemälden. *museocasacarlosgardel.buenosaires.gob.ar/; Jean Jaurés 735; Mo und Mi–Fr 11–18, Sa–So 10–19 Uhr; 5 ARS, Mi gratis.*

© Krzysztof Dydynski | Getty Images, © Billy Cox; Jess Kraft | 500px

Kurz und knapp

- Bevölkerung: 14,1 Millionen
- Highlights: die lebhafte Kulturszene und kostenlose Festivals
- Währung: Argentinischer Peso ARS
- Preisindex: 45 US-$ pro Tag

03 Kostenlose Kunst für alle

Das **Museum of Modern Art** (3a; MAMBA; *buenosaires.gob.ar/museoartemoderno; Ave. San Juan 350; Di–Fr 11–19, Sa-So 11–20 Uhr; Di gratis)* ist in großzügigen Räumen in einer umgebauten ehemaligen Zigarettenfabrik untergebracht. Dienstags kostet der Eintritt nichts. Das gilt die ganze Woche im **Museo Nacional de Bellas Artes** (3b; MNBA; *mnba.gob.ar; Ave. del Libertador 1473; Di–Fr 12.30–20.30, Sa–So 9.30–20.30 Uhr; gratis).*

04 Recoleta-Friedhof

Die Mausoleen des Friedhofs Recoleta sind auf der ganzen Welt berühmt. Jenes von Eva Perón mag der große Publikumsmagnet sein, aber die aufwendigeren Beispiele findet man anderswo, etwa das riesige Mausoleum des Zeitungszars José C. Paz (der William Randolph Hearst seiner Zeit) und das „Grab" des Dorrego Ortíz Basualdo, das mit einer eigenen Kapelle aufwartet. *Junín 1760; 8–17.45 Uhr; gratis.*

05 Casa Rosada

Bei einer kostenlosen Führung durch den Amtssitz des Präsidenten kann man auch den Balkon sehen, von dem aus sich Juan und Evita Perón den verzauberten Massen zeigten. Donnerstags um 15.30 Uhr gehen die *Madres de Plaza de Mayo* um das Denkmal auf dem Platz vor dem Palast, um an ihre während der Militärdiktatur 1976 bis 1983 „verschwundenen" (beseitigten) Kinder zu erinnern. *casarosada.gob.ar/la-casa-rosada/visitas-guiadas; Balcarce 50; Sa–So 10–18 Uhr; gratis.*

06 Club Cultural Matienzo

Matienzo ist nur eines der fantastischen Kulturzentren der Stadt, sehr entspannte Nachbarschaftstreffpunkte, die mit billigen Getränken und Speisen (meist Empanadas), Konzerten, Workshops und Ausstellungen aufwarten. Matienza stellt regelmäßig junge Bands vor, deren Konzerte meist nichts kosten, außerdem gibt es Musikfestivals und literarische

EIN GESCHENKTER TAG

Die *medialunas* (Croissants) für ein typisches Frühstück à la Buenos Aires sollte man sich in einer Bäckerei kaufen und dann in einem Park verspeisen, während man den Hundesittern zusieht, die ihre vielen Schützlinge ausführen. Den Morgen kann man dann auf dem Markt von San Telmo (S. 279) oder in den Antiquitätengeschäften auf dem Weg über die Calle Defensa zur Plaza de Mayo verbringen. Dort nimmt man die U-Bahn nach Retiro und spaziert an den Stadtpalästen vorbei bis zum Recoleta-Friedhof. Danach gibt es Empanadas (an der Theke) im El Cuartito *(Talcahuano 937; 12.30–1 Uhr).*

© Jess Kraft | 500px

Abende. *ccmatienzo.com.ar; Pringles 1249; unterschiedliche Zeiten und Eintrittspreise.*

07 La Glorieta

Echten Tango sieht man nicht in den teuren und kitschigen Touristenshows, sondern in einem *milonga* (Tanzlokal). Oft wird eine geringe Gedeckgebühr verlangt, aber einer der stimmungsvollsten, La Glorieta, ist kostenlos. Man kann sich kaum etwas Romantischeres vorstellen als den Pavillon im Park, wo sich am Wochenende Tänzer jeder Couleur zum Tango treffen. *Barrancas de Belgrano; Fr–So 19–22 Uhr; gratis.*

08 Naturschutzgebiet Costanera Sur

Man hat fast das Gefühl, die Stadt verlassen zu haben, wenn man hierherkommt. Und das, obwohl das Naturschutzgebiet auf der einen Seite vom Río de la Plata, auf der anderen aber von den Wolkenkratzern des Nobelviertels Puerto Madero begrenzt wird. Auf 360 Hektar kann man spazieren gehen, Fahrrad fahren, joggen oder sich der Flora und Fauna widmen. *Costanera Sur; Di–So 8–18 Uhr; gratis.*

09 Buenos Aires Local Tours

Bei einem Gang durch die Stadt kann man in Buenos Aires viel entdecken, aber die Geschichte der Stadt wird erst dann richtig lebendig, wenn man bei einer Führung etwas über die Gebäude und Denkmäler erfährt. Anstelle eines Festpreises bezahlt man den Führer mit einem Trinkgeld nach eigenen Ermessen. *buenosaireslocaltours.com; Treffpunkt lt. Internetseite; tgl. 10 Uhr; gratis.*

10 Rollerskaten in den Bosques de Palermo

Der künstliche See mit dem glatten Asphaltweg im Parque Tres de Febrero (der offizielle Name des Parks) ist ein idealer Platz, um sich die Rollschuhe unterzuschnallen – oder den Skatern zuzusehen. Auch die anderen Besucher sind ein buntes Völkchen. Falls man seine Rollschuhe nicht dabeihat, kann man welche ausleihen, auch Fahrräder gibt es zu mieten. *Ecke Ave. Sarmiento und Ave. Libertador; 24 Std.; gratis.*

11 Sandwiches an der Costanera Sur

Wenn ein Bewohner der Stadt nach einer Reise zurückkommt, macht er meist in Costanera Sur Station, um *choripán* (Chorizo-Sandwich) oder *bondiola* (geschmorte Schweineschulter) zu essen. Am Straßenrand reihen sich die *parrillas* aneinander und verkaufen die fleischreichen Snacks zu Tiefstpreisen. Dem Geruch des gegrillten Fleisches – vielleicht *der* Duft der Stadt – ist nur schwer zu widerstehen. *Ave. Int Hernán M. Giralt; 24 Std.; choripán 25–30 ARS.*

BUENOS AIRES

© Matt Munro | Lonely Planet Images

12 *Mate* am Plaza Lavalle

Zwei typisch argentinische Beschäftigungen – *Mate* trinken und Hunde ausführen – kann man sehr preiswert verbinden, wenn man sich mit einer Thermosflasche heißem Wasser, *yerba* (Lose-Blatt-Tee), *mate* (Flaschenkürbis) und *bombilla* (Metalltrinkhalm) wappnet und dann an der Plaza Lavalle den Hundesittern und ihren angeleinten Schützlingen beim Ausgang zusieht. *Ecke Libertad und Tucuman; morgens; gratis.*

13 Pizzería Güerrin

Hier gibt es Hardcore-Pizza: Güerrin spielt nicht mit zarten, dünnen Böden herum. Für ein oder zwei Stücke dieser dicken, fettigen Teigfladen bezahlt man am Tresen nur den Bruchteil eines Essens am Tisch. Falls einem die Kohlenhydrate der Pizza nicht ausreichend erscheinen, kann man sie mit einer Scheibe *fainá*

BUENOS AIRES MIT DEM RAD

Am besten erforscht man Buenos Aires mit dem Fahrrad: Es gibt kaum Steigungen, dafür aber ein gutes Netz von Fahrradspuren. Um eines der 3000 kostenlosen EcoBici-Räder zu nutzen, muss man sich mit einer Fotokopie des Reisepasses und Einreisestempels an einer der 32 gelben Verleihstationen registrieren. Das Fahrrad kann man dann eine Stunde benutzen, danach muss es an einer der Stationen wieder abgegeben werden; sie sind aus einem Stadtplan zu ersehen, der einem bei der Registrierung ausgehändigt wird. *buenosaires.gob.ar/ecobici; 24 Std.; gratis.*

© Svetlana Zhukova; Kevin Dyer | Getty Images, © Thomas Zimmermann | 500px

(Kichererbsen-Fladenbrot) ergänzen. *pizzeriaguerrin.com; Ave. Corrientes 1368; 11–2 Uhr; Pizzastück ab 25 ARS.*

14 Plaza Francia Feria Artesanal

Am Wochenende lohnt sich der Kunsthandwerkermarkt auf der Plaza Francia nicht nur wegen des Handwerks, sondern auch wegen des handgemachten *pan relleno* (mit Käse und Tomaten gefülltes Brot), das zu den billigsten und sättigendsten Mahlzeiten in Buenos Aires zählt. Die Verkäufer ziehen meist mit einem Korb voll von ihren Leckereien durch die Standreihen. *Recoleta; Sa–So 11–20 Uhr; pan relleno 20–25 ARS.*

15 Sabores Entrerrianos

Diese *parrilla* in Villa Crespo mag auf den ersten Blick vielleicht etwas zweifelhaft aussehen, aber wenn es um Steaks geht, hat sie das beste Preis-Leistung-Verhältnis in der ganzen Stadt. Die Preise sind deutlich niedriger als in anderen Stadtvierteln, und die Portionen sind so groß, dass sogar die Kellner vorschlagen, nur eine halbe zu bestellen. Und die Qualität des Fleisches ist über alle Zweifel erhaben. *Serrano 954; 12–15 und 20–24 Uhr; Mahlzeiten um 70 ARS.*

16 Festivals in Buenos Aires

Es gibt so viele Festivals in Buenos Aires – für Jazz, Fahrradfahren, Rock, Filme und sogar Mathematik –, dass immer ein neues zu beginnen scheint, wenn das laufende gerade zu Ende geht. Die Auftritte, Workshops und Vorführungen sind erstklassig und oft kostenlos. Details zu einzelnen Festivals sind dem Internet zu entnehmen (*festivales.buenosaires.gob.ar*). Zwei der besten sind das **Buenos Aires International Festival** (FIBA) *(Sept–Okt; gratis)* und **Tango BA** *(Aug und April; gratis)*.

17 Feria de Mataderos

Um in der Großstadt etwas *Gaucho*-Atmosphäre zu schnuppern, sollte man sonntags ins Viertel Mataderos gehen, wo es Reitvorführungen, Volksmusik, Tanz und ein großes Angebot an Lederwaren gibt. Bei der Gelegenheit kann man auch *locro* probieren, eine herzhafte traditionelle Suppe. *feriademataderos.com.ar; Ecke Ave. Lisandro de la Torre und Ave. de los Corrales; So 11 Uhr, im Sommer Sa 18 Uhr; gratis.*

18 Sonntagsmarkt in San Telmo

Auch wenn man nicht gerne einkaufen geht, bietet der Sonntagsmarkt in San Telmo doch viel Unterhaltung, von Straßenmusikern bis zu Tangotänzern. Der Markt erstreckt sich über 10 Blocks von der Plaza Dorrego bis zur Plaza de Mayo, an den Ständen bekommt man eine wilde Mischung aus Antiquitäten, Souvenirs und Kunsthandwerk. *Calle Defensa; So 10–18 Uhr; gratis.*

INSIDER-TIPP

„Ich wohne neben einem der ältesten Märkte, dem Mercado del Progreso *(mercadodelprogreso.com; Ave Rivadavia 5430; Mo–Sa 7.30–14 und 17–20.30 Uhr; gratis)*. Dort bekommt man Fleisch bester Qualität zu Preisen wie beim normalen Schlachter. Wenn ich ein *asado* plane, kaufe ich dort und hole mir Wein aus dem chinesischen Supermarkt im Viertel. Zu meinen Lieblingsorten gehören der Friedhof von Chacarita *(Ave Guzmán 680; 7.30–17 Uhr; gratis)*, wo der Tangosänger Carlos Gardel begraben liegt, und die Pferderennbahn Palermo Hippodrome *(palermo.com.ar; Ave del Libertador 4101; gratis; Mindestwette 5 ARS)*."
– Patricio Santos, Spanischlehrer bei Che Vos Spanish

© Diego Lapetina | 500px

© Michele Falzone; George Rose; Alfredo Maiquez; Brent Winebrenner; DircinhaSW; Joe Raedle | Getty Images, © Ksenia Ragozina | Shutterstock, © Matt Munro | Lonely Planet Images

WEINE VERKOSTEN FÜR WENIG GELD IN SÜDAMERIKA

Die südamerikanischen Weinanbaugebiete sind romantische Ziele, aber man muss sich nicht von all seinen Pesos verabschieden, um den Rebensaft zu genießen.

CAFAYATE – ARGENTINIEN

Touristen kommen seltener nach Cafayate, der „anderen" Weinregion Argentiniens, auch wenn sie von Salta aus leicht zu erreichen ist, eine Stadt, die an der Route von und nach Bolivien liegt. Cafayate ist vor allem wegen des aromatischen weißen Torrontés bekannt. *welcomeargentina.com/cafayate.*

FINCA NARBONA – URUGUAY

Die Weingüter in der Umgebung von Carmelo empfehlen sich für eine Verkostung des weniger bekannten Tannat. Man muss nicht in der Narbona Wine Lodge übernachten, um die Kellerei zu besichtigen – ein Mittagessen mit Begleitweinen reicht aus. *narbona.com.uy; Ruta 21, km 267*

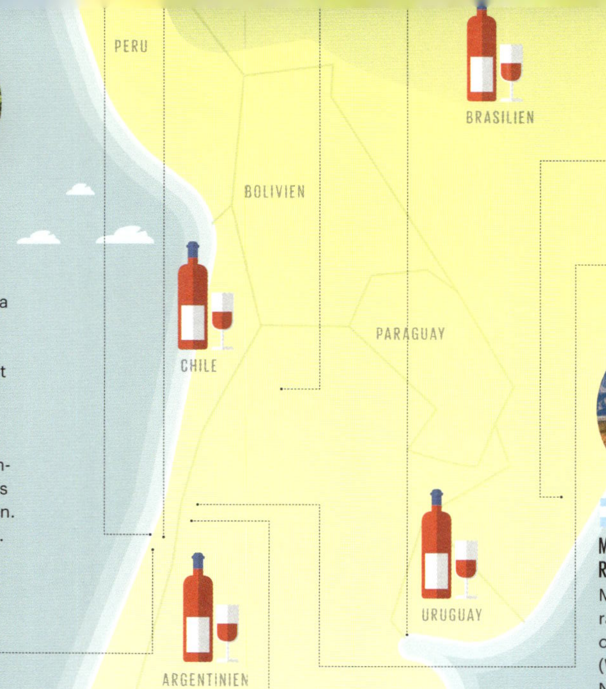

VIÑA CONCHA Y TORO – CHILE

Der größte Weinproduzent in Südamerika mag vielleicht nicht besonders pittoresk wirken, aber dafür kann man ihn mit der Schnellbahn von Santiago aus erreichen. *conchaytoro.com; Virginia Subercaseaux 210, Pirque, Chile; 10–17 Uhr; Verkostungen 12000 CLP.*

CASABLANCA-TAL – CHILE

Auch wenn man wegen Pablo Neruda und der Architektur nach Valparaíso gekommen ist, lohnt sich eine Tagestour mit Wine Tours Valparaíso, um das nahe gelegene Weinbaugebiet im Tal des Casablanca zu sehen. *winetoursvalparaiso.cl; Cerro Alegre, Valparaíso, Chile.*

MONTGRAS – SANTA CRUZ, CHILE

Das schöne Weingut MontGras im chilenischen Colchagua-Tal lohnt einen Tagesausflug: Man kann nicht nur den Carmenère verkosten, sondern auch wandern oder sich auf das Mountainbike schwingen. *montgras.cl; Camino Isla de Yáquil s/n, Palmilla; 10–16.30 Uhr; Verkostung mit Imbiss 15000 CLP.*

WEINGUT SALENTEIN – VALLE DE UCO, ARGENTINIEN

Im viel gerühmten argentinischen Uco-Tal ist ein Weingutbesuch am günstigsten, wenn man ihn mit einem der vielen Kulturveranstaltungen im Amphitheater von Salentein verbindet. *bodegasalentein.com; RP 89, Los Árboles, Tunuyán, Argentinien; Mo–Sa 9–17 Uhr; Weinproben 150 ARS.*

MENDOZA AUF ZWEI RÄDERN – ARGENTINIEN

Mit einem Mietfahrrad kann man die caminos del vino (Weinstraßen) in der Nähe von Mendoza erforschen. Mr. Hugo Bikes verleiht Fahrräder, Schließfächer und Landkarten und organisiert auch Touren. *mrhugobikes.com; Urquiza 2288, Maipú, Mendoza; Reservierungen online.*

CASA VALDUGA – BRASILIEN

Das beliebte Weingut Casa Valduga gehört zu den größeren im Vale dos Vinhedos, wo der brasilianische Weinanbau gerade zur Blüte kommt. Casa Valduga bietet eine kostenlose Weinprobe mit drei Weinen als Einführung an. *casavalduga.com.br; Via Trento 2355, Vale Dos Vinhedos, Brasilien; 9.30–18.15 Uhr; gratis.*

KUNST & KULTUR MUSIK & FILM SPORT & FREIZEIT ESSEN & TRINKEN FESTIVALS & EVENTS

LIMA

Lima ist kein Zwischenstopp. Die schattigen Vororte am Ozean haben schon viele Besucher zum Schwärmen gebracht: „Hier möchte ich leben!" Viele sind tatsächlich geblieben und geben Perus Kultur eine internationale Note, die man hier genauso deutlich spürt, wie man das Meer riecht.

01 Museo de Arte de Lima (MALI)

Das wichtigste Kunstmuseum der Stadt ist in einem Jugendstilgebäude untergebracht – einige der Säulen stammen aus der Werkstatt von Gustave Eiffel. Die Exponate reichen von präkolumbischer Kunst bis bin zu zeitgenössischen Werken. Sonntags wird der normale Eintrittspreis (12 S) auf 1 S reduziert und schließt eine Führung und Aktivitäten für Kinder ein. *mali.pe; Paseo Colón 25; 10–17 Uhr, Mi geschl.; So 1 S.*

02 Museo de la Inquisición

In diesem winzigen Museum ging einst die Spanische Inquisition ihrem unheiligen Geschäft nach. Man kann den Keller besichtigen, in dem sich vor allem Achtjährige an den grotesken Wachsfiguren ergötzen, die dort „gefoltert" werden. Die Bibliothek im 1. Stock weist ein entzückende barocke Holzdecke auf. Einlass ist alle 30 Min. im Rahmen einer englisch- oder spanischsprachigen Führung. *www.congreso.gob.pe/museo.htm; Jirón Junín 548; 9-17 Uhr; gratis.*

03 Kostenlose Führung

In Lima gibt es viel Sehenswertes, das viele Besucher übersehen. Bei dieser Führung erfährt man von einem enthusiastischen Einheimischen viel über die Piratenangriffe auf das alte Lima oder die kleine Poststelle, die einst der erste Bahnhof der Stadt war. Die Führung ist kostenlos, man wird aber gerne ein Trinkgeld geben. *fwtperu.com/fwt-lima.html; Anfangspunkt Nordeingang des Parque Kennedy; Mo–Sa 11 Uhr; gratis.*

© Danny García | 500px

MENÚ DEL DÍA

Die beste Methode, um die Küche Limas kennenzulernen, ist zugleich auch die billigste: Statt eines Abendessens gönnt man sich ein riesiges *menú del día*, das mittags an fast jeder Straßenecke angeboten wird, zu erkennen an der Tafel neben der Restauranttür, auf der die Speisenfolge angegeben wird. Auch im schicken Miraflores wird man selten mehr als 7 S bis 14 S zahlen. Die Restaurants reichen von einfachen Familienbetrieben bis hin zu Etablissements mit weißen Tischdecken und feinen Desserts. So oder so wird man Seite an Seite mit Angestellten und Familien speisen. Das Drei-Gänge-Menü umfasst meist eine herzhafte Suppe, Reis, Salat und ein Getränk (oft heißer Tee). Mit etwas Glück bekommt man *Ceviche* (rohen marinierten Fisch) serviert.

04 Parque del Amor

Ein Spaziergang durch die Grünanlagen über den Klippen in Miraflores ist entspannend und birgt viele Überraschungen. Zu den besten gehört dieser Park mit Blick über den Pazifik, in dem Bänke und Rundbögen stehen, die mit spanischen Liebesschwüren in Mosaikform geschmückt sind. Liebespaare kommen her, um ihre eigenen Schwüre zu leisten und den Drachenseglern über dem Meer zuzusehen. *Malecón Cisneros; 24 Std.; gratis.*

05 Puente de los Suspiros und Barranco-Viertel

Wenn man die Hand einer geliebten Person ergreift, die Luft anhält und es mit ihr über diese Brücke schafft, ohne Luft zu holen, wird man angeblich mit einer Liebe gesegnet, die genauso schön ist wie das umgebende Stadtviertel. Danach kann man dann zum Aussichtspunkt über dem Ozean schlendern. *Paseo Chabuca Granda, westlich der Plaza, Barranco; 24 Std.; gratis.*

06 Choco Museo Miraflores

Eigentlich ist es eher ein Ladengeschäft, aber die kostenlosen Führungen durch dieses „Museum" erzählen viel über die Geschichte der Schokolade. Die meisten Besucher kommen jedoch wegen der Verkostungen, bei denen man Proben von rohem Kakao, himmlischen Schokoladentafeln, Schokoladentee und heißer Schokolade aus fairem Handel bekommt. *chocomuseo.com; Calle Berlin 375; So–Do 11–20.30, Fr–Sa 11–21.30; gratis.*

Kurz und knapp

- Bevölkerung: 10,8 Millionen
- Highlights: Geschichte und Natur
- Währung: Nuevo Sol S
- Preisindex: 80 US-$ pro Tag

KUNST & KULTUR · MUSIK & FILM · SPORT & FREIZEIT · ESSEN & TRINKEN · FESTIVALS & EVENTS

RIO DE JANEIRO

Es ist schwer, sich nicht in Rio mit seinen herrlichen Stränden, regenwaldbedeckten Bergen und sambabeseelten Nachtschwärmern zu verlieben. Leicht ist es dagegen, sein Budget zu überschreiten (Strandhotels, erstklassige Restaurants, teure Ausflüge). Es geht aber auch anders: Einige der schönsten Erlebnisse in der Stadt kosten nichts.

01 Centro Cultural Banco do Brasil (CCBB)

Das Centro Cultural Banco do Brasil veranstaltet in seinem schön restaurierten Gebäude aus dem Jahr 1906 einige der besten Ausstellungen der Stadt – immer kostenlos. In den Sälen kommt man (oft mit Multimediaelementen) ebenso auf seine Kosten wie bei Konzerten und Filmvorführungen. Wochentags hält sich der Andrang meist in Grenzen. *culturabancodobrasil.com.br; Primeiro de Março 66, Centro; Mi–Mo 9–21 Uhr; gratis.*

02 Escadaria Selarón

Eine der beliebtesten Sehenswürdigkeiten in Rio ist die prachtvolle gekachelte Treppe zwischen den Vierteln Lapa und Santa Teresa. Das Werk des Chilenen Jorge Selarón ist mit seinen überschwänglich dekorierten Stufen (insgesamt 215) zum Symbol Lapas geworden. Selarón hat die Arbeit, die Kacheln aus der ganzen Welt enthält, dem brasilianischen Volk geschenkt. *An der Joaquim Silva, Lapa; 24 Std.; gratis.*

© Colors Hunter - Chasseur de Couleurs | Getty Images, © Martijn Mureau; Cecilia Posada | 500px

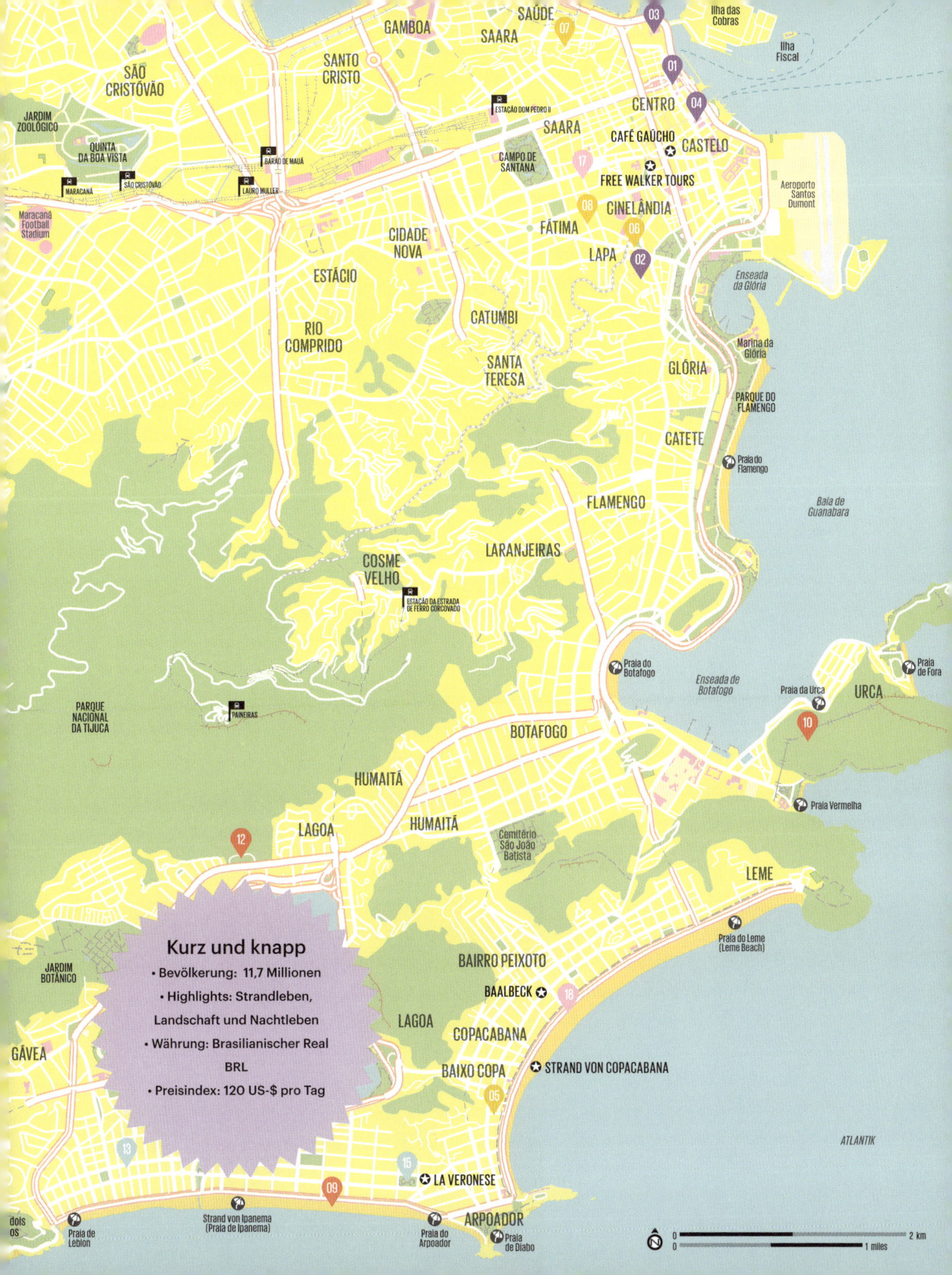

Kurz und knapp

- Bevölkerung: 11,7 Millionen
- Highlights: Strandleben, Landschaft und Nachtleben
- Währung: Brasilianischer Real BRL
- Preisindex: 120 US-$ pro Tag

03 Kloster von São Bento

Im nördlichen Teil des Stadtzentrums steht eine der schönsten Kirchen aus der Kolonialzeit Brasiliens. Das von 1617 bis 1641 auf dem Morro de São Bento errichtete Kloster hat ein herrliches Barockinterieur mit schönen Skulpturen und beeindruckenden Nebenkapellen. Zur Messe (wochentags 7.30 Uhr) singen die Mönche gregorianische Choräle. *Rua Dom Gerardo 68, Centro; 7–17.30 Uhr; gratis.*

04 Paço Imperial

Dieser ehemalige Palast diente der portugiesischen Königsfamilie als Unterkunft, nachdem sie Anfang des 19. Jahrhunderts vor Napoleon in ihre Kolonie in der Neuen Welt geflüchtet war. Heute werden hier kostenlose Ausstellungen veranstaltet. Die Vergangenheit ist noch gegenwärtig, unter anderem auf dem angrenzenden Platz, wo Princesa Isabel 1888 die Befreiung der Sklaven verkündete. *Praça XV (Quinze) de Novembro 48; Di–So 12–18 Uhr; gratis.*

05 Bip Bip

Das Bip Bip ist seit Jahren eine der Hochburgen des *roda de samba* (informellen, ländlichen Sambas). Es besteht zwar nur aus einigen Tischen am Straßenrand, aber im Laufe des Abends finden hier hochkarätige Jamsessions statt, bei denen Musiker und Publikum bis auf die Straße stehen. Kostenlos, aber man sollte den Musikern schon ein Trinkgeld gönnen. *Almirante Gonçalves 50, Copacabana; So-Fr ab 20 Uhr; gratis.*

06 Lapa

Das Zentrum der Livemusik in Rio liegt im Stadtteil Lapa, einem ehemaligen Rotlichtviertel, in dem sich Freiluftbars und altmodische Sambaclubs aneinanderreihen. An den Wochenenden

INTERESSANTE FÜHRUNGEN

Einen guten Einblick in die Geschichte Rios bekommt man als Teilnehmer an einer kostenlosen Führung durch das Stadtzentrum. Bei Free Walker Tours (*freewalkertours.com*) sieht man so unter anderem auf einem dreistündigen Gang die Travessa do Comércio, Praça XV, Cinelândia, die Arcos da Lapa und die Escadaria Selarón (S. 284). Die Tour ist zwar kostenlos, aber man wird am Schluss um ein Trinkgeld gebeten. Die meisten Teilnehmer geben um 25 BRL. Derselbe Veranstalter bietet auch Touren durch die Bars und Kneipen von Ipanema und Lapa (*jeweils 55 BRL, einschließlich Getränke und Eintritt zu mehreren Clubs*) und eine kostenlose Copacabana-Führung.

herrscht ausgelassene Feststimmung, und der Platz bei den Arcos da Lapa verwandelt sich in eine Tanzparty unter freiem Himmel. Später kann man an der lebhaften **Ave. Mem de Sá** bummeln gehen. *Largo da Lapa; Sa–So; gratis.*

07 Pedra do Sal

Am Montag- und Freitagabend finden hier Open-Air-Partys statt, die bei Sambaliebhabern außerordentlich beliebt sind. Beim *samba da mesa* werden in wechselnder Besetzung bekannte Melodien gespielt. Der stimmungsvolle Veranstaltungsort hat eine lange Geschichte – hier ist einst unter den afrikanischstämmigen Zuwanderern aus Bahia der Samba entstanden. *Largo João da Baiana, Gamboa; Mo und Fr 20–24 Uhr; gratis.*

08 Vaca Atolada

Authentischen Samba kann man in diesem einfachen Speise- und Trinklokal erleben. Zum *samba de roda* versammeln sich die Anwohner, die auch dazu singen und tanzen, falls der Platz reicht. Das ist Lapa, wie es einst war: freundlich, lebhaft, unprätentiös. Einen Tisch bekommt man nur, wenn man früh kommt. Allerdings steht man früher oder später sowieso auf, um zu tanzen. *Rua Gomes Freire 533, Centro; Di–Sa 20–2 Uhr; gratis.*

09 Strand von Ipanema

Einer der besten Orte, um einen sonnendurchfluteten Tag zu verbringen, ist der Strand von Ipanema. Man kann sich in den Wellen vergnügen, lange Spaziergänge unternehmen oder einfach diskret die Leute beobachten. Auch der Hunger muss einen nicht forttreiben, an den *barracas* bekommt man alles vom Sandwich bis zum Caipirinha. *An der Av. Vieira Souto, Ipanema; 24 Std.; gratis.*

10 Morro da Urca

Die grünen Hügel über Rio bieten fabelhafte Ausblicke, aber meist muss man für eine Seilbahn bezahlen, um auf sie hinaufzukommen. Falls man gut zu Fuß ist, kann man jedoch zu einigen schönen Aussichtspunkten wandern. Einer der besten ist der Morro da Urca. Der steile Aufstieg führt durch einen Wald, in dem Affen leben. *Zugang vom Claudio-Coutinho-Weg in Urca; 24 Std.; gratis.*

11 Wege neben den Stränden

Rio wird die *cidade maravilhosa* genannt. Den Grund versteht man, wenn man auf den Wegen an der Copacabana oder am Strand von Ipanema zu Fuß oder mit dem Fahrrad unterwegs ist. Sonntags ist eine gute Zeit, da dann die Strandstraßen für Motorverkehr geschlossen werden und Fußgänger, Skater, Fahrradfahrer und Jogger zu ihrem Recht kommen. *Strände von Copacabana und Ipanema; 24 Std.; gratis.*

12 Parque Lage

Wenn man sich auskennt, kann man in Rio noch Reste des atlantischen Regenwalds finden. Einen schönen Eindruck davon vermittelt der Parque Lage. Die tropisch-üppige Grünanlage hat schöne Fußwege durch den Wald, einen Koi-Teich, Höhlen und eine Miniaturburg als Kletteranlage für die Kinder. *eavparquelage.rj.gov.br; Rua Jardim Botânico 414; 9–19 Uhr; gratis.*

13 Bibi Sucos

Saftbars gehören in Rio zum Straßenbild. Die meisten von ihnen bieten von morgens bis abends schmackhafte Zusammenstellungen an. Bei Bibi Sucos, einem der besten Imbisse der Stadt, gibt es Säfte in Dutzenden verschiedenen Geschmacksrichtungen an. Beliebt ist

© Michael Heffernan | Lonely Planet Images, © Fabio Ito | 500px

zum Beispiel der dickflüssige Saft aus der vitaminreichen Acai-Beere. *bibisucos.com.br; Ave Ataúlfo de Paiva, Leblon; 8–1 Uhr; açaí-Saft 6–15 BRL.*

14 **Kokosnusswasser**
Das Göttergetränk *água de coco* ist in Rio de Janeiro ungemein beliebt. Es wird direkt aus der Nuss serviert und ist das perfekte – und mit 5 BRL auch billige – Erfrischungsgetränk bei tropischen Temperaturen. Vor allem muss man nicht einmal den Strand verlassen, um es zu bekommen, da es überall an Ständen verkauft wird. Der hohe Gehalt an Elektrolyten macht Kokosnusswasser zudem zu einem guten Mittel gegen den Kater.

15 **Hippiemarkt**
Sonntag in Ipanema? Verbringt man am besten hier. Man bekommt natürlich viele Souvenirs, aber der Besuch lohnt vor allem wegen des guten Essens. Seitlich am Marktplatz gibt es köstliche Snacks wie *acarajé* (Küchlein aus Schwarzaugenbohnen mit Garnelen und Gewürzen), die nur 12 BRL kosten. Bei solchen Preisen kann man sich auch noch ein Dessert leisten. *Praça General Osório, Ipanema; So 9–18 Uhr; gratis.*

16 **Karneval**
In der Karnevalszeit sind die Hotels zwar sehr teuer, aber es gibt viele Möglichkeiten, sich ohne viel Geld zu vergnügen. In den Wochen vor dem großen Ereignis finden überall in der Stadt *blocos* und *bandas*, also Straßenfeste, statt (siehe S. 290). In den Sambaschulen gibt es auch kostenlose Konzerte und Partys. *rio-carnival.net; verschiedene Orte und Zeiten, zwei Wochen bis zum Aschermittwoch; gratis.*

17 **Feira Rio Antigo**
Am ersten Samstag eines Monats sollte man unbedingt auf diesen Jahrmarkt gehen – neben zahllosen Ständen mit Kunsthandwerk, Kleidung und Antiquitäten gibt es Livemusik, Essen und Getränke. Die Rua do Lavradio ist eine der ältesten Straßen von Lapa und wird

RIO DE JANEIRO

EIN GESCHENKTER TAG

Man beginnt den Tag mit einem Spaziergang am Strand von Copacabana und erfrischt sich dabei an einem der Kioske mit einer *água de coco*. Danach geht es ins Stadtzentrum, wo man im Café Gaúcho *(Rua São Jose 86; Mo–Fr, 7–19, Sa 7–13 Uhr)* gute Sandwiches bekommt. Den Vormittag beschließt man mit einer Ausstellung im Paço Imperial (S. 286) oder dem Centro Cultural Banco do Brasil (S. 284). Nachmittags geht es zurück nach Ipanema, um in Arpoador dem Sonnenuntergang zuzuschauen, am Abend zum Tanzen nach Lapa (S. 286). Mit einem Getränk von einem Straßenstand schlendert man dann die Ave. Mem de Sá entlang.

© Michael Heffernan | Lonely Planet Images

von malerischen Gebäuden gesäumt. Man sollte früh kommen, bevor es voll wird. *Rua do Lavradio, Lapa; erster Sa im Monat 10–18 Uhr; gratis.*

18 **Réveillon**
Silvesterabend auf dem kalten Times Square oder im verregneten London? Dann doch lieber in die Tropen: In Rio finden sich zwei Millionen Menschen am **Strand von Copacabana** ein, um mit einem Feuerwerk das neue Jahr einzuleiten. Traditionell wird nur weiße Kleidung getragen. Manche Feiernde stürzen sich sogar in die Fluten, was für das kommende Jahr Glück sichern soll. *rioguiaoficial.com.br; Strand von Copacabana; gratis.*

16

© Ary Diesendruck | Getty Images

INSIDER-TIPP

„Mittags spare ich Geld, indem ich ein *prato feito* (Festpreismenü) esse. Gerne zum Beispiel im Baalbeck *(Ave Nossa Sra de Copacabana, 664, Mo–Sa 9–20 Uhr)*, wo man für 15 BRL gute nahöstliche Gerichte bekommt. Auch die Snackbars sind gut, etwa das La Veronese *(Rua Visc de Pirajá, 29)*, in dem es Minipizzen für 15 BRL gibt, oder das Café Gaúcho, das für 10 BRL Steaksandwiches anbietet. Nachts gehe ich zu einer der Straßenpartys – Empório, Pedra do Sal, Baixo Gávea, Pavão Azul –, kaufe ein Bier am Stand und feiere mit." – Cristiano Nogueira, Autor von *Rio For Partiers*

KARNEVAL IN RIO: DIE BESTEN PARTYS

Man muss nicht in Geld schwimmen, um beim Karneval richtig feiern zu können. Manche der besten Veranstaltungen in Rio– vor allem die Straßenfeste – sind kostenlos.

SAMBASCHULE SALGUEIRO

Zu den aufregendsten Orten in der Vorbereitungszeit auf den Karneval gehören die Sambaschulen. Sehr beliebt ist Salgueiro. In roter und weißer Kleidung (die Farben Salgueiras) verbringt man lange Nächte bei Musik und Tanz. *salgueiro.com.br; Rua Silva Teles 104, Andaraí; Sa 22–4 Uhr; Eintritt 20–40 BRL.*

SAMBASCHULE MANGUEIRA

Vom September bis zur Karnevalszeit veranstaltet diese Sambaschule jeden Samstag eine Riesenparty. Wichtigste Zutaten: viele Schlaginstrumente, Ströme von Caipirinha und aufgedrehte Menschenmengen. *www.mangueira.com.br; Rua Visconde de Niterói, Mangueira; Sa 22–4 Uhr; Eintritt 20–40 BRL.*

BANDA DE IPANEMA

Einer der schönsten Umzüge in Ipanema findet zweimal während des Karnevals statt. Man kann sich (mit oder ohne Kostüm) in das Gewühl der Tänzer stürzen, die durch das ganze Viertel ziehen. *Praça General Osório, Ipanema; Samstag vor und Samstag im Karneval ab 16 Uhr; gratis.*

MONOBLOCO

Die Feiern in Rio enden nicht abrupt am Aschermittwoch. Bei dieser riesigen Party treffen eine halbe Million Menschen im Stadtzentrum zusammen, um sich vom Karneval zu verabschieden. *Ave. Rio Branco nahe Presidente Vargas, Centro; 1. So nach dem Karneval 9 Uhr; gratis.*

BANDA CARMELITAS
Es gibt kaum ein Erlebnis, das damit zu vergleichen wäre, als Nonne verkleidet (Ordenstracht ist das Kostüm der Wahl) durch die gepflasterten Straßen des Stadtviertels Santa Teresa zu tanzen. *Ecke Rua Dias de Barros und Ladeira de Santa Teresa, Santa Teresa; Karnevalsfreitag 13 Uhr und Karnevalsdienstag 10 Uhr; gratis.*

CORDÃO DO BOLA PRETA
An der ältesten und größten Straßenparty Rios nehmen zwei Millionen Feiernde teil. Besonders gern gesehen ist man im Kostüm – vorzugsweise etwas Kreatives mit schwarzen und weißen Punkten. *cordaodabolapreta.com; Primeiro de Março nahe Rua Rosário, Centro; Karnevalssamstag 20 Uhr; gratis.*

PARADE OF CHAMPIONS
Wenn man nicht für die großen Umzüge während des Karnevals bezahlen möchte, kann man am Samstag danach im Sambódromo den sechs besten Sambaschulen beim Vorbeimarschieren zusehen: eine blendende Vorstellung, die sich lohnt. *Sambódromo; Sa nach dem Karneval 21–4 Uhr; Eintritt ab 145 BRL.*

SAMBA LAND
Dieser riesige Platz nahe dem Sambódromo verwandelt sich während des Karnevals (und am Wochenende davor) in die Partyzentrale der Stadt. Es gibt die ganze Nacht Livemusik, und an Straßenständen wird für das leibliche Wohl gesorgt. *Praça Onze, Centro; Karnevalsfreitag bis -dienstag 19–6 Uhr; Eintritt um 40 BRL.*

RIO FOLIA
Einige der besten kostenlosen Veranstaltungen in der Karnevalszeit finden auf dem Platz vor den Arcos de Lapa statt. Schon das Zusehen bei den Freiluftfeiern ist ein Genuss, das Mittanzen erst recht. *Praça Cardeal Câmara, Lapa; Karnevalsfreitag bis -dienstag 20 Uhr bis spätnachts; gratis.*

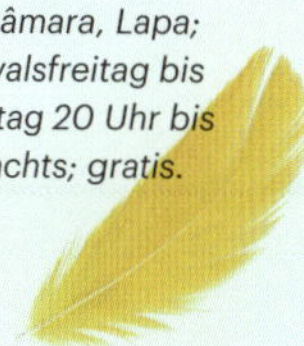

Photography | Daniel Di Paolo, Styling | Hayley Warnham

Kurz und knapp

- Bevölkerung: 1,1 Millionen
- Highlights: Museen, Nachtleben und Vulkan.
- Währung: US Dollar US-$
- Preisindex: 30 US-$ pro Tag

SAN SALVADOR

El Salvador hat trotz seiner geringen Größe viel zu bieten: Schwarze Sandstrände und schöne Brandung, Kraterseen und die Ruta de las Flores, Handwerkerdörfer und die überschaubare Hauptstadt. Es gibt hier nicht viel, das mehr als ein paar Dollar kostet, das Land ist der Inbegriff Mittelamerikas für budgetbewusste Reisende.

KUNST & KULTUR | MUSIK & FILM | SPORT & FREIZEIT | ESSEN & TRINKEN | FESTIVALS & EVENTS

01 Catedral Metropolitana

Erzbischof Oscar Romero war ein lautstarker Kritiker der Todesschwadronen, mit denen die Militärdiktatur das Land in den 1980er-Jahren terrorisierte. Er wurde in der Kathedrale ermordet, während er dort die Messe las, und ist auch hier begraben. Das Gebäude im Stadtzentrum ist gut erhalten und lohnt wegen seiner Geschichte auch dann einen Besuch, wenn man sonst kirchlichen Dingen eher gleichgültig gegenübersteht. *Calle Ruben Dario; 8–12 und 14–16 Uhr; gratis.*

02 Museo de Arte

Die Kunstwerke in dieser kleinen Nationalgalerie in Colonia San Benito sind immer beeindruckend. Die Entwicklung der Kunst im Land als eine Form der politischen Äußerung wird sehr geschickt dargestellt, und die Ausstellungen zeitgenössischer Werke sind lebendig und verspielt. Vor allem im Sommer ein lohnender Rückzugsort vor der Hitze draußen. *marte.org.sv; Ave. de la Revolución, Colonia San Benito; Di–So 10–18 Uhr; Erw./Stud. 1,50/0-50 US-$.*

03 Museo Nacional de Antropología Dr David J. Guzmán

David J Guzmán war ein Naturkundler, der im 19. Jahrhundert die liberalen Ideen Europas vertrat – und zudem wusste, wie man ein Museum kuratiert. Das nach ihm benannte Institut beherbergt Exponate aus vielen Epochen und erklärt den geschichtlichen Hintergrund der Region auf verständliche Weise. Im Museum werden auch kostenlose Filmvorführungen und Konzerte veranstaltet. *cultura.gob.sv; Ave de la Revolución; Di–Sa 10–17, So 10–18 Uhr; 3 US-$.*

04 Zona Rosa

Der eleganteste Vorort der Hauptstadt ist auch der beste Ort, um mit den freundlichen Einwohnern zu tanzen. In den Clubs wird abwechselnd Salsa, Merengue, Cumbia und Hip-Hop gespielt, aber aus den Lautsprechern dröhnt auch Ska, Reggae und Heavy Metal (und gelegentlich auch die Musik einer traditionellen Xuc-Band). Vor 22 Uhr wird meist kein Eintritt verlangt. *Unterschiedliche Orte und Zeiten.*

05 Paseo El Carmen

Der Paseo el Carmen im 10 Kilometer südwestlich der Hauptstadt gelegenen Santa Tecla lohnt einen nachmittäglichen oder abendlichen Spaziergang, um zu sehen, wie die Salvadorianer gegen den Ruf der Stadt ankämpfen, gefährlich zu sein. Die schön restaurierte Straße ist

SAN SALVADOR

© Stuart Gray; Anthony Plummer; CharliePhotox; Stephen J. Boitano | Getty Images

INSIDER-TIPPS

„Man muss nicht die weite Reise nach Guatemala unternehmen, um unglaubliche Maya-Ruinen zu sehen. Die Pyramiden von Tazumal (*Chalchuapa; Di–So; 5 US-$*) liegen nur eine Stunde entfernt. Die *Finca San Antonio* wurde von den Olmeken in Zeiten vor der Maya-Herrschaft erbaut und ist vor Kurzem öffentlich zugänglich gemacht worden. In Chalchuapa selbst kann man im Trench Town Rock (*Carretera Panamericana desvio a Chalchuapa, Mi–Sa 19 Uhr bis spätabends*) auch Live-Reggae von guten örtlichen Gruppen hören. Vielleicht findet sich sogar jemand, der einem etwas Nahuatl beibringt, die klassische Sprache der Mayas. Ein Wort dürfte schon bekannt sein: Tequila!"
– Jorge, Bewohner von Chalchuapa

eine Fußgängerzone, in der sich Cafés, Bars und Geschäfte auf den Bürgersteig öffnen. Und der Kaffee ist erfrischend preiswert; *gratis*.

06 Puerta del Diablo

Die Teufelstür ist ein felsiger Gebirgskamm 13 Kilometer südlich von San Salvador, an dem die Mayas Opferriten durchführten und es während des Bürgerkriegs zu Massenhinrichtungen kam. Heute kann man hinaufsteigen und oben zwischen zwei riesigen Felsbrocken hindurch auf das unten liegende Dorf Panchimalco und weiter bis zum Pazifik blicken; *gratis*.

07 Vulkan Boquerón

Im Boquerón-Nationalpark kann man Höhenluft tanken, wenn man zum Rand der beiden riesigen Vulkankrater hinaufsteigt. Vom Parque Cuscatlán in der Hauptstadt hat man die 19 Kilometer bis zum Dorf Boquerón mit dem Bus in kaum 30 Minuten zurückgelegt (Linie 101A oder B nach Santa Tecla, dann Linie 103 von 6a Ave. Sur nach Boquerón). Die Strecke zu den Kratern ist etwa 1 km lang; *gratis*.

08 Playa El Tunco

Am 35 Kilometer südwestlich der Hauptstadt gelegenen Playa El Tunco kann man sich den Freuden des Strandlebens widmen. Der Strand ist wegen seines schwarzen Sandes und der Brandung berühmt, allerdings an den Wochenenden nicht unbedingt menschenleer. Das Geräusch der Wellen wird dann oft von dem des Nachtlebens übertönt, wenn die Menge über den Sand trampelt. *24 Std.; gratis*.

© edfuentesg | Getty Images, © Christopher James Guy | 500px

KOSTENLOSE KUNST

In El Salvador gibt es viel Kunst im öffentlichen Raum, und bei einem Spaziergang durch die Hauptstadt werden einem viele beeindruckende Wandgemälde auffallen. Manche haben Bezüge zur jüngeren Vergangenheit, andere sind energiegeladener kreativer Ausdruck des Zeitgeists. Man kann sich auf die Viertel um die Colonia Escalon und Zona Rosa beschränken oder aber die 84 Kilometer nach Norden bis La Palma auf sich nehmen, einem Dorf in den kühlen Bergen, das vermutlich mit mehr Wandgemälden pro Einwohner aufwartet als irgendein anderer Ort auf Erden. Hier wohnte einst der naive Maler Fernando Llort, dessen Einfluss in der Kunst des Landes immer noch zu spüren ist.

© Christopher James Guy | 500px Images

06

09 Imbiss: *pupusas* und *chilate*
Jeder zweite Straßenstand in San Salvador ist eine einfache *pupuseria*, in der das Nationalgericht des Landes serviert wird – eine gebratene, mit Bohnen, Käse und Fleisch gefüllte Teigtasche für 50 Cent das Stück. Dazu gibt es *cortida*, eine Art Sauerkraut, und *chilate*, ein Maisgetränk, das in einem Flaschenkürbis serviert wird. In El Salvador wird es mit Ingwer und Pfeffer gewürzt. Schmackhaft und gesund. *Pupusa um 0,50 US-$, chilate um 0,75 US-$.*

10 Fiestas Agostinas
Das einwöchige Fest zu Ehren des Salvador del Mundo (Weltenretters) beginnt sehr früh und endet erst, wenn man buchstäblich nicht mehr stehen kann. Um 4 Uhr beginnt die Musik, später kommen Essen und Trinken, Tanz und Vergnügen hinzu. Am 3. und 4. August schlängelt sich ein Umzug durch San Salvador. Viele Feiernde tragen Masken, man sollte also vorsichtig sein, wen man küsst. *1.–6. Aug; gratis.*

11 Mercado Central
Die Stände mit Obst, Gemüse und Alltagsbedarf drängen aus dem Marktgebäude bis auf die Straßen. Man kann hier gut Kunsthandwerk kaufen, das aus den Dörfern zum Verkauf hergebracht wird, vor allem die berühmten Hängematten, auf denen viele Salvadorianer ihr Nickerchen machen. Vor Taschendieben sollte man allerdings auf der Hut sein. *6 Calle Oriente, Mo–Sa 7.30–18, So 7.30–14 Uhr; gratis.*

12 Osterwoche
El Salvador ist ein erzkatholisches Land, und die Semana Santa wird mit Elan gefeiert. Die aufwendigsten öffentlichen Feiern finden in San Salvador statt, etwa der Umzug um die Catedral Metropolitana, aber es gibt auch kleinere Veranstaltungen, bei denen sich die Einheimischen gerne einfinden, um ein paar Tage mit der Familie und Besuchern zu verbringen – wenn man es in diesem so überaus gastfreundlichen Teil der Welt darauf anlegt; *gratis.*

KUNST & KULTUR · MUSIK & FILM · SPORT & FREIZEIT · ESSEN & TRINKEN · FESTIVALS & EVENTS

SÃO PAULO

São Paulo ist riesig, einschüchternd und Heimstatt jedes erdenklichen Vergnügens. Hier werden tagein, tagaus Kultur und Küche zelebriert. Und weder die erstklassigen Museen, Kulturzentren und experimentellen Theater noch das Nachtleben oder das Essen in den besten Restaurants Südamerikas machen den Besucher arm.

01 Museu Afro Brasil

Das Museum im Parque do Ibirapuera beherbergt eine Dauerausstellung mit Exponaten zur 500-jähringen Geschichte der afrikanischen Immigration in Brasilien (und gedenkt den 10 Millionen Afrikanern, die bei der Errichtung des Staates Brasilien ihr Leben verloren). *museuafrobrasil.org.br; Ave. Pedro Álvares Cabral s/n, Parque Ibirapuera, Tor 10; Di–So 10–17, letzter Do im Monat 10–21 Uhr; Erw./Stud. 6/3 BRL, Sa gratis.*

02 Sala São Paulo

Der weltberühmte Konzertsaal befindet sich im wunderbar restaurierten Bahnhof Júlio Prestes, einem klassizistischen Wahrzeichen des Stadtzentrums. Hier kann man sonntags das São Paulo State Symphonic Orchestra (OSESP) in seinem akustisch vorzüglichen Heimatsaal hören – kostenlos. Karten gibt es am Montag zuvor an der Abendkasse. *salasaopaulo.art.br; Praça Júlio Prestes, 16; unterschiedliche Zeiten; So gratis.*

03 Parque do Ibirapuera

Der 2 Quadratkilometer große Park nach einem Entwurf des angesehenen Landschaftsarchitekten Roberto Burle Marx ist die weitläufigste Grünanlage im Zentrum von São Paulo und Mittelpunkt eines lebhaften Kulturgeschehens. Die vielen Spaziergänger, Skater und Fahrradfahrer legen beredt Zeugnis von der Liebe der Paulistanos zu ihrem Park und seinen Museen und Bühnen ab. *parqueibirapuera.org/ibirapuera-park; Ave Pedro Álvares Cabral; 5–24 Uhr; gratis.*

© Cecília Posada | 500px

Kurz und knapp

- Bevölkerung: 20,3 Millionen
- Highlights: Essen! Die Restaurantszene in São Paulo ist in Südamerika ohnegleichen.
- Währung: Brasilianischer Real BRL
- Preisindex: 105 US-$ pro Tag

EIN GESCHENKTER TAG

Von der Metro-Haltestelle Luz ist es nur ein kurzer Gang bis zu einem der besten städtischen Märkte Südamerikas, dem Mercado Municipal *(oportaldomercadao.com.br; Rua da Cantareira 306; Mo–Sa 6–18, So 6–16 Uhr; gratis)*. Wenn man sich dort mit einem billigen Mittagessen gestärkt hat, geht es mit der Metro weiter nach São Bento, um die älteste Kirche der Stadt zu besichtigen: Mosteiro de São Bento *(mosteiro.org.br; Largo de São Bento s/n; Mo–Mi und Fr 6–18, Do 6–20, Sa–So 6–12 und 16–18 Uhr; gratis)* mit wunderbaren Kirchenfenstern. Am Ende des Tages kann man dann noch das Banespa Building erklimmen (*Edifício Altino Arantes; Rua João Brícola 24; Mo–Fr 10–15 Uhr; gratis*) und den Panoramablick über das Häusermeer genießen.

04 Führung durch die Altstadt

Dreimal wöchentlich führt diese Tour durch die mehr als 450-jährige Geschichte des historischen Stadtzentrums. In einigen Stunden lernt man so die verkehrsberuhigten Gassen der Altstadt mit ihrem Füllhorn an Architekturstilen kennen, die einem ohne die Hinweise der erfahrenen Führer vielleicht entgehen würden. *spfreewalkingtour.com; Praça da República; Mo, Mi und Sa 11.30 Uhr; gratis, Trinkgeld wird gerne angenommen.*

05 Kan

São Paulo ist wegen seiner hochklassigen japanischen Küche bekannt, aber die originalgetreusten Restaurants sind oft abschreckend teuer. Es geht aber auch anders! Im normalerweise kostenträchtigen Restaurant Kan gibt es ein achtteiliges Sushi-Mittagessen des Superkochs Keisuke Egashira (er spricht kaum Portugiesisch) zum Angebotspreis von 50 BRL! *restaurantekan.com.br; Rua Manoel da Nóbrega 76, Jardins; Di–Sa 11.30–14 und 18–22, So 18–22 Uhr; omakase 230–280 BRL.*

06 Virada Cultural

Dieses Nonstop-Festival mit kulturellen und musikalischen Veranstaltungen findet meist im Mai statt. Es konzentriert sich auf einige der bekanntesten Plätze der Altstadt, unter anderem **Estação Júlio Prestes**, **Praça da Republica**, **Largo do Arouche** und **Ave. São João**. Zum umfangreichen, kostenlosen Programm gehören Zirkus- und Theateraufführungen, Musik und Tanz. *viradacultural.prefeitura.sp.gov.br; Details auf der Internetseite; gratis.*

PREISINDEX

Die Tabelle zeigt die Kosten für einen durchschnittlichen Tagesaufenthalt bei jedem Reiseziel des Bandes.*

**einschließlich einer Übernachtung in einer Mittelklasse-Unterkunft, drei Mahlzeiten zu normalen Preisen, Eintritt für eine Sehenswürdigkeit und ein Glas Wein oder Bier.*

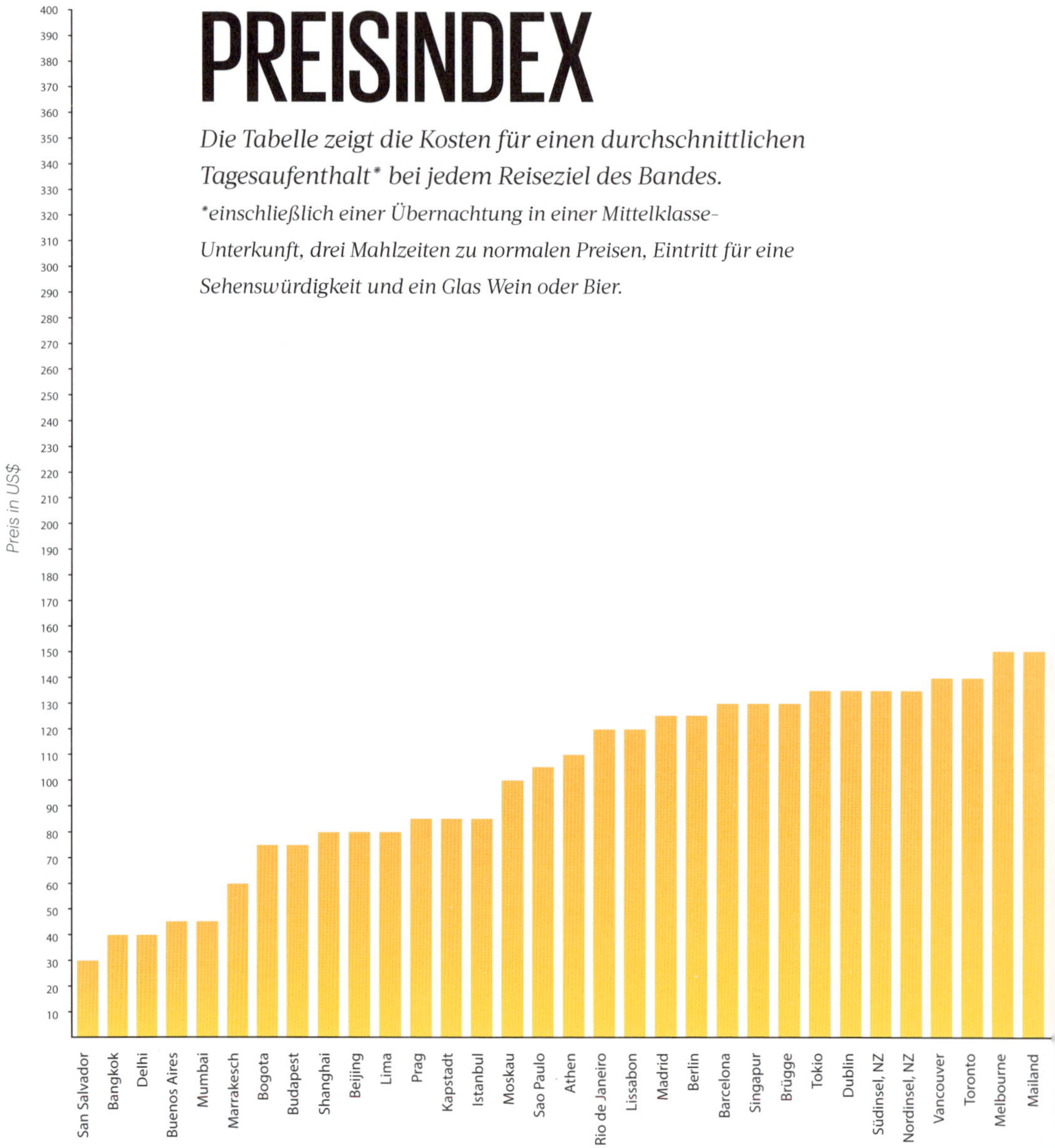

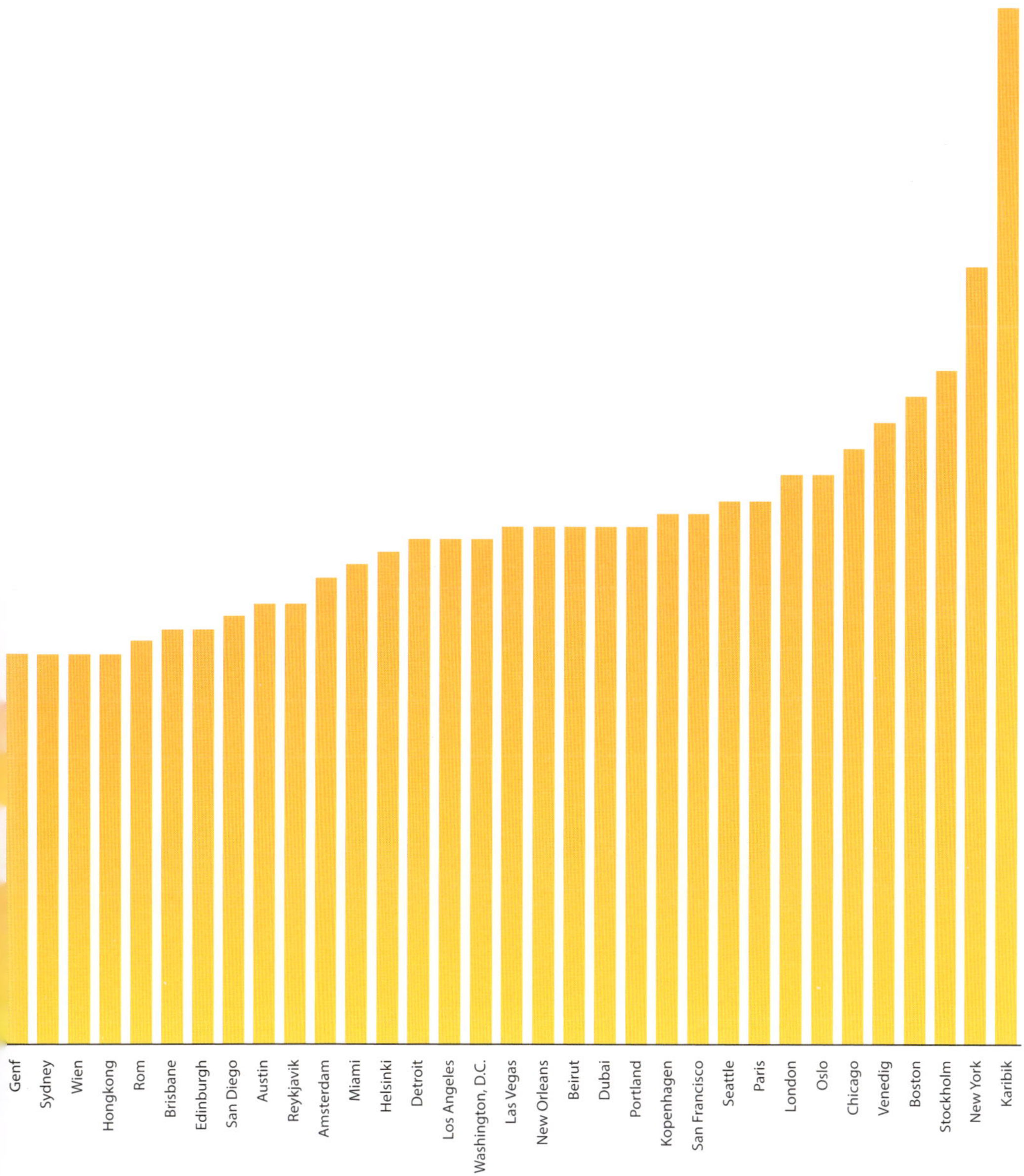
Genf
Sydney
Wien
Hongkong
Rom
Brisbane
Edinburgh
San Diego
Austin
Reykjavik
Amsterdam
Miami
Helsinki
Detroit
Los Angeles
Washington, D.C.
Las Vegas
New Orleans
Beirut
Dubai
Portland
Kopenhagen
San Francisco
Seattle
Paris
London
Oslo
Chicago
Venedig
Boston
Stockholm
New York
Karibik

AUTOREN

Die Schriftstellerin **Isabel Albiston** hat vier Jahre bei Mate-Tee und Malbec-Wein im Stadtteil Boedo von Buenos Aires verbracht.

Zu den schönsten Reisemomenten gehören für **Kate Armstrong** ein gutes Essen, anregende Sehenswürdigkeiten und die Zeit mit den Einheimischen – fast immer kostenlos.

Mark Baker lebt in Prag und hat mehrere Bücher für Lonely Planet geschrieben, darunter die Titel über Prag und über die Tschechische Republik.

Die Reisejournalistin, Redakteurin und Schriftstellerin **Sarah Baxter** ist bei ihren Reisen um die Welt immer auf der Suche nach einem guten Angebot.

Andrew Bender ist ein echter Kalifornier – nicht der Geburt, aber der Neigung nach – und schreibt für die Reiseführer von Lonely Planet über San Diego.

Joe Bindloss ist bei Lonely Planet als Redakteur für den Indischen Subkontinent zuständig. Er hat mehr als 50 Bücher für Lonely Planet geschrieben.

Auf der Veröffentlichungsliste von **Sarah Bennett** stehen unter anderem die Lonely-Planet-Titel *New Zealand*, *Hiking New Zealand* und *The Best of Wellington*. www.bennettandslater.co.nz

Sara Benson lebt in Oakland, verbringt aber mehr Auszeiten in Las Vegas, als sie von sich aus zugeben würde.

Piera Chen ist Reiseschriftstellerin, Filmkritikerein und Dichterin. Sie schätzt sich glücklich, in Hongkong zu Hause zu sein und dort auch oft sein zu dürfen.

Die frankophile **Janine Eberle** verbringt so viel Zeit wie möglich in Paris und gibt dort ihr gesamtes Budget für Käse und Wein aus.

Bridget Gleeson bereist von ihrem Wohnort Buenos Aires aus ganz Südamerika und verkostet bei diesen Reisen auch immer wieder die verschiedenen Weine.

Tom Hall schreibt zeit seines Lebens für Lonely Planet. In der übrigen Zeit verfasst er Liebesbriefe an die Hagia Sophia in Istanbul.

Anthony Ham hat ein Jahrzehnt in Madrid gelebt und kehrt regelmäßig in die Stadt zurück, die er als seine spirituelle Heimat betrachtet.

Paula Hardy schreibt seit 15 Jahren für die italienischen Bände bei Lonely Planet. Ihre Tweets findet man unter @paula6hardy.

Daniel McCrohan hat die iPhone-App "Beijing on a Budget" geschrieben und 28 Reiseführer verfasst. Er lebt seit mehr als einem Jahrzehnt in China.

Virginia Jealous verfolgt zur Zeit die Spuren der Dichterin Violet Nicolson, die unter dem Pseudonym Laurence Hope schrieb und 1904 in Indien starb.

Adam Karlin hat mehrere Führer über New Orleans und Miami geschrieben und verbringt in beiden Städten gleichermaßen gerne Zeit.

Während zwei Jahrzehnten mit Hochs und Tief auf der ganzen Welt hat **Patrick Kinsella** mehr Erfahrungen beim Ausprobieren als beim Kaufen von Dingen gesammelt.

Mariella Krause schreibt seit 2006 für Lonely Planet und genießt schon sehr viel länger die billigen Margaritas in Austin.

Alex Leviton hat seit 2002 zu unzähligen Lonely-Planet-Titeln beigetragen, zuletzt über Italien, Essen und Glück.

Karyn Noble ist leitende Redakteurin im Londoner Büro von Lonely Planet und schreibt freiberuflich über Luxus- und Gourmetreisen. Ihre Tweets finden sich unter @MsKarynNoble.

Virginia Maxwell bereist seit Langem regelmäßig den Nahen Osten und hat für Lonely Planet über die Türkei, den Iran und den Libanon geschrieben.

Rebecca Milner lebt in Tokio und ist Koautorin der Lonely-Planet-Reiseführer über Japan und Korea.

Kate Morgan ist freiberufliche Reisejournalistin und Redakteurin, die an mehreren Titeln für Lonely Planet beteiligt war.

Becky Ohlsen lebt als freiberufliche Journalistin in Portland/Oregon, und freut sich immer, wenn sie zufällig auf ein gutes Angebot stößt.

Stephanie Ong lebt in Mailand. Wenn sie nicht schreibt oder reist, isst sie gerne gut und schimpft über die Steuern – wie alle in Italien.

Matt Phillips freut sich über alles, was nichts kostet (wer täte das nicht?), vor allem, wenn es um die freie Natur geht. Er schreibt über Afrika, Asien, Europa und seine Heimatstadt Vancouver.

Brendan Sainsbury ist ein britischer Journalist, der in der Nähe von Vancouver in Kanada lebt. Er schreibt seit über einem Jahrzehnt über Seattle.

Brandon Presser hat als Reise- und Fernsehjournalist Preise gewonnen und über 100 Länder bereist. Er hat mehr als 40 Bücher für Lonely Planet geschrieben.

Kevin Raub lebt als Reisejournalist in São Paulo. Er ist Koautor von vier Lonely-Planet-Führern über Brasilien.

Die Reisejournalistin **Sarah Reid** freut sich bei jedem Besuch in Singapur, wenn sie etwas Neues in der Stadt entdeckt – vor allem, wenn es nichts kostet.

Andrea Schulte-Peevers lebt in Berlin und hatte alle neun Auflagen des Lonely-Planet-Führers über die Stadt geschrieben.

Zu **Lee Slaters** Titelliste bei Lonely Planet gehören *New Zealand*, *Hiking New Zealand* und *The Best of Wellington*. www.bennettandslater.co.nz

Tom Spurling lebt als Lehrer und Journalist in Hongkong. Er hat an 11 Lonely-Planet-Bänden mitgeschrieben, darunter auch *Central America on a Shoestring*.

Phillip Tang hat sich auf preiswertes Reisen spezialisiert und an vielen Publikationen bei Lonely Planet mitgearbeitet, unter anderem *Peru* und *Discover Peru*. Mehr bei philliptang.co.uk

Mara Vorhees ist Reisejournalistin, Großstadtbewohnerin und Mutter von Zwillingen. Ihre Abenteuer sind nachzulesen unter www.havetwinswilltravel.com.

Regis St. Louis ist hauptberuflich Reisejournalsit und hat die Lonely-Planet-Führer über New York und Rio de Janeiro verfasst.

Caroline Veldhuis hat zu zahlreichen Lonely-Planet-Büchern über Reisen und Kultur beigetragen.

Tasmin Waby lebt als Journalistin und Redakteurin in London und reist bei jeder Gelegenheit (meist, aber nicht immer) mit ihren Kindern.

Die Britin **Nicola Williams** lebt am Südufer des Genfer Sees. Sie schreibt für Lonely Planet über die Schweiz und tweetet unter @tripalong.

Karla Zimmerman lebt seit mehr als 25 Jahren in Chicago und weiß ganz genau, wo man gute Angebote für wenig Geld bekommt (vor allem, wenn es um Bier oder Donuts geht).

REGISTER

REGISTER

Die Welt (fast) zum Nulltarif
Das ultimative Reisebuch für Schnäppchenjäger
3. Auflage 2018, übersetzt von
The Best Things in Life are Free
© Published by Lonely Planet Global Limited, August 2016
Verlag der deutschen Ausgabe
Kunth Verlag GmbH & Co. KG
St.-Cajetan-Straße 41
81669 München
www.kunth-verlag.de
Projektbetreuung **Calina Kunth**
Redaktion **Isabel Rößler**
Übersetzung **Michael Auwers, Anke Wagner-Wolff**
Deutsche Ausgabe © Lonely Planet Publications Pty Ltd
Printed in China
ISBN 978-3-95504-392-6
© Fotonachweise wie angegeben 2016

Englische Ausgabe
Lonely Planet Global Limited
ABN 36 005 607 983
1 2 3 4 5 6 7 8 9 10
www.lonelyplanet.com
Verlagsleitung **Piers Pickard**
Stellvertretende Verlagsleitung **Robin Barton**
Verantwortliche Redakteurin **Jessica Cole**
Art Director **Daniel Di Paolo**
Layout/Design **Hayley Warnham**
Dank an **Lucy Doncaster, Gabrielle Green, Nick Mee**
Druckvorstufe/Herstellung **Nigel Longuet, Larissa Frost**

Alle Rechte vorbehalten. Reproduktionen, Speicherung in Datenverarbeitungsanlagen, Wiedergabe auf elektronischen, fotomechanischen oder ähnlichen Wegen nur mit der ausdrücklichen Genehmigung des Copyrightinhabers. Lonely Planet und das Lonely Planet-Logo sind Handelsmarken von Lonely Planet, die beim US-Patent- und Markenamt und in weiteren Ländern registriert sind.

Autoren **Isabel Albiston, Kate Armstrong, Mark Baker, Sarah Baxter, Andrew Bender, Sarah Bennett, Sara Benson, Joe Bindloss, Piera Chen, Janine Eberle, Bridget Gleeson, Anthony Ham, Paula Hardy, Virginia Jealous, Adam Karlin, Patrick Kinsella, Mariella Krause, Alex Leviton, Virginia Maxwell, Daniel McCrohan, Rebecca Milner, Kate Morgan, Karyn Noble, Becky Ohlsen, Stephanie Ong, Matt Phillips, Brandon Presser, Kevin Raub, Sarah Reid, Brendan Sainsbury, Andrea Schulte-Peevers, Lee Slater, Tom Spurling, Regis St. Louis, Phillip Tang, Caroline Veldhuis, Mara Vorhees, Tasmin Waby, Nicola Williams and Karla Zimmerman.**
Vorwort **Tom Hall.**

Lonely Planet Büros:

STAY IN TOUCH lonelyplanet.com/contact
Australien
The Malt Store, Level 3, 551 Swanston Street,
Carlton, Victoria 3053
Phone 03 8379 8000
Irland
Digital Depot, The Digital Hub, Dublin D08 TCV4
USA
124 Linden St, Oakland, CA 94607
Phone 510 250 6400
UK
240 Blackfriars Road, London, SE1 8NW
Phone 020 3771 5100

Alle Fakten wurden nach bestem Wissen und Gewissen mit der größtmöglichen Sorgfalt recherchiert. Redaktion und Verlag können jedoch für die absolute Richtigkeit und Vollständigkeit der Angaben keine Gewähr leisten. Der Verlag ist für alle Hinweise und Verbesserungsvorschläge jederzeit dankbar.

FSC MIX Papier aus verantwortungsvollen Quellen FSC® C021741 www.fsc.org

Das Papier in diesem Buch wurde nach den Forest Stewardship Council®-Richtlinien zertifiziert. FSC® fördert die umweltfreundliche, sozialverträgliche und wirtschaftlich tragfähige Bewirtschaftung des weltweiten Waldbestands.